Paris

파리로 떠나는
도시산책 인문여행

파리로 떠나는 도시산책 인문여행

1판 1쇄 발행 2022년 3월 30일

지은이 박성창
펴낸이 박성창
펴낸곳 가로수살롱

신고번호 제2022-000028호(2022년 1월 21일)
서울 강남구 강남대로 162길 42, 5층(신사동)
전화 02-515-9270   팩시밀리 02-6305-3275
이메일 garosusalon@gmail.com

© 박성창, 2022
Printed in Seoul, Korea.
ISBN 979-11-978216-0-8 (03920)

값 25,000원

파리로 떠나는
도시산책 인문여행

박성창

가로수살롱

차례

머리말 …… 9

1장
파리는 어떻게 모더니티의 수도가 되었는가?
'19세기의 수도' 파리의 신화와 반(反)신화 …… 17

1. 도시를 여행하는 세 가지 시선 …… 17
2. 19세기 파리, 도시의 정체성을 만들다 …… 23
3. '모더니티의 수도' 파리의 신화 …… 26
4. 파리, 혁명의 분화구 위에 문화예술의 꽃을 피운 도시 …… 29
5. 파리로의 문화적 집중과 문화적 혁신역량의 극대화 …… 33
6. 파리의 문화적 흡입력과 창조적 혁신 …… 37
7. 문화와 예술의 수도 파리 …… 41
8. 파리를 빛낸 여성들: 파리는 여성이었다! …… 49
9. 계몽과 진보의 신화에 저항한 예술가들: 산책자와 보헤미안 …… 53

2장
혁명의 도시 파리 역사 산책
프랑스 대혁명에서 파리코뮌까지 …… 59

1. 화산처럼 분출된 혁명의 에너지 …… 59
2. 프랑스 대혁명(1789~1799) …… 62
3. 나폴레옹 보나파르트의 제정과 복고왕정(1799~1830) …… 73
4. 7월 혁명과 '시민왕' 루이 필립(1830~1848) …… 81
5. 1848년 2월 혁명과 나폴레옹 3세의 제2제정(1848~1870) …… 87
6. 프랑스-프로이센 전쟁과 프로이센군의 파리 포위(1870) …… 93
7. 파리코뮌, 70일간의 투쟁(1871.3.18~1871.5.28) …… 98

8 . 바리케이드, 현실의 '길'을 막고 혁명의 '길'을 트다 …… 102
9 . 혁명의 트라우마와 혁명의 기억 …… 106

3장
파리의 혁명, 미술을 만나 꽃을 피우다
1 . 나폴레옹과 운명을 같이 한 화가 자크 루이 다비드 …… 114
2 . 들라크루아, 〈민중을 이끄는 자유의 여신: 1830년 7월 28일〉 …… 126
3 . 19세기 최고의 풍자화가 오노레 도미에 …… 134
4 . 귀스타브 쿠르베, 화가의 독립 선언과 정치 참여의 비극 …… 145

4장
문화예술의 수도 파리를 사랑한 예술가들
1 . 하인리히 하이네와 파리 …… 161
2 . 19세기 미국인들의 파리 그랜드 투어 …… 166
3 . 헤밍웨이, '파리는 날마다 축제' …… 172
4 . 'Lost generation' in Paris …… 185
5 . 파리의 흑인 문화와 재즈 시대의 개막 …… 195

5장
파리, 다인종과 다문화의 도시
1 . 프랑스는 이민자의 나라인가? …… 205
2 . 프랑스인과 외국인 …… 209
3 . 프랑스의 '공화주의적' 통합 모델 …… 212
4 . 프랑스의 국가적 일체감과 민족주의 …… 215
5 . 파리의 유대인과 반유대주의의 역사 …… 218

6장
파리, 모더니티의 도시로 우뚝 서다
오스만의 파리 개발과 파리의 도시 풍경 …… 229

1. 파리의 도시 풍경과 건축 …… 229
2. 오스만 이전의 파리 개발 …… 231
3. 나폴레옹 3세와 오스만 지사 …… 234
4. 파리 개발의 원칙과 오스만의 강박관념 …… 237
5. 오스만의 파리 개발 프로젝트(1851~1870) …… 240
6. 에밀 졸라의 〈쟁탈전〉 읽기 …… 247
7. 오스만의 파리 개발에 대한 비판과 '옛' 파리에 대한 향수 …… 251
8. 오스만의 파리 / 르코르뷔지에의 뉴욕 …… 257

7장
만국박람회(Exposition Universelle), '빛의 도시' 파리를 만들다

1. 박람회의 수도, 파리 …… 261
2. 19세기의 산물, 만국박람회 …… 262
3. 제2제정, 박람회의 시대를 열다 …… 264
4. 1889년 박람회, 에펠탑의 신화를 쓰다 …… 267
5. 에펠탑 이후의 에펠탑: 신화는 계속된다 …… 274
6. 파리 박람회, 벨 에포크의 정점을 찍다 …… 280
7. 대한제국, 박람회에 첫 선을 보이다 …… 286
8. 박람회의 퇴조와 파리 신화의 종말 …… 289

8장
인상주의와 '현대의 삶을 그린 화가들'
마네, 드가, 카유보트, 모리조 …… 291

1 . 인상주의의 혁신과 전통에 대한 반기 …… 291
2 . 보들레르의 미학적 유산과 '현대의 삶을 그린 화가들' …… 299
3 . 인상주의 화가들 대로(grand boulevard)로 나서다 …… 305
4 . 파리의 여가문화와 유흥을 그림에 담다 …… 314
5 . '모더니티의 대성당' 기차역 …… 318
6 . 부르주아의 여가생활과 레저 …… 323
7 . 인상주의와 파리의 여성화가들 …… 327

9장
벨 에포크, '삶의 즐거움'(joie de vivre)을 누리다
극장, 카페 콩세르, 뮤직홀과 카바레 …… 337

1 . 벨 에포크의 파리, '화산 위에서 춤추기' …… 337
2 . 파리의 대표적 문화공간, 극장과 오페라 하우스 …… 340
3 . 카페 콩세르, 서민을 위한 유흥과 공연문화 …… 350
4 . 카바레, 반문화(反文化)의 요람 …… 357
5 . 벨 에포크, 포스터의 전성시대 …… 362

10장
벨 에포크와 '프렌치 라이프 스타일'의 발명
패션, 가스트로노미, 스포츠 …… 369

I. 벨 에포크의 패션과 프렌치 라이프 스타일
1 . 벨 에포크, 축제와 쾌락의 시대 …… 369
2 . 파리, 패션과 유행의 수도 …… 373
3 . 벨 에포크의 패션과 오트 쿠튀르의 탄생 …… 377
4 . 코르셋과 바지의 문화사 …… 381

5 . 폴 푸아레와 코코 샤넬 ⋯⋯ 386

II. 가스트로노미의 탄생과 프랑스의 카페 문화
  1 . 미식문화(가스트로노미), 파리지앵의 식탁을 사로잡다 ⋯⋯ 389
  2 . 미식문화의 수도 파리의 신화를 만든 셰프들 ⋯⋯ 395
  3 . 파리의 카페와 파리지앵의 음주 문화 ⋯⋯ 401

III. 파리지앵의 여가생활과 스포츠
  1 . 스포츠와 여가생활의 확산 ⋯⋯ 406
  2 . "보다 빨리, 보다 높이, 보다 힘차게" ⋯⋯ 407
  3 . 자전거, 벨 에포크의 '작은 여왕' ⋯⋯ 409

11장
상상력에 권력을!
68운동과 68사상 ⋯⋯ 413

  1 . '68'을 어떻게 부를 것인가: 명칭과 평가 ⋯⋯ 416
  2 . 68운동의 원인과 전개 ⋯⋯ 419
  3 . 68운동이 묻고 슬로건이 답하다 ⋯⋯ 424
  4 . 68운동의 결실: 여성운동과 대학 개혁을 중심으로 ⋯⋯ 427
  5 . 68운동과 지식인: 68사상의 태동 ⋯⋯ 435
  6 . 68사상의 탈주와 모험: 푸코와 데리다를 중심으로 ⋯⋯ 437

참고문헌 ⋯⋯ 447
Photo Creadit ⋯⋯ 453

머리말

"단 하나의 진정한 여행은 새로운 풍경을 향해 가는 것이 아니라, 다른 눈을 갖는 것, 수없이 많은 다른 사람의 눈으로 세계를 보는 것, 그래서 그들 각자가 보고, 그들 각자에 다름 아닌 수없이 많은 세계를 보는 것이리라."(마르셀 프루스트, 〈잃어버린 시간을 찾아서〉)

*

태어나고 자란 고장 이외에 당신에게 가장 큰 영향을 미친 도시를 꼽으라는 질문에 주저 없이 파리라고 답하겠다. 불문과에 진학해서 프랑스문학 연구를 업으로 삼겠다고 결심한 순간부터, 파리에서 유학생으로 5년 동안 머물면서, 나는 파리와 '제2의 고향'과도 같은 인연을 맺었다. 학업을 마치고 귀국한 후에도 소설가 밀란 쿤데라를 인터뷰하기 위해 파리를 방문하기도 했고, 학회 참석 전후나 방학 때 잠시 짬을 내서 누구나 알고 있는 파리를 내 것으로 향유하고 아무도 알려주지 않은 나만의 파리를 발견하기 위한 시간을 가졌다. 그러면서 내가 알고 사랑하는 파리의 모습을 언어로 풀어내고 싶다는 생각이 조금씩 싹텄다. 정보와 지식과 경험이 쌓이면서 자연스럽게 내면의 둑 너머로 흘러넘치기 시작했고, 나는 망설이지 않고 따라가기로 했다.

나는 되도록이면 '인문학자의 도시여행법'을 온몸으로, 아니 보다 정확히 말하자면 두 발로 풀어내고 싶었다. 파리의 거리를 걷고 또 걸으며 책으로 익힌 정보를 체득하고 교정하면서 발이 가져다주는 정직한 경험을 놓치지 않고자 했다. 파리는 무엇보다도 산책자를 위한, 산책자의 도시이기 때문이다. 파리 구석구석을 산책하며 글을 쓴 도시 인문학자 에릭 아장(Eric Hazan)의 말처럼 "헛걸음이란 없는 법"이다. 그런데 갑자기 파리로 가는 길이 막혔고 도시 전체가 봉쇄되었다. 팬데믹이 세계를 덮쳤다. 이 세상 누구보다 자유를 사랑하는 파리 시민들이 공공의 안전을 이유로 집안에 갇혔다. 1870년 프로이센의 파리 봉쇄 이후로 처음 겪는 일이었다.

코로나 19로 파리의 도시산책자가 되는 길은 포기했지만 대신 '백 권의 법칙'과 '일만 시간의 법칙'은 지키고자 했다. 자칫 오만한 발언으로 들릴 수도 있겠지만 어느 분야의 장인이 되려면 최소한 백 권의 책을 독파하고 일만 시간의 공력은 들여야 한다고 생각했다. 그렇다고 파리에 대한 거창한 책을 쓰겠다는 생각은 없었다. 다만 주관적인 인상을 늘어놓은 에세이와 딱딱한 설명과 논증으로 일관하는 학술서 모두를 경계하면서 '파리로 떠나는 인문여행'을 정제된 언어로 풀어내고 싶었다.

이 책을 본격적으로 준비하면서 근대도시 파리의 신비를 탐구하는 데 일생을 바친 두 사람의 견해를 접하게 되었다.

"인류의 역사 중 파리라는 도시의 역사만큼 우리가 많이 알고 있는 것도 드물 것이다. 몇 천 권, 몇 만 권에 달하는 저서가 오로

지 지상의 이 자그맣고 보잘 것 없는 한 점에 불과한 도시의 탐구를 위해 바쳐져왔다."(발터 벤야민, 〈아케이드 프로젝트〉)

그렇다면 나는 왜 "몇 천 권, 몇 만 권에 달하는 저서"가 바쳐진 파리라는 도시에 또 한 권의 책을 덧붙이고자 하는가? 그 이전에 수없이 많은 파리 관련 저서들 가운데 이 책의 길잡이가 되어 준 몇 권은 밝혀두는 게 예의일 것 같다. 발터 벤야민의 방대한 〈아케이드 프로젝트〉를 비롯해서 19세기 파리가 모더니티의 수도로 우뚝 선 이유를 정치경제학의 관점에서 파헤친 데이비드 하비의 〈모더니티의 수도 파리〉, 파리가 '세계의 수도'가 된 배경을 다각도로 분석한 파트리스 이고네의 〈파리, 세계의 수도〉를 빼놓을 수 없다. 그럼에도 불구하고 파리에 관한 책을 덧붙이는 이유를 말해보라면 19세기 최고의 소설가 오노레 드 발자크의 말로 대신하겠다.

"파리는 그야말로 하나의 대양이다. 음파를 발사해보라. 절대로 그 바닥이 어디인지도 모를 것이다. 이 대양을 조사하고 취재해보라! 아무리 빈틈없이 조사하고 취재한들, 이 대양의 탐험가가 그 수가 아무리 많고 끈질기다 한들, 항상 손닿지 않은 곳이 알려지지 않은 동굴이, 꽃, 진주, 괴물이 남아 있을 것이다. 문학의 잠수부가 놓친 뭔가 특별한 것이 언제나 있을 것이다."[1]

나는 미지의 탐험가가 되어 '파리의 대양' 깊숙이 잠수하기로 했다.

---

1) 데이비드 하비, 김병화 옮김, 〈모더니티의 수도 파리〉, 글항아리, 2019, 171쪽에서 재인용.

*

　코로나 19는 초연결의 시대를 역사상 유례없는 고립의 시대로 만들었다. 〈고립의 시대〉의 저자 노리나 허츠가 말하듯이 21세기는 "우리가 알고 있는 가장 외로운 세기"일지도 모른다. 외로움과 고독이 일상화되고, 문화생활은 방구석 미술관이나 방구석 영화관으로 줄어들었으며, 여행은 '랜선 여행'으로 대체되었다. 하지만 잘 생각해보자. 그 무엇도 여행을 통해 직접 얻게 되는 생생한 경험과 지식을 대체할 수는 없다. 마음껏 파리 시내를 활보하고 루브르와 오르세 미술관을 방역 패스 없이 드나들며, 에펠탑을 배경으로 신나게 사진을 찍는 날이 언젠가는 돌아올 것이다. 그날을 기다리며 역사와 문학 그리고 예술의 도움을 받아 파리로 인문여행을 떠나볼 것을 제안한다. 도시는 준비되지 않은 여행자에게는 아무것도 내어주지 않는다. 여행길이 막힌 대신 인문여행의 길은 활짝 열렸다.

　"파리를 처음 보는 사람은 없다. 누구든 파리를 다시 한번 본다." 〈사랑의 학교〉로 잘 알려진 이탈리아의 소설가 에드몬도 데 아미치스의 말이다. 파리에 처음 가본 사람조차도 "다시 한번 파리를 본다." 완전히 문외한이 아니고서는 파리를 '처음' 본 사람이 되기는 어렵다. 예를 들어 빅토르 위고의 〈파리의 노트르담〉이나 〈레미제라블〉을 떠올리지 않고서 노트르담 대성당이나 파리의 낡은 골목길을 생각할 수 없기 때문이다. 우리는 정도의 차이는 있지만 역사책이나 문학과 예술을 통해 얻은 파리의 간접 경험을 바탕으로 파리를 본다. 나는 본문에서 "도시 인문여행자의 가방에는 소설책과 화집이 관광 안내서를 대신한다."고 썼다.

　초대 문화부 장관을 지낸 소설가 앙드레 말로는 파리 전체가 거대한 박물관이라고 했다. 파리의 박물관과 미술관, 거리의 동상과 공공 기념물, 공원의 조각상과 분수, 센 강의 다리와 광장, 오스만 식 대로와 아파트… 이 모든 장소에는 파리의 역사를 견인한 사건과 인물들이 마치 화석처럼 박혀 있다. 이들 '기억의 장소'에 각인된 화석의 의미를 해독하며 우리는 유의미한 '인문학적 경험'을 한다. 화석들이 모여 레고블록처럼 조립되면 '나만의' 파리가 만들어진다. 인문학적 경험을 통해 우리는 관광객에서 도시여행자로, 그리고 도시를 아는 만큼 사랑하는 도시 인문여행자로 변신한다. 파리는 인문여행을 위한 최적의 도시이다.

*

　이 책은 파리 인문여행을 위한 일종의 '종합선물세트'로 기획되었다. 인문학은 물론 미술과 건축, 도시계획과 만국박람회, 패션과 미식 문화에 이르기까지 '모더니티의 수도' 파리의 전체상을 담아내고자 했다. 책 제목의 '인문여행'에서 '인문'은 문사철(文史哲)로 대표되는 학문 분야를 지칭하기보다는 인간과 세계를 바라보는 '관점'을 뜻한다. 앞서 제사로 인용한 프루스트의 말처럼 여행이란 지리적 풍경을 확장하는 것이 아니라 세계를 바라보는 시야가 확 트이면서 내면적 풍경이 풍요로워지는 경험을 뜻하며, 인문학이란 바로 이런 쓰임새를 —만약 인문학이 어떤 쓰임새가 있다고 전제한다면—갖고 있기 때문이다.

　저자는 늘 독자가 자신의 책을 처음부터 끝까지 완독해주기를 소망한다. 그러나 나 자신도 완독을 실천하는 경우는 드물다는 점을 고려하면 파리 '종합선물세트'의 포장을 벗겨내고 1장부터 11장까지 순서대로 음미하기란 부담스러울 수 있겠다. 파리로 떠나는 인문여행의 핵심 주제들은 느슨한 연대기적 순서에 따라 '따로 또 같이' 배열되어 있다. 미술에 관심이 있다면 3장 <파리의 혁명, 미술을 만나 꽃을 피우다>와 8장 <인상주의와 '현대의 삶을 그린 화가들': 마네, 드가, 카유보트, 모리조>를 연결하며 파리의 화가들에 대한 상념에 빠져도 좋고, 파리의 도시 풍경과 건축에 흥미 있는 독자라면 7장 <파리, 모더니티의 도시로 우뚝 서다: 오스만의 파리 개발과 파리의 도시 풍경>을 먼저 읽어도 되겠다. 파리를 사랑한 예술가들의 면면이 궁금하다면 4장 <문화예술의 수도 파리를 사랑한 예술가들>로 건너뛰어 헤밍웨이와 조세핀 베이커의 이야기에 귀를 기울여도 좋다. 하지만 그 어떤 경우라도 이 책의 문제의식이 담긴 1장 <파리는 어떻게 모더니티의 수도가 되었는가?: '19세기의 수도' 파리의 신화와 반(反)신화>부터 독서를 시작할 것을 부탁드린다.

눈치 빠른 독자라면 알아챌 것이다. 이 책이 프랑스 문학의 전성기에 해당하는 프랑스 대혁명에서 벨 에포크에 이르는 긴 기간(1789~1914)을 아우르면서도 문학전공자 답지 않게 문학작품을 비중 있게 다루지 않았다는 점 말이다. 분량 문제로 스탕달의 <적과 흑>, 빅토르 위고의 <레미제라블>, 귀스타브 플로베르의 <감정교육>, 에밀 졸라의 <여인들의 행복백화점>, 샤를 보들레르와 기욤 아폴리네르, 자크 프레베르의 시작품을 논의한 대목을 불가피하게 걷어냈다. 추후 <위대한 작가들이 들려주는 파리 이야기>란 제목의 저술을 통해 상세하게 풀어내고자 한다. 이어서 <위대한 화가들이 보여주는 파리 이야기>, <몽마르트를 사랑한 예술가들>, <파리는 여성이었다: 파리를 빛낸 여성들> 등의 저술들이 내 머릿속에서 언어의 꼴을 갖추기를 기다리고 있다. 시오노 나나미의 <로마인 이야기>에는 필적할 수 없겠지만 나만의 <파리 이야기>를 계속해서 써나갈 작정이다.

*

　인생의 어두운 터널을 지나가며 파리를 생각하고 읽고 썼다. 그 덕분인지 터널 끝 어디쯤에 있을 빛이 어슴푸레 보이기 시작했다. 어둠의 긴 터널을 빠져나오는 동안 손을 뻗어주신 분들의 이름을 일일이 호명하고 싶지만 꾹 참고 감사와 사랑의 마음만을 전한다. 다만 여행 인문학과 도시 인문학에 대해 많은 이야기를 나눈 '설창수'와 '도인아'모임 그리고 편집과 디자인은 물론 한 권의 책으로 만들어지기까지 갖은 수고를 아끼지 않은 박상순 시인의 이름만은 밝히고 싶다. 이 책은 여행 인문학과 도시 인문학 관련 서적을 주로 출간할 가로수살롱의 첫 결실이기도 하다. 이제 본격적인 파리 인문여행에 앞서 "미라보 다리 아래로 센 강은 흐르고"로 시작되는 아폴리네르의 명시 〈미라보 다리〉(Le Pont Mirabeau)의 한 구절을 되뇌어본다.

"사랑은 떠나가네 저 흐르는 물처럼
　사랑은 떠나가네
　인생은 얼마나 느린가
　'희망'은 얼마나 격렬한가

　밤이여 오라 종이여 울려라
　세월은 가도 나는 머물러 있네"

2022년 1월
박성창

센 강
Seine

1장

파리는 어떻게 모더니티의 수도가 되었는가?
'19세기의 수도' 파리의 신화와 반(反)신화

1. 도시를 여행하는 세 가지 시선
　: 관광객, 도시 인문여행자, 도시 관상학자(도시 인문학자)

파리를 여행 중인 세 사람의 이야기를 들어보자.

① 대학 진학 후 첫 여름방학을 맞아 과 동기들과 유럽 배낭여행에 나섰다. 첫 행선지는 파리다. 비행시간 내내 설레고 들뜬 탓인지 한숨도 자지 못했다. 파리에는 3일간 머물 예정이다. 어제는 샹젤리제 거리와 개선문을 구경한 다음 오후에는 루브르를 관람했다. 〈모나리자〉를 보는 데에만 한 시간이 넘게 걸렸다. 붐비는 인파로 걸작들을 놓쳐 두고두고 아쉬울 것 같다. 루브르는 이제 박물관의 기능을 상실한 건 아닐까? 오늘은 노트르담 대성당을 둘러본 다음 다리를 건너

영화 〈비포 선셋〉에 나왔던 서점 〈세익스피어 앤 컴퍼니〉에서 공들여 사진을 찍었다. 오후에는 빈티지숍이 몰려 있는 마레 지구를 구경할 예정이다. 저녁에는 블로그 맛집으로 유명한 레스토랑에 가 말로만 듣던 푸아그라나 달팽이 요리를 맛볼 예정이다. 에펠탑의 야경을 배경으로 찍은 사진은 이번 여행의 좋은 추억이 되겠지. 블로그와 SNS에 사진을 올릴 생각을 하니 벌써부터 신난다. 파리에서의 마지막 날은 무얼 하며 보내게 될까?

② 이제 기내식도 나오고 조명도 어두워졌다. 잠을 청하는 주위 분들께는 실례지만 실내등을 켜고 책을 뒤적거린다. 대학 시절 배낭 여행, 엄마와 함께 한 서유럽 패키지 투어에 이어 세 번째 파리 여행이다. 10년 넘게 출판사에서 일하며 '번아웃' 직전까지 몰렸다. 그래도 최근에 기획한 책이 입소문을 타고 꽤 팔린 덕분에 포상 휴가 겸 일주일 시간을 내 파리에 왔다. 불문학을 전공했지만 파리에 대해서는 별로 아는 게 없는지라 이번 기회에 파리를 깊이 있게 알고 싶었다. 지난 몇 개월 동안 퇴근 후와 주말은 온전히 파리의 역사와 문화를 공부하며 보냈다. 업무로 멍해진 머리가 꽉 차는 기분이었다. 모든 일정을 자기 주도적으로 설계했다. 루브르에서 콩코르드 광장을 거쳐 개선문과 라 데팡스에 이르는 '파리의 역사적 축'을 답사한 다음 마레 지구에 있는 카르나발레 파리역사박물관으로 이동해서 책으로 읽은 파리의 역사를 확인할 생각이다. 하루는 아무런 일정도 잡지 않고 마냥 파리의 보도를 걷고 싶다. 그러다가 한적한 카페에서 에스프레소를 마시며 힘든 시간 잘 버텨온 나 자신을 위로하는 글 몇 줄을 적어야겠다. 지인이 추천한 파리 묘지 산책이나 내가 좋아하는 모네의 그림과 로댕의 조각을 천천히 음미하기에 일주일이란 시간은 나 같은 도시

인문여행자에게는 너무나도 짧다.

③ 오늘도 어김없이 프랑스와 미테랑 국립도서관에 나와 있다. 지하철 14호선을 타고 '미테랑 국립도서관역'에 내리면 네 개의 타워로 이루어진 건물이 보인다. 신촌에 있는 여대 캠퍼스를 설계한 건축가(도미니크 페로)의 작품이다. 젊은 시절 5년을 파리에서 보냈다. 대학원 동기들과 달리 미국이 아닌 파리에서 경제학을 전공하겠다는 결심에는 장학금의 유혹 말고도 파리에 대한 동경과 환상이 작용했을지 모른다. 국책연구소에서 작년에 명예퇴직을 했다. 각종 경제지표를 분석하고 경제동향보고서를 분기마다 작성하면서 세월이 흘렀다. 파리에서 5년이라는 짧지 않은 기간을 살았지만, 사실 내가 살던 동네나 대학 이외에 파리에 대해서 제대로 알지 못해 늘 아쉬웠다. 파리에서 가장 매력적인 동네인 몽마르트에 대한 책을 준비하느라 도서관에서 자료를 찾으며 열공 중이다. 얄팍한 감상기가 아니라 보헤미안 예술가들의 둥지이자 파리코뮌의 시발지로서 몽마르트의 역사와 문화를 조명하는 인문여행서를 출간하고 싶다. '제2의 고향' 파리를 깊이 알아가며 도시 인문학자로 사는 것도 보람 있는 일이 아닌가. 내 롤모델은 1930년대 국립도서관의 자료 더미에서 '모더니티의 수도' 파리의 비밀을 파헤쳤던 문예비평가 발터 벤야민(Walter Benjamin)이다. 파리에 온 지 두 달이 지난 지금, 나는 벤야민처럼 도시 풍경을 '읽는' 연습을 하는 중이다.

각각의 입장을 관광객, 도시 인문여행자, 도시 인문학자로 불러보자. 관광(tourism)과 여행(travel)의 차이는 그다지 분명하지 않은 반면에 관광과 도시 인문여행의 차이는 분명하다. 관광객이 꽉 짜인 일정 탓에 파리의 명소들을 수박겉핥기 식으로 지나친다면, 도시 인문여행자는 파리의 랜드마크와 기념조형물(monument)에서 파리의 역사와 문화를 떠올린다. '혁명'에서 '화합'(콩코르드)으로 이름이 바뀐 콩코르드 광장(Place de la Concorde)에서 혁명과 반혁명, 진보와 복고의 움직임이 시계추처럼 왕복했던 19세기 프랑스사를 떠올리고, 이집트 왕조의 상징물인 오벨리스크가 광장 한가운데에 서있는 연유를 묻는다면 도시 인문여행으로 한 발짝 내디딘 셈이다. 몽마르트 언덕에 올라 사크레 쾨르 성당을 바라보며 파리코뮌과 제3공화국을 되돌아보고, 에펠탑에서 모더니티의 수도 파리의 신화를 읽어낸다면 도시 인문여행자로서 손색이 없겠다.

 도시 인문여행자는 역사와 문학 그리고 예술의 도움을 받아 도시를 여행한다. 역사가 도시의 생장(生長)을 이해하는 안내서라면, 문학과 미술은 도시의 가독성과 가시성을 높이는 소중한 자료다. 19세기 파리는 산업화와 도시화의 몸살을 겪으며 좀처럼 실체를 파악할 수 없는 복잡하고 불투명한 도시로 변모했다. 위고와 졸라 같은 소설가들은 도시 풍경의 디테일과 도시인의 구체적인 삶의 모습을 그려내면서 '얄팍하지 않은' 파리의 '도시성'을 읽어내느라 골몰했다.[1] 마네와 카유보트는 '현대의 삶을 그린 화가'로서 19세기 후반 화려한 외면에 감추어진 파리의 진상(眞相)을 보여주고자 했다. 그런 의미에서 도시는 읽고 보는 대상이다. 우리는 책과 그림을 통해 도시를 이해하고, 책과 그림처럼 도시를 읽고 본다. 도시를 읽고 보면서 도시 인문여행자는 보다 의식적이고 내밀한 '인문학적 경험'을 한다. 도시 인문여행자의 가방에는 소설책과 화집이 관광 안내서를 대신한다.

---

1) 리처드 세넷, 김병화 옮김, 〈짓기와 거주하기〉, 김영사, 2020, 43~47쪽.

도시는 기념비적 건축물이나 랜드마크에서만 자신을 드러내지 않는다. 관상가가 사소한 동작이나 미묘한 표정에서 사람의 성격을 읽어내듯이, 도시 인문여행자는 도시를 구성하는 디테일 하나에서도 도시의 성격을 유추해낸다. 그런 의미에서 도시 인문학은 도시관상학이다. 대표적인 도시 관상학자 벤야민은 부르주아 아파트의 실내장식이나 가구, 벽에 붙은 포스터나 광고 이미지, 거리의 가로등 같은 일상적인 도시 풍경에서 근대 도시 파리의 비밀을 유추해냈다. 역사와 문학, 대중문화와 예술, 정치와 경제를 포함한 방대한 지식으로 19세기 파리의 고현학(考現學)을 완성한 벤야민 필생의 작업을 '아케이드 프로젝트'(Arcade Project)라 부른다.

많은 시간과 노력을 기울여 도시 인문학자가 되기란 쉽지 않다. 그 대신에 도시 인문학자의 도움을 받아 파리로 '인문여행'을 떠나보는 것은 어떨까? 여행의 내밀한 경험은 그 어느 지식이나 정보보다 값지지만 '아는 만큼 보인다'는 진리는 엄연히 존재한다. 파리를 관광안내 책자나 인터넷에 떠도는 정보에 의존해 구경하는 시대는 지났다. 우리는 정도의 차이는 있지만 도시 인문여행자가 되고 싶어 하며, 그렇게 되도록 노력해야 한다. 이 책은 파리라는 매혹적인 도시로 인문여행을 떠나고자 하는 분들을 위한 지적 가이드이자, 인문학 안내서이고자 한다.

노트르담 성당, 두블 다리
Cathédrale Notre-Dame, Pont au Double

2. 19세기 파리, 도시의 정체성을 만들다

19세기 이전 사람들은 파리라는 도시에 산다는 자각이 뚜렷하지 않았다. 파리의 한 '동네'(quartier)에서 태어나고 자랐으며, 가정을 꾸렸다. 파리 '시민'이 아니라 파리 어디쯤에 있는 동네 '주민'으로 살았다. 프랑스 대혁명은 파리의 '도시성'(urbanity)과 파리 '시민'으로서의 자의식을 심어준 일대 사건이었다. 예를 들어 프랑스 대혁명은 파리의 거리와 광장에 새 이름을 부여하는 방식으로 도시의 정체성을 만들었다. 대혁명은 교회와 왕정의 가시적 표식을 제거하면서 새로운 출발을 선언했다. 절대왕정 시기 대재상의 이름을 딴 리슐리외 거리가 '법의 거리'로 바뀌었고, '혁명 광장'으로 이름이 바뀐 루이 15세 광장에서 루이 16세가 단두대의 이슬로 사라졌다. 또한 도시 이곳저곳에 계몽주의와 대혁명을 빛낸 위인들의 동상을 건립했다.

제3공화국은 여세를 몰아 파리 시내에 공화국의 이념을 상징하는 공공기념물과 조각상을 세운다. 프랑스의 위인들을 모신 팡테옹은 19세기 파리의 대표적인 '기억의 장소'에 해당한다. 런던탑이나 의사당 같은 정치적 성격의 기념물이 많은 런던과는 달리 파리에는 특정 정파나 체제의 이념을 뛰어넘어 국가적 상징이 된 공공기념물이 적지 않다. 에펠탑은 파리가 파리코뮌의 상처를 회복하고 모더니티의 수도가 되었다는 국가적 상징 이외의 정치적 함의는 갖지 않는다. 베르사유 궁전은 부르봉 왕조의 영화를 증명하고, 콩피에뉴 궁전이 보나파르트 왕가의 기억을 환기시킨다면, 루브르는 특정 왕조의 후광을 벗어던지고 문화의 공공성을 전면에 내세운 덕분에 전 세계인들이 찾는 파리의 랜드마크가 될 수 있었다.[2]

---

2) Patrice Higonnet, *Paris, Capitale du monde*, Tallandier, 2006.

파리의 지리적 중심은 어디일까? 현대적 메트로폴리스(metropolis)가 교환과 네트워크의 활성화로 인해 점점 탈중심화되는 경향을 띄는 반면 수도(capitale)는 정치, 경제, 문화의 중심을 기반으로 도시의 정체성을 만든다. 파리의 구심점 역할을 하는 지리적 장소나 랜드마크는 어디일까? 혁명 기념일 퍼레이드가 펼쳐지고 대통령궁이 있는 샹젤리제 대로와 개선문인가? 아니면 한 해 수백 만 명의 관광객들이 다녀간다는 루브르 박물관이나 에펠탑인가?

에투알 광장의 개선문을 중심으로 총 11개의 방사형 도로가 뚫린 것은 1860년대 이후이며, 에펠탑은 프랑스 대혁명 100주년인 1889년 만국박람회에 선보였다. 19세기의 수도이자 근대 도시 파리의 정체성을 대변하기에는 시기적으로 늦다. 오히려 19세기 파리의 구심점은 문학을 통해 '상징적인' 방식으로 만들어진다. 15세기 노트르담 대성당을 배경으로 대성당과 얽힌 인물들의 운명을 다룬 빅토르 위고의 소설〈파리의 노트르담〉(1831년)은 중세의 유서 깊은 성당을 근대 도시 파리의 중심으로 만드는데 결정적으로 기여했다. 이후로 1844년부터 20년 동안 꼼꼼한 복원 작업을 거쳐 재탄생한 노트르담 대성당은 근대 도시 파리 제일의 역사문화유산으로 자리잡는다. 파리 한가운데 시테 섬에 위치한 중세의 고딕식 건축물은 역사의 부침 속에서도 파리 시민들 곁을 지키며 정신적 지주 역할을 해왔다. 2019년 4월 15일 노트르담 대성당이 불에 탔을 때 많은 파리 시민들이 안타까움에 발을 동동 구르며 눈물을 흘렸다.

노트르담 대성당 같은 기념비적 건축물이나 파리의 거리와 광장이 유기적인 전체를 이루며 근대 도시의 정체성을 형성한 것은 나폴레옹 3세와 오스만 지사가 주도한 파리 개발 프로젝트(1850~1870)를 통해서였다. 파리의 동과 서, 남과 북을 이어주는 대로가 건설되면서 파리

구석구석은 하나의 전체로 연결되었다. 오스만의 도시 개발로 파리는 합리성, 일관성, 규칙성, 투명성을 자랑하는 근대 도시로 거듭났다. 온종일 햇볕조차 들지 않는 좁은 골목길은 사라지고 '빛의 도시' 파리가 탄생했다. 이제 "도시의 거리도 바위에 남은 지질학적 기록처럼 판독할 수 있는 대상"이 되었다.[3] "도시에 대한 의식이 최초로 표현되기 시작한 곳"이라고 평가 받는 파리를 향해 떠나는 인문여행은 이렇게 19세기로 거슬러 올라간다.[4]

이제 단도직입적으로 묻자. 왜 피카소와 아폴리네르의 20세기 파리가 아니라 위고와 오스만의 19세기 파리인가? 대혁명은 루이 15세 시절의 파리를 부정했고, 제3공화국은 나폴레옹 황제의 제2제국과의 단절을 꾀하면서 에펠탑을 세웠다. 19세기에 이룩한 혁명적 단절에 힘입어 파리는 모더니티의 수도라는 명성을 획득했고, 근대 도시 파리는 '모더니티'의 추동력을 발판으로 부단히 자신의 정체성을 쇄신했다. 모더니티는 예술적 혁신만을 뜻하지 않는다. 그것은 정치적 혁신은 말할 것도 없이 산업과 기술, 도시와 환경, 문학과 예술 등의 분야에서 현대성을 지향하는 쇄신의 작업을 두루 일컫는다. 대혁명 이후 한 세기 동안 파리는 '빛의 도시', '19세기의 수도', '현대의 바빌로니아'로 불리며 모더니티의 드라마를 연출했다.

1862년을 예로 들어 그해를 빛낸 혁신적 성과를 알아보자. 1858년 8월 16일 영국 여왕과 미국 대통령이 서로 문안인사를 주고받은 이래 전신(telegraph)은 파리를 세계와 연결했고, 가로등의 상용화로 빛의 도시로 거듭났으며, 새로운 옵니버스(승합 마차)는 승객들을 파리의

---

3) 벤 윌슨, 박수철 옮김, 〈메트로폴리스〉, 매일경제신문사, 2021, 435쪽.
4) Karlheinz Stierle, *La Capitale des signes. Paris et son discours*. Maison des sciences de l'homme, 2001.

구석구석으로 실어 날랐다. 오스만 식 건물이나 기차역, 백화점도 불과 십 년 전만 하더라고 상상할 수 없었던 신문물이었다.

3. '모더니티의 수도' 파리의 신화

19세기는 혁명과 진보의 세기이자 부르주아의 약진을 목도한 세기였지만, 무엇보다도 사회의 각 분야에서 근대화를 이룬 '모더니티의 세기'로 불린다. 19세기는 낡은 세계에서 새로운 세계로 이행하면서 오늘날 우리가 살고 있는 세계의 근간이 만들어진 시대였다. 19세기 파리에서 '혁명'만큼 자주 쓰인 단어도 없다. 대혁명에서 파리코뮌에 이르는 80년 동안 정치, 사회적 개혁의 진통을 겪으며 혁명과 반혁명이 반복해서 일어났다. 혁명은 반혁명과 왕정복고의 기운을 잠재우며 조금씩 결실을 맺어갔다. 1848년 2월 혁명으로 '남성' 중심의 보통선거가 실시되었고, 카페와 정치 클럽, 무도회와 축제가 공론장을 대신하며 '민주주의 시대'를 앞당겼다.

혁명의 기운은 정치의 영역에만 머물지 않았다. '산업혁명'이 석탄과 섬유, 전기와 화학 중심의 고도성장을 이끌었다. 오스만이 주도한 '도시혁명'은 파리를 현대적 도시의 바람직한 모델로 만들었다. 특히 문화예술 분야에서 일어난 '문화적 혁명'으로 파리는 문화예술의 수도로 빛을 발했다. 19세기의 전형적인 도시가 영국의 맨체스터 같은 산업 도시였다면, 파리는 일찌감치 문화도시로서의 입지를 굳혔다. 사회 전반을 뒤흔든 변화의 물결은 감수성과 시공간의 인식에도 커다란 변화를 가져왔다. 낭만주의와 사실주의를 비롯해 인상주의가 출현하면서 세계를 바라보는 방식이 달라졌으며, 근대적 역사학은 과거-현재-미래의 시간 축을 재정립하며 모더니티의 동력을 뒷받침했다. 철도의 발달로 여행이 일상화되고 제국주의적 팽창으로 이국취미와 모험심을 자극하면서 우리가 살고 있는 세계의 인식에도 큰 변화가 생겼다.

19세기는 모더니티의 세기였고, 파리는 모더니티를 가장 잘 구현한 도시였기에 파리는 명실공히 19세기의 수도로 자리 잡았다. 19세기의 수도이자 모더니티의 수도라는 주(主) 신화는 다음과 같은 보조 신화들로 이루어진다: 혁명의 수도 파리, 문화예술의 수도 파리, 오스만의 개발로 현대화된 파리, 박람회의 도시 파리, 미식과 패션의 수도 파리. 모더니티의 신화를 이끈 주역은 시대정신을 예견한 문인과 예술가들이었다. 과거의 유산을 답습하거나 찬란했던 시절의 영광에 만족하는 대신에 풍자화가 도미에가 말했듯이 "자기 시대에 속해야 한다."는 신념이 그들을 이끌었다. 화가들은 보들레르가 주창한 현대성의 미학을 기치로 삼아 종교화와 역사화의 그늘에서 벗어나 독창적인 세계를 선보였다. 인상주의 화가들은 선과 데생 대신에 색채에서 자유와 개성을 되찾았으며, 아틀리에를 벗어나 야외에서 빛의 효과를 마음껏 실험했다. 예술가들은 "자기 시대에 속해야 한다."는 모더니티의 정언명령을 각자의 방식으로 수행했다. 모더니티의 수도 파리로 많은 예술가들이 몰려들었고, 덕분에 도시는 그 명성을 두텁게 쌓아 올렸다. 피카소가 바르셀로나를 떠나 파리로 오지 않았다면 세계적인 예술가가 될 수 있었을까? 그렇다면 "왜 그토록 많은 예술운동이 특정한 시기에 특정한 도시들에서만 그렇게 빨리 일어났을까?"라는 질문은 '모더니티의 수도' 파리의 신화를 규명하는 핵심 질문이 될 것이다.[5]

---

5) 에드워드 글레이저, 이진원 옮김, 〈도시의 승리〉, 해냄, 2021, 15쪽.

'19세기의 수도 파리'는 벤야민 이전에도 자주 사용되던 표현이었다. 발자크는 1831년에 파리를 '우주에서 적수가 없는', '세계의 수도'로 묘사했으며, 19세기 후반에 이르러서는 '파리, 세계의 수도'라는 제목을 단 책들이 출간된다.[6] '19세기의 수도' 파리 신화를 가장 강력하게 신봉한 사람은 다름 아닌 빅토르 위고였다. 〈파리의 노트르담〉에서는 중세의 파리를, 〈레미제라블〉에서는 19세기 초반의 파리를 완벽하게 재현한 위고는 파리를 문명의 중심이자 인류를 미래로 인도할 선지자로 간주했다. 위고는 1867년 파리 만국박람회를 기념해 출간된 〈파리 안내서〉(Paris Guide)에서 파리를 다가올 20세기 유럽의 수도로 천명했다. "20세기에 대단한 국가가 존재할 것이다. 이 국가는 위대할 것이며 자유로울 것이다. 그 국가는 유명하고, 부유하며, 사색적이며, 평화롭고, 나머지 인류에게 진심을 다할 것이다. 이 국가의 수도는 파리가 될 것이며, 프랑스가 아니라 유럽으로 불릴 것이다. 유럽은 국민을 갖기 전에 그 수도를 갖게 될 것이다. 물론 그 국민은 아직 존재하지 않지만, 수도는 이미 존재한다."[7]

철저한 공화주의자였던 위고는 도시를 자유롭고 평등한 시민들의 공동체로 꿈꾸었다. 베르사유가 프랑스의 전통과 왕정을 상징한다면, 파리는 조국의 미래와 공화주의 이념의 보루가 될 터였다. 역사학자 미슐레도 19세기 프랑스 역사를 베르사유와 파리의 대립으로 설명한 바 있다. 위고는 종신 집권을 꿈꾼 나폴레옹 3세를 혐오해 긴 망명 생활을 감수했지만 그의 파리 예찬은 기술적 진보와 자본주의의 팽창을 주도한 제2제국과 맥을 같이 한다. 정치적 신념과는 무관하게 두

---

6) Christopher Prendergast, *Paris and the Nineteenth Century*, Wiley-Blackwell, 1995.
7) Christophe Charles, *Paris, fin de siècle: Culture et politique*, Seuil, 1998, p. 21에서 재인용.

적대적 인물이 공히 파리를 19세기의 수도로 본 점에서 모더니티의 수도 파리의 신화가 동시대인들에게 얼마나 강력하게 작동했는지 알 수 있다. 기술과 진보의 상징인 만국박람회는 제2제정기에 시작되어 제3공화국에 들어와서 꽃을 피웠으니, 기술의 발전이 더 나은 미래를 만들 것이라는 믿음은 정치체제를 뛰어넘어 19세기 내내 지속된다. 모더니티의 수도 파리의 신화는 근대 도시로서 파리의 정체성을 확립하며 파리지앵에게 일관된 목표와 소속감을 부여한다.

4. 파리, 혁명의 분화구 위에 문화예술의 꽃을 피운 도시

로마나 런던, 베를린이나 빈이 아니라 파리가 19세기의 수도이자 모더니티의 수도가 된 이유는 무엇인가? 17세기까지만 하더라도 로마와 피렌체의 그늘에 가려있던 파리가 빛나는 문화예술의 도시로 부상한 이유는 무엇인가? 18세기 런던의 산업혁명과 정치적 혁신을 부러운 눈으로 바라볼 수밖에 없었던 도시가 어떻게 19세기의 수도로 우뚝 설 수 있었을까?

1666년 런던의 대화재는 이 도시의 근대적 개조를 촉진시키는 계기가 되었다. 몇 차례 전염병이 돌기는 했으나 화재나 지진(리스본의 대지진을 생각해보라) 같은 치명적 재난을 피했던 파리는 도시를 전면적으로 개조해야 할 필요성을 느끼지 못했다. 파리의 근대화는 오스만 지사가 손대기 전까지는 런던보다 더디게 진행되었을 뿐 아니라 요원한 과제로 보였다. 나폴레옹 3세와 오스만 지사는 런던을 파리 개발 프로젝트의 모델로 삼았다. 디킨즈의 〈두 도시 이야기〉가 보여주듯이 런던이 산업화된 근대를 대변한다면, 파리는 정치, 문화적 근

에펠탑에서 내려다본
시뉴 섬, 자유의 여신상,
루엘 다리(아래), 그느넬 다리(가운데), 미라보 다리(위)

대성을 이끌었다. 런던이 공장연기와 석탄가루로 가득한 잿빛 도시였다면 파리는 혁명의 분화구 위에 문화예술의 꽃을 피운 도시였다. 파리의 매력을 베수비오 화산에 비유한 이는 벤야민이 아니던가. "파리에서는 혁명이라는 용암 위에서 다른 어디서도 찾아볼 수 없는 예술과 화려한 생활과 패션이 꽃을 피우고 있다."[8]

파리를 모더니티의 수도로 만든 이유를 알기 위해서는 무엇보다도 혁명에 대한 시각을 교정할 필요가 있다. 혁명은 정치 체제의 변혁만을 일컫지 않는다. 감수성의 혁명이나 라이프 스타일의 혁명은 정치 체제의 변혁보다 그 영향력이 깊고 지속적이다. 오스만의 도시 개발이 만들어낸 파리 풍경이나 백화점과 만국박람회의 출현이야말로 일상생활과 라이프 스타일의 근본적인 변화를 이끌어내고, 현대적 삶의 기본 조건들을 만들어낸 혁명이 아닐까? 19세기의 진정한 혁명은 프랑스 대혁명에서 파리코뮌에 이르는 일련의 정치적 대격변에 머물지 않는다. 삶의 각 층위에서 지속적으로 추진된 혁명, 사회의 각 분야에 골고루 스며든 혁명이 바로 모더니티의 수도 파리의 신화를 만들었다. 혁명의 '중층적' 성격으로 말미암아 많은 파리지앵들이 "봉마르세 백화점의 소비자이면서 동시에 바리케이드 위에서 싸우는 코뮌주의자"가 될 수밖에 없는 모순적 상황에 처한다.[9] 봉마르세 백화점과 파리코뮌의 바리케이드를 가로지르는 모더니티의 신화를 어떻게 해독할 것인가?

혁명은 파리를 문화예술의 불모지로 만들지 못했다. 오히려 혁명

---

8) 발터 벤야민, 조형준 옮김, 〈아케이드 프로젝트〉 1권, 새물결, 2005, 285쪽.
9) Patrice Higonnet, *Paris, Capitale du monde*, p. 195. 이 책의 저자도 파리가 세계의 수도로 군림한 까닭은 정치적 혁명의 에너지가 문화예술로 전이되어 결실을 맺었기 때문이라고 본다.

의 분화구는 문화적 혁신의 에너지를 뿜어내는 원동력으로 작용했다. 혁명은 파괴와 전복을 수반하지만 재건과 창조의 발판을 마련하기도 한다. 파리코뮌 이후 19세기 내내 들끓던 혁명의 열기는 가라앉고 예술과 산업, 문화와 일상의 모든 분야에서 주목할 만한 결실이 맺어진다. 프랑스-프로이센 전쟁 패배와 파리코뮌이 남긴 상처에도 불구하고 파리가 19세기의 수도로 군림할 수 있었던 까닭은 베를린이나 빈 같은 경쟁 도시를 무색하게 할 만큼 모더니티의 작업을 가열차게 진척시켰기 때문이다.

  벨 에포크가 이룬 기술적 성취와 문화적 결실은 한마디로 요약할 수 없을 정도로 다채롭다. 인상주의의 미학적 혁신, 백화점이 불러온 소비문화의 근본적 변화, 1900년 파리 만국박람회, 자전거, 자동차, 지하철 시대의 개막 등. 파리를 동서로 가로지르는 지하철 1호선은 1900년 7월 19일에 개통되었다. 루브르와 콩코르드 광장을 거쳐 샹젤리제 대로에 이르는 이 황금 노선은 지금도 관광객들로 붐빈다. 이밖에도 사마리텐 백화점을 개장한 에르네스트 코냐크, 자신의 이름을 내건 타이어를 만든 미슐랭, 자동차 개발의 원조 푸조와 시트로앵, 영화를 발명한 뤼미에르 형제 등 각자의 분야에서 '현대성'을 구현한 인물들의 이름이 떠오른다.

5. 파리로의 문화적 집중과 문화적 혁신역량의 극대화

프랑스 절대왕정은 파리에 대한 불신과 경계를 거두지 않았다. 루이 14세는 지롱드 난을 피해 한동안 파리를 떠나 있어야 했고, 결국 베르사유에 화려한 왕궁을 지어 파리를 대신했다. 루이 16세가 삼부회를 소집한 곳도 파리가 아니라 베르사유였다. 대혁명은 국가의 중심을 파리로 이동시킨 전환점이 되었으며, 이후 파리는 베르사유를 물리치고 명실상부한 수도로 자리 잡는다. 루이 14세가 권좌에서 물러난 지 몇 십 년 만에 정치적으로 비대해진 파리에 대한 불만이 표출될 정도로 그 속도는 빨랐다. "정치적으로 보았을 때 파리는 너무 크다. 파리는 나라라는 몸에 비해 과도하게 큰 머리와 같다. 하지만 이제는 이 혹을 잘라내기보다는 내버려두지 않을 수 없게 되었다. 한 번 뿌리가 내리면 조절이 불가능한 잘못된 일들이 있는 법이다."[10]

파리 중심주의를 고집한 혁명 정부는 방데의 반란(1793~1795년) 같은 지방의 폭동을 가혹하게 진압하며 지방분권의 소지를 없앤다. 1830년 7월 혁명 직후 루이 필립의 등장, 1848년 임시정부, 1870년 국민방위군 소집, 1871년 파리코뮌 성립과 같은 굵직한 역사적 사건들은 파리 시청(오텔 드 빌)을 무대로 한다. 파리와 파리 시청, 파리지앵은 혁명의 세기 19세기를 온몸으로 겪은 주인공들이다. 공화주의와 혁명의 이념이 파리를 중심으로 유럽 각지에 전파되면서 파리는 실로 혁명의 수도라는 명성을 구가한다.

지방 분권이 확립된 독일이나 이탈리아와는 달리 프랑스는 중앙집권국가를 지향했으며, 19세기에 접어들면서 파리는 명실상부한 프랑

---

10) 루이 세바스티앵 메르시에, 이영림 외 옮김, 〈파리의 풍경 1〉, 서울대학교출판문화원, 2014, 10쪽.

스의 수도로 자리 잡는다. 1830년 7월 혁명에 매혹되어 파리로 한걸음에 달려온 독일의 시인 하이네는 파리는 프랑스 전체를 대표하며, 프랑스는 파리라는 대도시의 커다란 교외에 불과하다고 말하지 않았는가? "프랑스는 가장 아름다운 꽃들을 따서 꽃다발에 담는 정원과도 같다. 그 꽃다발 이름이 파리다." 로마가 곧 이탈리아라는 등식은 성립하지 않는다. 로마는 정치적 수도이자 종교의 중심이지만, 문화나 상업에서는 피렌체나 베네치아, 밀라노의 명성을 따라가지 못한다. 독일의 중심은 베를린인가 본인가? 미국이나 호주, 브라질은 아예 수도를 인공적인 도시로 정하지 않았는가? 한 국가 내에서도 정치, 경제적 중심과 문화적 중심이 분리되어 있는 경우가 많다. 이렇듯 파리로 정치, 경제, 문화의 모든 역량이 집중된 것은 다른 나라에서는 유례를 찾기 힘든 '프랑스적' 현상이다.[11]

그렇다면 국가의 권력과 기능이 수도 한 곳에 집중되어 있는 경우와 여러 도시로 분산된 경우 가운데 어느 쪽이 세계의 문화적 '중심'으로서 역량을 발휘하기 유리할까?

파리와 지방의 격차와 대립은 19세기 프랑스 소설의 단골 주제다. 지방이 권태와 실패의 장소라면, 파리는 성공과 모험의 무대로 여겨진다. 스탕달의 〈적과 흑〉에서 주인공 쥘리엥 소렐이 성공과 출세의 포부를 안고 파리로 올라온 일이나 발자크의 〈고리오 영감〉에서 라스티냐이 출세를 다짐하며 파리와의 대결을 선언한 작품의 마지막 장면도 잊을 수 없지만, 무엇보다도 플로베르의 〈마담 보바리〉에서 여주인공 엠마 보바리가 파리에 대해 품는 동경과 환상이 인상적이다. 의사 남편 샤를 보바리와의 단조롭고 따분한 시골생활이 계속될수록

---

11) Patrice Higonnet, *Paris, Capitale du monde* 참조.

파리에 대한 동경은 커져간다.

"파리라는 데는 어떤 곳일까? 얼마나 엄청난 이름인가! 그녀는 흐뭇하게 음미해 보기 위하여 그 이름을 낮은 목소리로 되뇌어 보았다.(…) 그녀는 파리의 지도를 샀다. 그리고 지도 위를 손가락 끝으로 더듬으면서 수도(首都)의 이곳저곳을 두루 가보았다. 큰 거리를 따라 올라가보고 거리 모퉁이마다, 길과 길을 나타내는 선들의 사이, 집을 나타내는 흰색 네모꼴 앞에서 발걸음을 멈추기도 했다. 결국은 피로해져서 눈을 감으면, 어둠 속에서 몇 개의 가스등이 바람에 흔들거리고 극장 전면의 기둥들이 늘어선 회랑 앞에서 사륜마차의 발판이 요란한 소리를 내면서 내려지는 것이 보였다.(…) 그녀를 가까이 둘러싸고 있는 모든 것, 권태로운 전원, 우매한 소시민들, 평범한 생활 따위는 이 세계 속에서의 예외, 어쩌다가 그녀가 걸려든 특수한 우연에 불과한 반면, 저 너머에는 행복과 정열의 광대한 나라가 끝간데 없이 펼쳐져 있는 것처럼 생각되었다."[12]

파리는 불과 87km²의 좁은 면적을 가진 도시이다. 런던(321km²)이나 마드리드(607km²)보다 작으며 모스크바 면적의 1/10에 불과하다. 그런 공간에 프랑스 사회의 모든 권력과 문화 인프라가 집중되어 있다. 2021년 기준 파리와 파리를 둘러싼 일 드 프랑스(Île de France) 지역의 인구는 1100만 명이니, 서울 면적의 1/6 규모에 서울보다 많은 인구가 모여 사는 높은 인구밀집도를 보인다. 파리가 정치 , 행정, 외

---

12) 귀스타브 플로베르, 김화영 옮김, 〈마담보바리〉, 민음사 세계문학전집, 87~90쪽.

교의 수도인 것은 말할 것도 없고, 프랑스를 찾는 관광객들 대부분은 파리의 관광명소를 찾는다. 2010년 통계에 따르면 관광객들이 가장 많이 찾는 명소는 루브르 박물관, 에펠탑, 퐁피두센터, 오르세 미술관 순이다. 노르망디 해안에 위치한 몽생미셀 수도원(매년 3백만 명 이상이 찾는다)을 제외하면 지방에서 이에 비견할 만한 랜드마크를 찾기 힘들다. 다른 통계에 의하면 예술, 공연, 언론, 출판과 같은 문화 관련 종사자가 파리 인구의 6.2%를 차지하는데 이는 프랑스 평균 0.6%를 훨씬 상회하는 수치다. 출판사의 70%가 파리에 몰려 있으며 박물관이나 갤러리, 극장도 비슷한 상황이다.[13] 작가나 예술가가 파리 이외의 다른 도시에서 성공을 꿈꾸기란 불가능한 현실일지 모른다.

파리의 높은 인구 밀집도와 문화의 집중이 낳은 긍정적 효과는 아무리 강조해도 모자람이 없다. 도시의 밀도가 높아지면 이른바 '집적 효과'도 극대화된다. 도시문명사가 벤 윌슨은 도시 규모의 확장과 도시 밀도의 증가가 주는 효과를 이렇게 설명한다. "한 지역의 인구밀도가 2배 증가할 때마다 그 지역의 생산성은 2~5 퍼센트 향상된다. 도시 안에 가득 찬 에너지 덕분에 경쟁력과 창업가 정신이 고양된다. 그런 힘은 밀도뿐만 아니라 규모에 의해서도 확장된다."[14]

인구가 밀집된 촘촘한 도시는 '인접성, 혼잡성, 친밀성'의 부수효과를 낳는다. 도시로 모여든 예술가들은 함께 작업하고 놀며 창조적 아이디어를 생산하고 공유하며 널리 퍼뜨린다. 파리에서 문화예술의 혁신과 창조성이 꽃핀 것은 무엇보다도 인구밀집과 문화적 집중이 낳은

---

13) 통계와 수치는 로렌스 와일리, 장 프랑스와 브리에르, 손주경 옮김, 〈프렌치 프랑스〉 (고려대학교 출판부, 2007)와 Michel Pinçon 외, *Sociologie de Paris*(La Découverte, 2014)를 참조했다.
14) 벤 윌슨, 박수철 옮김, 〈메트로폴리스〉, 10쪽.

'상호작용'(interaction)의 극대화에 기인한다. 혁신적 아이디어와 도시의 연결고리를 탐구한 에드워드 글레이저에 따르면 "아이디어들은 대륙과 바다보다 복도와 거리를 더 쉽게 가로질러 가기 때문이다."[15]

6. 파리의 문화적 흡입력과 창조적 혁신

"도시는 상이한 종류의 인간들로 구성된다. 비슷한 인간들만 있으면 도시가 존재할 수 없다."(아리스토텔레스, 〈정치학〉)

한 도시가 국가의 수도가 아니라 세계 문화예술의 중심이 되기 위해서는 다양한 국가의 예술가들을 불러 모으는 '문화적 흡입력'이 필요하다. 파리는 19세기 중반부터 유럽 제일의 문화도시로서 문학과 예술의 메카로 알려졌다. 파리에서 예술가로 성장하고, 성공하기를 꿈꾸는 외국인들이 점점 늘어났다. 화가 지망생들은 에콜 데 보자르나 사설 아카데미에 등록해 살롱 출품의 기회를 엿보았으며, 다양한 국적의 예술가들과 교류하며 예술세계를 넓혔다. 파리가 세계 최대의 미술 시장으로 떠오르면서 특히 미술 분야의 인재들이 파리로 몰려들었다. 매일 같이 열리는 문화예술 공연은 그들에게 예술적 영감을 불어넣으며 창조의 충동을 자극했다.

창조적 혁신은 외면한 채 물려받은 문화유산만으로는 문화적 흡입력을 발휘할 수 없다. 로마와 피렌체는 찬란한 문화유산을 자랑하지만, 예술적 혁신이 더해지지 않아 유럽 제일의 문화도시로 부상하지

---

15) 에드워드 글레이저, 〈도시의 승리〉, 77쪽.

피아노 연주, 뤽상부르 공원(위)
에콜 데 보자르(국립 미술학교)
거리 연주자와 무용가, 생미셸 다리(아래)

못한 반면, 파리는 상속받은 막대한 문화유산을 바탕으로 문화적 쇄신을 이루어냄으로써 문화예술의 수도로 떠올랐다. 그런데 한 도시가 창조적 에너지를 발산하려면 개방성과 다양성, 그리고 관용의 정신이 뒷받침되어야 한다. 파리는 유럽 도시 가운데 최고의 '보헤미안 지수'를 자랑한다. '보헤미안 지수'란 한 도시의 창조성을 가늠하기 위하여 도시사회학자 리처드 플로리다가 고안한 지표로 "지역 내의 작가, 디자이너, 음악가, 연기자, 감독, 화가, 조각가, 사진작가, 무용가의 수를 측정하기 위하여 센서스 작업 자료"를 토대로 만들어진다.[16] 또한 파리는 해당 도시의 다양성을 파악하는 지표인 외국인 인구비율, 이른바 '용광로 지수'도 유럽의 다른 도시들에 비해 월등히 높다. 보헤미안 지수와 용광로 지수가 높은 창조적 도시 파리에서 혁신적 아이디어는 예술가와 예술가 사이의 밀접한 접촉과 상호작용을 통해 널리 확산된다. 르네상스 시대 피렌체가 보여주었던 문화적 혁신이 19세기 말에서 20세기 초 파리에서 훨씬 밀도 있게 이루어졌다.

    이탈리아 르네상스 시대에 천재 예술가들이 크게 늘어난 현상은 15세기 피렌체의 화가 필리포 브루넬레스키가 선원근법의 기하학을 발견하면서 시작했다. 그는 자신이 깨달은 지식을 친구에 도나텔로에게 전수했고, 도나텔로는 얕은 돋을새김으로 만든 조각상에 선원근법을 도입했다. 두 사람의 친구인 마사초는 선원근법을 그림에 도입했다. 피렌체의 예술적 혁신들은 도시 집중화가 가져온 영광스런 부대 효과였다.[17]

---

16) 리처드 플로리다, 이원호 외 옮김, 〈도시와 창조계급〉, 푸른길, 2008, 64쪽.
17) 에드워드 글레이저, 〈도시의 승리〉, 25쪽.

파리는 유럽 각지에서 몰려든 보헤미안 예술가들의 성지로 떠오르며 창조적 혁신을 이루고, 베를린이나 빈 같은 경쟁도시를 따돌리며 유럽의 문화적 중심으로 부상했다. 문화적 혁신과 창조는 19세기말과 20세기 초 파리에서 절정에 달한다. 파리를 무대로 다양한 분야의 예술가들이 실험과 혁신에 몰두한다. 피카소(미술), 스트라빈스키(음악), 디아길레프(발레), 콜레트(문학)의 예술적 실험에 차라의 다다이즘과 브르통의 초현실주의가 더해지면서 혁신은 최고조에 이른다. 특히 세기말 파리는 모든 과감한 시도들이 뒤섞이며 (불)협화음을 내는 장이 된다. 급진적인 담론과 반혁명적 언사가 충돌하고, 여성 해방의 목소리가 여성 혐오 발언과 부딪힌다. 청년 프로이트가 1885년 파리에 왔을 때 받은 느낌이 바로 수수께끼 같은 스핑크스의 모습이었다.

예술적 혁신과 창조의 실험이 자유롭게 이루어지려면 이방의 예술가들을 환대하고, 그들이 마음껏 끼를 발산할 수 있도록 해주어야 한다. 이른바 관용과 환대의 정신이 요구된다. 조각가의 꿈을 안고 1902년 루마니아를 떠나 파리로 온 브랑쿠치가 한참 후인 1922년 동향의 다다이스트 차라에게 말한다. "예술에는 이방인이 없는 법이다." 오스카 와일드의 유미주의를 도덕적인 잣대(동성애는 당시 영국에서 범죄로 받아들여졌다)를 들이대며 단죄한 런던의 사례를 반면교사로 삼아 파리는 '조국이 없는 자들의 조국'을 대신했다. 파리에서는 대혁명 이후 동성애가 범죄로 받아들여지지 않았다. 와일드는 2년간의 옥살이를 마치고 영국에서 추방되어 1900년 파리의 한 호텔에서 쓸쓸히 생을 마쳤다.

가능성으로 충만한 미래의 예술가들을 포용하는 환대의 분위기에 대한 증언은 많다. 오스트리아 출신의 전기 작가 스테판 츠바이크는 1년간의 파리 시절(1906년)을 이렇게 회상한다. "중국인, 스칸디나비아인, 스페인인, 그리스인, 브라질인, 캐나다인 등 모두는 센 강변에서 자기 집에 있는 것처럼 편안함을 느꼈다. 어떠한 강제도 없이 사람들은 원하는 대로 이야기하고 생각하고 웃고 욕을 퍼부을 수 있었고, 사람들과 어울리든 혼자 있든, 낭비적이든 절약하고 지내든, 사치스럽게 지내든 보헤미안적이든, 각자 자기 마음이 내키는 대로 생활하고 있었다. 어떤 색다른 것도 관대하게 받아들이는 여유가 있었고, 어떤 가능성도 도움을 받았다."[18] 훗날 츠바이크가 마리 앙투아네트와 발자크 전기를 쓰면서 누구보다 파리를 사랑한 작가가 된 비결도 여기에 있다.

혁신과 창조는 유행을 낳고, 파리를 중심으로 유행이 전파된다. 예술적 혁신과 유행의 전파가 맞물리면서 문화예술의 수도 파리의 위상은 더욱 공고해진다. 파리의 문화적 혁신은 이를 모방한 다른 도시들로 급속도로 퍼진다. 문화적 혁신이 유행을 통해 세계 곳곳에 전해지면서 문화예술의 수도 파리의 신화는 완성된다.

7. 문화와 예술의 수도 파리

'문화예술의 수도'는 '모더니티의 수도' 파리의 핵심 신화이자 문화강국 프랑스를 떠받치는 근간이다. 2020년 코로나 19로 파리 시내가 봉쇄되고, 대부분의 상점들이 문을 닫아야 했을 때 파리 시장 안 이달고를 비롯한 많은 파리 시민들이 서점 폐쇄 조치에 반대했다. 문화강국으로서 남다른 자부심 때문이다. 하지만 아직도 프랑스가 세계 최

---

18) 스테판 츠바이크, 곽복록 옮김, 〈어제의 세계〉, 지식공작소, 2014, 159쪽.

팔레 가르니에(오페라 가르니에)
Palais Garnier(Opéra Garnier)

고의 문화강국이라고 믿는 사람들은 적어도 프랑스 밖에서는 많지 않다. 실존주의의 산실이던 파리 6구의 생제르맹 지역은 문화적 활력을 잃은 지 오래다. 서점과 출판사와 화랑이 몰려 있던 거리는 명품 매장으로 변했고, 지식인과 예술가들의 사랑방이던 카페 레 되 마고나 카페 드 플로르는 관광객들 차지가 된 지 오래다.

한 도시의 신화는 지속불변의 진리가 아니다. 인간이나 국가처럼 도시도 생사고락과 흥망성쇠의 길을 걷는다. 오늘날 뉴욕이 문화예술의 중심이라고 하지만 언제 어느 도시가 뉴욕의 자리를 차지할지 알 수 없다. 다만 한 도시가 오랜 기간 문화적 아우라를 내뿜었을 때는 그에 합당한 이유가 있는 법이다. 파리가 문화예술의 수도로서 빛이 바랬다고 해서 그렇게 되기까지의 과정과 의미를 탐구하는 일이 쓸모없다고 할 수는 없다. 파리는 세계 어느 도시보다 강력하게 문화예술의 수도라는 신화를 창조했으며, 적어도 한 세기 이상 그 신화를 유지했다.

파리는 예술의 여러 분야 가운데 미술의 중심지로 꼽혀왔다. 사실 런던의 하이든이나 빈의 모차르트나 베토벤에 걸맞은 음악의 대가를 파리에서 찾기 어렵다. 하지만 파리는 미술 못지않은 음악의 도시라는 점을 잊지 말자. 미술과 건축의 화려한 성취에 가려져 19세기 파리의 음악은 그다지 주목받지 못했다. 하지만 19세기 파리 음악의 최고봉은 오케스트라나 실내악이 아니라 오페라였음을 기억하는 이는 드물다. 1830년에서 1880년까지 오페라는 파리에서 엄청난 인기를 끌었다. 나폴레옹이 자신의 위업을 자랑하기 위해 개선문을 지었듯이 조카 나폴레옹 3세는 새로운 오페라 하우스를 지어 필생의 문화적 업적으로 삼았다. 오페라 가르니에(Opéra Garnier)는 에펠의 명성에 가려진 건축가 가르니에가 1862년부터 시작해 완공까지 13년이 걸린

19세기 건축의 걸작으로 평가받는다. '그랑 오페라'(Grand Opéra)에서 베를리오즈, 비제, 구노로 이어지는 프랑스 오페라의 영광은 오펜바흐의 오페레타로 이어졌다. 오페레타의 인기는 오늘날 뮤지컬의 인기를 능가할 정도였다. 이후로 드뷔시, 라벨, 사티, 스트라빈스키 등이 음악의 도시 파리의 명성을 이어간다.

이제 문학으로 눈을 돌려보자. 파리는 문학의 세계적 수도라고 말할 수 있을까? 그 이전에 이 질문의 전제가 올바른지 묻지 않을 수 없다. 민족문학의 관점에서 본다면 특정 도시가 특정 국가나 언어권의 문학적 수도 이상의 역할을 맡기 어렵기 때문이다. 파리는 프랑스의 문학적 수도일 뿐이며, 런던은 영국이나 범위를 넓히더라도 영연방의 문학적 수도를 벗어날 수 없다. 그 이유는 문학은 언어를 바탕으로 하며, 언어는 특정 문화권을 넘어 세계의 보편적 언어로 통용되기 어렵기 때문이다.

하지만 근대에 접어들면서 커다란 변화가 생긴다. 18세기말부터 '세계문학공간'이라고 부를 수 있는 국제적인 문학공간이 생겨난다. 번역과 교류를 통한 문학적 교환이 활발하게 이루어지고, 문화강국을 자처한 나라들 사이에서 문학적 혁신을 둘러싼 경쟁이 벌어진다. 특정 작가의 작품을 두고 '현대적'이라는 평가를 받기 위한 선의의 경쟁이 생겨난다. 경쟁의 성패를 가리기 위해서는 문학적 '현재'를 측정할 수 있는 기준점이 필요하다. 그 기준에 근거해 어떤 작품이 현대적인지 구식인지, 혁명적인지 시대착오적인지 가릴 수 있게 된다. 세계의 시간대를 정하기 위해 그리니치 표준시라는 기준점을 만들었다. 이를 기준으로 각 나라의 시간대가 결정되며, 그 누구도 그리니치 천문대의 존재를 부정하지 않는다. 마찬가지로 문학적 현재를 측정하기 위해서는 그리니치 천문대에 걸맞은 문학의 표준점을 상정할 필요가 있다. 19세기 중반부터 한 세기에 이르는 기간 동안 파리는 '문학의 그리니치 천문대'의 역할을 맡았다.[19)]

"파리는 20세기가 놓여 있는 곳이다." 1920~30년대 파리의 가장 뛰어난 문화적 중개자인 거트루드 스타인 여사의 말이다. 그 믿음이 많은 작가들을 파리로 불러들였고, 파리는 문화적 혼종과 교차를 통해 문학의 현재성을 가늠하는 걸작들을 산출했다. 1922년 모더니즘의 걸작으로 꼽히는 제임스 조이스의 〈율리시즈〉가 출간된 곳은 뉴욕도 런던도 아닌 파리에서였다. 헤밍웨이가 작가로서 기본기를 다진 곳도, 엘리엇이나 파운드 같은 시인들이 문학적 기지개를 활짝 편 곳도 다름 아닌 파리에서였다. 발자크는 파리를 "수 십 만권의 소설을 낳은 도시"라고 말한 바 있다. 세계 각지에서 몰려든 작가들이 파리 한 복판에서 '세계문학 공화국'의 도래를 선포했다.

19세기부터 한 세기 반 동안 파리가 서양미술의 중심을 차지했다는 사실에 이의를 제기할 사람은 없어 보인다. 파리가 문화예술의 수도라는 신화에는 파리는 곧 미술의 도시라는 생각이 깔려 있다. 심지어 어떤 비평가는 다비드의 〈호라티우스의 맹세〉가 나온 1785년부터 히틀러가 파리를 점령한 1940년까지를 신화의 유효기간으로 특정하기도 한다.[20)] 미술사조의 변화는 파리가 근현대미술의 흐름을 주도했다는 사실을 입증한다. 다비드의 고전주의에서 들라크루아의 낭만주

---

19) 프랑스의 비평가 파스칼 카자노바는 이러한 주장을 하는 대표적인 논자이다. Pascale Casanova, *The World Republic of Letters*(Harvard University Press, 2004) 참조. 필자도 〈글로컬 시대의 한국문학〉(민음사, 2009)에서 이러한 논의를 전개한 바 있다.
20) 보다 구체적으로 다비드의 그림은 혁명 정신이나 공동체를 위한 희생, 공화주의의 이념을 형상화함으로써 미술의 중심을 로마에서 파리로 이동시켰으며, 히틀러의 파리 점령은 파리에서 뉴욕으로의 문화적 중심축의 이동을 상징하는 사건이라는 것이다. Patrice Higonnet, *Paris, Capitale du monde*, 15장 'Paris-en-Europe: Paris, capitale de l'art' 참조.

의로, 낭만주의에서 쿠르베의 사실주의로, 그리고 모네의 인상주의에 이르기까지 파리는 19세기 초반부터 예술적 혁신의 주도권을 놓친 적이 없었다. 20세기에 들어서도 포비즘(야수파)과 큐비즘(입체파)의 미적 실험이 파리에서 이루어졌으니, 가히 미술의 도시로서 손색이 없었다.

파리가 미술의 도시로 오랜 기간 군림할 수 있었던 데에는 국가의 지원도 한몫을 했다. 전통적으로 왕과 귀족이 맡았던 예술가들의 보호와 후원의 역할을 국가가 이어받았다. 과거 교회나 귀족이 예술가들에게 작품을 주문했듯이 공공기관과 공공장소에 그림과 조각품이 전시된다. 에콜 데 보자르(1795년) 같이 전통과 권위를 대표하는 교육기관이 설립되고 살롱 전시회가 개최되면서 국가와 정부가 예술가의 '파트롱'을 대신했다. 루브르 박물관의 건립(1792년)은 그 누구도 문화유산을 독점할 수 없다는 시대정신의 구현이자 왕궁을 공공박물관으로 변모시킨 획기적 사건으로 평가받는다.

국가의 후원이나 권력의 도움으로 최고의 영예를 누린 화가들이 19세기에 등장한다. 혁명 정부와 나폴레옹 제정기에 궁정화가로서 최고의 지위와 명성을 누린 자크 루이 다비드와 나폴레옹의 전투와 군대를 주로 그린 장 루이 에르네스트 메소니에(Jean-Louis-Ernest Messonier, 1815~1891)가 대표적이다. 1846년 화가로서 레지옹 도뇌르 훈장을 받은 메소니에는 1889년에는 최고 등급인 레지옹 도뇌르 '그랑크루아'(grand croix)를 수여했다.[21] 이는 그가 거의 반세기 동

---

21) 레지옹 도뇌르는 1802년 나폴레옹 1세가 제정한 가장 명예로운 훈장이다. 공로와 업적에 따라 '그랑도피시에', '코망되르', '오피시에', '슈발리에', '그랑크루아'의 다섯 등급으로 나뉜다. '그랑크루아'는 '대십자가'란 뜻으로 75명만 받을 수 있도록 인원이 제한되어 있다.

안 화가로서 최고의 영예를 누렸음을 증명한다. 하지만 '국가=아카데미=살롱'이라는 등식관계가 점점 굳어지면서 미술계는 관료화되고 경직된다. 살롱의 권위가 해가 갈수록 더해가면서 출품작이 늘었지만 낙선작도 증가했다. '공식적인' 예술에 도전하는 실험적인 작품들이 낙선하면서 살롱의 권위에 금이 가기 시작했다.

인상주의는 살롱 낙선자 전시회로부터 출발했다. 파리의 미술은 공식적인 예술의 경직된 분위기에 도전하면서 활력을 되찾았다. 쇄신의 기운은 세기를 넘어 입체파와 아방가르드로 이어졌다. 예술적 혁신은 미술시장의 변화를 유도했다. 19세기 중반 이후로 예술도 시장 질서에 편입되면서 살롱이나 아카데미의 중개 없이 화가들이 작품을 전시하고 대중들이 감상할 수 있게 된다. 이제 화상과 부르주아 고객들이 주도하는 상업 시스템이 국가의 후원과 통제를 대신했다.

혁신을 통한 개성의 확보만이 급변하는 미술 생태계에서 살아남을 수 있는 유일한 방법이었다. 화가들은 각자 방식은 달랐지만 '시대의 핵심을 포착하라'는 모더니티의 정언명령에 충실했다. 하지만 방심은 금물이다. "파리가 변화와 쇄신과 모더니티의 수도가 되기를 그치는 순간 미술은 대서양을 건너갈 것"이기 때문이다.[22] 미국 화가 마크 탠시(Mark Tansey, 1949~)의 〈뉴욕 학파의 승리〉(Triumph of New York School, 1984년작, 휘트니 미술관)는 대서양을 사이에 둔 두 도시의 명암을 잘 표현해준다. 하지만 뉴욕 학파도 실험과 창조의 시도를 게을리 하는 순간 새로운 학파에 자리를 넘겨야 할 것이다.

---

22) Patrice Higonnet, *Paris, Capitale du monde*, p. 380.

베로, 콩코르드 광장의 파리 여인
Jean Béraud, Parisienne sur la place de la Concorde, 1885,
47.7×39.8cm, Musée Carnavalet, Paris.

8. 파리를 빛낸 여성들: 파리는 여성이었다!

> "어떤 역사적 시대에서 일어난 변화의 판단 기준은 항상 여성들이 자유를 향해 얼마나 진보했는가 하는 것이다."(마르크스)[23]

파리는 문화예술의 도시라는 명성 못지않게 '매춘과 쾌락의 도시'라는 오명이 따라다녔다. 경제적 약자였던 여성은 매춘의 유혹에 빠져들기 쉬웠다. 장 루이 포랭의 〈오페라 극장의 복도〉(1885년)가 보여주듯이 오페라 극장은 애인을 구하려는 상류층 남성들과 치장한 여성들로 북적였다. 부르주아 남성의 관심사는 메리 케세트가 〈오페라 관람석에서〉(1880년, 보스톤 미술관)에서 포착한 흥미로운 장면에 담겨 있다. 오페라 안경으로 공연을 보러온 여성들을 구경하기! 이 그림에는 오페라 안경으로 무대를 살펴보는 여성을 오페라 안경으로 바라보는 남성이 등장한다. 오페라 극장뿐만 아니라 카페나 대로에서도 여성과의 만남과 거래가 이루어졌다. 1850년대 파리에만 성을 사고파는 여성들이 무려 3만 5천 명 가량으로 추산된다.[24] 특히 엄격한 청교도 정신을 강조하는 국가에서 온 관광객들은 '쾌락의 도시' 파리가 주는 즐거움에 매혹되었다.

졸라 소설의 여주인공 나나(Nana)처럼 귀족이나 상류 부르주아의 정부(情婦)로 호화롭고 사치스러운 삶을 사는 여성도 있었지만, 노동 현장에 내몰린 여성들의 처지는 상상을 초월할 만큼 열악했다. 여성 노동자들은 부르주아 가정의 하녀나 공장 노동자, 재봉사, 세탁부, 백

---

[23] 데이비드 하비, 김병화 옮김, 〈모더니티의 수도 파리〉, 글항아리, 2019, 327쪽에서 재인용.
[24] 앞의 책, 333쪽 참조.

화점 판매원이나 레스토랑의 여급으로 일하며 궁핍한 삶을 이어갔다. 특히 세탁부의 고단한 삶을 기억하자. 19세기 중반부터 청결에 대한 의식이 높아지고 깨끗하게 세탁된 옷의 수요가 늘면서 빨래와 다림질은 여성 노동자의 일감이 되었다. 도미에의 〈세탁부〉나 드가의 〈세탁부〉는 고된 노동에 시달리는 세탁부의 일상을 잘 보여준다. 하지만 첫 번째 인상주의 전시회가 끝난 후 "도대체 왜 저 화가들은 세탁부나 오페라 극장의 연습생, 경작해놓은 밭을 쳐다보는데 비싼 돈을 쓰게 만들었는가?"라는 비난이 돌아왔다.[25]

부르주아 여성은 경제적인 어려움에 시달지 않았지만 '현모양처'의 역할에 만족해야 했다. 인상주의 여성화가 모리조나 르누아르의 그림에 그려지듯 차를 마시며 독서를 하거나, 피아노를 치며 여가를 즐기는 교양 있는 삶에는 가정의 굴레에 갇힌 여성들의 서늘한 비애가 숨겨져 있다. '스위트홈'의 이상은 '가정주부'(housewife)의 헌신과 희생을 통해서만 가능했다. 19세기말까지만 해도 정숙한 주부가 되기 위한 가정교육을 제외하면 여성에게 고등교육의 기회는 주어지지 않았다.

서민 여성이나 부르주아 여성 모두 재산권이나 투표권의 행사와 같은 법적 권리를 보장받지 못했다. 1848년 혁명으로 전면 시행된 보통선거는 '남성들의, 남성들을 위한' 선거였다. 여성의 참정권은 한 세기가 지난 1944년에야 실현된다. 20세기에 들어서도 여성의 사회 진출은 쉽지 않았다. 19세기 초부터 여성의 대학 입학을 허용한 영국에서도 여성이 '남성' 학자와 연구원만 출입할 수 있는 '옥스브리지' 대학(옥스포드와 캐임브리지 대학을 합성한 용어)의 잔디밭을 가로질

---

25) 수 로우, 신윤하 옮김, 〈마네와 모네 그들이 만난 순간〉, 마로니에북스, 2011, 172쪽.

시도니 가브리엘 콜레트   사라 베르나르

러 갔다는 이유로 제지를 받았다. 소설가 버지니아 울프의 〈자기만의 방〉(1929년) 1장에 나오는 슬픈 장면이다.

  여성이 비교적 수월하게 진출할 수 있는 분야는 소설 창작이나 연기 활동이었다. 작곡가나 연출가, 심지어는 오케스트라 단원으로 활동하는 것도 힘든 시절이었다. 여성 차별은 빈 필하모니나 베를린 필하모니에서 20세기 말까지 유지되었다.[26] 특히 '남자의 자존심'을 대표하는 악단인 베를린 필은 상당 기간 여성 단원을 뽑지 않다가 1982년에야 가서야 첫 여성단원을 선출했다. 지휘자 카라얀이 제1 바이올리니스트로 뽑은 스위스 출신 마들렌 카루초가 첫 여성 단원이

---

26) 도날드 서순, 오숙은 외 옮김, 〈유럽문화사〉 3권(혁명, 1880~1902), 뿌리와 이파리, 2012, 62쪽 참조.

다. 클라리넷 연주자 자비네 마이어가 교향악단과 어울리지 않는다는 단원들의 반대로(실은 여성 연주자라는 이유로) 임명되지 못한 홍역을 치른 이후에야 가능했다.

정치적, 경제적 약자라는 한계를 뛰어넘어 뛰어난 성취를 이룬 여성들이 모더니티의 수도 파리를 더욱 빛냈다. 낭만주의의 독보적 여성작가 조르주 상드를 위시해서, 오스카 와일드의 〈살로메〉의 모델이자 당대 연극계의 최고 스타 사라 베르나르, '클로딘'(Claudine)이라는 새로운 여성상으로 남성 중심 사회에 도전장을 내민 소설가 콜레트 등이 차별과 편견을 극복하고 문화계에 이름을 알린 대표적 여성들이었다. 파리코뮌의 여전사이자 아나키스트였던 루이즈 미셸이나 바르샤바에서 파리로 건너와 연구에 매진한 끝에 여성으로서 최초의 노벨상을 수상한 마리 퀴리의 성취도 잊을 수 없다. 20세기로 오면 로댕의 그늘에 가려져 비극적인 삶을 산 조각가 카미유 클로델이나 디자이너와 사업가로 프랑스 패션의 일가를 이룬 코코 샤넬 같은 여성들의 활약이 이어진다. 문학, 연극, 미술, 사회운동, 과학, 패션 등 다양한 분야에서 '자유를 향한 진보'에 바친 여성들의 삶을 기억하며 이렇게 말해보자. 파리는 여성이었다!

9. 계몽과 진보의 신화에 저항한 예술가들: 산책자와 보헤미안

"꿈꾸는 집합체는 역사를 알지 못한다."(발터 벤야민)

19세기는 계몽과 이성의 시대이자 물질문명과 진보의 세기였다. 19세기 중반에 경제적 실권을 장악한 부르주아는 진일보한 물질문명의 각종 편의를 즐겼다. 파리는 유럽 최대의 소비 시장이자, 세계 최초의 백화점인 봉마르셰가 문을 연(1852년) 도시가 아닌가? 지금은 없어진 루브르 백화점(1855년)은 파리도 모자라 '우주에서 가장 큰 상점'이라고 광고했다. 상품과 소비의 도시 파리는 "꿈꾸는 도시이며 새로운 기술이 눈앞에서 마술을 부리는 환상적인 사물과 유행으로 가득 찬 현대적 마법의 장소"[27] 와도 같았다. 파리의 파사주(아케이드)와 백화점은 상품 숭배의 신전이자 소비자가 거쳐야 하는 신성한 순례지였다. 백화점은 "나는 소비한다. 고로 나는 존재한다."는 자본주의의 공식을 입증하는 장소이자, 대중소비사회의 등장을 알리는 신호탄과도 같았다.

상품은 유행과 밀접하게 연관된다. 상품은 유행을 통해 가치를 창출하기 때문이다. 상품의 물신화란 유행에 매혹되는 것을 의미한다. 유행은 최신 상품이 최고라는 믿음을 만들어낸다. 백화점을 비롯해 만국박람회장, 기차역, 대로, 오스만 식 아파트와 같은 19세기의 건축물도 최고의 물질문명과 진보를 갈망하는 '집단적 꿈'의 산물이다. 백화점은 철과 유리로 대표되는 19세기 최고의 기술로 지어졌다. 고속도로와 공항이 생기기 전까지 대도시의 관문 역할을 했던 기차역도

---

[27] 그램 질로크, 노명우 옮김, 〈벤야민과 메트로폴리스〉, 효형출판, 2005, 247쪽.

보지라르 길
Rue de Vaugirard

진보의 꿈이 새겨진 19세기의 대표적 건축물이다. 모네의 〈생라자르역〉(1877년, 오르세 미술관)이나 카유보트의 〈유럽교〉(1876년, 제네바 프티팔레 미술관)는 모더니티의 상징으로서 기차역을 그린 대표적 작품이다.

  벤야민을 비롯한 비판이론가들은 계몽과 진보의 신화에 다음과 같은 의문을 제기한다. 계몽적 합리성에 바탕을 둔 물질적 진보는 집단 최면에 걸린 부르주아 사회의 꿈은 아니었을까? 계몽과 이성, 진보의 신화는 마르크스 식으로 말하자면 부르주아 계급의 허위의식이 아닌가? 꿈꾸는 것은 자유지만, 언제까지 꿈만 꿀 수는 없는 노릇이다. 꿈에서 깨어나야지만 꿈의 숨은 뜻을 알 수 있다. '모더니티의 수도, 파리'가 집단적 꿈이 만들어낸 신화라면, 그 신화의 정체를 알기 위해서는 고통스럽더라도 꿈에서 깨어나야만 한다. 벤야민은 "우리는 교활하게 꿈의 영역으로부터 도망쳐야 한다."면서, 현대성의 마법에 걸린 도시의 주술을 풀고 집단적 최면에서 깨어날 것을 촉구한다. 이는 이성적 사유에서 촉발된 '계몽'(enlightment)이라기보다는 모더니티의 신화에 대한 '환멸'(disillusion)이나 '각성'(illumination)에 가깝다. 현대성을 종교의 마법으로부터 깨어나는 탈주술의 과정으로 설명한 막스 베버의 관점도 이와 크게 다르지 않다.

  환멸과 각성의 계기는 문학에서 주어진다. 보들레르에서 플로베르를 거쳐 졸라에 이르는 19세기 프랑스문학은 바로 '19세기의 수도 파리'의 신화에 정면으로 맞서면서 계몽과 진보의 기나긴 '최면'에서 깨어나 환멸과 각성의 작업을 밀도 있게 담아냈다. 모두가 한 방향으로 질주할 때 누군가는 멈춰 서서 올바른 방향인지 물어야 하지 않은가? 보들레르는 빛과 진보의 도시 파리 한복판에 권태와 우울감에 시달리는 '저주받은 시인'을 등장시키고, 플로베르는 환멸에 빠진 주인공의

'냉소적인' 시선으로 1848년 혁명으로 흥분의 도가니에 빠진 파리를 방관한다. 졸라는 백화점을 그린 최초의 소설인 〈여인들의 행복백화점〉에서 상품과 소비의 도시를 지배하는 돈과 욕망의 민낯을 드러냈다. 오스만이 만들고자 한 질서정연하고 통제된 도시에 맞서 발자크는 파리를 "닻을 내려도 깊이를 알 수 없는 바다"와 같다고 일갈한다.

19세기의 수도 파리 신화의 주인공인 오스만이나 에펠과는 달리 반(反)신화의 기치를 든 사람도 있다. 산책자와 보헤미안이라 불리는 가난하지만 자유로운 예술가들이 바로 그들이다. 산책자와 댄디를 새로운 시대의 문학적 유형으로 제시한 시인 보들레르가 반신화의 중심에 있다. 산업과 자본, 진보와 혁명이 주도하는 모더니티의 흐름에 동참할 수 없었던 '저주 받은' 시인은 '도시 산책자'의 시선과 감각으로 만화경 같은 도시의 현실을 기록한다. '산책자 –시인'은 우아하고 고상한 자태를 뽐내는 부르주아나 도시의 화려한 볼거리에 넋을 잃은 구경꾼이 아니다. 보들레르가 말하는 산책자는 카유보트의 〈파리의 거리, 비오는 날〉(1877년)에서 봉 마르셰 백화점 진열대에서 고른 듯한 우산을 들고 젖은 포도를 산책하는 말끔한 차림의 신사숙녀와도 거리가 멀다. 시인은 군중에 휩쓸리지 않고 고독과 소외를 견뎌내며, 일시적이고 순간적인 도시 풍경을 '보는 주체'로서의 감각적 역량을 극대화한다. 그렇기에 벤야민이 지적했듯이 "산책자는 어디에서나 태어날 수 있지만, 파리에서만 살 수 있다."

산책자 모티프와 마찬가지로 보헤미안 예술가도 유래가 있다. '보헤미안'이 자유로운 예술가들의 독특한 삶의 양식을 지칭하는 용어가 된 것은 앙리 뮈르제(1822~1861)의 소설 〈보헤미안 삶의 정경들〉(1847~1849) 덕분이다. 〈보헤미안 삶의 정경들〉은 뮈르제 자신이 젊은 시절 파리에서 보헤미안으로 지낸 경험을 담은 소설로, 1896년 초연된 푸치니의 오페라 〈라보엠〉의 원작소설로 유명하다. 뮈르제의 작품은 이른바 '보헤미안 라이프 스타일'의 특징을 잘 보여준다. '파리의 지붕' 밑으로 불리는 다락방에서 어렵게 살아가는 주인공들, 다시 말해서 철학자 콜린을 위시해서 화가 마르셀, 음악가 쇼나르, 시인 로돌프 4인방은 가난하지만 비굴하지 않으며, 가진 것이 없지만 자유롭다. 사랑과 우정으로 맺은 연대의식이 사회적 관계 맺기를 대신한다. 보헤미안 예술가들은 궁핍한 생활에도 무사태평함을 잃지 않으며 불규칙한 생활 패턴, 성적 자유분방함, 파티와 도발 취미, 카페 순례 및 음주 등 '보헤미안 라이프 스타일'을 마음껏 구가한다.[28]

뮈르제가 형상화한 '보헤미안'의 초상에는 정신적 자유를 구가하는 예술가의 고투가 배어 있다. 19세기 중반 라탱 지구의 보헤미안은 19세기말 몽마르트로 모여든 가난하지만 독창적인 예술가들로 이어지면서 '보헤미안-예술가'의 유형과 제도권에 안주하지 않는 실험정신을 낳는다.

---

28) Jerrold Seigel, *Bohemian Paris: Culture, Politics and the Boundaries of Bourgeois life, 1830~1930*, Johns Hopkins University Press, 1999.

팡테옹
Panthéon

2장

혁명의 도시 파리 역사 산책
프랑스 대혁명에서 파리코뮌까지

1. 화산처럼 분출된 혁명의 에너지

19세기 내내 파리는 화산의 분화구처럼 혁명의 불길을 쏟아냈다. 한 번의 혁명도 어려운데, 뒤집고 뒤집히기가 반복된 희귀한 사례를 19세기 파리에서 목도한다. 혁명과 반혁명의 드라마가 이렇게 숨 가쁘게 펼쳐진 때가 있던가? 1789년부터 1871년까지 약 80년 동안 프랑스의 4대 혁명(프랑스 대혁명, 1830년 7월 혁명, 1848년 2월 혁명, 파리코뮌)이 일어났으며, 왕정과 제정, 공화정이 교대로 생겨났다. 19세기 프랑스를 '장기(長期)' 혁명의 역사로 보기도 한다. 혁명으로 점철된 역사를 두고 이런 의문이 드는 것도 당연하다. "흔히 영국혁명과 미국 독립 혁명 및 프랑스 혁명을 시민혁명의 대표적인 것으로 꼽으며, 특히 프랑스 혁명을 가장 전형적인 시민혁명으로 평가한다. 그런데 어째서 프랑스는 영국이나 미국처럼 순조롭게 시민혁명의 뿌리를 내리지 못하고 피로 얼룩진 혁명과 반혁명의 역사를 한 세기나 되풀이해야 했을까?"[29]

프랑스 근현대사 자체가 갈등과 투쟁의 역사라고 해도 과언이 아니다. 피비린내 나는 종교 갈등(16세기), 프롱드의 난(17세기), 프랑스 대혁명(18세기), 나폴레옹의 등장과 비극적 최후, 이어지는 혁명과 반혁명, 파리코뮌의 '피의 일주일', 20세기의 양차대전. 각 세기마다 파리는 혁명의 온상이자 대격변의 무대였다. 중세에도 '파리지앵'은 '선동가'나 '망치를 들고 봉기한 사람'이란 의미로 사용되었다고 하니 혁명의 도시 파리의 역사가 제법 길다. 프랑스 대혁명의 주역인 '상퀼로트'(sans-culotte)부터 19세기 혁명 전사들을 거쳐 최근의 '노란 조끼'에 이르기까지 불의와 불공정에 맞서 싸운 이들을 떠올리면 프랑스인들의 '혁명 유전자'를 의심하지 않을 수 없다.

혁명정부는 파리를 혁명의 수도로 옹립하고자 했다. 혁명의 에너지가 파리로 집중되어야 하는지, 지방으로 확산되어야 하는지를 두고 의견이 갈렸다. 지롱드파는 파리로 집중된 정치권력을 분산시키기 위해 지방분권을 주장했다. 반면 자코뱅파는 미국의 독립선언(1776년)이 갖는 혁명적 의미는 취하되, 미국 식 연방제는 거부하며 파리의 중앙집권적 성격을 고집했다. 마침내 국민공회는 1792년 9월 25일 "프랑스 공화국은 하나이며 나뉠 수 없다"고 결의하면서 파리 중심주의를 공식화했다. 권력 분산이 자칫 혁명의 불길에 찬물을 끼얹을까 우려했기 때문이다.

대혁명의 불씨는 베르사유에서 시작했지만 파리에서 활활 타올랐

---

29) 노명식, 〈프랑스 혁명에서 파리코뮌까지, 1789~1871〉, 책과함께, 2011, 13쪽.

다. 왕이 머물던 베르사유에서 삼부회가 소집되고 테니스코트의 서약이 이루어졌지만 바리케이드와 광장, 단두대와 성난 시민이 펼치는 혁명의 드라마는 파리를 무대로 펼쳐졌다. 파리는 단지 혁명의 무대로만 머물지 않았다. 혁명의 이념은 빠른 속도로 파리 시민들의 일상을 파고들었고, 언어(언어의 지방색은 허용되지 않았다)와 의복, 사고방식 등에 골고루 스며들었다. 19세기는 파리를 무대로 펼쳐진 혁명의 세기이면서 파리라는 도시 자체의 혁명이 이루어진 세기이기도 했다. 혁명의 세기는 정치적 혁명과 문화예술의 혁명을 함께 불 지폈다. 19세기의 수도 파리는 혁명의 수도이자 문화예술의 수도이기도 했다. 소용돌이치는 시대의 격량이 문학으로 흘러들어 '거리의 혁명'이 '페이지 위의 혁명'으로 거듭났다. 창조적 혁신의 함성이 19세기 내내 파리에 울려 퍼지며, 정치(공화주의), 경제(금융자본주의), 산업(만국박람회), 도시계획(오스만), 건축(에펠), 문학(리얼리즘과 상징주의), 미술(사실주의와 인상주의) 등의 분야에서 결실을 맺는다.

   정치적 사건 중심의 연대기적 기술은 되도록 피하면서 우선 혁명 자체보다 혁명이 도시에 가져온 변화에 주목하도록 하자. 이 책의 주인공은 파리라는 사실을 잊지 않는다면 일련의 혁명이 파리의 도시 풍경과 거리의 명명체계를 바꾸었다는 점이 중요하다. 혁명은 정치체제의 변화에만 머물지 않고, 문화예술과 일상생활에도 일정한 파급력을 가져온다. 그레고리력으로 대표되는 태양력의 긴 역사와 결별하고 혁명력을 사용하며 새로운 거리 측정법인 미터법을 창안한 것만큼 '혁명적인' 변화가 있을까? 대혁명은 인류를 지배해온 시공간의 척도를 바꿈으로써 혁명적 출발을 선언했다. 마지막으로 혁명은 기억과 서술의 문제로 귀결된다. 혁명과 반혁명의 소용돌이 속에서 과거를 어떻게 기억하고 서술하는가에 따라 역사의 향방이 정해지기 때문이다. 예컨대 반혁명의 첫걸음은 혁명의 기억을 지우는데서 시작된다.

실제로 1815년 나폴레옹이 실각하고 왕정이 복고되면서 대혁명과 나폴레옹의 흔적 지우기가 도처에서 집요하게 이루어진다. 혁명은 문학 및 역사 서술을 통해 혁명을 어떻게 '이야기'할 것인가(역사에는 '이야기'라는 의미도 있다)의 문제와 맞닿아 있다. 작가와 역사가는 망각과 검열에 맞서 혁명을 기억하고 기록한다. 그렇기에 "프랑스 대혁명의 역사는 항상 현재형으로 쓰여졌다."[30] 쥘 미슐레(Jules Michelet, 1798~1874)는 지나간 역사를 현재의 것으로 만든다는 신념으로 1847년부터 6년간에 걸쳐 〈프랑스 혁명사〉를 완성했다. 전부 7권의 대작인 혁명사는 총 17권으로 구성된 미슐레 〈프랑스사〉의 핵심을 이룬다. 빅토르 위고가 언뜻 작품의 주제와 무관해 보이는 워털루 전투를 〈레미제라블〉 2권 1장에 할애한 것도 나폴레옹을 '기억하기' 위해서였다.

2. 프랑스 대혁명(1789~1799)

1) 혁명의 공과 과: 인권선언과 공포정치

성난 민중이 바스티유 감옥을 습격한 이후 서슬 퍼런 공포정치로 루이 16세 부부가 단두대에서 처형되기까지 역사의 시곗바늘은 숨 가쁘게 지나갔다. 혁명 이전으로 시곗바늘을 되돌릴 수 없었기에 어떤 희생이 뒤따르더라도 오직 '앞으로' 나아가는 길만 남았다. 온건한 대책과 합리적인 조치는 혁명정신의 배반으로 오해받기 쉬웠고, 선명한

---

30) Priscilla Parkhurst Ferguson, *Paris as revolution: Writing the nineteenth century city*, University of California Press, 1997, p. 1.

이념 경쟁과 노선 대립은 극단으로 치달았다. 혁명의 이상이 공포정치의 현실로 추락한 와중에도 국민의회가 '인권선언'(보다 정확한 명칭은 '인간과 시민의 권리선언'이다)의 정신을 이어받아 제정한 '프랑스 헌법'(1791년)은 혁명의 가장 커다란 성과로 기록된다. 프랑스 근대사회의 기본적 틀이 마련되었기 때문이다. 1791년 헌법은 "근대 시민국가 헌법으로서는 미국 헌법과 함께 세계에서 가장 일찍 제정된 모범적인 헌법"으로 평가된다.[31] 이제 '자유'와 '평등', '이성'과 '여론'(public opinion)과 같은 어휘들은 신문과 책자, 집회와 연설로 급속도로 확산된다.

자유, 평등, 박애로 대표되는 대혁명의 정신이 오늘날 프랑스 공화국의 이념적 근간을 만들었음은 아무리 강조해도 모자람이 없다. 하지만 혁명의 '현실'과 혁명 '정신'은 구별되어야 한다. 당통에서 마라를 거쳐 로베스피에르에 이르는 자코뱅파의 공포정치는 극단적 대립과 증오와 폭력을 낳았다. 과거와 단절하려면 극단적인 폭력도 주저하지 말 것을 주장한 '공포정치의 아버지' 에베르(1757~1794)의 논설을 들어보자. "모든 왕실에 관련된 유적들을 없애버려야 한다. 오스트리아 출신의 창녀가 프랑스의 패배를 사주한 성은 당연히 싹 무너뜨려야 한다. 베르사유, 마를리, 샹티이, 트리아농, 랑부예, 생클루, 퐁텐블로 같은 성들은 돌조각 하나도 남겨놔서는 안 된다. 왕정복고를 꾀하는 범죄자들, 인민의 피에 굶주린 무자비한 맹수들, 미래의 재복권을 꾀하는 모든 괴물들은 이런 성에 머물려고 한다!"[32] 우리는 혁명이 불러온 문화재 파괴의 충동을 '반달리즘'(vandalisme)이라 부른다. 자코뱅파의 열성 당원이었던 에르베는 '오스트리아의 창녀' 마리

---

31) 노명식, 〈프랑스 혁명에서 파리코뮌까지, 1789~1871〉, 114쪽.
32) 이지은, 〈귀족의 은밀한 사생활〉, 지인출판사, 2006, 360~361쪽에서 재인용.

앙투아네트의 처형을 주도했으며, 1792년 노트르담 대성당을 '이성의 사원'으로 바꾸는데 앞장선다.

공포정치는 점점 왕과 귀족에 대한 단죄와 교회 탄압의 수위를 높여갔다. 서슬 퍼런 공포정치로 왕의 처형은 불가피해졌지만, 혁명의 초기 단계만 하더라도 복수의 선택지가 존재했다. 왕을 버리고 헌법정신을 따를 것인가, 헌법을 외면하고 왕을 택할 것인가 아니면 왕과 헌법 모두를 수호할 것인가. 선택지에 따라 자코뱅파(공화정), 왕당파(왕정), 중도파(입헌군주제)로 입장이 나뉜다. "사람들의 피는 인류를 흐느끼게 하지만 왕의 피는 인류에게 위로가 된다."고 어느 국민공회 의원이 말했다.[33] 국왕과 왕비의 참수는 피할 수 없는 일이 되었다. 혁명 광장에 세워진 단두대는 국왕 일가를 위시해 많은 귀족들을 역사의 뒤안길로 사라지게 했다. 원래 참수형에 처해진 죄수들의 고통을 덜어주기 위해 해부학 교수 기요틴이 발명한 '처형기구'는 대단한 공포를 불러일으켰다.

단두대의 기억은 혁명 이후에도 살아남아 위고의 〈레미제라블〉에서 무시무시한 괴물의 모습으로 등장한다. "단두대는 사형집행인의 공범이다. 그것은 게걸스럽게 먹는다. 살을 먹고, 피를 마신다. 단두대는 법관과 목수가 만들어낸 일종의 괴물이며, 제가 부여한 모든 죽음으로 이루어진 무시무시한 생명으로 살고 있는 것처럼 보이는 일종의 악귀다."[34] 참수형과는 별도로 혁명재판소의 약식재판을 통해 총살이나 익사의 방법으로 처형된 사람들도 부지기수였다.

귀족에 대한 격렬한 증오로 절대왕정을 대표하는 재상 리슐리외의

---

33) 막스 갈로, 박상준 옮김, 〈프랑스 대혁명〉 1권, 민음사, 2013, 16쪽에서 재인용.
34) 빅토르 위고, 정기수 옮김, 〈레미제라블〉 1부 1장, 민음사, 2012, 35~36쪽.

시신은 부관참시의 비극을 겪는다.[35] 혁명정부는 교회와 사제에 결정적인 타격을 줄 강력한 조처를 단행했다. 교회의 재산은 귀족의 재산과 마찬가지로 국가에 몰수되었고, 성당은 파괴되거나 공화국의 이념에 맞게 전용되었다. 파리에서 가장 오래된 성당이자 철학자 데카르트의 묘가 안치된 생제르맹데프레 성당(1021년 건립)은 화약 공장이 되었고, 노트르담 대성당은 인류의 새로운 등불인 '이성(理性)'을 밝히는 사원으로 바뀐다. 사제의 고유 권한이던 고해와 설교는 금지되었고 세례에서 결혼과 장례에 이르는 의식의 집전권도 박탈당했다. 교육에서 가톨릭이 더 이상 영향력을 행사하지 못하게 함으로써 국가가 직접 공화국의 시민을 양성하는 '공교육'의 기반을 마련했다. 이러한 정교 분리의 노력은 19세기말 제3공화국에 가서야 결실을 맺는다.

혁명이 낳은 대립과 갈등, 폭력과 증오의 치유책으로 '관용'의 정신이 강조되었다. 16세기의 피비린내 나는 신구 종교 갈등은 앙리 4세의 낭트 칙령("프랑스는 가톨릭 국가이되, 신교도는 예배의 자유를 누릴 수 있다")을 통해 해소되었고, 1762년 칼라스 사건은 철학자 볼테르의 〈관용론〉을 탄생시켰다. 이후로 종교적 갈등이 불거질 때마다 〈관용론〉의 메시지가 소환되었다. 2015년 1월 7일 이슬람 극단주의 테러로 인해 '샤를리 엡도'(Charlie Hebdo) 사건이 터지자 다시 파리 시민들은 〈관용론〉을 집어 들었다. 폭력과 증오의 역사는 역설적으로 평화와 관용의 문제를 성찰하게 한다.

---

35) 리슐리외가 사비로 재건축한 소르본 대학 구내의 묘에 미라 상태로 보존되어 있던 리슐리외 시신은 훼손되었고, 심지어는 사람들이 리슐리외의 머리를 축구공처럼 차고 놀았다고 한다. 주경철, 〈도시 여행자를 위한 파리 역사 가이드〉, 휴머니스트, 2019, 80~81쪽 참조.

갈랑드 길
Rue Galande

2) 혁명의 '혁명적' 변화가 갖는 문화사적 의미

혁명은 정치 체제뿐만 아니라 시간과 공간의 척도에도 근본적인 변화를 가져왔다. 미터법과 혁명력의 전면적인 실시는 시간과 공간까지 지배하려고 한 혁명정부의 의지를 보여준다. 전통적으로 길이와 거리는 엄지손가락이나 손과 발 같은 신체의 일부나 말을 타고 이동한 거리를 척도로 사용했다. 인치나 피트, 야드 등이 이에 해당한다. 혁명정부는 사람마다 제각각인 신체의 척도가 초래한 혼란을 해소하기 위해 미터법을 창안했다. 미터법(système mètrique)이 프랑스에 기원을 둔 국제적 거리 측정법이라는 사실을 아는 사람은 드물다. 1790년 혁명정부의 제안으로 파리과학아카데미가 제정해 오늘날까지 미국, 미얀마, 라이베리안을 제외한 전 세계 거의 모든 국가에서 사용된다. 그밖에도 프랑스의 국토를 81개의 동일한 면적의 주로 나누는 획일적인 행정 구역 재편도 구상했지만 실현되지 못했다.

미터법이 표방하는 과거와의 단절 의지와 '수학적 과학정신'은 혁명력에서도 잘 나타난다. 공화정이 출범한 1792년 9월 22일을 혁명력의 첫 날로 정하고, 일 년을 12달로 유지하되 한 달은 30일, 한 주일은 10일로 정했다. 혁명력은 십진법을 바탕으로 만들었다. 한 주일의 마지막 날을 휴일로 하고 한 해의 마지막 5일(9월 17일부터 9월 21일까지)은 혁명에 참여한 민중을 기리자는 취지에서 '상퀼로트의 날'로 정했다.[36]

혁명일인 7월 14일이 국가의 대표적 국경일로 지정되며 종교적 축일은 모두 없어졌다. 혁명력은 1793년부터 12년 동안 사용되고 폐지되었다가 파리코뮌 때 잠시 부활했다. 혁명력은 몇 가지 역사적 사건

---

36) 노명식, 〈프랑스 혁명에서 파리코뮌까지, 1789~1871〉, 159쪽.

에 흔적을 남겼다. '테오미도르 9일'은 로베스피에르가 실각하고 공포정치가 종식된 1794년 7월 28일을 말하며, 마르크스의 소논문인 〈루이 나폴레옹의 브뤼메르 18일〉로 잘 알려진 '브뤼메르 18일'은 나폴레옹 보나파르트가 쿠데타로 총재정부를 전복한 1799년 11월 9일을 가리킨다.

혁명이 만든 프랑스 사회의 기틀은 아무리 강조해도 지나치지 않다. 시민의 자유와 평등, 사유 재산의 인정, 교회로부터의 세속적 독립과 같은 성취는 공포정치의 어두운 역사를 가리고도 남는다. 저자 사후 10년까지 저작권을 보장함으로써 지적 재산권의 토대를 확립하기도 했다. 무엇보다도 권력에 의한 검열이 폐지되고 표현의 자유가 보장되면서 '민주적인 공론장'이 마련된 것은 향후 역사 발전을 염두에 둘 때 큰 의미를 갖는다. '예술계의 로베스피에르'로 불린 자크 루이 다비드의 〈테니스코트의 서약〉(1791년)은 일부 왕족들만 사용하던 테니스코트가 민주주의의 공적 공간으로 변모하는 것을 잘 포착한 그림이다.

민중의 심성과 일상생활에 공화국의 이념을 각인시킨 알레고리와 상징물도 혁명의 문화적 산물이다. 프랑스 공화국의 이념을 의인화한 여성 '마리안느'(Marianne)는 대표적인 공화국의 상징이다. 들라크루아는 유명한 그림 〈민중을 이끄는 자유의 여신〉에서 마리안느를 '자유의 여신'으로 형상화했으며, 19세기 후반부터 프랑스 모든 시청 입구에 마리안느 조각상이 세워진다. 각종 시위 때면 파리 시민들이 운집하는 '레퓌블리크'(공화국) 광장 한복판에도 마리안느 여신상이 서 있으니 도시 인문여행자라면 반드시 확인할 일이다. 프랑스 우표와 동전에도 마리안느의 모습이 새겨져 있다. 지금도 매 4년마다 〈최고의 마리안느 협회〉 주최로 '마리안느'를 선출한다. 1969년에는 브리짓

바르도가, 1989년에는 카트린느 드뇌브가 가장 프랑스적인 '마리안느'로 뽑혔다.

마리안느 우표(2018년)

1795년 7월 14일에 프랑스 국가(國歌)로 지정된 '라마르세예즈'(La Marseillaise)는 각종 집회와 국가 행사에서 빼놓지 않고 불린다. 사실 라마르세예즈의 가사는 혁명의 전율을 느낄 정도로 섬뜩한 느낌을 준다. "일어나라, 조국의 자녀들아, 영광의 날이 왔노라! 우리에 맞서 저 폭군의 피 묻은 깃발이 올랐도다."로 시작되는 1절은 물론이고 "무장하라, 시민들이여, 대오를 갖추라, 전진, 전진! 저 더러운 피가 우리의 밭고랑을 적시도록!"같은 후렴구를 들으면 섬뜩함이 고조된다. 프랑스 축구 국가대항전은 물론이고 2015년 파리 테러 당시에도 스타드 드 프랑스(Stade de France)에 운집한 관중들이 라마르세예즈를 합창하며 대피했다고 하니, 국가가 갖는 국민적 유대감의 효과를 익히 짐작할 수 있다. 이밖에도 프랑스 헌법에 프랑스의 유일한 상징으로 명시된 '삼색기'나 해방과 자유를 상징하는 '프리지아 모자'를 덧붙일 수 있다.

대혁명의 문화사적 의의는 '박물관의 시대'의 개막과 '문화유산'의 확립으로 요약할 수 있다. 집단기억을 공유하고 문화적 일체감을 도모하는 공간으로 박물관만한 곳이 없다. 혁명 이후 귀족과 교회의 소장품을 몰수하고 재분배하는 과정에서 파리를 비롯한 주요 도시에 박물관이 생겼다고 하니, 박물관을 대혁명의 문화적 발명이라고 해도 무방하다. 루브르 박물관은 파리로의 문화적 집중과 왕궁의 드라마틱한 변신에 힘입어 유럽의 대표적인 박물관으로 발돋움한다.

루브르 방문객은 드농관, 쉴리관, 리슐리외관 가운데 드농관부터 관람을 시작한다. 〈밀로의 비너스상〉과 다빈치의 〈모나리자〉를 위시해서 다비드나 들라크루아에 이르는 루브르의 걸작들이 드농관에 모여 있기 때문이다. 하지만 비방 드농(Vivan Denon, 1747~1825) 남작이 나폴레옹의 이집트 원정에 동행한 고고학자로서 1802년부터 1815년까지 루브르의 초대 관장을 지냈다는 사실은 널리 알려져 있지 않다. 드농은 프랑스가 인류 예술의 총본산이라는 논리를 만들어 해외 예술품 반입을 독려하고 루브르를 근대적 박물관으로 탈바꿈시킨 인물이다. 나폴레옹의 문화정책에 일익을 담당한 그의 초상화도 루브르에 걸려 있다.

루브르는 복고왕정기에 고대 이집트와 그리스, 로마의 역사적 유물을 전시하는 역사박물관이었다가 1848년 이후 회화와 조각이 시대와 유파 순으로 전시된다. 1855년까지는 주중에는 예술가 신분증을 가진 사람만이 입장할 수 있었다. 루브르는 걸작을 모사하는 예비화가들의 아틀리에 구실도 했다. 마네와 드가가 처음 마주친 곳도, 마네가 거장들의 그림을 모사하는 여성화가 모리조에 시선을 빼앗긴 곳도 다 루브르의 전시실이었다. 이후로 루브르는 시민교육의 장이자 전 세계 관광객들이 몰려드는 문화적 명소로 발돋움한다. 이밖에도 베르사유 궁을 개조한 국립역사박물관(1837년)과 중세박물관(1843년)이 차례로 개관하면서 '박물관의 시대'가 열렸다. 파리의 루브르는 런던의 내셔널 갤러리(1824년)와 베를린의 알테스 뮤지움(1830년) 개관으로 이어지면서 유럽 도시들 간의 문화적 경쟁을 촉진시켰다.

국가를 만든다는 것은 과거를 '함께 기억한다'는 뜻이기도 하다. 19세기에 접어들면서 문화유산을 보존하고 역사문화유산을 확립하는 것이 국가적 과제로 떠올랐다. 영국에서는 학자나 애호가가 개인적 차원에서 문화유산을 보존했다면, 프랑스는 국가가 문화유산을 체계적으로 보존, 관리함으로써 '문화국가'의 면모를 과시했다. 19세기 중반 파리는 산업화와 도시화가 급격히 이루어진 와중에도 과거로 눈을 돌려 중세 시대나 르네상스 시기의 문화유산과 역사기념물을 보존하고 복원하는데 힘썼다.

⟨카르멘⟩의 작가 프로스페르 메리메(Prosper Mérimée, 1803~1870)는 문화유산을 조사하고 역사기념물 목록을 작성하는데 일생을 바쳤다. 그는 1834년부터 1863년까지 '역사기념물위원회' 감독관을 지내며 프랑스 전역의 역사문화유산을 조사하고 발굴했다. 기차나 승합마차가 닿지 않는 곳에서는 발품을 팔고, 눈 덮인 피레네 산맥이나 동굴 깊숙이도 마다하지 않았다. 파리 클뤼니 중세박물관에 소장된 6점의 태피스트리 ⟨육각수의 여인⟩(1500년 무렵)을 구한 일화는 아직까지도 회자된다. 농부들이 짐수레 덮개로 쓰려고 태피스트리를 가위로 자르기 일보직전에 메리메가 알아본 것이었다. 이런 노력 끝에

1848년에는 2천 8백 여 점의 역사문화유물이 등록될 수 있었다.[37]

    프랑스 현대사에서 가장 강력한 문화정책을 추진한 소설가 출신 문화부장관 앙드레 말로도 1964년 역사유물 및 문화유산 정책을 추진하며 2천년 역사 도시의 정신을 계승한다. 국가 기록물을 보관하고 전시하는 파리 국립문서보관소(1867년)도 마레 지구의 수비즈 저택(Hotêl de Soubise)을 개조해 문을 열었다. 미슐레는 이곳에서 역사 분야 책임자로 일하면서 필생의 역작 〈프랑스사〉를 집필했다. 마레 지구를 방문할 계획이 있다면 카르나발레 파리역사박물관과 함께 국립고문서박물관을 방문할 것을 추천한다. 역사적 가치가 높은 국가기록물 뿐만 아니라 14세기 귀족의 저택과 정원이 주는 여유까지 만끽할 수 있어 '우리가 몰랐던 파리'를 만날 수 있는 좋은 기회가 될 것이다. 지식의 대중화를 기치로 왕립도서관을 국립도서관으로 만드는 등 파리 곳곳에 공공도서관(public library)을 설치한 것도 혁명의 문화적 결실임을 기억하자. 근대 도시 파리의 역사문화유산 보존 노력 덕분에 1991년 노트르담 대성당에서 에펠탑에 이르는 센 강변 일대가 유네스코 세계문화유산으로 지정되었다.[38]

---

37) 70쪽 첫 문단부터 시작하는 논의는 Jean-Claude Yon, *Histoire culturelle de la France au XIXe siècle*, Armand Colin, 2014, pp. 28~37 참조.
38) 민유기, '파리 2천년 역사도시의 혁신과 지속가능 발전', 〈세계도시설명서〉, 서울역사편찬원, 2021, 67쪽 참조.

3. 나폴레옹 보나파르트의 제정과 복고왕정(1799~1830)

프랑스 대혁명으로 파리는 혁명과 동의어가 될 정도로 혁명의 온상이 되었다. 에드먼드 버크(1729~1797)처럼 파리를 가공할 정치적 공포가 담긴 판도라 상자로 보는 보수적인 지식인도 있었지만 칸트와 괴테, 워싱턴과 제퍼슨을 위시한 당대 지식인들은 혁명을 한목소리로 찬양했다. 혁명은 역사의 장벽을 무너뜨리고, 인류의 전진을 가로막은 장애물을 뛰어넘었다.

프랑스 대혁명에서 가장 놀라운 점은 모든 장애물을 휩쓸어가는 흡입력이다. 혁명의 소용돌이는 인간의 힘으로 놓을 수 있는 모든 장애물들을 가벼운 지푸라기처럼 휩쓸어간다. 혁명의 전진을 방해했던 이는 누구도 무사하지 못했다. 프랑스 대혁명은 사람들이 혁명을 이끌었던 것 이상으로 사람들을 이끌어간다. 혁명을 이끄는 듯이 보이는 악당들조차 단순한 도구로서 참여할 뿐, 혁명을 지배한다는 오만함을 보이는 순간, 비굴한 모습으로 쓰러지고 만다.[39]

혁명의 소용돌이는 루이 16세와 마리 앙투아네트 뿐만 아니라 당통과 마라, 로베스피에르 같은 혁명가들도 휩쓸어갔다. 역사의 주인공들이 휩쓸려간 빈자리를 빠른 속도로 채운 사람이 바로 나폴레옹이다. 나폴레옹이 민중의 신화가 되어 프랑스인의 심성 깊숙이 살아남았음을 보여주는 문학 속 장면부터 살펴보자.

---

39) 조제프 마리 드 메스트르, 〈프랑스에 대한 고찰〉, 막스 갈로, 〈프랑스 대혁명〉 1권에서 재인용.

철두철미한 공화주의자로서 혁명을 찬양한 시인으로 알려진 베랑제(Pierre-Jean de Béranger, 1780~1857)은 나폴레옹 제정이 무너지자 복고왕정의 현실을 강하게 비판하며 나폴레옹에 대한 향수를 노래한다. 베랑제는 괴테가 찬양해마지 않던 파리의 민중 시인이자 "역사상 가장 인기 있는 샹송 작사가"였다.

〈인민의 추억〉

그의 영광을 노래하네.
외딴 초가삼간에서도
처마 밑에 50년 세월이 흘러도
이보다 멋진 이야기를 알지 못하리.
그때, 마을사람들이 몰려와
할머니에게 말하네 :
옛날 이야기를
밤늦도록 들려주세요.
그가 우리를 해쳤다고 말한들.
사람들은 아직도 그를 숭배하네.
물론, 그를 숭배하네.
그에 대한 이야기를 들려줘요, 할머니.
그에 대한 이야기를 들려줘요.[40]

다음은 〈적과 흑〉의 주인공 쥘리엥 소렐이 신학교에 입학해 산책을

---

40) '나폴레옹, 역사를 넘어 신화로 남은 사나이', 박지향 외 〈영웅 만들기〉(휴머니스트, 2005), 74쪽에서 재인용.

하다 우연히 일꾼들이 나누는 대화를 듣는 장면으로 나폴레옹 시대에 대한 민중들의 향수가 복고왕정기에도 여전함을 보여준다.

"신학교의 정원을 혼자 산책하다가 쥘리엥은 담장을 수리하는 미장이들이 자기네끼리 주고받는 소리를 우연히 들었다.
"그런데 나도 나가야 할 판이야. 또 징집이 있다니까."
"그 사람 시대가 좋았지! 미장이가 장교도 되고 장군도 되었으니까. 우리가 보았지 않나."
"한번 나가보시지! 지금 군대에 가는 건 비렁뱅이뿐이라니까. 돈 푼이나 있는 놈은 집에 처박히고."
"가난뱅이 팔자는 평생 가난뱅이지 뭐."
"그런데 말이야, 그 사람이 죽었다는 소문은 사실인가?"
세 번째 미장이가 물었다.
"그따위 소문을 퍼뜨리는 건 부자 놈들이라구! 부자들은 그 사람을 무서워하잖아."
"세상 많이 달라졌어. 그 시대엔 만사가 잘되어 나갔는데! 그 사람의 장군들이 배반했다면서! 들고일어나야 해!"
이런 대화를 듣고 쥘리엥은 얼마간 위안을 받았다. 그 자리를 떠나면서 한숨을 내쉬며 뇌었다.

민중이 기억을 간직하고 있는
유일한 왕이여!"[41]

---

41) 스탕달, 이동렬 옮김, 〈적과 흑〉 1권, 민음사, 2004, 329~330쪽.

마을의 할머니나 담장을 수리하는 미장이 같은 민중에게 나폴레옹은 민간 신앙이 숭배하는 신화적 존재와 다를 바 없었다. 나폴레옹 신앙은 문학에도 큰 자취를 남긴다. 나폴레옹을 열정적으로 숭배한 문학 속 주인공으로 〈적과 흑〉의 쥘리엥 소렐과 〈레미제라블〉의 마리우스를 들 수 있다.

"그[쥘리엥 소렐]는 혼자 부르짖었다. "아아! 나폴레옹은 프랑스 청년들을 위해 하느님이 보내주신 사람이었다! 누가 그를 대신할 수 있을 것인가? 나보다는 부자라고 해도 그저 좋은 교육을 받을 정도의 여유가 있을 뿐, 자기 대신 입대할 청년을 사거나 출셋길을 개척할 만한 돈이 없는 가련한 사람들은 나폴레옹 없이 무슨 일을 할 수 있겠는가!" 그는 깊은 한숨을 내쉬며 덧붙여 말했다. "숙명적인 그의 기억이 있는 한, 무슨 일을 하던 우리는 결코 행복할 수 없으리라!"[42]

"그는 모든 나라 사람들에게 프랑스 인을 '위대한 국민'이라고 말하게끔 만든 미리 정해진 사람이었다. 아니, 그는 그보다도 더한 사람이었다. 그는 그가 쥐고 있는 검으로 유럽을 정복하고, 그가 던지는 빛으로 세계를 정복한 프랑스의 화신 그 자체였다. 마리우스는 보나파르트 속에서 항상 국경에 우뚝 서서 미래를 지킬 망령을 보았다. 전제군주이지만 집정관이었고, 하나의 공화국에서 유래하고 하나의 혁명을 요약하는 전제군주였다. 나폴레옹은 예수가 신인(神人)이듯이 그에게 민중인(民衆人)이 되었다."[43]

---

42) 앞의 책, 154~155쪽.
43) 빅토르 위고, 〈레미제라블〉 3부 1장, 109~110쪽.

'민중의 유일한 왕' 나폴레옹은 복고왕정의 현실에서는 결코 범접할 수 없는 신화적 존재일 따름이었다.

또한 나폴레옹은 청년의 좌절된 꿈의 표상이기도 했다. 쥘리엥 소렐이 나폴레옹의 신화가 불가능해진 현실을 격정적으로 토로한다면, 마리우스에게 나폴레옹은 공화국을 수호하고 혁명을 인도하는 '프랑스의 화신'과도 같은 존재다. 마리우스는 나폴레옹이 쥔 검으로 혁명의 바리케이드에서 싸우고, 그가 던지는 빛으로 암울한 현실을 이겨낸다. 쥘리엥이 파리의 사교계에 버려진 나폴레옹의 사생아라면 마리우스는 혁명에 자기 몸을 불사르는 나폴레옹의 적자다.

이차대전의 영웅 샤를 드골 장군이 파리 개선문에 당당한 모습으로 등장한 장면에서 나폴레옹의 쾌거를 떠올리고, 2017년 5월 14일 39세의 나이로 제25대 프랑스 대통령으로 취임한 엠마뉘엘 마크롱에서 나폴레옹 이후 최연소 국가지도자의 모습을 확인하는 것은 매우 자연스럽다. 나폴레옹의 인기는 가히 국경을 넘어선다. "나의 사전에는 불가능이란 없다"란 나폴레옹의 말을 "하면 된다"는 신념으로 바꾼 한국의 전직 대통령 집무실에도 나폴레옹의 초상화가 걸려 있었다고 한다.

나폴레옹이 민중의 영웅이자 구원자로 신격화된 이유는 그가 혁명의 이념을 유럽 각지로 전파한 '혁명의 아들'이었기 때문이다. 특히 엘베 섬으로 유배당한 이후로는 폭군의 이미지를 벗고 민중의 보호자로 거듭난다. 나폴레옹은 공화주의 이념을 전파하며 근대국가의 틀을 만드는 데 혼신의 힘을 기울였다. 나폴레옹은 자신의 이름을 딴 법전을 제정해 시민법의 근간을 다졌으며 프랑스적 입시제도라고 평가받는 바칼로레아 시험과 근대적 대학 제도를 확립하고 행정 체계를 근대화하는 등 프랑스의 근대화에 크게 기여했다. 그밖에 프랑스 중앙은행의 설립, 레지옹 도뇌르 훈장 제정 등 그의 업적은 나열하기 힘들 정도다.

나폴레옹 시대의 국가의 골격이 오늘날 프랑스를 지탱한다는 점에서 나폴레옹이 프랑스에서 가장 존경 받는 인물로 꼽히는 것은 당연하다. 하지만 혁명과 공화주의 이념의 전파 방식이 전쟁과 같은 수단을 통해 이루어진 점, 단기간에 개혁을 밀어붙이기 위해 권위적이고 강력한 통치 방법을 쓴 점은 두고두고 부정적 이미지로 작용했다. 나폴레옹 서거 200주기를 맞은 2021년 나폴레옹의 유산과 평가를 두고 활발한 논쟁과 엇갈린 해석이 나오는 이유이기도 하다.

나폴레옹 실각은 혁명의 최대 피해자인 귀족과 성직자 계급이 잃어버린 영광과 특권을 회복할 수 있는 절호의 기회였다. '제3신분'의 주축인 부르주아는 혁명의 최대 수혜자였지만, 1830년 7월 혁명 이후에야 역사의 전면에 나설 터였다. 전체 인구의 75%를 차지하는 농민과 도시 노동자는 1848년 보통선거를 통해서 정치적 권리를 행사한다. 루이 18세와 샤를 10세의 복고왕정을 이해하기 위해서는 부르봉 왕가의 마지막 가계도를 들여다볼 필요가 있다.

단두대의 이슬로 사라진 루이 16세와 마리 앙투아네트는 슬하에 2남 2녀를 두었다. 장녀 마리 테레즈 드 프랑스를 제외하고 모두 19세기가 오기 전에 요절했다. 왕위 계승자인 루이 17세는 사형 집행은 면했지만 1795년 수감 생활과 핍박으로 인해 불과 10세의 나이로 요절했다. 부르봉 왕조의 왕위 계승은 혁명이 발발하자 재빨리 영국으로 망명한 루이 16세의 두 남동생, 프로방스 백작과 아르투와 백작으로 넘어갔다. 나폴레옹이 실각하고 부르봉 왕가의 복귀가 결정되자, 1814년 프로방스 백작이 루이 18세로 왕좌에 오르고, 그가 사망한 1825년 오랜 절치부심 끝에 아르투아 백작이 샤를 10세가 되어 복고왕정의 마지막을 장식한다.

　엘베 섬을 탈출한 '독수리의 귀환'이 백일천하로 끝나자 1815년 7월 8일 루이 18세는 부르봉 왕가를 상징하는 '백합'과 '백색기'를 들고 파리에 입성한다. 혁명으로 파괴된 앙리 4세 동상이 복원된 퐁뇌프 다리에 멈춰 서서 부르봉 왕가 최초의 왕의 유훈을 되새긴다. 나도 종교 갈등을 치유한 선왕처럼 혁명이 남긴 상처를 이겨낼 수 있을까? 시대정신은 영국의 경우처럼 입헌군주제와 의회정치를 요구했건만, 루이 18세는 "나는 혁명 당시의 아무 것도 배우지 않았고, 혁명 이전의 아무 것도 잊지 않았다"고 일성(一聲)을 토하며 군주정치와 가톨릭의 강력한 결합을 통해 혁명 이전의 프랑스로 돌아가고자 했다.

　하지만 혁명과 제정이 남긴 유산은 무시할 수 없는 현실이었다. 법 앞의 평등이나 언론과 표현의 자유, 나폴레옹 민법과 형법은 누구도 건드릴 수 없는 기본권에 속했다. 루이 18세는 '인권선언'을 부정하지 않으면서도 왕조의 재건을 추진했다. 혁명 추모비를 건립하면서도 루이 16세와 왕비의 유골을 프랑스 왕족의 유해가 묻힌 생드니 성당으로 이장했다.

　루이 18세의 복고왕정은 혁명정신과 왕정의 아슬아슬한 '타협'과 '불균형'을 초래했다. 반면 위고는 〈레미제라블〉 4부 1장 '역사의 몇 페이지'에서 복고왕정에서 1830년 7월 혁명까지를 "혁명과 전란 뒤에 온 휴식의 시기"로 풀이한다. 로베스피에르와 나폴레옹이 휘몰아친 혁명의 소용돌이에 지친 프랑스 국민이 왕정에 대한 향수에 젖어 휴식과 안정을 취했다는 것이다. 스탕달은 〈적과 흑〉에서 복고왕정기 파리를 권태와 위선과 음모가 판치는 사회로 묘사한다. 특히 작품의 시대적 배경이 되는 1826년에서 1831년은 보수적인 반동 정책을 펼친 샤를 10세의 재위 기간으로 지배계급의 권태와 위선이 극에 달했다. 라몰 후작의 파리 사교계는 아무런 열정이나 모험심도 없는 귀족들이 지위를 유지하기 급급한 '출구 없는 방'과도 같다. 라몰 후작의 딸 마틸드와 주인공 쥘리엥 소렐은 신분은 다르지만 꽉 막힌 사회를 뚫고 나가려는 열정의 모험가들이다.

대혁명 당시 가장 먼저 외국으로 도망간 아르투아 백작은 망명 시절 혁명 세력에 대한 보복을 공공연히 떠들었다. 35년간 절치부심하며 파리로 돌아갈 날만을 기다리던 샤를 10세가 1825년 집권하자마자 혁명 기간에 재산을 몰수당한 귀족과 교회에 보상하는 법을 만든 것은 결코 이상하지 않다. 형 루이 18세가 혁명과 이성의 전당 팡테옹을 다시 교회로 되돌리고, 혁명광장을 루이 15세 광장으로 바꾼 것으로는 결코 만족할 수 없었다. 샤를 10세는 골수왕당파를 중용하며 무너진 교권을 확립하고 세습 귀족제를 부활하는 등 혁명 '이전의' 왕정으로 돌아가려는 반동과 복고의 정책을 노골적으로 펼쳤다. 이에 대한 반발이 거세지자 오히려 탄압의 강도를 높였다. 실정(失政)에 실업과 가난, 정치적 탄압이 겹치면서 정국은 극도의 혼란상을 연출했다. 압박과 통제를 한층 강화하면서 언론이나 출판뿐만 아니라 판화나 포스터 제작도 사전 검열을 받아야 했다. 1830년 7월 격렬한 봉기가 파리 곳곳에서 벌어지며 7월 혁명의 분위기가 한껏 고조되었다.

4. 7월 혁명과 '시민왕' 루이 필립(1830~1848)

샤를 10세의 반동 정책은 1830년 7월 25일 국회 해산으로 절정에 이르렀다. 이에 반발한 시민들이 파리 곳곳에 바리케이드를 설치하고 시가전을 벌였다. 대혁명 때는 볼 수 없었던 장면이었다. 7월 27일부터 단 3일 만에 승리를 거두었다는 의미에서 7월 혁명을 '영광의 3일'(Trois Glorieuses)이라고 부른다. 부르주아와 민중, 노동자와 학생의 참여와 희생 끝에 쟁취한 결실이었다. 혁명과 제국의 상징인 삼색기가 부르봉 왕가를 상징하는 백색기를 몰아내고 파리 도처에 나부꼈다. 들라크루아의 그림 〈민중을 이끄는 자유의 여신〉은 바리케이드, 삼색기, 계급간의 우정과 연대라는 7월 혁명의 3대 요소를 잘 보여준다.

7월 혁명 이후 파리는 유럽의 지식인들에게 '혁명의 도시'로 각광받는다. "혁명의 아들"임을 자임한 독일의 시인 하이네가 대표적이다. 하이네는 〈로렐라이〉 같은 주옥같은 서정시뿐만 아니라 독일의 현실을 조롱하고 비판하는 풍자시로 주목 받던 시인이었다. 하이네는 1831년 혁명과 자유의 도시 파리에서 제2의 인생을 시작하고 그곳에서 삶을 마친다. 1843년 파리에 도착한 마르크스도 평생의 동지 엥겔스를 팔레 루아얄의 한 카페에서 만나 사회주의의 꿈을 키운다. 부르주아의 실패한 혁명이 빚어낸 비참한 현실을 목도하면서 노동자들이 인간다운 삶을 누릴 수 있는 방법을 고민한다. 파리는 청년 마르크스의 사회주의 사상을 배양한 숙주와도 같다.

7월 혁명은 '자유'를 기치로 내걸었지만, 자유를 실현하는 방식은 '동상이몽'이었다. 공화국의 이념을 고수할 것인가, 왕조는 바꾸되 왕정은 유지할 것인가, 오스트리아에 망명 중이던 나폴레옹 2세(나폴레옹 보나파르트의 아들)를 옹립해 제정을 선포할 것인가? 선택지에 따라 공화파, 왕정파, 보나파르트파로 나뉘었다. 혁명을 주도한 부르주아 계급은 입헌군주제로 타협했다. 그렇다면 누구를 왕으로 옹립할 것인가? 샤를 10세를 끝으로 막을 내린 부르봉 왕가와 대립각을 세우던 오를레앙 왕가의 루이 필립이 대안으로 떠올랐다. 그는 대혁명의 평등사상을 지지한 '필립-평등공'의 아들이다. '필립-평등공'은 반골 기질에 자유정신을 지닌 특이한 왕족으로, 사촌인 루이 16세의 처형에도 찬성했던 인물이다. 그 자신도 구체제 인물로 낙인 찍혀 단두대의 이슬로 사라졌지만 말이다. 루이 필립은 자신을 프랑스의 국왕이 아니라 프랑스인들의 왕, '시민왕'으로 불러달라면서 민주주의 체제의 입헌군주를 꿈꾸었다.

루이 필립 체제는 무늬만 공화정일 뿐 실질적으로는 군주제였기 때문에 의회와 정당, 선거제도 같은 공화정의 시스템이 제대로 작동하지 않았다. 혁명적인 제스처를 취했지만 군주제의 영광과 특권은 여전했다. 그로 인한 온갖 부작용과 모순으로 시민들의 고통은 배가되었다. 선거권은 일정 수준의 세금을 납부한 부르주아로 제한되었다. 선거권을 확대하자는 요구에 수상 기조(Guizot)는 "부자가 되시오"라고 대답했다. 수행원 없이 부르주아 복장으로 팔레 루아얄을 산책하길 즐기던 '시민왕'의 인기는 금세 땅에 떨어졌다. 루이 필립 체제는 소수의 엘리트와 부르주아가 이성과 양식을 명분으로 주도한 '보수적 자유주의'로 요약할 수 있다.

대신 루이 필립은 앙시앵 레짐과 혁명 및 제국을 아우르는 '국가적 기억'을 만들어내고자 했다. 삼색기를 공식적인 국기로 인정했으며 대혁명 때 소집된 국민방위대를 재건하는 한편 복고왕정기에 성당이 된 팡테옹을 원래 취지대로 국가적 '기억의 장소'로 되돌렸다.

국민통합 정책을 펼쳐서 땅에 떨어진 '시민왕'의 인기를 회복하려는 의도였다. 1840년은 기억정치를 활용한 국민통합의 상징적 해였다. 7월 혁명 10주년을 맞아 '영광의 3일'을 국경일로 지정하고 희생자들을 바스티유 광장에 안장했다. 기념물로 7월 기둥을 세우고 희생자들(504명)의 이름을 새긴 다음 시신을 그 아래에 묻었다. 베를리오즈의 〈레퀴엠〉이 연주되는 가운데 10주년 행사가 엄숙하게 거행되었다.[44]

'국가적 기억' 만들기는 나폴레옹의 시신 이장에서 절정에 달한다. 루이 필립의 아들 주앵빌(Joinville)이 나폴레옹의 옛 부하들을 대동하고 직접 세인트헬레나 섬으로 가서 시신을 프랑스로 운구했다. 미라 상태로 보존된 시신 앞에서 모두가 하염없이 눈물을 흘렸다. "내가 죽으면 사랑하는 프랑스 시민들이 보는 앞에 센 강가에 영면하길 바란다."는 비운의 황제의 유언이 21년 만에 실현되었다. 국민적 드라마의 감동적 연출을 위해 시신 운구 과정 하나하나에 신경을 썼다. 화려하고 거대한 운구차가 개선문에 도착했을 때 운집한 군중들은 일제히 '황제 폐하 만세'를 외쳤다. 나폴레옹 황제는 전쟁에서 큰 공을 세운 원수와 장군들의 묘역으로 자신이 조성한 앵발리드에 묻혔다.

바스티유 광장에 7월 혁명 기념물을 조성하고, 방돔 광장에 나폴레옹 동상을 복원했듯이 콩코르드 광장에는 이집트에서 가져온 룩소르의 오벨리스크를 세웠다. 광장에 우뚝 선 '파라오를 위한 기념물'을 보고 의아해하는 관광객이 적지 않다. 1829년 이집트의 국왕 무하마드 알리가 샤를 10세에게 양국의 우호관계를 기념하기 위해 기증했다지만, 나폴레옹의 이집트 원정에서 프랑스가 약탈한 문화재의 일환으로 보는 시각이 우세하다. 높이가 30m에 달하는 이집트의 거대

---

44) Emmanuel Fureix, *Le siècle des possibles*, Presses Universitaires de France, 2014.

룩소르 오벨리스크, 콩코르드 광장
Obélisque de Louxor, Place de la Concorde

한 돌기둥을 프랑스로 운반하는 데만 몇 년이 걸렸다. 바스티유 광장의 7월 혁명 기념물과는 정반대로 오벨리스크는 대혁명의 기억을 '지우기' 위한 목적에서 세워졌다. 오벨리스크만큼 어떠한 정치적 이념이나 종교적 상징도 내포하지 않은 건축물도 없다. 왕정이나 제정, 공화정의 어떤 결정적 순간도 환기하지 않는 이 순수한 기념물이야말로 '화합'을 의미하는 콩코르드 광장에 적합하지 않은가? 역사학자 미슐레는 민중의 광장보다는 왕의 거처인 루브르궁에 전시하는 게 옳다고 반대했지만 아무 소용이 없었다. 파리에서 가장 오래된 기념물인 오벨리스크는 '공공기념물'로서 아무런 기능도 하지 못한 채 지금도 콩코르드 광장에 서 있다.

루이 필립 재위 기간 동안 파리는 혁명의 도시뿐만 아니라 지성과 예술의 중심으로 명성을 높인다. 루브르 박물관과 살롱전의 위상이 제고되고, 쇼팽과 모차르트 같은 위대한 음악가들이 파리를 찾아온다. 무엇보다도 파리는 급격한 인구 증가로 커다란 변화를 겪는다. 외국이나 지방에서 끊임없이 파리로 인구가 유입되면서 19세기 중반에는 인구가 백만 명을 넘는다. 50년 만에 인구가 두 배 이상 증가한 셈이다. 급속한 인구 유입으로 비대해진 노동자 계급이 도시빈민으로 추락하면서 심각한 사회문제를 낳았다. 빈부격차가 심해지면서 주거 공간도 부르주아 거주 지역과 노동자 거주 지역으로 이원화되었다.

더욱 심각한 것은 노동자 계급을 '위험한 계급'으로 인식하기 시작했다는 점이다. 가난한 사람들이 저지르는 높은 범죄율이 콜레라 같은 전염병의 창궐보다 근대 도시 파리를 위협한다고 생각했다. 부르주아는 노동자 계급을 '새로운 야만인'으로 부르며 '위험한 계급'에 대한 두려움과 공포를 공공연히 드러냈다.[45] 부르주아와 노동자 사

---

45) Louis Chevalier, *Classes laborieuses et classes dangereuses*, Plon, 1955.

이의 메울 수 없는 간극은 언제든 폭발할 수 있는 화약고로 작용한다. 이제 1848년 혁명이 멀지 않아 보인다. 그해 1월 〈미국의 민주주의〉의 저자 알렉시스 토크빌은 "우리는 화산 위에서 잠자고 있으며" 곧 "가장 끔찍한 혁명'이 일어날 것이라고 예측했다.

훗날 위고는 〈레미제라블〉에서 7월 혁명을 중도에서 멈춘 혁명, 절반의 성공만 거둔 혁명으로 평가한다.

"1830년은 중도에서 멈춘 혁명이다. 절반의 진보 준準권리, 그런데 논리는 '거의'라는 것을 모른다. 태양이 촛불을 모르듯이, 혁명을 중도에서 저지한 것은 누구인가? 부르주아지이다. 왜? 부르주아지는 만족에 도달한 이익이기 때문이다. 어제 그것은 욕망이었고, 오늘 그것은 충족이고, 내일 그것은 포만이다. 나폴레옹 후 1814년이 일어난 현상은 샤를 10세 후 1830년에 다시 일어났다. 사람들이 부르주아지를 하나의 사회 계급으로 만들고자 한 것은 잘못이다. 부르주아지는 단지 국민 중에서 만족해 있는 부분일 뿐이다. 부르주아, 그것은 이제 자리에 앉을 겨를을 가진 사람이다. 의자는 계급이 아니다. 그러나 너무 일찍 앉고 싶어 하기 때문에 인류의 진행마저 정지시킬 수 있다. 그것은 흔히 부르주아지의 과오였다."[46]

위고는 7월 혁명의 기만적 성격을 '혁명에 해가리개를 덮어씌우기'란 재치 있는 비유를 사용해서 설명한다. 혁명의 찬란함이 부르주아 계급의 이해관계에 가려져 그 빛이 바래졌다는 뜻이다. 대신 위고는

---

[46] 빅토르 위고, 〈레미제라블〉 4권, 20~21쪽.

〈레미제라블〉에서 1832년 6월 봉기를 다룬다. 민중의 자발적 봉기를 통해 빛바랜 혁명의 찬란한 순간을 보여주고 싶었던 것일까? 위고는 마리우스를 비롯해 가브로슈과 장발장 그리고 열렬한 공화주의자들인 'ABC의 벗' 같은 등장인물들을 모두 1832년 6월의 바리케이드에 내세운다.

5. 1848년 2월 혁명과 나폴레옹 3세의 제2제정(1848~1870)

"부자가 되시오"라는 기조 수상의 당부와는 달리 파리는 생계수단을 찾아 몰려든 사람들로 만원을 이루었으며, 실업과 빈곤에 시달린 '위험한 계급'의 시위가 계속되었다. 1848년 2월 23일 시위를 무력으로 진압하자 성난 시민과 노동자들이 파리의 거리로 몰려나왔다. 파리 곳곳에 바리케이드가 설치되며 '혁명의 도시' 파리의 분화구가 다시 불타올랐다. 성난 시위대가 튈르리 궁을 침입해 루이 필립의 옥좌를 끌고 나가 혁명의 발원지 바스티유 광장에서 불태운다. 루이 16세의 비극이 재연될까 두려웠던 시민왕은 어린 손자에게 왕위를 물려준다고 선언하고 영국으로 피신했다. 이제 루이 필립은 프랑스의 마지막 왕으로 남는다.

1848년 2월 24일 임시정부는 제2공화국을 선포한다. 시위대는 붉은 기를 공화국의 새로운 상징으로 삼을 것을 요구했지만 임시정부의 수반인 시인 라마르틴은 '민중의 피'를 연상시킨다는 이유로 반대했다. 삼색기가 프랑스의 영광을 상징하는 국기의 자리를 지킨다. 임시정부는 억눌렸던 민주주의의 열정을 되살린다. 사형제도와 귀족 칭호를 폐지하며, 프랑스 식민지에서 노예 해방을 단행한다. 프랑스 식

1650~1675년 무렵 지어진 좁은 집, 클레리 길과 보르가르 길
Pointe Trigano, Rue de Cléry, Rue Beauregard

민지인 과들루프(Guadeloupe)에서는 해방 노예 출신인 루이지 마티유가 국회의원에 당선되기도 했다.

1848년 3월 2일에는 '남성'들만 참여한 보통선거가 실시된다. 여권운동가이자 소설가 조르주 상드는 여성의 투표권이 당장 실현될 수 없는 현실을 직시했다. "여성들은 정치적 삶에 참여해야 하는가? 그렇다. 나도 당신들처럼 언젠가는 그렇게 해야 한다고 생각한다. 그렇지만 그날이 가까운가? 나는 그렇게 생각하지 않는다. 여성들의 조건이 변하기 위해서는 사회가 전면적으로 변해야 한다." 상드의 견해에 동조할 수 없었던 여성 노동자 잔 드로앵(Jeanne Deroin)은 1849년 선거에 출마했지만 불과 15표를 얻는데 그쳤다! 새로 구성된 9백만 명의 선거인단 상당수는 투표 경험이 전무했다. 1848년 4월 23일에 실시된 국회의원 선거는 80%가 넘는 투표율을 기록했지만 비밀투표는 보장되지 않았으며, 사제나 지역 유지의 의견에 좌우되는 경우가 많았다. 심지어는 부활절 행사가 끝나고 사제의 인솔 하에 단체로 투표장에 가기도 했다. 하지만 보통선거는 시민의 정치적 토론과 학습의 장을 넓혔다. 각종 정치 클럽이 성행하면서 풀뿌리 민주주의의 기반이 조성되었다. 직업별, 성별, 지역별 클럽에 5만 명 넘는 인원이 참여했다.[47]

이제 프랑스의 정치 지형은 왕당파, 공화파, 보나파르트파로 확실하게 나뉜다.[48]

1830년 7월 혁명으로 왕정은 막을 내렸지만 왕당파는 정치 무대에서 살아남았다. 왕당파를 국왕이 상징하는 가치(국가의 일체감, 가톨

---

47) Emmanuel Fureix, *Le siècle des possibles*, pp. 81~93.
48) Theodore Zeldin, *Colère et politique, Histoire des passions françaises*, tome 4, Payot, 2004 참조.

릭 교회, 군대, 사회 질서)를 추구하는 운동으로 넓게 해석하면 20세기 초 극우 단체 악시옹 프랑세즈(Action Française)까지 이어진다. 왕당파는 루이 14세에서 샤를 10세에 이르는 정통왕조파와 루이 필립의 적통을 이어받은 오를레앙파로 나뉜다. 샤를 10세의 손자 샹보르 백작(1820~1885)이 정통왕조파의 왕위주장자라면, 루이 필립의 손자 파리 백작(1838~1894)이 오를레앙파의 왕위주장자다. 오를레앙파는 전통왕조파와는 달리 왕권신수설에 근거한 독단적 정치를 반대하고, 가톨릭을 국가의 종교로 인정하지 않으며 대혁명의 유산을 받아들인다는 차이가 있다. 정통왕조파와 오를레앙파의 반목과 대립이 왕당파가 권력에서 멀어진 주된 원인을 이룬다. 왕당파는 귀족과 농민 그리고 교회를 지지 기반으로 한다. 대혁명 이후 귀족의 명성과 위세는 줄었지만 명맥은 유지되었다. 1848년에는 귀족 칭호가 공식적으로 폐지되었지만 귀족의 지위를 돈으로 사려는 수요는 줄지 않았으며, 귀족 가문 출신임을 알리는 'de'라는 단어를 이름에 넣으려는 열망을 막지 못했다. 법원에 신분 상승을 위한 개명 신청이 이어졌다.

공화파는 제3공화국이 수립되기 전까지 정치 무대에서 소수파에 속했다. 인구의 다수를 차지한 농민은 왕당파나 보나파르트파를 지지했기 때문이다. 공화파는 주로 청년이나 학생 그리고 지식인을 지지 기반으로 한다. 대혁명 이후로 공화주의 이념의 중요성이 널리 인정되었던 반면, 공화파의 정치적 역량은 이를 따라가지 못했다. 대혁명 이후 1792년부터 나폴레옹이 집권한 1804년까지 지속된 제1공화국은 국민공회와 총재정부, 집정정부라는 세 가지 다른 정치 체제를 거치면서 불안과 혼란을 초래했으며, 제2공화국은 1848년 2월부터 12월까지 불과 10개월로 단명했다. 의회에서 다수석을 차지하지 못해 책임감 있는 정책을 펼칠 만한 기회를 잡지 못했다. 공화파가 정치 무대의 일선에 나서기 위해서는 내적 역량을 키우면서 제2제정이 몰락한 1870년을 기다려야 했다. 1879년에서 1886년에 이르기까지 강베타와 쥘 페리가 주도한 일련의 공화주의 법안이 상정되면서 공화주의가 틀을 잡기 시작한다. 강베타, 클레망소, 조레스 같은 공화파 지도자들이 이끈 제3공화국 이후로 프랑스는 공화국 체제로 굳어진다.

보나파르트파는 공화파처럼 체계적 이론이나 방법론적 프로그램을 갖춘 정파로 보기 힘들다. 프랑스의 문제를 해결하기 위해 나폴레옹 보나파르트가 취한 정책을 지지하는 정치적 입장을 지칭한다. 사회 구성원들 사이의 평등을 강조하고, 특권과 계급을 철폐하며, 능력 있는 인사에게 기회를 보장하는 등 혁명의 유산을 계승하면서도, 국가의 영광과 질서를 강조하고 개인의 자유보다 군사적 지배와 권위를 우위에 둔다. 보나파르트파는 농민과 산업자본가에게는 인기를 끌었지만 작가와 지식인들에게는 혹독한 비판의 대상이 되었다.

제2공화국의 혼란스러운 와중에 권력을 잡은 것은 왕당파도 공화파도 아니었다. 나폴레옹 보나파르트에 대한 국민의 향수를 이용해 그의 조카 루이 나폴레옹이 1848년 12월에 대통령으로 당선되었고, 내친 김에 3년 후에는 가톨릭과 군대의 지지에 힘입어 쿠데타를 일으켜 나폴레옹 3세로 즉위했다. 프랑스 근대사에서 두 번째 제국과 황제가 탄생했다. 문제는 루이 나폴레옹은 보나파르트주의의 진정한 계승자가 아니라는 점이다. "나는 사회주의자이고 황비는 정통 왕정주의자이며 모르니[황제의 이복형제]는 오를레앙파이고 나폴레옹 왕자는 공화주의자이고 페르시앙 공작[초기 내각의 내무장관]만 보나파르트 편인데 그는 바보다." 황제가 가족과 측근에게 종종 했던 말이라고 한다. 나폴레옹 향수를 자극해 황제가 된 나폴레옹 3세마저도 보나파르트주의자가 아니었던 셈이다. 실제로 그가 남긴 저술에는 공화주의자나 사회주의자의 면모가 드러난다는 평이 많다. 하지만 현실 정치에서 나폴레옹 3세는 전형적인 기회주의자에 가까웠다.

굳이 제1제정과의 연속성을 찾는다면 나폴레옹 보나파르트가 외교와 국방에서 강조한 국가의 역할을 나폴레옹 3세는 경제 발전에서 발휘하고자 했다는 점일 것이다. 그는 "나폴레옹적 사고는 전쟁의 사고가 아니라 사회적, 산업적, 상업적, 인도주의적 사고다."라고 말했다. 국가가 막대한 재정을 투자해 공공사업(철도와 도시 개발)을 활성화하고 신산업 개발에 주도적 역할을 함으로써 제2제정은 이전의 어느 정치 체제도 보여주지 못한 경제적 번영을 이루었다. 경제의 각 부문에서 비약적인 성장이 이어지며 국가의 재정과 수입이 크게 증가했다. 제2제정기 파리는 혁명의 도시에서 현대적 도시 풍경과 라이프 스타일을 선도하는 모던한 도시로 탈바꿈한다. 정치적 혁명이 문화적 혁명으로 이어지며, 진보에 대한 믿음과 미래에 대한 낙관적 전망을 낳았다. 경제적 번영의 명암도 뚜렷해서 빈부 격차가 심화되고, 각종 투기가 성행하며 정치적 혼란이 지속되었다.

6. 프랑스-프로이센 전쟁과 프로이센군의 파리 포위(1870)

졸라의 소설 〈나나〉의 마지막 장면을 떠올려보자.

"나나만이 홀로 밝은 촛불 아래에서 고개를 위로 향하고 있었다. 그것은 송장이었고, 피와 고름덩어리였고, 쿠션 위에 던져진 썩은 살덩어리였다. 작은 고름집들이 얼굴 전체를 뒤덮었고 뾰루지들이 엉켜 있었다. 퇴색하고 문드러져서 진흙덩이처럼 회색이 된 고름집들은 형체를 알 수 없는 반죽 같은 얼굴 위에 핀 곰팡이 같았다. 거기서 옛 모습이라고는 찾을 길이 없었다. 왼쪽 눈은 완전히 곪아 푹 꺼졌다. 반쯤 뜬 오른쪽 눈은 썩은 구멍처럼 시커멓게 파여 있었다. 코에서는 아직도 고름이 흘렀다. 뺨을 덮은 불그스름한 딱지가 입 언저리까지 떨어져 나왔는데, 거기에는 기분 나쁜 미소가 새겨져 있었다. 그 무섭고 끔찍한 죽음의 얼굴 위로 머리칼이, 그 아름다운 머리칼이 햇빛처럼 찬란한 불꽃을 지닌 채 황금의 개울처럼 흐르고 있었다. 비너스가 썩은 것이다. 시냇가에 버려진 내성 강한 시체에서 그녀에 의해 채집된 바이러스가, 그녀가 민중을 망쳐놓은 그 효소가 그녀 자신의 얼굴로 옮겨와 그녀를 썩게 만든 것 같았다.

방에는 아무도 없었다. 절망적인 커다란 고함소리가 큰길에서 솟아올라 커튼을 부풀렸다.

"베를린으로! 베를린으로! 베를린으로!"[49]

---

49) 에밀 졸라, 김치수 옮김, 〈나나〉, 문학동네, 600~601쪽.

화려한 미모와 사치스러운 생활을 자랑하던 나나는 천연두에 걸려 '썩은 비너스'의 모습으로 죽어간다. 위 장면은 추하고 불쾌한 것을 가감 없이 보여주는 자연주의적 묘사의 진수를 보여준다. 소설은 나나의 죽음과 임박한 프랑스-프로이센 전쟁의 분위기를 오버랩 시킨다. 화려했던 나나의 초라한 종말은 경제적 번영을 구가했던 제2제정의 몰락과 절묘하게 겹쳐진다. 특히 '베를린으로!'는 마지막 장에서 무려 8차례나 반복되면서 후렴구와 같은 효과를 자아낸다. 나나는 죽고 군중들은 '베를린으로!'를 외치며 물러간다. 프로이센군에 맞서기 위해 베를린으로 가자고 외친 군중들은 어떻게 되었을까? 1870년 8월 프랑스군은 세당 전투에서 대패하며 "프랑스의 긴 역사에서 일찍이 없었던 굴욕적 참패"[50]를 겪는다. 무엇보다 황제 자신이 프로이센군의 포로로 잡히는 치욕을 겪었다.

제2제정은 몰락했지만 파리 시민들은 국민방위대를 결성하며 프로이센에 대한 저항을 계속했다. 영악한 비스마르크는 파리로 진군하는 대신 파리를 포위하기로 했다. 파리는 1870년 9월 20일부터 1871년 1월 28일까지 장장 5개월 동안 외부와 완벽하게 차단된 채 봉쇄되었다. 역사상 유례를 찾기 힘든 엄청난 고난이 파리 시민들을 덮쳤다. 추위에 배고픔이 더해졌다. 개, 고양이, 쥐, 말고기부터 동물원에 갇힌 코끼리 고기까지 먹을 수 있는 모든 것이 식탁에 올랐다. 1870년 긴 망명 생활을 접고 파리 시민들의 열렬한 환영을 받으며 귀국한 위고는 일기에 "우리는 말을 온갖 형태로 먹는다."고 적었다. 파리에 남은 마네가 1870년 9월 아내 수잔에게 보낸 편지도 파리 시민이 겪은 기아의 참상을 증언한다. "이제 커피에 우유를 타먹을 수 없게 되었

---

50) 노명식, 〈프랑스 혁명에서 파리코뮌까지, 1789~1871〉, 382쪽.

어. 정육점은 일주일에 3일만 문을 여는데 사람들은 새벽 4시부터 줄을 서고, 그 이후에 온 사람들은 빈손으로 돌아가야만 해."이제 11월이 되면 상황은 더욱 악화된다. "말고기는 별미고, 당나귀 고기는 너무 비싸고, 정육점은 이제 개, 고양이, 쥐를 잡아 팔아."[51]

〈목걸이〉로 전쟁이 초래한 왜곡된 인간성을 잘 보여준 모파상은 단편 〈두 친구〉를 통해 프로이센군에 의해 봉쇄된 파리 시민들의 삶을 그려낸다. 이 작품은 낚시터에서 만나 친구가 된 두 사람이 봉쇄된 파리를 벗어나 교외에서 낚시를 하다가 프로이센군에 잡혀 총살을 당하는 이야기이다. 작품의 첫 대목은 다음과 같이 시작한다. "파리가 봉쇄되었다. 주민들은 굶주림에 허덕거렸다. 지붕 위에서 참새가 사라지고 수챗구멍의 쥐들도 자취를 감추었다. 사람들은 뭐든지 닥치는 대로 먹었다."[52] 비스마르크는 길어야 두 달 정도 버틸 것으로 예상했지만, 파리 시민들은 넉 달 이상을 버텼다. 시민 대부분이 아사 직전까지 몰렸으며 굶어 죽은 사람들만 3만 명이 넘을 것으로 추산된다. 추위와 굶주림을 견디면서 청군에 대항한 남한산성의 슬픈 역사를 떠올리게 한다.

파리는 봉쇄되었지만 하늘 길은 열렸다. 파리는 열기구와 비둘기를 이용해 외부와의 통신을 이어갔다. 파리에서 가장 높은 몽마르트 언덕에서 열기구를 띄운 사진작가 나다르의 아이디어를 활용했다. 나다르는 파리의 공중사진을 찍기 위해서였지만, 파리의 집행부는 열기구에 우편물을 싣고 투르의 임시정부와 연락을 주고받았다. 인류 최초의 항공우편이라고 할 만 하다. 공화파의 기수 강베타가 지원군을 모

---

51) Mary McAuliffe, *Paris, City of Dreams*, Rowman & Littlefield Publishers, p. 283에서 재인용.
52) 기 드 모파상, 이봉지 옮김, '두 친구', 〈모파상 단편집〉, 민음사, 2017, 7쪽.

집하기 위해 열기구를 타고 파리를 탈출하면서 가장 극적인 장면을 연출했다. 열기구에 비둘기를 함께 실어 보냈고, 임시정부의 메시지는 비둘기가 전달했다. 평화의 상징인 수백 마리의 비둘기가 전시 상황에서 우편배달부가 되었다.

당시 파리 예술계는 파리에 잔류한 사람들과 파리를 떠난 사람들로 갈렸다. 인상주의 그룹으로 한정한다면, 마네와 그의 동생 외젠 그리고 베르트 모리조는 파리에 남았지만, 졸라와 모네는 파리를 떠났으며 프레데릭 바지유는 29세의 나이로 전사했다. 모네는 런던으로 가서 집과 화실을 프로이센군에게 빼앗기고 그곳에 와있던 피사로와 조우한다. 1871년 5월 파리코뮌도 비슷한 상황을 연출한다. 마네는 여전히 파리를 지키며 자신이 목격한 참상을 그림에 담았다. 바리케이드에서의 학살 장면과 참상을 그린 〈바리케이드〉와 〈내전〉이 그 소중한 결실이다.

그 와중에 1871년 2월 티에르가 대통령에 선출되었다. 루이 필립 체제에서 수상으로 기용되었으며, 1848년 혁명이 일어나자 강경 진압을 권고한 이가 바로 티에르가 아닌가? 그는 프랑스 혁명사의 중요 순간마다 등장해서 역사의 진행과 반대되는 선택을 한다. 이번에는 프로이센과 항전을 불사해야 한다는 여론을 무시하고 휴전을 결정한다. 휴전의 내용에는 막대한 전쟁 보상금이나 영토 양도(알퐁스 도데의 〈마지막 수업〉에 나오는 알사스 로렌 지방의 양도)뿐만 아니라, 독일군이 파리의 개선문으로 행진하는 것을 허용하는 내용도 들어 있었다. 파리 시민들은 분노했지만 어쩔 수가 없었다.

파리 시민들은 굴욕에 치를 떨며 주요 기념물에 검은 휘장을 내걸었다. 역사가는 이렇게 기록한다. "집집마다 축 늘어진 국기, 인적 없는 도로, 문 닫은 가게들, 물을 뿜지 않는 분수, 덮개로 뒤집어쓴 콩코

나다르(도미에의 석판화, 1862년)

르드 광장의 동상, 밤에도 불리 켜지지 않는 가스등, 이 모든 것은 정복되지 않은 도시라는 것을 보여주었다. 나폴레옹을 맞은 모스크바도 아마도 이러했겠지. (…) 센 강과 루브르 궁과 바리케이드 선 사이에 갇힌 독일군은 덫에 걸린 것 같았다."[53] 역사의 불행은 반복된다. 1940년 6월, 이번에는 히틀러가 이끄는 독일군이 샹젤리제와 개선문을 행진한다. 한번은 비스마르크, 다른 한번은 히틀러가 파리 시민들

---

53) 노명식, 〈프랑스 혁명에서 파리코뮌까지, 1789~1871〉, 403쪽에서 재인용.

에게 엄청난 굴욕감을 안겼다.

7. 파리코뮌, 70일간의 투쟁(1871.3.18~1871.5.28)

파리 시민들은 이를 악물며 버텼지만 1871년 1월 28일 굴욕적인 강화조약은 막지 못했다. 티에르의 임시정부는 성난 민심이 두려워 베르사유로 자리를 옮겼다. 3월 18일 정부군이 몽마르트 언덕에 설치한 대포 227문을 수거하기 위해 진입했을 때 격렬한 저항이 일어났다. 분노한 시민들이 장군 두 명을 포로로 잡고 총살에 처했다. 3월 28일 파리에 코뮌이 설치되었고, 티에르는 비스마르크의 방조 아래 파리 탈환 및 침공을 명령했다. 정부군과 시민군 사이의 피비린내 나는 골육상쟁이 시작될 터였다. 민중의 이름으로 코뮌이 선포되고, 시청 앞 광장에는 다시 붉은 기가 휘날렸다.

코뮌 정부가 구성된 70일 동안 대혁명에 버금가는 혁신적인 조치들이 시행되었다. 다시 혁명력을 사용하는 한편, 교육에서 종교의 개입을 배제하고자 초등 의무교육을 전면적으로 실시하는 등 대혁명의 유산을 충실히 따르고자 했다. 그밖에 제빵 노동자의 야간 노동 금지, 벌금 및 봉급 압류 폐지, 하루 10시간 법정 노동시간 준수, 집세 지불 유예, 전당포에 차압된 물건 돌려주기 등 노동자와 서민의 눈높이에 맞춘 정책들이 제안되었다.[54] 그러나 해방과 축제의 들뜬 분위기가 피비린내 진동하는 살육전으로 돌변하는데 그리 긴 시간이 걸리지 않았다.

---

54) 노명식, 〈프랑스 혁명에서 파리코뮌까지, 1789~1871〉 참조.

5월 21일 마크-마옹 장군이 지휘하는 정부군이 파리로 진입하면서 사태는 긴박하게 돌아갔다. 파리 곳곳에 바리케이드가 설치되고 시민들의 항전을 촉구하는 호소문이 나붙었다. 이제 프랑스 역사상 가장 끔찍하고 야만스러운 '피의 일주일'이 시작되었다. 정부군은 비무장한 시민들까지 닥치는 대로 발포했다. 시민군은 파괴와 방화로 맞섰다. 튈르리 궁과 파리 시청이 불탔고, 파리 시내에 있는 티에르의 저택은 돌 하나하나까지 전부 뜯어내 파괴했다. '파리는 불타고 있는가?'란 질문은 이차대전보다 파리코뮌에 더 적합할지 모른다. 교황은 코뮌 가담자들을 "지옥의 불을 파리 시내로 가져온, 지옥에서 등장한 악마들"이라고 저주를 퍼부었다.[55] 교황의 저주에 응수라도 하듯 파리의 대주교를 비롯한 성직자들이 몽마르트에서 처형되었다. 폭력은 폭력을 낳고, 폭력에 맞서기 위해 더 큰 폭력을 행사했다.

　정부군은 부르주아 거주 지역인 파리의 서부를 손쉽게 점령한 뒤 오스만이 건설한 대로를 따라 시민군의 마지막 보루인 동북부 지역으로 향했다. 5월 28일 페르 라셰즈 묘지에서 벌어진 마지막 전투에서 300여 명의 전사들이 총살되면서 파리코뮌은 막을 내린다. 1908년 세워진 '코뮌주의자들의 벽'에는 지금도 코뮌의 희생자들을 추모하는 발걸음이 끊이지 않는다. 파리코뮌 당시 희생자들의 정확한 숫자는 알려져 있지 않다. 적게는 만 명, 많게는 5만 명 정도로 추산된다. 시가전 희생자들보다 재판 없이 처형된 사람들이 훨씬 더 많았다. 10만 명이 체포되었고, 그 중 7천 5백 명의 인사들은 프랑스에서 가장 멀리 떨어진 남태평양의 식민지 누벨 칼레도니아로 종신 유배형을 선고받았다.

---

55) 데이비드 하비, 〈모더니티의 수도 파리〉, 577쪽에서 재인용.

코뮌의 대표적인 여전사인 루이즈 미셸(Loiuse Michèle, 1830~1905)도 그 중 한 명이었다. 그녀는 법정에서 당당한 자세로 코뮌의 정의를 역설했다. "나는 자기변호를 하고 싶지도, 변호 받고 싶지도 않습니다. 나는 사회혁명에 모든 것을 바치고 있습니다. 그리고 나의 행위에 모든 책임을 내가 지겠습니다. (…) 만일 당신들이 나를 살려두면 나는 계속 복수를 부르짖겠지요, 그리고 특사위원회의 살인귀들을 고발하고, 내 형제들의 복수를 하겠지요."[56] 1880년 사면이 이루어지자 파리로 돌아와 법정에서 공언했듯이 '복수'와 '고발'의 작업에 평생을 바친다. 그녀가 남긴 〈파리코뮌 회고록〉(1886년)은 런던으로 망명한 코뮌 지도자 쥘 발레스의 자전적 소설 〈봉기〉(1871년)와 더불어 파리코뮌에 대한 가장 생생한 증언으로 평가받는다.

급진적 사회주의자를 제외하면 코뮌에 적극적으로 참여하거나 지지 의사를 표명한 지식인들은 거의 없다. 대개는 파리를 떠나거나, 사태가 극단으로 치달을 것을 걱정하며 착잡한 심정으로 지켜봤다. 영원한 공화주의자 위고는 사태가 진정된 후인 9월이 되어서야 파리로 돌아왔다. 일기에 자기 시대의 모습을 꼼꼼히 기록하기로 유명한 에드몽 드 공쿠르는 냉소적인 시선을 거두지 않았다. "지금 일어나고 있는 일은 프랑스가 노동자에 의해 정복되어, 노동자가 귀족과 부르주아와 농민을 지배하는 가운데, 노예 상태에 들어간 것이나 다름없다."[57] 국가나 군대가 시민들에게 행사한 폭력보다 파리의 공공기념물을 파괴한 코뮌주의자들의 행태에 더 분노했다. 파리코뮌을 애도하는 추모 행사도 열리지 못했다. 극도의 대립과 증오가 불러온 갈등의

---

56) 가쓰라 아키오, 정명희 옮김, 〈파리코뮌〉, 고려대학교 출판부, 2007, 267쪽.
57) 1871년 3월 28일자 일기. 메리 매콜리프, 〈벨 에포크, 아름다운 시대: 1871-1900〉, 현암사, 2020, 33쪽에서 재인용.

골을 어떻게 치유할 것인가의 문제가 정치적 진영이나 이념적 입장을 떠나 국가적인 과제로 떠올랐다. 마지막 질문이 남아 있다. 파리코뮌은 프랑스 대혁명으로 촉발된 19세기 혁명의 종언인가, 아니면 20세기 사회주의 혁명의 서막인가?

코뮌이 막을 내린 5월 28일 파리에 나부끼던 붉은 기는 사라졌지만, 체리는 빨갛게 익어가고 있었다. 코뮌의 전사로 싸웠던 장 바티스트 클레망은 "핏방울처럼 나뭇잎 그늘에 떨어지는 체리의 시기가 짧"음을 한탄하며 '피의 일주일'에 〈체리가 익어갈 무렵〉(Le temps des Cerises)이란 노래를 바쳤다.

> 그때부터 내 마음속엔
> 아물지 않는 상처가 있다.
> 행운의 여신이 나에게 온다 하더라도
> 이 상처를 고칠 수는 없겠지
> 언제까지나 체리가 익을 무렵을 사랑한다.
> 마음속 그 추억과 함께(2연)

아코디언과 잘 어울리는 샹송이자 이브 몽탕이 불러 더욱 유명해진 이 노래를 5월의 파리코뮌과 5월의 광주를 떠올리며 들어볼 일이다.

8. 바리케이드, 현실의 '길'을 막고 혁명의 '길'을 트다

　파리의 혁명은 바리케이드로부터 시작되었다. 1830년 7월 혁명부터 파리코뮌까지 19세기를 뒤흔든 혁명과 봉기에 빠지지 않고 등장한 주인공이 바로 바리케이드다. 기록에 따르면 바리케이드는 프롱드의 난에 처음 등장했다고 한다. 파리 곳곳에 쳐진 바리케이드에 두려움을 느낀 루이 14세는 파리 외곽으로 급히 몸을 피했고, 베르사유에 궁을 지어 거처를 옮겼다.[58] 이후로 대혁명 때 잠시 자취를 감추었다가 1830년 7월 혁명에 빛을 발하며 '영광의 3일' 동안 귀족과 상류 부르주아를 제외한 파리의 모든 시민들이 바리케이드에 서서 자유를 외쳤다. 1848년 유럽을 들불처럼 휩쓴 '민중의 봄'을 계기로 바리케이드는 파리에서 유럽 각지로 수출되어 혁명의 보루 역할을 톡톡히 한다.

　바리케이드를 '파리의 발명품'이라고 부르는 데에는 파리의 도시 지형도 한몫을 했다. 꾸불꾸불하고 좁은 골목길은 바리케이드를 설치하기에는 용이한 반면 정부군의 진압은 어렵게 했다. 바리케이드를 손쉽게 무너뜨릴 수 있는 대포는 골목길로 진입조차 할 수 없었다. 바리케이드 건축술은 생각보다 용이했다.

> "당시 바리케이드 쌓기는 아주 쉬웠다. 의자나 상자 같은 가벼운 물건들을 도로에 가로질러 놓고, 그 위에 더 무거운 장롱이나 탁자를 쌓은 다음, 마차나 정말 무거운 물건들을 맨위에 쌓았다. 포탄이 바리케이드에 맞으면 이런 무거운 물건들이 산산조각으로 사방에 흩어지는 것이 아니라 폭삭 내려앉았다. 그래서 진입로는

---

58) 주경철, 〈도시여행자를 위한 파리 역사 가이드〉, 휴머니스트, 2019.

막힌 상태를 유지할 수 있었다."[59]

피 묻은 포석(pavé)은 사진이나 영화에 자주 등장하는 혁명의 가장 생생한 상징이다. 대로를 뜻하는 프랑스어 'boulevard'가 전복을 뜻하는 'bouleversement'에서 유래했다는 설도 있다.

소설가 빅토르 위고는 〈레미제라블〉에서 "바리케이드는 무엇으로 만들어져 있는가?"라는 질문에 다음과 같이 답한다.

"어떤 사람들은 일부러 부순 칠층 집 세 채라고 말했다. 또 어떤 사람들은 모든 분노의 기적이라고 말했다. 그것은 증오의 모든 건축물들이 갖는 비통한 모습을, 즉 파괴의 모습을 띠고 있었다. 누가 그것은 세웠느냐? 고 사람들은 말할 수 있었다. 또한 누가 그것은 파괴했느냐? 고 말할 수도 있었다. 그것은 흥분의 즉흥적인 산물이었다. 자! 그 문을! 그 철책을! 그 차양을! 그 창들을! 그 부서진 풍로를! 그 금 간 냄비를! 모든 것을 줘라! 모든 것을 던져라! 모든 것을 밀어라, 굴려라, 곡괭이로 파라, 파괴하라, 뒤집어엎어라, 모든 것을 허물어라! 그것은 포석, 돌 부스러기, 서까래, 철봉, 걸레 조각, 유리의 파편, 깊이 빠져나간 의자, 양배추 고갱이, 자물쇠, 누더기, 그리고 저주의 합작이었다."[60]

1848년 혁명은 바리케이드의 역사에서 중요한 전환점을 이룬다. 1848년 2월 생마르탱 길에서 탕플 길에 이르는 구 시가지에 길게 바리케이드가 설치된다. 이제 바리케이드는 노동자와 서민이 몰려 사는

---

59) 리처드 세넷, 〈짓기와 거주하기〉, 50쪽.
60) 빅토르 위고, 〈레미제라블〉 5부 1장, 12~13쪽.

파리 동북부 지역에 집중된다.[61] 벨빌과 페르 라 셰즈 같은 동네는 부르주아들이 사는 파리의 서부 지역과는 완벽하게 차단된, 다른 세계가 되었다. 부유한 동네와 가난한 동네로 양분된 파리의 갈등과 대립이 혁명의 분화구를 통해 분출했다.

위고는 혁명의 역사상 유례없는 시가전이 벌어진 1848년 6월 봉기를 두 개의 바리케이드를 통해 설명한다. "집을 지을 때처럼 포석을 깔끔히 쌓아 석회를 발라 굳히고 양쪽 끝 집 사이에 잘 끼워 맞"춘 탕플 길의 바리케이드와 온갖 잡동사니로 쌓아올린 "삼층 높이의 폭이 700척"이나 되는 생탕투안 길의 바리케이드.[62] 요새처럼 단단하게 지은 탕플 길의 바리케이드에서는 80명의 인원이 정부군 만 명을 상대로 사흘간이나 버텼다고 한다. 위고가 애정을 갖고 묘사하는 것은 생탕투안 길의 '인간적인' 바리케이드이다. "바리케이드는 엄청나게 크고 살아 있었으며, 전기를 뿜는 짐승의 등에서처럼, 거기에서 번갯불 같은 반짝거림이 나오고 있었다. 신의 목소리를 닮은 그 민중의 목소리가 으르렁거리고 있는 그 꼭대기를 혁명의 정신이 그의 구름으로 휘덮고 있었으며, 이상한 장엄함이 그 거대한 잔해 덩어리에서 발산되고 있었다. 그것은 쓰레기의 산더미였고 시나이 산이었다."[63]

수와 화기의 열세에도 불구하고 혁명 때마다 바리케이드가 설치되는 이유는 무엇일까? 위고는 "가능한 한 오래 버팀으로써 적의 힘을 빼"려는데 목적이 있다고 설명한다. "저항을 오래 끌고 감으로써 적군 속에서 배반이 일어나거나 더 많은 대중이 봉기하기를 기다리는

---

61) 1848년 6월 봉기 기간 파리의 바리케이드 분포도는 파리의 양극화로 인한 변화를 잘 보여준다. 데이비드 하비, 〈모더니티의 수도 파리〉, 492쪽 참조.
62) 빅토르 위고, 〈레미제라블〉, 5부 1장 〈시가전〉.
63) 앞의 책, 15쪽.

파리코뮌 바리케이드

것." 만약 이 전술이 성공하면 혁명이 되고 실패하면 반란이 된다.

1848년 2월 혁명 이후로는 민중 봉기에 바리케이드가 별 도움이 되지 못했다. 오스만의 파리 개발로 좁은 골목길이 없어지고 대로가 생겨나 바리케이드 설치가 어려워졌기 때문이다. 설령 바리케이드가 설치되더라도 병력을 집중하거나 대포로 공격해 쉽게 무너뜨릴 수 있게 되었다. 마리우스가 영웅적으로 분투하는 영화 〈레미제라블〉 속 바리케이드 장면은 불가능해진다. 반면에 바리케이드는 유럽 전역으로 확산된다. 파리의 망명객들은 본국으로 돌아가 혁명을 주도하며 바리케이드 사용법을 널리 알린다. 독일과 이탈리아, 헝가리와 체코(보헤미아) 등 유럽 각국에서 혁명의 불길이 타오르며 바리케이드가 쳐졌다. 빈 체제가 붕괴되고 메테르니히가 의장에서 추방되어 영국으로 망명길에 오르는 데 바리케이드의 전사들이 큰 역할을 했다.

19세기 내내 바리케이드는 '혁명과 봉기의 상징적 형식'으로 작용했다. 바리케이드를 쌓는다는 것은 비록 혁명이 실패로 돌아갈지언정 목숨을 걸고 '함께 싸울' 준비가 되었다는 믿음을 공유하는 것이다. 20세기에도 혁명은 일어났지만 바리케이드의 역할은 미미했다. 도시의 지형 자체가 근본적으로 변했기 때문이다. 또한 현대화된 군사력에 바리케이드는 무용지물에 가깝다. 19세기의 바리케이드는 혁명의 온상이자 삶의 터전이었지만(그곳에서 살고 일하는 주민들이 남녀노소를 불문하고 바리케이드를 쌓았다), 주거지와 직장이 다른 현대의 프롤레타리아에게는 노동의 모순이 집약된 공장이 혁명의 출발점이 된다.[64] '막는다'는 뜻을 가진 바리케이드는 혁명의 도시 파리에서 현실의 길은 막되 혁명의 길을 텄다.

9. 혁명의 트라우마와 혁명의 기억
: 방돔 광장과 사크레 쾨르 대성당

위고는 1827년에 〈방돔 광장의 기둥에게〉라는 제목의 시를 발표했다. 각별한 사이의 인물도 아닌 광장의 기둥에게 시를 바친 이유는 무엇일까? 코뮌 당시 화재로 소각된 튈르리 궁[현재는 튈르리 정원]에서 북쪽으로 조금만 발길을 돌리면 방돔 광장이 나타난다. 극장과 백화점이 오스만 식 대로에 몰려 있는 센 강 우안의 대표 구역이다. 올랭피아 극장, 오페라 가르니에, 오페라 코미크 같은 파리 최고의 극장과 프랭탕, 갈르리 라파예트 같은 유명 백화점이 방돔 광장 주위에 펼쳐져 있다. 광장을 둘러싼 화려한 석조 건물들 한가운데에 커다란 높

---

64) 이상 Eric Hazan, *La Barricade*, Autrement, 2013 참조.

이를 자랑하는 기둥이 서 있다.

1699년 방돔 광장에 무소불위의 권력을 휘두르던 '태양왕' 루이 14세의 기마상이 세워진다. 1792년 7월 혁명정부는 100년 동안 부르봉 왕가의 상징처럼 군림하던 이 기마상을 철거한다. 혁명정부는 청동 기마상을 주조공장으로 보낸다. 유럽 연합군에 맞서기 위한 대포를 만든다는 명분이었다. 나폴레옹은 1810년 오스테를리츠 전투 승리(1805년)를 기념하기 위해 광장 한가운데 높이 44미터의 기둥을 세우고 그 꼭대기에 자신의 기마상을 세운다. 이번에는 전투에서 노획한 적들의 대포를 녹여 만든 청동 기마상이었다. 이제 1871년 파리코뮌이 들어서고 5월 16일에 코뮌 예술위원회 의장이던 화가 쿠르베의 주도로 방돔 광장의 기둥을 끌어내린다. 나폴레옹의 동상도 훼손되었다. 1873년 제 3공화국은 기둥과 동상을 복원하기로 결정했다.

정리하자면 거의 두 세기 동안 기둥과 동상(루이 14세 동상과 나폴레옹 동상)을 둘러싸고 철거와 건립이 되풀이된 셈이다. 그 이유는 무엇일까? 우선 루이 14세와 나폴레옹 보나파르트는 프랑스의 군사적 정복과 국가적 영광을 상징하는 인물이라는 점이다. 절대왕정과 나폴레옹의 기념물은 정치 체제를 뛰어넘어 프랑스의 영광을 상징하는 대표적 기념물로 자리 잡았다. 바로 그런 이유에서 제3공화국 정부는 방돔 광장 기둥을 훼손한 죄목을 들어 쿠르베를 처벌하고, 기둥과 나폴레옹 동상을 복원하기로 했다. '방돔 광장의 기둥'에 바친 위고의 시는 영원히 사라지지 않을 19세기의 수도 파리에 바친 헌시에 다름이 아니다.

공공기념물을 세우는 것만큼이나 그것을 파괴하는 것에도 나름 명분이 있다. 파리코뮌이 다수의 공공건물과 문화유산을 방화하거나 파괴했지만, 유독 나폴레옹 동상의 철거가 눈길을 끈 이유는 그것이

방돔 광장(위) Place Vendôme
사크레 쾨르 성당(아래) Basilique du Sacré Cœur

제2제정의 종말 뿐 아니라, 위고가 주장한 '19세기의 수도 파리' 신화의 종말을 의미하기 때문이다. 철거와 건립이 되풀이되면서 방돔 광장의 기둥과 동상은 파리의 상징적 기념물로서의 의미를 박탈당했다. 1889년 만국박람회를 빛내기 위해 세운 에펠탑이 방돔 광장의 기둥을 대신한다. 파리를 상징하는 기념물의 영원한 주인은 없다.

사크레 쾨르 성당은 몽마르트의 대표적 랜드마크이다. 몽마르트 순례에 지칠 때면 '순백색' 성당이 주는 순결하고 장엄한 느낌을 즐기며 내려다보는 파리 전경이 일품이다. 몽마르트 지하의 채석장에서 캐낸 석회암으로 지은 사크레 쾨르 성당은 "순백색으로 차려 입은 순수함의 기념비"로 불린다.[65] 몽마르트 1번지 물랭 루즈 바로 앞 광장의 이름도 '하얗다'는 뜻의 '블랑슈 광장'이다. 하지만 '순수함의 기념비'가 바로 파리코뮌의 비극적 장소에 세워졌다는 사실을 기억하는 이는 드물다.

사크레 쾨르 성당은 코뮌에 희생된 노동자나 시민이 아니라 억울하게 총살당한 대주교나 사제 같은 '순교자'를 기리기 위해 세워졌다. '피의 일주일' 동안 파리 대주교를 위시해 인질로 잡혀 있던 사제들 24명이 모두 처형되었다. 프랑스에서 가장 급진적인 혁명이 일어난 곳에 반혁명주의자와 왕당파 그리고 보수적 가톨릭 신자들의 '성심(聖心)'[사크레 쾨르는 '성심'을 뜻한다]을 담은 성당을 지었다고 하니 이보다 더한 역사의 아이러니가 있을까? 성당은 혁명으로 무너진 도덕적, 사회적 질서를 회복하기 위한 '대속(代贖)'의 의미를 가진다. 이것이 진정 파리코뮌을 기억하고 추모하는 길이란 말인가? 클레망소를 위시한 공화주의자들은 성당 건립 초기 단계부터 비난의 목소리를

---

65) 메리 매콜리프, 〈벨 에포크, 아름다운 시대〉, 89쪽.

높였다. "자유사상과 혁명의 원천인 파리를 굽어보는 높이에 가톨릭 기념물을 세우려고 생각하다니. 당신들 머리에 뭐가 들어 있는가? 그것을 교회가 혁명을 이기고 승리한 기념물로 만들겠다니. 그렇다. 당신들이 없애고자 하는 곳은 그것, 당신들이 혁명의 전염병이라고 부르는 것이다. 당신들이 되살리고자 하는 것은 가톨릭 신앙이다. 왜냐하면 당신들은 근대의 정신과 싸우는 중이니까."[66]

정치와 종교의 완벽한 분리를 추진한 제3공화국에서는 성당 건립과 관련해 일체의 재정 지원도 하지 않기로 했다. 오직 신자들의 기부로만 재정이 충당되었다. 공화주의자들의 반대와 기금 확충 문제로 착공한지 무려 50년이 지난 1919년에야 완공되었다. 그 점에서 사크레 쾨르의 역사(役事)는 성과 속, 공화주의와 가톨릭, 정치와 종교 사이의 대립과 투쟁의 역사(歷史)라고 해도 과언이 아니다. 성당이 착공되던 해에 완공된 파리 오페라 하우스와 비교해보자. 오페라 하우스가 금박을 입힌 조각에 눈부신 샹들리에, 화려한 내부 장식으로 세속적인 화려함의 극치를 자랑한다면, 사크레 쾨르 성당은 종교적 순수함과 정신적 가치를 상징한다. 에펠탑이 기술적 진보와 공화국의 가치를 대변한다면, 사크레 쾨르 성당은 노트르담 대성당과 함께 파리의 종교적 랜드마크를 완성한다.

'미신의 성채'라고 비난을 받던 사크레 쾨르 성당이 파리의 대표적 기념물이 된 데에는 몽마르트가 관광명소로 부각된 것과 깊은 연관이 있다. 성당이 완공되자 프랑스 각지에서 기차를 타고 온 신자들의 성지순례가 이어졌으며, 순례자들은 순례를 마치고 근처의 카바레나 식당에서 여독을 풀었다. 오스만 식 대로와 아파트가 즐비한 파리 도

---

66) 데이비드 하비, 〈모더니티의 수도 파리〉, 586쪽에서 재인용.

심에서는 느낄 수 없는 '옛 파리'의 정취를 몽마르트의 골목길을 거닐며 느낄 수 있었다. 몽마르트는 화가와 시인들의 고향 같은 곳이면서도 물랭 루즈나 피갈의 유흥가가 몰려 있는 환락의 장소이기도 했다. '성'과 '속'이 서로 섞이면서 파리의 다른 지역에서 맛볼 수 없는 분위기를 연출했다. 지금도 사크레 쾨르 성당은 파리코뮌의 비극적 역사에 무심한 듯 몽마르트 언덕 한가운데에 우뚝 서서 관광객들을 맞이한다.[67]

---

67) Colin Jones, *Paris: Biography of a city*, Viking, 2005, pp. 375~377 참조.

튈르리 정원, 오르세 미술관
Jardin des Tuileries, Musée d'Orsay

3장

파리의 혁명, 미술을 만나 꽃을 피우다

    프랑스 대혁명은 프랑스 사회를 옥죄어왔던 속박과 금기에서 벗어나 자유와 평등의 이념을 구현할 수 있는 계기를 마련했다. 문학에서는 낭만주의가 태동하면서 억눌려있던 상상력과 개성을 마음껏 발휘할 수 있었다. 하지만 회화는 사정이 달랐다. 종교화와 역사화의 위세가 화가들의 상상력을 가로막았다. 성경이나 고대 그리스, 로마 역사에서 소재를 가져오지 않으면 제대로 된 그림으로 대접받지 못했다. 동시대 현실과 역사적 사건은 화면 안에 들어올 수 없었다. 그마저 소소한 일상의 풍속을 담은 그림은 회화의 위계질서에서 가장 낮은 위치를 차지했다.

    1725년 루브르궁의 '살롱 카레'에서 처음 열린 '파리의 살롱전'(Salon de Paris)은 19세기 회화의 위계질서와 화풍의 변화를 감지할 수 있는 좋은 기회였다. 나폴레옹 시대 최고의 화가 다비드부터 앵그르와 들라크루아가 경쟁하던 낭만주의를 거쳐 인상주의에 이르기까지 살롱전은 19세기 파리 회화의 변화를 가늠하는 시금석이었다. 프랑스 대혁명에서 파리코뮌에 이르는 19세기 프랑스 사회의 대격변은 미술에도 커다란 영향을 미쳐, 더 이상 역사를 추동한 사건들을 그림 밖에 머물게 하지 않았다. 혁명을 시각화한 그림부터 혁명의 아이콘이 된 그림에 이르기까지 파리의 혁명은 미술을 만나 예술의 꽃을 피웠다.

우리는 인상주의의 미학적 혁신에 익숙한 나머지 그 이전의 중요한 화가들에 대해 무관심한 경향이 있다. 모네와 마네, 르누아르와 피사로가 19세기 프랑스 미술의 전부는 아니다. 인상주의의 제한된 시야에서 벗어나 19세기 프랑스 미술을 찬찬히 둘러보면, 몇 사람의 이름이 눈에 띈다. 나폴레옹의 후광을 업고 신고전주의의 화풍을 주도한 자크 루이 다비드, 1830년 7월 혁명을 영원한 혁명의 아이콘으로 자리 잡게 한 외젠 들라크루아, 비판 언론의 성장에 힘입어 풍자 석판화를 예술의 경지로 끌어올린 오노레 도미에, 리얼리즘 화가로서 독보적인 길을 개척했지만 파리코뮌 참여로 문화재 파괴자의 오명을 쓴 귀스타브 쿠르베 등이 바로 그들이다. 이제 이들 화가가 걸어간 길을 따라 용암처럼 분출된 혁명의 에너지가 문화예술의 동력으로 전이되는 과정을 살펴보자.

1. 나폴레옹과 운명을 같이 한 화가 자크 루이 다비드

1766년 자크 루이 다비드(Jacques-Louis David, 1748~1825)는 루이 14세가 설립한 왕립 미술 아카데미에 입학하면서 화가의 길로 접어든다. 당시 화가들의 선망의 대상이던 로마 대상(prix de Rome)을 다섯 번이나 낙선한 끝에 1774년에 수상한다. 수상자에겐 로마에서 몇 년 동안 수학할 수 있는 기회가 주어진다. 당시 로마는 고대와 르네상스의 풍부한 문화유산을 자랑하는 선진미술의 중심지였다. 로마는 불과 백 년 후면 파리가 맡게 될 '미술의 수도'이자, '그랜드 투어'의 목적지였다. 미켈란젤로와 라파엘, 카라바조와 카라치 같은 대가들의 작품을 직접 보고 모사하면서 화가로서 튼튼한 기초를 쌓을 수 있었다. 로마 대상 수상자는 귀국 후 아카데미 회원이나 궁정화가로서 성공 가도를 달렸다.

다비드는 대단한 야심을 품은 화가였다. 그가 화가로 성장하던 무렵 프랑스는 왕정과 대혁명, 공포정치와 제정을 거치며 역사적 대격변을 겪었다. 루이 16세 시절 화가로 입문한 다비드가 대혁명과 공포정치의 터널을 통과해서 나폴레옹 시대에도 명성을 유지하기 위해서는 우연과 행운 말고도 필사적인 변신의 노력이 필요했다. 구체제 아래서 아카데미 회원이 된 다비드는 대혁명이 일어나자 열성 자코뱅 당원으로 변신해 구체제의 상징인 아카데미의 폐지에 앞장서며, 나폴레옹이 황제로 즉위하자 황제의 대관식을 그리는 영예를 누린다. 마라와 로베스피에르는 단두대의 이슬로 사라졌지만 그들과 절친한 사이였던 다비드는 궁정 수석화가로 살아남았다. 나폴레옹은 자신 못지않은 야심가를 한눈에 알아보고 황제의 자리에서 쫓겨날 때까지 그를 옆에 둔다.

정치 체제와 통치 이념이 급반전하던 시대에 다비드가 최고의 화가로서 명성을 유지한 비결은 무엇일까? 역사의 소용돌이에 휩쓸려가 목숨과 명예를 잃은 화가가 어디 한둘이던가? 꽃길만을 걸은 화가를 두고 평가는 엇갈린다. 전기 작가 스테판 츠바이크는 다비드를 "권력자의 구두라면 혀로 핥기까지 하는 인물의 전형"이라고 깎아내린다.

다비드_ 호라티우스 형제의 맹세

Jacques-Louis David_ Le Serment des Horaces, 1784,
330×425cm, Musée du Louvre, Paris.

마리 앙투아네트 같은 패배자에게는 가혹했던 반면 나폴레옹 같은 승자에게는 환심을 사려고 했다. 하지만 다비드의 성공을 단지 능수능란한 처세술의 결과로만 볼 수 없다. 다비드의 생애와 작품은 권력을 등에 업은 화가의 처신과 미술의 사회적 역할을 묻게 한다.

다비드는 로마에서 이탈리아 고전주의 거장들의 그림을 접하며 새로운 회화의 길을 모색한다. 그는 적성에 맞지 않는 종교화 대신에 호메로스의 〈일리아드〉 같은 고전이나 로마 역사에서 소재를 가져온 역사화에 흥미를 느꼈다. 다비드의 역사화는 역사 속 한 장면을 불러와 그 현재적 의미를 묻는 방식을 취한다. 〈호라티우스 형제의 맹세〉(1784년)가 대표적이다. 나라의 명운이 달려 있는 결투에 아들 셋을 모두 내보내야 하는 아버지와 살아서 돌아올 기약 없이 전장으로 떠나는 호라티우스 형제들의 모습 어디에도 비통한 표정을 찾아보기 어렵다. 형제들에게는 한 발짝도 물러서지 않겠다는 결기가, 아버지에게는 조국을 위해서라면 자식도 내줄 수 있다는 의연함이 돋보인다. 생이별의 비통함은 어머니와 누이들의 모습에서만 감지될 뿐이다. 대혁명이 일어난 해에 발표된 〈브루투스에게 아들들의 시신을 운반하는 호위병들〉도 공화국에 대한 시민들의 충성과 의무를 강조하고 있어 다비드의 역사화는 대번에 공화주의자들의 마음을 사로잡는다.

혁명의 기운이 아직 무르익기 전인 1789년 5월 루이 16세는 납세 문제를 논의하기 위해 삼부회를 소집한다. 파탄에 빠진 재정을 구하는 유일한 길은 증세뿐이었다. 누구의 지갑에서 더많은 세금을 거둬들여야 하나? 프랑스 각지에서 선출된 귀족, 성직자, 부르주아 계급의 대의원들이 베르사유로 집결했다. 국왕은 신분간의 이해관계를 조정할 수 있을 것으로 낙관했지만 현실은 달랐다. 1789년 6월 20일 국왕은 봉건적 특권을 폐지하라는 제3신분의 요구를 묵살하고 삼부회 회

다비드_ 테니스코트의 서약, 1789년 6월 20일
Jacques-Louis David_ Serment du Jeu de paume, le 20 juin 1789, 1791, 65×88.7cm, Musée Carnavalet, Paris.

의장을 폐쇄한다. 대의원들은 회의장 근처 실내 테니스코트에 모여 국민의회 의장인 바이이의 제안으로 굳은 맹세를 한다. "단단한 기초 위에 헌법이 세워지고 견고해질 때까지 절대 흩어지지 않으며 상황이 요구하면 어디든지 모여 있을 것."[68] 다비드는 결의에 찬 서약 장면을 그림에 담았다.

혁명을 시각화한 이 그림 덕분에 다비드는 일약 혁명기의 대표적 화가로 떠오른다. 이렇게 많은 인물들이 등장하는 그림도 이례적이었다. 이제 민주주의는 다수결의 원칙과 '수의 권력'에 지배될 터였다.[69] 연단에서 맹세를 제안하는 국민의회 의장을 위시해서 화면 오른편에 주먹으로 가슴을 치며 격양된 모습에 사로잡힌 로베스피에르까지 대혁명의 주역들을 그림에서 만날 수 있다. 창문과 통로까지 화면은 온통 혁명을 이끌어갈 인물들로 빼곡하다. 혁명이 폭발하기 직전의 열기를 직감할 수 있다.

이 그림은 다비드가 자코뱅 당원이었던 1791년에 제작되었다. 혁명 정부는 화가 당원에게 혁명의 변곡점이 된 역사적 장면을 그려달라고 주문했다. 그러나 화면을 꽉 채운 6백 명의 맹세는 오래 가지 않았다. 그들은 다비드나 로베스피에르처럼 자코뱅파나, 온전한 부르주아 혹은 개혁군주 지지자로 흩어졌다. 혁명의 이념으로 하나 된 집단은 혁명의 노선을 두고 갈라졌다. 다비드는 1793년 초 루이 16세와 마리 앙투아네트의 사형에 찬성표를 던지며 마라와 로베스피에르의 동지로 남기로 했다.

혁명 이후의 주도권을 두고 그림 속 인물들은 서로를 적으로 몰아붙이기 시작했다. 다비드의 친구인 혁명가 마라도 희생양이 되었다.

---

68) 막스 갈로, 〈프랑스대혁명〉 1권, 164쪽.
69) 스테판 욘손, 양진비 옮김, 〈대중의 역사〉, 그린비, 2013, 34쪽 참조.

다비드_ 알프스의 생베르나르 협곡을 넘는 나폴레옹_ 총 5점 가운데 벨베데레 버전
Jacques-Louis David_ Bonaparte franchissant le Grand-Saint-Bernard, 1803, 246×231cm, Österreichische Galerie Belvedere, Vienna.

'민중의 친구'를 자처하던 마라는 1793년 7월 13일 욕조에서 지롱드 당원 샤를로트 코르데의 단검에 희생되었다. 다비드는 〈마라의 죽음〉(1793년)에서 마라를 '혁명의 순교자'로 이상화한다. 이념을 위해 현실의 요소는 얼마든지 삭제되거나 변형될 수 있다! 다비드의 신고전주의는 있는 그대로의 현실을 그리는 것과는 거리가 멀었다. 화가는 마라를 죽는 순간까지 '민중의 친구'로 남고자 한 혁명가로 이상화하기 위해 순교자의 손에 민중의 탄원서를 쥐어주었다.

다비드는 열성 당원으로 현실 정치에 몸을 담으며 혁명정부의 미술 정책에도 관여했다. 하지만 공포정치가 막을 내리면서 다비드의 그림도 빛을 잃었다. 혼란상을 숨죽이며 지켜보던 그는 나폴레옹 집권을 화가로서 재도약할 기회로 삼는다. 나폴레옹은 예술을 권력 강화와 치적 홍보의 방편으로 활용한 뛰어난 이미지 정치가였다. 그림만큼 정치적 효과가 뛰어난 것도 없다고 생각한 나폴레옹은 자신의 초상이나 전투의 명장면을 그림에 담도록 했다. 그림은 기념물이나 건축물에 비해 시간과 비용을 절약하며 살아 있는 권력의 모습을 신속하게 전달하는 이점이 있었다. 당대의 화가들도 프랑스의 위대한 영웅으로 칭송받는 나폴레옹을 앞다투어 그리기 시작했다. 누구보다 이 방면에서 풍부한 경험을 지닌 다비드는 나폴레옹을 사로잡을 비결을 알고 있었다.

다비드는 〈집무실에서의 나폴레옹의 초상〉(1812년)과 〈알프스의 생베르나르 협곡을 넘는 나폴레옹〉(1801년)으로 나폴레옹을 사로잡았다. 다비드는 디테일 하나도 놓치지 않았다. 한밤중을 가리키는 집무실의 시계는 황제가 밤을 새워가며 일하는 민중의 충복임을 강조한다. 테이블 위의 나폴레옹 법전은 '칼'로 세계를 정복했지만 '법'으로 다스리는 통치자임을 보여준다. 1808년 살롱전에만 무려 27점의 나폴레옹의 초상화가 출품되었다고 한다. 재위 기간 전체를 따지면 훨씬 많은 작품이 그려졌을 것이다. 나폴레옹은 자신의 초상화 가운데 유독 다비드의 초상화를 좋아했다.

나폴레옹은 전투의 명장면을 그림에 담기 위해 화가들과 전장에 동행했다. 다비드도 몇 차례 초대받았지만 실행에 옮기지 못했다. 그 대신에 알프스 협곡을 말을 타고 넘는 상상 속의 나폴레옹을 그림에 담기로 했다. 이념에 맞게 현실을 재단하고 이상화하는 신고전주의 미학은 현장을 눈으로 확인하는 수고를 덜게 했다. 게다가 멋진 기마상의 주인공은 절대군주들의 로망이 아니던가. 현실은 정반대였다. 폴 들라로슈의 〈알프스 산맥을 건너는 보나파르트〉(1848년, 루브르 박물관)이 보여주듯이 나폴레옹은 혹독한 추위에 떨며 노새를 타고 눈 덮인 알프스를 건넜다. 좁은 길을 위태롭게 건너다가 말이 놀라 날뛰면 어떻게 할 셈인가? 그러한 우려를 일축하려는 듯 그림 속 말은 앞발을 높게 쳐들고도 균형을 잃지 않으며, 나폴레옹은 일말의 주저도 없이 진군을 명령한다. 나폴레옹의 발 아래쪽으로 시선을 내리면 바위에 보나파르트, 한니발, 카롤루스 마그누스(샤를마뉴)라는 이름이 새겨져 있다. 알프스를 넘은 최초의 장군 한니발과 천 년 전 제국을 건설한 샤를마뉴 대제를 자신의 이름 '밑에' 새겨 넣었다. 이 정도면 나폴레옹의 이상화도 모자라 신격화라 할 것이다.

나폴레옹을 신격화한 공로로 다비드는 1804년 황제의 수석화가로 임명된다. 바로 그해에 나폴레옹 황제의 대관식이 노트르담 대성당에서 열린다. 나폴레옹은 1804년 7월 국민투표에서 압도적인 지지를 받으며 황제의 자리에 올랐다. 987년 카페 왕조의 창시자 위그 카페의 즉위식 이래로 프랑스 국왕의 즉위식과 축성식은 랭스 대성당이나 샤르트르 대성당에서 거행되었다. 두 성당 모두 이름이 가리키듯이 파리가 아니라 지방에 있다. 나폴레옹은 이전의 국왕들과는 격이 다름을 보여주기라도 하듯이 프랑스의 중심이자 파리 역사의 산증인 격인 노트르담 대성당에서 1804년 12월 2일 즉위식을 거행한다. '이성의 전당'으로 전락했던 노트르담 대성당에 종교적 후광을 되찾아주는 효과도 발휘했다. 나폴레옹을 그린 화가들은 신격화의 효과를 극대화하기 위해 압도적인 스케일의 대작을 선호했다. 〈나폴레옹 황제의 대관식〉은 '621×979cm' 크기의 대작으로 루브르 박물관 드농관 1층 75호실 한쪽 벽면을 가득 채운다. 루브르에서 크기로 몇 손가락 안에 드는 그림이다.

대관식 장면에는 2백 명이 넘는 인물들이 등장한다. 나폴레옹을 비롯해 교황 피우스 7세와 황후 조제핀 그리고 황제의 친인척과 고관대작들 하나하나를 꼼꼼하게 스케치하는 데 많은 시간과 노력이 들었다. 그림을 완성하는데 2년 이상이 걸렸으며, 황제는 아틀리에를 수시로 방문해 수석화가의 작업을 독려했다. 전통적인 즉위식에서 교황은 국왕의 신성한 권력의 보증인이었다. 국왕의 즉위식은 교황의 축성식이기도 했다. 나폴레옹의 대관식은 교황과 황제의 권력서열에 중대한 변화가 일어났음을 보여주는 일대 사건이었다. 교황은 무기력한 모습으로 자리에 앉아 있으며, 황제와 황후의 머리에 관을 씌운 사람은 바로 나폴레옹 자신이었기 때문이다. 자칫 무소불위의 오만한 권력으로 비칠까 우려해서 황제가 스스로 관을 쓰는 장면 대신에 황제가 무릎을 꿇은 황후에게 관을 씌워주는 모습을 그렸다. 나폴레옹의 권력은 신이 내려준 것이 아니라 황제 스스로 만든 것이다!

나폴레옹의 신격화 작업은 황제의 대관식에서 절정에 달했다. 나폴레옹의 막강한 권력은 다비드에겐 성공의 보증수표였지만, 하늘 아래 영원한 권력은 없는 법이다. 나폴레옹이 몰락하자 다비드도 운명

다비드_ 노트르담 성당에서의 나폴레옹 황제와 조세핀 황후의 대관식, 1804년 12월 2일
Jacques-Louis David_ Sacre de l'empereur Napoléon Ier et couronnement de l'impératrice Joséphine dans la cathédrale Notre-Dame de Paris, le 2 décembre 1804, 1805~1807, 621×979cm, Musée du Louvre, Paris.

을 같이 했다. 나폴레옹이 세인트헬레나 섬으로 유배를 떠나자, 다비드는 벨기에로 망명했다. 당시 벨기에는 영국과 더불어 프랑스 유력 인사들이 선호하던 망명지였다. 1816년 1월 브뤼셀에 도착한 다비드는 이미 67세 노인의 몸이었다. 붓을 꺾지는 않았지만, 그의 명성을 높이 산 권력자들의 솔깃한 제안에도 꿈쩍도 하지 않았다. 나폴레옹과 운명을 함께 한 다비드로서는 부르봉 왕가에 충성할 수는 없었다. 1825년 12월 29일 다비드는 브뤼셀에서 눈을 감는다. 1989년 프랑스 대혁명 200주년을 맞아 프랑스 정부는 다비드의 유해를 파리로 이장하려는 계획을 세웠지만 벨기에 정부의 반대로 무산됐다. 이제 다비드의 신고전주의풍 역사화는 제자 앵그르가 물려받는다. 앵그르는 낭만주의 화풍을 대변하는 들라크루아와 경쟁하며 19세기 중반 프랑스 회화를 이끈다.

2. 들라크루아, 〈민중을 이끄는 자유의 여신: 1830년 7월 28일〉

레옹 마티유 코슈로의 〈다비드 작업실의 실내〉(1814년)를 보면 미술아카데미나 에콜 데 보자르에서 얼마나 엄격하고 보수적인 교육이 이루어졌는지 상상이 된다. 외젠 들라크루아(Eugène Delacroix, 1798~1863)는 다비드나 앵그르처럼 아카데미에서 수학하지 않았다. 대신 화가의 아틀리에에서 사숙하는 틈틈이 루브르에 가서 대가들의 그림을 직접 모사하며 기초를 쌓았다. 이후 아카데미의 규칙과 질서에 반기를 든 화가들은 들라크루아의 자유분방한 상상력을 따른다. 들라크루아는 선과 데생을 중시하는 다비드의 신고전주의에서 벗어나 색채를 통한 내밀한 감정의 표현을 강조했다. 여기서는 들라크루아의 대표작 〈민중을 이끄는 자유의 여신〉에 초점을 맞추어 미술이 혁명을 형상화하는 방식과 공화국의 알레고리에 대해 살펴보고자 한다.

〈민중을 이끄는 자유의 여신〉은 1830년 7월 혁명의 이념을 가장 잘 형상화한 그림이다. 이후로 이 작품은 가장 대중적인 '혁명의 아이콘'이자 프랑스 공화국의 영원한 상징으로 자리 잡는다. 낭만주의는 현실 도피적이라는 세간의 평가와는 달리 들라크루아는 자유를 향한 동시대인들의 열망을 화폭에 담았다. 들라크루아는 '영광의 3일'을 회화적으로 재현하는 작업에 착수하면서 형 샤를 앙리 들라크루아 장군에게 편지를 보냈다.

"형님의 편지는 언제나 저에게 커다란 즐거움입니다. 요즘 작업에 열중하고 있습니다. 저는 [바리케이드라는] 현대적인 주제를 그리기 시작했습니다. '혁명의…'라는 제목을 붙일 예정입니다. 제가 조국을 위해서 희생하지 못했더라도, 조국을 위해서 그림을 그리렵니다. 그런 생각에 기분마저 상쾌해집니다."[70]

들라크루아는 '혁명의…'로 시작되는 긴 제목 대신 〈자유〉나 〈바리케이드〉로 줄여서 부르곤 했다. 1830년 7월 혁명과 바리케이드를 연결한 최초의 미학적 발상에 속한다. 여기서도 이 작품을 〈자유〉로 부르자.

〈자유〉는 삼색기를 든 자유의 여신을 꼭짓점으로 하는 파라미드 식 화면 구성이 고전적이면서도 안정감 있는 미학적 구도를 연출한다.

---

[70] 1830년 10월 12일 형 샤를 앙리 들라크루아 장군에게 보낸 편지의 일부. 외젠 들라크루아 외 지음, 강주헌 옮김, 〈위대한 낭만주의자〉, 창해, 2000, 74쪽에서 재인용.

들라크루아_ 민중을 이끄는 자유의 여신(1830년 7월 28일)
Eugène Delacroix_ La Liberté guidant le peuple(28 juillet 1830), 1830, 260×325cm, Musée du Louvre, Paris.

그림의 배경으로 연기에 휩싸인 노트르담 대성당이 보이고, 자유의 여신을 필두로 여러 인물들이 국왕수비대 병사들의 시신이 놓인 바리케이드 너머로 혁명을 외치며 진격한다. 들라크루아는 다수의 초벌그림과 스케치를 그리며 인물 하나하나를 섬세하게 처리하기 위해 노력했다. 인물들의 역동적인 포즈와 혁명의 외침이 전해질 것만 같은 감정적 분출, 타오를 듯한 강렬한 색채감은 낭만주의자로서 들라크루아의 진면모를 확인하게 한다. 그림 속 인물들을 구체적으로 특정하기는 힘들다. 자유의 여신 옆에서 고급 모자를 쓰고 총을 든 인물이 들라크루아 자신이라는 주장도 있지만 신빙성이 떨어진다.

이 그림이 담고 있는 인문, 예술적 정보는 다음과 같다.

① 자유의 여신은 공화국의 알레고리이다.

② 자유의 여신을 둘러싸고 있는 인물들은 당대의 사회적 유형을 대변하며, 그림은 공화국의 통합된 모습을 보여준다.

③ 이 그림은 공화국의 주요 상징인 마리안느, 프리기아 모자, 삼색기를 보여준다.

우선 베레모를 쓴 채 셔츠를 풀어헤치고 칼을 든 인물은 노동자를, 고급 모자를 쓰고 정장을 입은 인물은 부르주아를, 마지막으로 권총을 손에 쥔 소년은 하층 계급의 소년이나 파리의 젊은 학생을 각각 대변한다. 특정 집단이나 계급을 대표한다는 의미에서 이 인물들은 사회적 '전형'에 속한다. 이렇듯 들라크루아는 자유의 여신을 중심으로 부르주아와 노동자, 학생이 합심해서 이루어낸 혁명이 바로 1830년 7월 혁명이었음을 강조한다. 작품 속 바리케이드는 사회적 연대와 우정을 보여주기 위한 장치로 기능한다.

중앙의 자유의 여신이 공화국과 혁명의 정신을 상징한다면, 좌우의 인물은 노동자와 부르주아의 화합을 상징한다. 〈자유〉가 혁명의 아이콘으로 거듭날 수 있었던 이유는 혁명의 이념을 알레고리로 제시했을 뿐만 아니라, 7월 혁명이 노동자와 학생, 시민들이 뭉쳐 만든 '화합의 장'임을 보여주었기 때문이다. 〈자유〉는 "노동자와 부르주아지가 동일한 종에 속하는 개인들로서 그려지는 마지막 그림"에 속한다.[71] 1848년 혁명이나 파리코뮌이 극명히 보여주듯이 부르주아와 노동자는 결별해서 각자 체제 수호와 체제 전복의 길을 간다.

들라크루아의 〈자유〉가 오랫동안 환호와 갈채를 받은 이유는 다른 어느 화가도 담아내지 못한 공화국의 주요 상징을 한 편의 그림으로 보여주었기 때문이다. "영국은 제국이다. 독일은 나라이고 프랑스는 한 인간이다."[72] 역사가 미슐레가 한 말이다. 프랑스는 다른 나라와 달리 의인화된 '여성'의 이미지로 국가의 정체성을 드러낸다. 특히 대혁명 이후로는 마리안느(Marianne)라는 평범한 여성의 이름을 프랑스 공화주의의 알레고리로 삼았다. 이제 '공화국 만세!'(Vive la République!)가 '루이 14세 만세!'를 대신하는 시대가 왔고, 민중은 '마리안느 만세!'라는 구호를 외치며 공화국의 가치를 내면화했다.

연구에 따르면 마리안느라는 이름은 1850년 이후에야 프랑스 전역으로 일반화된다.[73] 들라크루아는 시대를 앞서가는 감성으로 '마리안느'를 '민중을 이끄는 자유의 여신'으로 형상화했다. 들라크루아의 '여신'은 이상적인 미를 뽐내는 고대 그리스 로마의 여신과는 다르다. 과연 다비드라면 험악한 전장의 선두에서 시민들을 이끌며 자유를 외치는 당당한 여성의 모습을 그릴 수 있었을까? 대혁명은 자유, 평등,

---

71) 스테판 욘손, 〈대중의 역사〉, 71쪽.
72) 로렌스 와일리, 장 프랑스와 브리에르, 〈프렌치 프랑스〉, 46쪽.
73) 모리스 아귈롱, 전수연 옮김, 〈마리안느의 투쟁: 프랑스 공화국의 초상과 상징체계, 1789~1880〉, 한길사, 2001. 마리안느에 대한 설명은 주로 이 책을 참조했다.

박애의 가치를 온 세상에 퍼뜨리고자 했다. 들라크루아의 그림은 자유의 가치가 무엇보다도 소중하며, "자유가 공화국의 본질"이라는 믿음을 굳건히 한다.[74]

자유의 가치를 소중히 여기는 파리 시민들은 오늘도 루브르 박물관에 걸린 〈자유〉 앞에 서서 골똘히 생각에 잠긴다. 1831년 살롱에는 자유의 여신을 그린 석고상도 세 점이나 전시되었다고 한다. 그 가운데 유독 들라크루아의 〈자유〉가 돋보이는 까닭은 이 그림이 '공화국 = 혁명 = 자유 = 여성'의 등식을 다른 어느 작품보다 뛰어나게 형상화했기 때문이다. 프랑스 공화국의 공식 상징이 된 마리안느의 흉상은 공공기관의 입구에서 시민들을 맞이하며, 국가가 발행한 우표나 동전에도 마리안느의 이미지가 새겨진다.[75]

숨은 그림 찾기를 해보자. 이 그림 속 모자는 모두 몇 개일까? 정답은 6개라고 말한 사람은 자유의 여신이 쓰고 있는 모자를 빠뜨린 사람이다. 흔히 프리기아 모자로 불리는 이 모자는 대혁명 이후 공화국을 상징하는 엠블럼으로 사용되었다. 원래 프리기아 모자는 로마 시대에 해방된 노예에게 씌워주었던 모자였다. 이를 자유와 해방의 상징으로 사용하기 시작했다. 프랑스 대혁명은 의복이나 색채의 구별에 매우 민감했다. 대혁명에 주도적으로 참여한 민중을 '상퀼로트'(sans culotte)라고 부르는데, 이는 귀족들이 입던 짧은 바지인 퀼로트를 걸치지 않은 사람을 지칭한다. 구체제에서 해방된 자유로운 시민들은 이제 바지를 입지 않은 대신 프리기아 모자를 썼다. 프리기아 모자는

---

74) 앞의 책, 65쪽.
75) 반대로 프랑스의 남성적이고 전투적인 이미지를 강조할 때 자주 환기되는 이미지는 바로 '수탉'(coq)의 이미지이다. '수탉'은 라틴어로 프랑스의 기원을 이루는 골족을 뜻하기 때문에 '골루아'(Gaulois)라고도 불린다. 로렌스 와일리, 장 프랑스와 브리에르, 〈프렌치 프랑스〉, 48쪽 참조.

자유를 신봉하는 공화주의자임을 알리는 징표와도 같다. 마리안느는 프리기아 모자를 쓰기도 했지만, 때로는 횃불을 들고 있기도 했다. 프랑스의 건축가 바르톨디가 제작해서 뉴욕에 보낸 자유의 여신상은 바로 횃불을 들고 세상을 밝히는 마리안느를 담았다.

누구나 알아볼 수 있는 공화국의 상징은 바로 자유의 여신이 들고 있는 프랑스의 삼색기이다. 심지어 "들라크루아 작품에서 주인공은 자유보다는 오히려 삼색기"이며, "자유는 삼색기를 들기 위해 등장했다고 해도 과언이 아"니라는 견해도 있다.[76] 19세기 프랑스의 역사는 국기를 상징하는 색채의 역사이기도 하다. 대혁명을 통해 삼색기가 프랑스의 국기로 등장한다. 삼색기의 삼색, 즉 파랑, 하양, 빨강은 자유, 평등, 박애라는 혁명의 이념을 상징하기도 하고, 귀족, 성직자, 평민의 결합을 의미하기도 한다. 나폴레옹도 삼색기를 앞세우며 혁명의 정신을 유럽 전역으로 퍼뜨렸다. 복고왕정은 부르봉 왕가의 상징인 백색기를 흔들며 혁명과 나폴레옹의 기억을 지우고자 했다. 루이 필립은 헌법을 개정해 삼색기로 원위치한다. 이후 들라크루아 그림이 보여주듯이 삼색기는 국기의 자리를 지킨다. 하지만 1848년 혁명이 일어나자 붉은 색 깃발과 휘장, 빨간 모자와 노동자들이 흘린 피로 파리 시내가 붉게 물든다.[77]

19세기 내내 정치적 격변은 국기 논쟁을 유발했으며, 체제를 상징하는 색채를 두고 격론이 벌어졌다. 그 이유는 무엇일까? 프랑스 혁명 연구자에 따르면 "프랑스 현대사에서 국기를 삼색기로 하느냐 백색기로 하느냐는 것은 그저 국기에 국한된 문제가 아니라 프랑스 혁명

---

76) 전수연, '프랑스 공화국의 얼굴 마리안느', 이용재, 박단 외, 〈프랑스의 열정〉, 아카넷, 2011, 343쪽.
77) 노명식, 〈프랑스 혁명에서 파리코뮌까지, 1789~1871〉 참조.

을 용인하느냐 부정하느냐 하는 중대한 의의"[78] 를 갖기 때문이다. 프랑스 혁명이 일어난 지 230년이 지난 지금 삼색기는 프랑스 국가 〈라마르세예즈〉와 함께 프랑스 공화국의 공식 상징이다. "국기가 지나갈 때 경례하자. 지나가는 것은 바로 프랑스이다."[79]

    마지막으로 들라크루아의 작품이 '혁명의 아이콘'이 된 과정을 짚어보자. 7월 혁명으로 왕이 된 루이 필립은 1831년 살롱에 출품된 작품을 구입했지만 그림이 선동적이라는 우려 때문에 공개를 주저하다가 결국 화가에게 돌려준다. 7월 혁명의 기운이 부메랑처럼 자신에게 되돌아올까 두려웠던 것이다. 화가는 루이 필립 체제가 막을 내리고 1848년 혁명이 발발한 직후 그림을 뤽상부르 미술관에 기증한다. 수장고에 보관 중이던 작품은 마침내 1874년 루브르 전시장에 걸린다. 빅토르 위고를 위시한 낭만주의자들은 이 작품에 찬사를 아끼지 않았다. 네르발은 작품에 그려진 민중의 모습을 두고 "오를레앙공보다 더 고귀하며, 라파예트보다 더 아름답고, 나폴레옹보다 더 위대하다."고 극찬했다. 빅토르 위고는 〈레미제라블〉에서 그림 속 총을 든 소년을 가브로슈라는 인물로 되살려낸다. 제2공화국 정부는 '자유의 여신'의 정신을 이어받아 '공화국의 알레고리' 현상 공모에 나선다.

    제2제정이 끝나고 제3공화국이 들어서면서 이 작품은 이제 프랑스 전체의 상징이 된다. 백 프랑 지폐에 들라크루아의 초상이 인쇄된다. 1999년에는 도쿄국립미술관으로 첫 해외나들이를 하게 된다. 일본 정부가 에어버스에서 제작한 특수화물기 벨루가(Belluga)를 띄워 일본까지 안전하게 이송하겠다는 특단의 대책을 발표한 덕분이었다. 일본에서는 이 작품을 '자유의 여신'이라고 부르며 대대적으로 홍보한

---

[78] 앞의 책, 315쪽.
[79] 피에르 노라, 김인중 외 옮김, 〈기억의 장소〉 1권, 나남출판, 2010, 88쪽.

다. 반면에 2014년 중국의 대여 신청은 "국가를 대표하는 이 그림의 중요성"을 이유로 거절된다. 이제 들라크루아의 그림은 프랑스 공화국의 상징을 넘어서서 전 세계 민주주의와 자유의 수호신이 되었다. 아웅산 수치 여사는 가택연금이 해제된 후 2012년 프랑스를 방문했을 때에 들라크루아의 그림 앞에서 사진 찍기를 잊지 않았다.[80]

3. 19세기 최고의 풍자화가 오노레 도미에

오노레 도미에(Honoré Daumier, 1808~1879)만큼 늦은 나이에 화가로 인정받은 이도 드물 것이다. 우선 가난이 앞길을 가로막았다. 빈궁한 시인 집안에서 태어난 그는 파리로 올라와 법률사무소 사환으로 어렵게 생활하던 중 당시 신문에 유행하던 풍자화에 흥미를 느끼기 시작한다. 그는 풍자 석판화라는 새로운 길을 개척한 선구자였다. 다비드가 권력의 총애를 받으며 승승장구하고, 들라크루아가 낭만주의의 대가로 추앙받던 시절, 도미에는 남들이 알아주지 않는 풍자화 따위나 그리는 일개 '저널리스트'에 불과했다. 살롱이나 고객 모두 풍자화를 외면했던 시절이었다. 도미에는 푸대접 받던 풍자화를 석판화(lithography)와 결합시켜 풍자 석판화를 탄생시키고, 이를 예술의 반열에 올려놓은 풍자 '예술가'였다.

물론 풍자 석판화는 도미에 개인의 노력만으로 이룬 결실은 아니다. 19세기에 비약적으로 성장한 언론과 출판 덕분에 풍자화의 수요가 급증했다. 잉크와 제지술의 혁신과 윤전기의 발명으로 많은 부수

---

[80] 이상 Ariette Sérullaz, *La Liberté guidant le peuple: Eugène Delacroix*, Somogy, 2013 참조.

의 신문을 빠른 속도로 인쇄할 수 있게 되었다. 세계 최초의 일간지 더 타임즈(The Times, 1785년 창간)는 이런 기술적 혁신 덕분에 급성장했다. 19세기는 단연코 저널리즘의 시대였다. 프랑스에서도 대혁명 직후 무려 2천 종이 넘는 언론이 우후죽순 격으로 생겨났다. 1847년에 이르면 신문 구독자만 20만 명을 훌쩍 넘는다.

언론의 비약적인 성장과 관련해 두 인물을 기억할 필요가 있다. 에밀 드 지라르댕(Emile de Girardin, 1802~1881)은 신문광고를 도입해 광고 수입으로 구독료를 낮추고 구독자 수를 늘렸다. 그가 1836년에 창간한 〈라 프레스〉(La Presse)는 일 년 구독료를 절반으로 낮춘 덕분에 1845년에는 정기 구독자 수가 2만 3천 명으로 배가되었다. 신문 연재소설도 그의 기발한 아이디어였다. 소설가 알렉상드르 뒤마와 외젠 쉬는 신문연재로 당대 최고의 인기를 누린 작가들이다. 뒤마의 〈삼총사〉(1844년)와 〈몽테크리스토 백작〉(1844년~1845년), 쉬의 〈파리의 신비〉(1842년~1843년)는 인기리에 연재된 소설로 이른바 '산업문학'(littérature industrielle)의 탄생을 촉발했다.

도미에의 풍자화는 풍자 전문 언론의 등장과 밀접한 관계가 있다. 샤를 필리퐁(Charles Philipon, 1800~1861)은 풍자 전문지를 창간하고 주도한 인물이다. 그는 대표적인 풍자지 〈라 카리카튀르〉(La Caricature, 1830~1835, 주간지)와 〈르 샤리바리〉(Le Charivari, 1832~1893, 일간지)를 창간했다. '카리카튀르'는 '풍자'를, '샤리바리'는 '야단법석'을 뜻하는 프랑스어이다. 삽화만 싣는 삽화 전문지도 서민들에게 큰 인기를 끌었다.[81]

풍자 언론에 대한 프랑스인들의 사랑은 각별하다. 지금도 '키오스

---

81) Jean-Claude Yon, *Histoire culturelle de la France au XIXe siècle*, pp. 72~75.

크'(kiosque)라고 불리는 파리의 신문 가판대에는 1915년에 창간된 〈르 카나르 앙세네〉(Le Canard Enchaîné)나 〈샤를리 엡도〉(Charlie Hebdo) 같은 풍자 전문지가 독자들의 사랑을 받는다. 특히 성역 없는 풍자로 유명한 〈샤를리 엡도〉는 2015년 1월 7일 이슬람 풍자만화를 실었다는 이유로 끔찍한 테러의 희생양이 되기도 했다.

민주주의 국가에서 언론은 '제4의 권력'으로 불리지만, 언론의 자유가 신장되면 언론 탄압의 소지도 커진다. 19세기 내내 프랑스에서는 언론 탄압과 검열이 끊이지 않았다. 인권선언이 선포된 혁명기에도 검열은 사라지지 않았다. 풍자화가 큰 인기를 끌던 영국과는 정반대로 나폴레옹 1세는 대부분의 정치신문을 폐간시키며 풍자의 싹을 없앴다. 샤를 10세가 1830년 7월에 단행한 검열 강화 조치는 7월 혁명의 도화선이 되기도 했다. 루이 필립은 권력에 대한 풍자와 비판이 절정에 달하자 마침내 1835년 언론에 족쇄를 채운다. "국왕을 비난하거나 정권의 법적 기초를 공격하는 행위"에는 벌금 10만 프랑의 무거운 처벌이 내려졌다. 풍자 삽화는 반드시 사전검열과 승인을 받아야만 했다. 풍자 전문지 〈라 카리카튀르〉는 폐간되며 도미에의 정치 풍자도 설 땅을 잃는다.

도미에는 풍자화를 당시 새롭게 주목 받던 석판화 기술에 접목시켜 이른바 '풍자 석판화'라는 새로운 장르를 개척한다. 석판화(lithographie)는 1797년 독일에서 발명되어 1816년부터 프랑스에 보급되기 시작한 새로운 판화 기법이다. 석판화는 동판화보다 값싼 비용으로 제작해서 신속하게 보급할 수 있었다. 석판화는 사진이 본격적으로 등장할 때까지 예술작품의 복제와 유통이라는 판화 본연의 역할을 수행했다. 석판화는 사진과 더불어 이미지의 민주화에 크게 기여했다. 신문 연재소설이 순문학이 아닌 산업문학으로 받아들여졌듯이, 예술과 산업의 경계선상에 놓인 석판화도 '대중예술'로 취급받았다. 반면에 보들레르 같은 미술비평가는 석판화를 예술의 한 장르로 받아들일 것을 주장했다. 들라크루아는 석판화의 예술적 가능성을 적극적으로 탐색했다. 들라크루아가 석판화로 제작한 괴테의 〈파우스트〉와 귀스타브 도레의 단테 〈신곡〉 삽화가 대표적이다. 석판화는 도미에의 풍자화를 만나 비로소 예술로 거듭난다.

도미에는 1830년 7월 혁명 이후 풍자화가로서 본격적인 활동을 시작한다. 그는 총 4천 점의 풍자 삽화를 신문과 잡지에 실었다. 국회의원이나 법조계 인사는 물론 국왕도 풍자의 예외는 아니었다. 1832년에 창간된 〈르 샤리바리〉에 모든 국회의원의 캐리커처를 연재해 큰 인기를 끌었다. 국왕 루이 필립 풍자화는 이 시기 도미에 정치 풍자의 백미에 해당한다. 왕을 '배' 같은 둥근 얼굴을 한 바보로 그렸는데, 루이 필립하면 과일 '배'를 연상할 정도로 유행했다.

들라크루아가 〈민중을 이끄는 자유의 여신〉을 살롱에 출품하던 해에 도미에는 〈가르강튀아〉를 발표한다. 도미에는 들라크루아의 '자유의 여신'에 가려진 공허하고 추악한 현실에 주목한다. 혁명의 열정이 사라진 이후의 환멸을 직시했다는 점에서 도미에는 전형적인 리얼리스트이다. 도미에는 혁명으로 정권을 잡은 세력이 사리사욕을 채우며 민중에 등을 돌리는 것을 용납할 수 없었다.

이 그림에서 '시민왕' 루이 필립은 민중이 땀흘려 거둔 수확물을 탐욕스럽게 먹어대는 대식가 '가르강튀아'(Gargantua)로 묘사된다. 가르강튀아는 프랑스 르네상스 문학의 거장 프랑수와 라블레의 작품명이자 등장인물이다. 가르강튀아는 엄청난 식욕과 지적 욕구를 자랑하는 거인으로 인간의 근원적인 욕망을 억압하는 중세 말기의 봉건 사회와 가톨릭 교회를 풍자하는 인물이다. 도미에는 루이 필립을 탐욕

도미에_ 간섭하지 마세요!!(언론의 자유)
Honoré Daumier_ Ne vous y frottez pas!!, 1834, Lithographie, 30.7×43.1cm

도미에_ 가르강튀아
Honoré Daumier_ Gargantua, 1831, Lithographie, 21.4×30.5cm

을 채우는 대식가 가르강튀아로 묘사한다. 도미에가 그린 루이 필립은 '배' 모양의 얼굴과 풍선처럼 부푼 배, 가는 다리를 가진 우스꽝스러운 모습으로 나타난다.

루이 필립 집권 초기에 발표된 풍자화는 도미에의 이름을 널리 알린 반면 언론 탄압의 빌미도 제공했다. 감히 국왕을 '배' 모양의 얼굴을 한 대식가에 비유하다니, 루이 필립의 분노는 하늘까지 치솟았다. 이제 잡지는 폐간되고 화가는 벌금형을 받거나 수형소로 보내질 처지에 놓였다. 도미에도 금고형과 벌금형의 가혹한 시련을 겪었다. 그럴수록 도미에의 예술적 신념은 확고해졌다. "예술가는 자기 시대에 속해 있어야 한다!"

1835년 언론 탄압과 사전 검열이 강화되자 도미에는 풍속 풍자화로 폭을 넓힌다. 서민들의 평범한 삶과 일상의 풍속이 담기기 시작한다. 풍자의 붓끝은 무뎌졌지만 그 세계는 도미에 자신이 속했던 민중의 삶을 끌어안으며 더욱 넓어졌다. 민중의 애환에 유머와 페이소스가 가미되며 도미에 특유의 풍속 풍자화가 탄생한다. 도미에의 풍속 풍자화는 흔히 발자크의 〈인간 희극〉에 비유된다. 도미에가 4천 점이 넘는 석판화를 통해 보여준 인물들의 세계는 발자크가 〈인간 희극〉에서 펼쳐낸 당대의 호적부에 필적한다. 발자크의 〈인간 희극〉처럼 도미에도 풍속 풍자화를 주제 별로 구분했다. 파리지앵의 일상생활, 가족과 부부 생활, 교외 풍경과 여가 생활, 여성의 활동 같은 주제로 묶인 풍속화는 그 당시 파리 풍경을 디테일 하나도 놓치지 않고 전해주는 소중한 자료이다. 삼등 열차를 타고 가는 서민들의 모습을 담은 풍속화를 보라.

1848년 도미에의 예술적 이력에 전기를 마련한 일이 일어난다. 1848년 혁명 직후 임시정부는 '공화국의 상징적 형상'이라는 주제로

도미에_ 삼등 열차_ 오타와 버전
Honoré Daumier_ Le Wagon de troisième classe, 1863~1865,
65.4×90.2cm, National Gallery of Canada, Ottawa.

도미에_ 공화국
Honoré Daumier_ La République, 1848,
73×60cm, Musée d'Orsay, Paris.

회화, 조각, 메달 부문의 공모전을 주최한다. 당선작은 들라크루아의 〈자유의 여신〉을 잇는 공화국의 새로운 알레고리로 등장하게 될 것이다. 들라크루아도 공모전 심사위원으로 참여했다.

도미에는 출품작 〈공화국〉에서 들라크루아와는 다른 방식으로 공화국을 형상화했다.(출품작 중 11위로 선정되었으나 최종 완성작 제출은 포기했다.) '공화국이 시민들을 자식처럼 보살피고 교육시킨다.'는 공모전 취지를 살려 공화국을 자식들을 품에 안고 보살피는 모성애에 비유했다. 이제 공화국의 여성은 자유를 외치며 바리케이드 너머로 달려가는 전사가 아니라 풍만한 가슴으로 모든 프랑스인들에게 젖을 먹이는 양육과 보호의 이미지로 그려진다. 도미에의 〈공화국〉은 "모두를 위한 평등한 보살핌"의 정신을 풍만한 여성의 몸으로 구현했다는 점에서 대혁명기 마리안느 표상과 매우 유사하다.[82] 유화로서의 완성도나 세밀한 표현력은 떨어지지만 여성이 보여주는 풍요로운 생명력은 공화국의 밝은 미래를 연상하기에 부족함이 없다.

이 작품은 오르세 미술관에서 관람할 수 있다. 오르세 미술관 첫 번째 전시실에 걸려 있어 관람객이 오르세에서 가장 먼저 마주치는 작품일지도 모른다. 참고로 조각 부문 일등작인 장 프랑스와 수아투의 〈공화국〉은 파리 6구 학사원 맞은 편 강변도로 입구에 전시되어 있다. 소설가 장 지로두는 공화국을 여성으로 의인화한 프랑스의 전통을 빗대어 "나라를 왕국(Le Royaume)에서 공화국(La République)으로 바꾸면 그 성(姓) 자체가 바뀌는 것과 같다."고 말한 바 있다.[83] 왕국을 뜻하는 단어인 'Royaume'은 남성명사인데 반해, 공화국을 뜻하

---

82) 리처드 세넷, 임동근 옮김, 〈살과 돌: 서양문명에서의 육체와 도시〉, 문학동네, 2021, 344~346쪽.
83) 모리스 아귈롱, 〈마리안느의 투쟁〉, 386쪽에서 재인용.

1등 열차

2등 열차

도미에_ 3등 열차(잉크, 목탄, 수채화)
1864, 20.5cm×30cm, Walters Art Museum, Baltimore.

는 단어인 'République'는 여성명사임을 빗대어 지로두가 재치 있게 표현한 것이다.

도미에는 〈공화국〉을 시작으로 이듬해인 1849년 살롱에 처음으로 출품한다. 그리고 1850년에는 유화 걸작으로 꼽히는 〈돈키호테와 산초〉를 출품한다. 〈돈키호테〉 연작은 돈키호테의 여정을 통해 고독한 예술가의 내면을 표현한 작품으로 현대예술의 시발점으로 평가받는다.[84] 조각에도 조예가 깊었던 그를 드가나 로댕과 더불어 근대 최고의 조각가로 꼽는 비평가도 있다. 도미에는 말년에 거의 실명 상태가 되어 창작 활동을 포기한다. 평생 서민으로 살아왔던지라 죽는 순간까지 가난에 시달렸다. 하지만 레지옹 도뇌르 훈장을 거부할 정도로 예술가로서 자존심만은 잃지 않았다. 1878년 2월 10일 화가는 평생의 친구였던 화가 카미유 코로 옆, 페르 라셰즈 묘지에 묻혔다.

도미에만큼 19세기 파리의 현실을 실감나게 그려내고 신랄하게 풍자한 화가도 없다. 전통적인 삽화가 텍스트의 의미를 이미지로 보여주는 보조 수단에 불과했다면, 도미에와 더불어 풍자화는 텍스트로부터 독립해 독자적인 의미 체계를 형성한다. 지금도 풍자만화에서 톡 쏘는 사이다 맛을 느낀다면 오노레 도미에의 기여를 잊지 말 일이다.

---

84) 게오르크 슈미트, 김윤수 옮김, 〈근대회화의 혁명〉, 창비, 2012. 저자는 이 책의 1장 '근대회화의 탄생'에서 도미에의 〈돈키호테〉 연작을 중심으로 근대회화의 출발을 설명한다.

도미에_ 돈키호테와 산초 판자
Honoré Daumier_ Don Quichotte et Sancho Panza, 1868,
32×51cm, Neue Pinakothek, Munich.

4. 귀스타브 쿠르베, 화가의 독립 선언과 정치 참여의 비극

〈서양미술사〉(1950년)의 저자 에른스트 곰브리치는 19세기 전반 프랑스 미술에 두 번의 혁명이 일어났다고 설명한다. 들라크루아의 낭만주의가 첫 번째 혁명이라면, 귀스타브 쿠르베(Gustave Courbet, 1819~1877)의 리얼리즘은 그 두 번째에 해당한다. 19세기 후반 인상주의가 출현하기 전까지 프랑스 미술은 들라크루아와 쿠르베의 시대였다고 해도 과언이 아니다.

쿠르베는 1819년 프랑슈 콩테 지방의 오르낭(Ornans)에서 부농의 아들로 태어났다. 〈적과 흑〉의 주인공 쥘리엥 소렐이 신학교를 다녔던 브장송 시에서 가깝다. 브장송에서 학교를 마치고 1839년 법학을 공부하러 파리로 올라왔지만, 화가의 길로 방향을 바꾼다. 쿠르베는 보헤미안 예술가들의 집결지인 라탱 지구에 거처를 정하고 보들레르나 샹플뢰리 같은 문인들과 어울린다. 잠시 개인 아틀리에에서 배우다가 독학을 고집하며 가난하지만 자유로운, 보헤미안의 삶을 누린다. 보헤미안 예술가의 출현은 19세기에 들어서며 급변한 예술가의 지위와 맞물려 있다. 이제 레오나르도 다빈치가 프랑스와 1세의 품에 안겨 숨을 거둔 시대는 지나갔다! 예술가는 권력으로부터 독립한 대가로 가난과 고립을 얻었다. 하지만 쿠르베는 온갖 역경 속에서도 화가로서의 독립심과 자존감을 잃지 않으려고 했고, 이는 평생 예술가로서 쿠르베를 지탱한 원동력이었다.

1848년 혁명을 계기로 쿠르베의 보헤미안 시기는 일단락된다. 노동자와 사회적 약자의 편에 서서 부정과 불의에 맞서겠다는 신념이 굳어졌다. 쿠르베는 1849년 살롱 출품작인 〈오르낭에서 저녁 식사 후〉를 계기로 화가로 인정받기 시작한다. 하지만 그는 화가로서 안정된

쿠르베_ 오르낭의 장례식
Gustave Courbet_ Un enterrement à Ornans, 1849~1850,
315×668cm, Musée d'Orsay, Paris.

삶을 이어가는 대신, 이듬해 살롱에 출품한 〈오르낭의 장례식〉으로 센세이션을 일으키면서 제도권 화가의 길을 거부한다. 언뜻 평범한 느낌마저 주는 이 그림은 1850년 살롱에 전시되면서 대중과 비평가들에게 엄청난 충격을 안겼다.

이 작품은 모두 47명의 인물이 등장하는 대작(3.15m×6.68m)이다. 대부분 오르낭 시장과 사제 그리고 마을 주민 같은 실존인물들이었다. 그림 맨 왼쪽에는 돌아가신 할아버지의 모습도 그려 넣었다. 이 그림은 시골 마을의 평범한 장례식을 보여준다. 당시 프랑스에서는 시골을 다니며 초상화를 그려주거나 사진을 찍어주는 비즈니스가 성행했는데, 이 그림도 집단 초상화의 일종이다. 쿠르베는 길이가 6미터가 넘는 대작에 어울리지 않게 가난한 시골 마을의 장례식을 '사실적인' 태도로 묘사하는데 주력했다. 전통적인 역사화에서 엿볼 수 있는 비극적이고 시적인 톤 대신 일상적이며 산문적인 분위기가 묻어난다.

쿠르베는 현실의 낭만적인 미화를 거부했다. 밀레의 〈씨 뿌리는 사람들〉에서 엿보이는 숭고하고 장엄한 분위기도 찾아볼 수 없다. 남자들은 그저 침묵을 지킬 뿐이며, 여자들은 어느 누구도 과도한 애도의 감정을 드러내지 않는다는 점에서 인물들의 감정은 철저하게 절제되어 있다. 이 작품에는 역사화의 주된 특징으로 지적받는 인물들 사이의 사회적 위계질서가 드러나지 않는다. 시장이나 신부는 농부나 촌부와 마찬가지로 그저 시민일 뿐이다. 화가는 화면 속 인물들을 지위나 계급은 다를지언정 모두 다 평등한 시민으로 그리려는 듯하다. 쿠르베는 신부라고 해서 특별하게 고귀하고 엄숙하게 그릴 필요가 없다고 생각했고, 이러한 태도는 관습에 젖은 관객들에게 충격과 분노를 유발했다.[85]

---

85) Ségolène Le Men, *Courbet*, Abbeville Press, 2008.

쿠르베_ 안녕하세요, 쿠르베씨
Gustave Courbet_ Bonjour, Monsieur Courbet, 1854,
132×150.5cm, Musée Fabre, Montpellier.

사실주의(리얼리즘)는 간단히 말해서 모든 형태의 이상화(idealization)를 거부하려는 시도로 정의할 수 있다. 그것은 어떤 정형화된 틀이나 고착화된 형식도 인물이나 사물이 재현되는 방식을 선험적으로 규정할 수 없다는 믿음을 깔고 있다. 쿠르베의 '사실주의적'인 태도는 7월 혁명의 희생자를 기리는 장례식의 엄숙한 분위기나 밀레의 〈씨 뿌리는 사람들〉이 보여주는 숭고하고 장엄한 분위기와 극명히 대조된다. 장례식이 가져할 엄숙하고 신성한 의미를 깨뜨린 쿠르베를 두고 누추한 현실만을 보여주는 화가라는 비판이 이어졌다. 하지만 쿠르베 자신은 낯설고 불편한 미술을 선보이고자 했기에 이러한 반응에 결코 낙담하지 않았다.

어디에도 예속되지 않고 화가의 길을 개척하려는 독립정신은 쿠르베의 신조였다. 대혁명 이후 국가나 교회의 후원이 사라지면서 예술가의 홀로서기가 시작된다. 이제 쿠르베는 화가로서의 독립 선언을 더 멀리 밀고나간다. 살롱에 출품해 심사위원의 눈도장을 받는 대신, 자신만의 개인전을 열기로 한다. 쿠르베 이전에 그 누구도 하지 못한 시도였다. 파리 만국박람회가 열린 1855년 살롱 출품작이 낙선하자, 만국박람회장 옆에 '리얼리즘관'(pavillon de réalisme)을 열고 "리얼리즘, 귀스타브 쿠르베, 작품 40점, 입장료 1프랑"이라고 적힌 간판을 내걸었다. 그의 대표작인 〈오르낭의 장례식〉이나 〈화가의 아틀리에〉도 전시되었다. 이후로 마네가 쿠르베의 길을 따라 개인전을 개최한다(1867년). 마네는 살롱 낙선으로 더욱 유명해진 화가에 속한다. 1859년 〈압생트를 마시는 사람〉을 시작으로 〈풀밭 위의 점심 식사〉(1863년)나 〈올랭피아〉(1865년)가 살롱에서 낙선하거나 우여곡절 끝에 입선하지만 사회적 물의를 일으키며 논란의 중심에 선다. 프랑스 근대미술에서 쿠르베나 마네만큼 독립정신이 투철한 화가도 찾기 어렵다. 이제 쿠르베는 〈안녕하세요, 쿠르베씨〉(1854년)를 통해 독립선언을 공표한다.

쿠르베는 당대 화단을 지배하던 이상주의와 낭만주의의 화풍을 일소하고 리얼리즘을 개척하고자 했다. 천사를 그리라는 권유에 "천사를 실제로 본 적이 없기 때문에 그릴 수 없다."고 거절했다는 일화가 보여주듯이 직접 보고, 눈으로 확인한 것만 그리고자 했다. 시골이나 교외에서나 마주칠 법한 누추한 현실을 굳이 살롱에서까지 마주할 필요가 있겠는가? 그림을 마주한 관객들 사이에서 볼멘소리가 터져나왔다. 하지만 당대의 예술적 규범과 편견에 맞서 '살아 있는 예술'을 창조하기 위해서는 진통이 불가피했다.

〈안녕하세요, 쿠르베씨〉는 몽펠리에의 부유한 수집상 알프레드 브뤼아스의 주문작이다. 브뤼아스는 쿠르베가 경제적 어려움 없이 작품 활동에 몰두할 수 있도록 지원을 아끼지 않았으며, 쿠르베는 그에게 호의를 느끼며 우정을 나누었다. 그림은 마을 언덕에서 후원자와 화가가 만나는 장면을 보여준다. 평범한 등산복 차림의 화가가 더러워신 신발에 작대기를 짚고서 맞은편에서 오는 후원자와 마주친다. 후원자 브뤼아스는 부르주아의 세련된 차림을 하고 화가에게 "안녕하세요, 쿠르베씨"라고 인사를 건넨다. 하인과 개 한 마리가 양쪽에서 그를 보좌하고 있다. 삼 대 일의 구도 속에서 쿠르베는 모자를 벗어 후원자에게 예의를 갖추면서도 자부심에 가득 찬 독립적인 예술가의 자세를 잃지 않는다.

이 그림에서 화가는 후원자에게 허리를 굽실거리거나 자세를 낮추는 모습을 보여주지 않는다. 돈과 권력이 예술가와 '동등하게' 만나는 장면만을 보여줄 뿐이다. 화가는 고개를 뻣뻣이 쳐들고 후원자에게 선언하는 듯하다. "나는 완전히 자유로운 상태에서 그림을 그리렵니다. 당신의 후원에 진심으로 감사드리지만, '한 순간도 양심에 거짓말을 하지 않고' 제 자신의 예술에 의지해 삶을 개척해가고자 합니다." 이 그림은 돈과 권력의 위력 앞에서도 굴하지 않고 자신의 길을 걸어가려는 예술가의 결연한 의지를 보여준다.[86]

독립심과 자존감으로 똘똘 뭉친 화가가 〈세상의 기원〉 같은 작품을 그렸다니 몹시 당황스럽다. 여성의 음부를 클로즈업한 이 그림은 1995년에 가서야 오르세 미술관에 전시된다. 1866년 터키의 부호 카릴 베이(Khalil-Bey)의 주문으로 제작된 이 작품이 의뢰인의 규방이 아니라 미술관으로 직행했다면 어떤 반응을 불러일으켰을지 상상이 되지 않는다. 다행인지 불행인지 이 작품은 오르세 미술관에 당도하기까지 우여곡절을 겪는다. 최초의 의뢰인 이후 행방이 묘연하다가 헝가리의 귀족이 인수하고, 2차대전 혼란기에 소비에트 당국이 가져간 그림을 다시 원주인이 회수하는 등 그림의 소유자가 여러 번 바뀐다.

1950년대에는 유명한 정신분석학자 자크 라캉의 수중에 그림이 들어온다. 1988년 브루클린 미술관에서 처음으로 전시되기까지 이 작품을 직접 볼 수 있는 행운을 누린 사람은 극소수에 불과했다. 쿠르베 당대에는 테오필 고티에와 공쿠르 형제가 그 충격적인 인상을 기록으로 남겼으며, 20세기에 들어서 라캉의 두 번째 부인인 실비아 바타이유, 소설가 마르그리트 뒤라스, 화가 르네 마그리트, 인류학자 레비 스트로스 등이 행운아들이었다. 〈세상의 근원〉에 대한 설이 아직도 분분해서, 소설가 크리스틴 오르방은 동명의 소설을 통해 답을 구

---

86) Perig Pitrou, 'Du tableau au texte: Bonjour Monsieur Courbet de Gustave Courbet' in ***44 Propos sur le bonheur***, Gallimard, 2007.

쿠르베_ 화가의 아틀리에(부분)
Gustave Courbet_ L'Atelier du peintre, 1855,
361×598cm, Musée d'Orsay, Paris.

쿠르베_ 잠(레즈비언 연인의 음욕과 나른함)
Gustave Courbet_ Le Sommeil(Les Deux Amies, les Dormeuses et Paresse et Luxure),
1866, 135×200cm, Petit Palais, Musée des Beaux-Arts de la Ville de Paris(Petit Palais).

하고자 했다.[87]

이 그림은 일체의 도덕적 구속에서 벗어나 자유를 구현한 작품이라거나, 여성 누드를 바라보는 남성의 시선을 담은 작품이라는 등 다양한 해석을 낳았다. 사실 쿠르베가 그린 〈목욕하는 여인〉(1853년) 같은 여성 누드를 보면 여성의 아름다움과는 거리가 멀다. 불쑥 튀어나온 살이나 균형 잡히지 않은 뚱뚱한 몸매는 여성 육체의 관습적인 재현 방식에 결코 부합하지 않는다. 미학적인 허세나 관습적인 시선에서 벗어나 오직 '진실함'만을 추구하기. 〈세상의 근원〉은 이러한 리얼리즘 정신을 사진과 같은 정밀함으로 표현한 것은 아닐까?

독립적인 예술가의 삶은 1871년 파리코뮌으로 크게 흔들린다. 그 어떤 권력에도 예속되지 않겠다고 선언한 쿠르베는 파리코뮌을 계기로 정치의 세계로 깊이 빠져든다. 1848년 혁명으로 사회주의자의 길을 걷기 시작한 쿠르베는 아무런 주저 없이 파리코뮌에 참여했다. 1871년 3월 코뮌의 활동이 절정에 이르렀을 때 쿠르베는 가족에게 보낸 편지에서 유토피아를 목전에 둔 코뮌주의자의 '아름다운 꿈'을 자랑스럽게 고백한다.

"파리 민중들 덕분에 나는 정치에 깊이 관여하여 파리의 가장 중요한 네 가지 직책인 예술가 연맹 의장, 코뮌 구성원, 시장 직을 맡는 대표, 공교육부 대표를 맡고 있다. (…) 파리는 진정한 천국이다! 경찰도 없고 허튼 수작도 없으며, 어떠한 종류의 부당한 요구도, 말다툼도 없다! 파리의 모든 일은 시계 장치처럼 굴러간다. 영원히 이렇게 머물 수 있다면 좋으련만. 요컨대 그것은 아름다운

---

[87] Thierry Savatier, *L'origine du monde: histoire d'un tableau de Gustave Courbet*, Bartillat, 2007.

꿈이다. 모든 정부 기관은 연방제로 조직되며 자치적으로 운영된다."[88]

하지만 결과적으로 파리코뮌 참여는 화가로서 쿠르베의 입지를 현저히 축소시켰을 뿐만 아니라 그의 삶 자체를 내리막길로 접어들게 했다. 도대체 무슨 일이 벌어진 것일까? 쟁점은 두 가지로 요약된다. 쿠르베는 방돔 광장 기둥을 파괴한 주동자인가? 파리코뮌의 예술적 재현은 가능한가?

시기 순으로 정리해보자. 1871년 3월 18일 파리코뮌이 선포되고 4월 16일 쿠르베는 파리 6구 위원 겸 예술가연맹 의장으로 선출된다. 임시정부가 나폴레옹의 전쟁을 미화하는 기념물이라는 이유로 방돔 기둥을 철거하라는 지시를 내렸을 때 정작 쿠르베 자신은 방돔 기둥을 이전한 다음 부분들로 해체한 후 보관하자는 대안을 제시했다. 물론 쿠르베의 주장은 사후의 자기합리화일 수도 있다. 결국 방돔 기둥은 5월 16일 철거되고 만다. 이후 피의 일주일이 시작되고 쿠르베는 친구 집에 피신해 있다가 6월 7일 체포된다. 9월 2일에는 6개월 징역에 벌금 5백 프랑을 선고받는다. 9월 22일 생트펠라지 형무소에 수감된 쿠르베는 이듬해 5월말이 되어서야 고향으로 되돌아온다. 〈생트펠라지 형무소에서의 자화상〉(1872년, 오르낭 쿠르베미술관)이 감옥에 갇힌 쿠르베의 우울한 심경을 보여주는 그림이다.

사태는 그 이후부터 심각해진다. 1873년 방돔 기둥 철거에 관한 논의가 국회에서 시작되어 쿠르베의 전 재산을 복구비용으로 압류하라는 결정이 내려진다. 쿠르베는 그해 7월 스위스로 망명하고 결국

---

[88] 앨런 앤틀리프, 신혜경 옮김, 〈아나키와 예술〉, 이학사, 2015. 44쪽에서 재인용.

1877년 법원은 323,091 프랑을 배상하라는 최종 판결을 내리고 쿠르베에게 매년 만 프랑씩 납부하도록 했다. 왜 방돔 광장 기둥 철거를 내 탓으로 돌리는 것이며, 이 엄청난 금액을 어떻게 배상하란 말인가? 화병과 음주로 몸이 상한 화가는 1877년의 마지막 날에 숨을 거둔다.[89]

파리코뮌은 일반적으로 무질서와 폭력을 연상시킨다. 파리코뮌은 야만스러운 문화재 파괴를 뜻하는 반달리즘의 대명사로 인식된다. 피의 일주일 동안 튈르리 궁과 루브르 박물관, 방돔 광장의 기둥과 동상 같은 파리의 대표적 기념물이 불에 타거나 파괴되었기 때문이다. 진압군의 잔인한 학살행위는 잊혀지고, 코뮌주의자들의 문화재 파괴 행위는 두고두고 기억되었다. 다시는 되풀이되지 말아야 할 역사의 비극에 대해 누군가는 책임을 져야 했고, 쿠르베가 희생양이 되었다. 코뮌에 참여한 대가로 예술가로서 쿠르베가 지불한 대가는 너무나도 컸다.

두 번째 쟁점으로 넘어가자. 파리코뮌은 예술적 재현이 가능한 사건인가? 1830년 7월 혁명이나 1848년 혁명과는 달리 파리코뮌을 재현한 예술작품은 매우 드물다. 파리코뮌은 들라크루아의 '자유의 여신'에 버금가는 미학적 창조물을 남기지 못했다. 현실에 당장 반응할 수 있는 사진만은 예외였다. 방돔 기둥을 쓰러뜨리고 득의양양해 하는 코뮌 전사들의 모습을 담은 사진을 보라. 예술적 재현에는 숙고와 완숙의 시간이 요구되기 마련이다. 대부분의 예술가들이 파리코뮌 기간화를 피해 파리를 떠나 있었고, 남아 있던 예술가들도 코뮌 참여로 창작 활동은 엄두도 내지 못했다. 자기검열과 공포감은 더욱 큰 문제였

---

[89] 시기 순 정리는 Ségolène Le Men, *Courbet* 참조.

다. 파리코뮌은 파괴와 폭력의 온상이라는 선입견은 강력한 자기검열의 기제로 작동해 예술적 재현의 시도를 가로막았다.

그나마 파리코뮌을 다룬 소수의 작품들은 완성도가 낮은 작품이었다. 예를 들어 마네는 〈바리케이드〉에서 무고한 시민들의 희생을 보여주고자 했지만, 자욱한 화약 연기가 총살 장면을 가리면서 진압의 야만성은 제대로 전달되지 않는다. 코뮌에 대한 화가의 불확실한 태도와 자기 검열이 동시에 작용한 결과다. 반면에 장 밥티스트 카르포의 〈감옥에 갇힌 대주교 다르봐(Darboy)〉(1871년)는 총살당한 파리 대주교를 통해 코뮌주의자의 야만과 폭력을 고발하고자 했지만 공포에 질린 인물의 표정을 간신히 알아볼 정도로 미학적 완성도는 낮다. 파리코뮌에 대한 예술적 재현은 '금지된' 시도일 뿐만 아니라, 예술적으로 재현이 '불가능한' 작업으로 받아들여졌다.[90]

예술가로서 쿠르베의 행로는 파리코뮌 이전과 이후가 극명하게 갈린다. 쿠르베는 〈오르낭의 장례식〉이나 〈화가의 아틀리에〉에서 보여준 독립적이고 도발적인 예술가의 모습을 더 이상 보여주지 못할 뿐더러 파리코뮌에 참여한 자신의 체험을 예술적으로 승화하지 못한다. 그런 의미에서 쿠르베 자신이 파리코뮌의 희생자이다. 파리코뮌에 희생된 자신의 처지를 미끼에 걸린 물고기에 비유하는 그림을 남기기도 했지만(〈낚시줄에 걸린 송어〉가 대표적이다), 그 이상의 미학적 성취를 보여주는 작품은 더 이상 나오지 않았다. 하지만 말년의 비참함이 쿠르베가 평생 일군 미학적 성취를 가리지는 못한다. 다비드의 '이상'과 들라크루아의 '꿈'의 세계에서 누추한 현실로 화가의 시선을 돌리

---

90) 파리코뮌의 예술적 재현에 대해서는 다음 책을 참조했다. Bertrand Tillier, *La Commune de Paris, révolution sans images?: politique et représentations dans la France républicaine(1871~1914)*, Champ Vallon, 2004.

마네_ 바리케이드, 1872년

는 일을 쿠르베가 해냈다. "화가는 자신의 세계를 직접 보고 자신의 스타일로 묘사해야 한다."[91] 는 쿠르베의 신념은 이후로 예술가들의 지침으로 거듭난다. 휘슬러에서 인상주의자들을 거쳐 피카소에 이르는 화가들의 찬사 속에 쿠르베의 작품은 예술사에 깊이 각인되었다.

---

91) 제임스 루빈, 김석희 옮김, 〈인상주의〉, 한길아트, 2001, 39쪽.

페루 길, 랭보의 시 〈취한 배〉가 있는 벽
Rue Férou

4장

문화예술의 수도 파리를 사랑한 예술가들

"유럽에서 예술가들의 집이란 파리 말고는 그 어디에도 없다."(니체)

한 나라의 국격은 외교와 국방, 경제력만으로 결정되지 않는다. 나폴레옹 1세의 몰락으로 프랑스는 군사적인 영향력을 상실했고, 나폴레옹 3세의 잇따른 외교 정책 실패로 나라의 위신은 땅에 떨어졌다. 프로이센의 파리 포위와 파리코뮌은 문명의 수도 파리의 위상을 크게 뒤흔들었다. 하지만 수차례의 혁명이 뿜어내는 자유의 열기와 장기간 쌓아올린 문화적 역량만큼은 그 어느 나라도 넘보지 못한다는 자부심만은 꺾이지 않았다. 산업혁명으로 유례없는 기술적 진보를 이룬 영국이나 철혈재상 비스마르크가 이끄는 독일도 자유와 평등의 이념과 풍요로운 문화적 전통을 자랑하는 프랑스를 따라올 수 없었다. 19세기 독일 문화의 상징인 대문호 괴테의 고백을 들어보자. 그는 프랑스가 세계에서 가장 뛰어난 문화국가이며 자신도 프랑스의 문화적 전통에 크게 빚지고 있음을 인정하며 세계적인 문화의 도시 파리를 찬양한다.

"파리 같은 도시를 한번 생각해 보게. 거대한 나라의 가장 뛰어난 지성들이 한곳에 모여 날마다 교제하고 논쟁하고 경쟁하는 가운데 서로 가르쳐주고 서로 이끌어주고 있지 않은가. 전 세계를 통틀어 자연과 예술의 모든 분야에서 가장 뛰어난 것을 날마다 눈으로 직접 볼 수 있지 않은가. 이 세계 도시를 한번 떠올려보게. 그 어디로 다리를 지나든 광장을 지나든 그 하나하나가 모두 원대한 과거를 상기시키며, 길모퉁이 모퉁이마다 역사의 한 토막이 펼쳐져 있지 않은가. 더욱이 음침하고 활기가 없던 시대의 파리가 아니라 19세기의 파리를 한번 생각해 보게. 그 세계의 삼 세대 동안에 걸쳐 몰리에르나 볼테르, 디드로 같은 인물들이 나타나서 그토록 풍요로운 정신을 마음껏 보여주었던 거네. 이처럼 한 장소에서 그토록 풍요로운 정신이 한꺼번에 쏟아져 나온 경우는 두 번 다시는 없을 걸세."[92]

파리는 예술가들을 키우고 성장시키는 도시다. 그 예로 괴테는 복고왕정 시대를 통렬하게 풍자한 민중시인 베랑제를 든다. 가난한 재단사의 아들인 그가 걸출한 민중 시인이 될 수 있었던 까닭은 '세계적인 도시'인 파리에서 활동했기 때문이다. 감미롭고 서정적인 곡조에 담긴 풍자와 해학의 정신은 그를 프랑스 샹송의 선구자로 만들지 않았는가? 만약 그가 예나나 바이마르의 소도시에서 태어났다면 불가

---

[92] 요한 볼프강 폰 괴테, 장희창 옮김, 《괴테와의 대화》 2권, 민음사, 2008, 167쪽.

능한 일이었을 거라며 괴테는 독일의 후진 문화를 자조적으로 비판한다. 파리는 예술가들을 환대하고 그들의 천재성이 마음껏 발휘될 수 있도록 키워준다. 파리는 무엇보다도 예술가들의 도시이며 예술가들이 사랑한 도시이다. 이제 파리를 사랑한 작가와 예술가들의 면면을 살펴보자.

1. 하인리히 하이네와 파리

괴테와 더불어 독일이 낳은 위대한 시인 하이네(Heinrich Heine, 1797~1856)는 선배 시인의 충고를 따라 세계적인 도시로 가기로 결심했다. 하이네처럼 인생역정이 파리 '이전'과 파리 '이후'로 극명하게 나뉜 경우도 드물다. 1797년 뒤셀도르프의 가난한 유대인 상인의 아들로 태어난 하이네는 독일에서 작가로서의 삶을 시작했다. 유대인이자 반체제 시인으로 활동했던 하이네는 삼십 세를 훌쩍 넘긴 1831년 5월 19일 파리에 도착했다. 왜 그해인가? 하이네는 1830년 혁명이 성취한 자유와 평등의 분위기를 두 눈으로 확인하고 싶었다. 파리는 시인의 낭만적 기질과 비판정신을 마음껏 펼칠 수 있는 이상적인 도시로 보였다. 그가 존경했던 영국의 시인 바이런 경도 1823년 그리스 독립전쟁에 참여해 자유를 몸소 실천하지 않았던가?

하이네는 1856년 2월 17일 사망할 때까지 파리를 떠나지 않았다. 25년간의 파리 생활 중 마지막 8년은 병마에 시달리며 침대에 누워서 "매트리스 무덤 시기"를 보냈다.[93] 그는 자신의 유해를 몽마르트 묘

---

93) 하인리히 하이네, 김수용 옮김, 〈독일. 어느 겨울동화〉 작품해설, 331쪽.

지에 묻어달라는 유언을 남길 정도로 '뼈 속 깊이' 파리를 사랑했다. 몽마르트 묘지를 걷다보면 파리에서 여생을 마감한 외국인들의 이름이 종종 눈에 띈다. 러시아의 무용수 니진스키, 멕시코의 정치인 호세 마리아 루이스 모라, 이집트의 샹송 가수 달리다 등의 묘소를 지나쳐 하이네 무덤 앞에 서면 독일어 묘비명이 눈에 들어온다. "앞으로 방랑의 고달픔 어느 곳에서 / 마지막 쉴 곳을 찾게 될 것인지? / 남녘의 야자나무 아래서일까 // 라인 강변의 보리수나무 아래서일까?" 병고에 시달리던 하이네가 운명을 예감한 것일까? 하이네 사후 공개된 〈어느 곳?〉이란 시의 첫 번째 연이다. 내친 김에 나머지 두 연도 감상해보자.

> 어느 황량한 황야에서 내가
> 낯선 이의 손에 의해 묻히게 될 것인지?
> 아니면 망망대해의
> 해변 모래 속에서 안식하게 될 것인지,
>
> 언젠가는 내 주위의 이곳저곳에
> 성스러운 하느님의 하늘이 둘러싸게 되고,
> 죽음의 등불로서
> 밤에는 별들이 내 위에 떠돌게 되겠지.[94]

25년간 파리에 살면서 하이네가 남긴 독일어 명시들을 떠올리며 시인은 조국을 떠날 수는 있어도 모국어의 짐은 벗어던질 수 없다는 사실을 확인한다.

---

94) 오한진, 〈아픔의 시인 하인리히 하이네〉, 지학사, 2014, 6쪽.

하이네의 육체적 고향은 독일이지만, 파리는 그의 영원한 정신적 고향으로 남을 것이다. 그가 제2의 조국에서 얻고자 한 것은 무엇이었을까? 1830년 7월 혁명이 일어나자 하이네는 파리에서 세계사의 흐름을 바꾸는 엄청난 일이 벌어지고 있음을 직감했다. 우선 하이네는 유럽의 변방 독일에서 벗어나 세계의 중심 파리에서 세계의 역사를 바라보고자 했다. 하이네는 친구에게 보낸 편지에서 세계사적 격변의 현장에 있다는 실감을 전한다. "나는 파리에서 큰일들을 체험하며, 세계의 역사를 내 자신의 눈으로 보고 있다네. 언젠가는, 내가 살아 있다면, 나는 위대한 역사가가 될 것일세."[95]

독일에서 요주의 인물로 찍혀 가혹한 검열에 시달렸던 하이네는 파리에서 정치적 자유를 만끽했다. 파리는 우리 시대의 새로운 종교인 자유의 성소(聖所)로서 '새로운 예루살렘'으로 부를 만하다! 검열의 족쇄가 풀리자 하이네의 붓끝도 더욱 날카로워졌다. 특히 공상적 사회주의를 지향하는 생시몽주의자들과 교류하고 마르크스와 엥겔스를 만난 이후로 하이네의 풍자와 비판의 수위는 더욱 높아졌다. 독일 정부는 거침없는 언행을 한 하이네를 국가에서 영구 추방하기로 결의한다.

하지만 하이네가 파리에서 정치적 자유만 누린 것은 아니었다. 그는 문화와 예술의 도시 파리에서 시인으로 괄목할 만한 성장을 하는 계기를 마련했다. 운문서사시의 걸작으로 평가받는 〈로만체로〉(1851년)를 비롯해서 하이네의 대표 시집들은 모두 파리에서 출간되었다. 하이네는 파리에서 많은 작가들과 교류를 나누었다. 조르주 상드, 빅토르 위고, 제라르 네르발, 오노레 드 발자크 같은 당대 최고의

---

95) 하인리히 하이네, 〈독일. 어느 겨울동화〉, 작품해설, 328쪽에서 재인용.

몽마르트
Montmartre

작가들과 친분을 나누며 자신의 문학세계를 넓힌다. 특히 하이네는 파리의 문화계를 두루 섭렵하며 파리의 선진 문화예술의 향취에 흠뻑 빠져든다.

하이네의 시에 곡을 붙인 가곡은 전 세계 음악회의 애창곡이다. 슈만, 슈베르트, 바그너가 그의 시에 곡을 붙였다. 〈로렐라이〉는 하이네의 시에 프리드리히 질허가 곡을 쓴 민요풍 노래로 가장 애창되는 가곡이다. 주옥같은 가곡을 남긴 시인답게 하이네는 음악의 도시 파리를 사랑했다. 당시 파리에는 쇼팽, 리스트, 멘델스존, 파가니니 같은 기라성 같은 음악가들이 모여 있었다. 특히 〈환상교향곡〉의 작곡가 베를리오즈의 음악 세계에 이끌려 그와 죽을 때까지 친분을 나누었다.

하이네는 파리의 선진 정치와 품격 높은 문화예술을 독일의 독자들에게 소개했다. 독일과 프랑스를 한 저울에 올려놓은 하이네의 '비교문화론'은 정치, 외교적 갈등이 얽힌 양국 관계에 의미 있는 문화적 해법을 제시한다. 파리에는 독일 식당이 없다. 한때 독일 땅이었던 알사스 식당 정도가 있을 뿐이다. 프랑스–프로이센 전쟁에서 양차대전에 이르기까지 두 나라 사이에 파인 감정의 골은 깊다. 독일과의 적대 관계를 청산하고 협력을 도모하는 전환점은 유럽 통합을 통해서 비로소 마련되었다. 독일은 비스마르크와 히틀러의 나라이기도 하지만, 칸트와 헤겔, 괴테와 바그너, 마르크스와 니체를 낳은 나라이기도 하다. 독일은 작가와 철학자들의 고향이었고, 독일 근대철학은 프랑스 지성계에 무시할 수 없는 영향력을 행사했다. 헤겔과 칸트의 철학에 싫증나면 니체에 빠져드는 식으로 독일 철학에 대한 사랑은 계속되었다. 문화적 수수관계에는 우열도 승패도 없는 법이다.

2. 19세기 미국인들의 파리 그랜드 투어

영국과 독일, 이탈리아와 스페인 등 프랑스와 국경을 접한 나라들은 프랑스와의 교류가 빈번했다. 이미 오래 전부터 프랑스인들이 이들 국가로 떠나기도 하고 인접국가에서 프랑스로 유입되는 인구도 적지 않았다. 예를 들어 브르타뉴 지방과 알사스 로렌 지방은 각각 영국과 독일의 흔적이 짙게 배어 있는 지역이다. 서유럽 국가들은 셰익스피어와 괴테, 볼테르와 루소 같은 대가들을 공통분모로 해서 일찍이 문화공동체를 형성했다.

하지만 대서양을 마주한 미국은 사정이 다르다. 미국의 역사가 일천할 뿐 아니라 대서양으로 가로막혀 대륙으로부터의 문화적 영향력도 미미했기 때문이다. 1830년대부터 비록 소수이긴 하지만 작가, 예술가, 학생, 지식인 등 다양한 부류의 미국인들이 파리로 건너와 유럽의 선진문화를 배운다. 이는 마치 18세기 로마로 향한 유럽인들의 그랜드 투어를 떠올리게 한다는 점에서 19세기 미국인들의 파리 그랜드 투어로 부를 수 있다.

프랑스와 미국의 관계를 살펴볼 때 라파예트와 토크빌이라는 두 인물을 빠뜨릴 수 없다. 미국인들은 미국독립전쟁에서 프랑스의 장군 라파예트(Lafayette, 1757~1834)가 세운 공로를 잊지 않는다. 1777년 미국독립전쟁에 참여해 미합중국의 탄생에 커다란 기여를 한 라파예트는 이후 프랑스 역사의 고비마다 중요한 역할을 한다. 삼부회에 귀족 대표로 선출되었지만 부르주아 편에서 인권선언을 주도했으며, 1830년 7월 혁명이 일어나자 루이 필립을 왕으로 추대한다. 알렉시 드 토크빌(Alexis de Tocqueville, 1805~1859)은 미국의 민주주의를 알리는데 큰 역할을 한 인물이다. 프랑스의 젊은 귀족 토크빌은

1831년 르 아브르 항구를 출발한다. 한 달 넘는 대서양 횡단 끝에 미국에 도착한 토크빌은 미국의 모든 것을 탐구하겠다는 각오로 미국의 제도와 관습, 미국인의 생활 등을 면밀히 관찰해 〈미국의 민주주의〉(1835년 1권, 1840년 2권 출간)라는 대작을 내놓는다.

낭만주의 작가 샤토브리앙(Chateaubriand, 1768~1848)도 1791년 미국으로 건너가 몇 달 동안 여행을 했다. 그때의 체험이 대표작 〈아탈라〉(1801년)와 〈르네〉(1802년)에서 신세계의 때 묻지 않은 자연의 모습으로 나타났다. 라파예트에게 미국은 공포정치나 전제정치에 가로막힌 정치적 자유가 숨 쉬는 나라였고, 토크빌에게는 민주주의의 원리를 제도적으로 구현한 나라였다면, 샤토브리앙의 눈에는 타락한 문명 이전의 순수함과 원시적 아름다움을 간직한 나라로 비춰졌다.

그렇다면 프랑스에서 미국은 어떤 모습으로 비춰졌을까? 19세기 후반부터 미국의 산업 생산은 산업혁명의 원조 영국을 앞지르기 시작했다. 미국의 발명가들은 만국박람회에서 연이어 히트상품을 선보였다. 싱어의 재봉틀(1851년), 벨의 전화기(1876년), 에디슨의 전등(1887년) 같은 제품이 대중의 관심을 끌었다. 또한 정치인이자 발명가인 벤자민 프랭클린의 대표작 〈부자가 되는 길〉(The Way to Wealth, 1758년)이 번역되어 베스트셀러가 되고, 소설가 제임스 쿠퍼가 파리 체류 시 선보인 서부개척과 인디언을 다룬 소설들이 미국에 대한 이해를 높였다. 이어서 해리엇 비처 스토 여사의 〈톰 아저씨의 오두막〉(1852년)이 번역되면서 미국의 역사와 문화에 대한 관심은 고조되었다.

파리로 온 미국인들은 유서 깊은 파리의 문화유산에 깊은 감명을 받았다. 미국에서 가장 오래된 필라델피아 독립기념관도 채 100년이 넘지 않는 건물이 아니던가. 중세의 좁고 구불구불한 골목길이나 팔레 루아얄에 줄지어 선 화려한 상점들은 뉴욕이나 보스턴에서는 볼 수 없는 도시 풍경이었다. 1830년대 파리 인구는 30만 명으로 뉴욕 인구의 4배에 달했다. 파리의 아름다운 건축물과 루브르의 걸작에 매료된 뉴요커들은 문화예술이 삶에 즐거움과 의미를 부여하는 필수요소라는 파리지앵들의 신념에 동의할 수밖에 없었다.[96]

비록 숫자는 적지만 1830년대 파리의 미국인들의 행보는 일차대전이 끝나고 미국의 작가와 예술인들이 미국인들이 가장 사랑한 도시 파리로 몰려온 이유를 짐작케 한다. 헤밍웨이를 비롯한 '잃어버린 세대'(lost generation) 의 선배 세대로 제임스 쿠퍼와 새뮤얼 모스, 찰스 섬너를 기억하자.[97]

〈모히칸족 최후의 희생자〉(1826년)란 작품을 기억하는 독자들이 많을 것이다. 하지만 인디언과 영국군의 쫓고 쫓기는 서부극의 원작자를 기억하는 독자는 드물다. 더구나 제임스 쿠퍼(James Fenimore Cooper, 1789~1851)가 이 소설 출간 직후 가족들과 파리로 건너가 무려 7년 동안 체류했다는 사실을 아는 이는 더욱 드물다. 쿠퍼는 "모든 개척자들이 서부로 간 것은 아니다."는 아리송한 말을 남기고는 1826년 37세의 나이로 네 명의 자녀와 부인과 함께 파리로 떠난다. 라파예트 장군이 미국에 체류하던 시절 그와 맺은 친분과 자녀 교육 문제가 그의 파리 행을 재촉했다. 파리로 오기 전부터 유명한 소설가였던 쿠퍼는 〈모히칸족 최후의 희생자〉가 불어로 번역되자 프랑스에서도 큰 인기를 누리며 파리의 사교계에서 열렬한 환대를 받았다. 위고와 발자크도 그를 위대한 소설가로 높이 평가했다. 쿠퍼는 7년 동안 파리에 머물면서 8편의 소설을 썼고 1833년 미국으로 돌아간 뒤 파리

---

96) Theodore Zeldin, *Histoire des passions françaises*, tome 2, Payot, 1994 참조.
97) 이 세 인물에 대한 설명은 다음 책을 참조했다. David McCullough, *The Great Journey: Americans in Paris*, Simmons & Schuster Paperbacks, 2011.

를 포함한 유럽 체험기를 발표했다.

　모스 부호의 발명자 새뮤얼 모스(Samuel Morse, 1791~1872)는 1829년 38세의 나이로 파리에 온다. 당시 모스는 위대한 화가를 꿈꾸었다. 이미 미국 대통령 몬로의 초상화를 그릴 정도로 초상화 분야에서 인정받았지만 모스는 역사화에 도전하기 위해 파리 행을 결심했다. 그 당시 파리에서는 역사화가 최고의 그림으로 대접받았다. 모스는 하루도 빠짐없이 루브르에서 미술 공부에 매진했다. 파리에 오기 전부터 돈독한 사이던 쿠퍼가 매일 오후 루브르로 찾아와 함께 시간을 보냈다. 모스는 루브르의 걸작들을 한데 모은 가상의 전시실을 그리는 중이었다. 다빈치의 〈모나리자〉를 위시해서 푸생, 루벤스, 반디크, 티치아노 같은 대가들의 그림 38점이 화면을 가득 채웠다. 루브르 관람객들은 미지의 미국 화가에 흥미를 느끼고 그림 앞에 몰려들었다.

　모스의 작품은 루브르가 아니라 1833년 뉴욕에서 완성되었다. 1,300불에 팔렸는데 그가 루브르에서 공들인 수고에 비하면 보잘것 없는 액수였다. 그 후로 150 여년이 지난 1982년 시카고 미술관이 325만 불에 이 작품을 구입했는데, 한 화가의 그림 가격으로는 최고였다고 한다! 모스는 모스 전신기의 발명가로 우리에게 친숙하다. 모스는 파리를 떠나기 몇 달 전부터 전류를 조합해서 알파벳과 숫자를 표기하는 '텔레그라프'의 원리를 다듬었다. 미국으로 돌아온 모스는 화가의 길을 포기하고 전신 개발에 매달렸다. 지난한 노력 끝에 1844년 7월 워싱턴과 볼티모어 사이의 전신선이 개통되며 상업화에 성공한다. 최초의 전신 내용은 "하나님께서 이렇게 큰일을 하셨도다."라는 성경의 한 구절이었다.

　미국의 시인 롱펠로우(Henry Wadsworth Longfellow, 1807~1882)는 두 번의 유럽 여행을 통해 유럽의 언어와 문화에 일찍부터 관심을

소르본 대학 근처의 서점들, 소르본 광장(위), 생미셸 대로(아래)
Place de la Sorbonne, Boulevard Saint-Michel

가졌다. 그는 유럽에서 익힌 프랑스어, 스페인어, 독일어, 이탈리아어 실력을 바탕으로 28세의 나이에 하버드 대학 교수가 된다. 찰스 섬너(Charles Sumner, 1811~1874)는 친구 롱펠로우의 유럽 여행에 자극을 받아 하버드 로스쿨을 졸업한 1837년 파리로 온다. 섬너는 다른 미국인들과는 달리 센 강 좌안의 라탱 지구에 거처를 정하고 그리스 역사에서 지질학에 이르기까지 소르본 대학의 강의를 열심히 수강했다.

1838년 1월 소르본 강의실은 그리스 철학을 듣는 학생들로 가득 찼다. 그는 최신 유행복 차림의 흑인들이 다른 학생들과 함께 강의를 듣는 장면을 목격했다. 파리에서는 피부색이 아무런 문제가 되지 않는다는 것을 깨달았다. 이는 흑백차별은 교육과 환경에 따른 편견에 불과하다는 것을 깨닫게 한 계시와도 같았다. 실제로 대혁명 이후 노예제가 폐지된 프랑스에서는 피부색의 차이로 인한 편견과 차별을 찾아볼 수 없었다. 아프리카계 혼혈이었던 소설가 알렉상드르 뒤마는 오히려 남다른 피부색으로 사교계에서 큰 인기를 끌었다. 불과 몇 년 전만 하더라도 들판에서 일하는 흑인 노예들을 보고 경멸감을 느끼지 않았던가? 섬너는 미국으로 돌아가 1852년 메사추세츠 주 상원의원으로 선출된다. 파리에서의 계시의 순간을 평생 마음에 새기며 흑인 노예 해방운동에 적극적으로 참여했다. 열렬한 웅변가였던 그는 노예제는 개인적으로나 국가적으로 큰 범죄라고 외쳤다. 드디어 1863년 1월 1일 링컨 대통령의 노예해방선언이 이루어진다.

1850년대에 접어들면서 파리를 찾는 미국인들이 늘어나고 연령과 직업도 다양해진다. 특히 파리로 온 용감한 미국 여성들이 눈에 띈다. '미국 최초의 여의사'로 불리는 엘리자베스 블랙웰(Elizabeth Blackwell, 1821~1910)도 1849년 파리를 찾았다. 미국에서 어렵사리의학 공부를 마치기는 했지만, 전문적인 연구와 의사로서의 수련을 쌓기 위해 '의학의 도시' 파리를 선택했다. 여자는 신경질적이며 허약해 의사가 될 수 없다는 편견이 지배하던 시절이었다. 블랙웰은 남북전쟁 당시 부상병 치료에 힘썼으며 1865년에는 뉴욕에 의과대학을 세워 여성도 의사가 될 수 있는 길을 열었다.

국적과 인종에 관계없이 외국인들을 평등하게 대우하는 분위기가 무르익으면서 파리에 거주하는 미국인들도 많아진다. 1866년 그림 공부를 위해 파리로 온 메리 케세트(Mary Stevenson Cassat, 1845~1926)도 그 중 한 사람이었다. 외국인 여성은 에콜 데 보자르에 입학할 자격이 없던 시절이라 그녀는 개인 화실에서 지도를 받는 틈틈이 루브르에서 걸작들을 연구하며 그림 공부에 몰두했다. 1873년 살롱에 당선된 케세트는 '여성' 화가가 아니라 '전문적인' 화가가 되고자 했다. 이를 위해서라면 결혼과 가정을 포기하는 것도 마다하지 않았다. 드가의 권유로 인상주의 전시회에 참여했지만 결코 드가의 제자가 되고자 하지 않았다. 케세트는 독립적인 미국 여성으로서 파리에서 자신만의 독특한 화풍을 선보였다.

3. 헤밍웨이, '파리는 날마다 축제'

"파리는 20세기 그 자체였다."(거트루드 스타인)

"게다가 다른 나라에서처럼 지금은 수많은 외국인들이 프랑스로 몰려들고 있는데, 그들 가운데 다른 곳에서 태어났지만 젊은 나이에 이곳으로 와서 수준 높은 프랑스 문화를 흡수해 자기를 만들어 나가려는 사람들의 감수성을 연구하는 일은 여간 흥미롭지 않다. 그들은 자신들을 받아준 나라에 가장 생생한 그들의 유년기의 인상을 전해줄 것이며, 그들이 새로 선택한 나라의 정신적 유산을 더욱 풍요롭게 할 것이다. 마치 초콜릿이나 커피가 맛의 세계를 확장시킨 것처럼 말이다."(기욤 아폴리네르)[98]

누구나 다 파리를 사랑한 것은 아니었다. 미국의 작가 마크 트웨인은 파리를 싫어했다. 그는 1879년 일기에 다음과 같이 썼다. "파리에는 겨울도 없고, 여름도 없고, 도덕도 없다. (…) 파리의 날씨는 춥다. 이슬비가 오거나 비가 내린다. 빌어먹을 파리!" 마크 트웨인의 불평에도 불구하고 파리를 찾는 미국 작가들은 갈수록 늘어간다. 1920년대에 이르면 대략 250명 정도의 미국 작가와 화가들이 파리에서 활동했다는 기록도 있다.[99] 미국인들이 사랑한 도시 파리를 누구보다 빛낸 작가들이 바로 '길 잃은 세대'의 기수 어니스트 헤밍웨이(Ernest Hemingway, 1899~1961)와 그의 친구들이었다.

일차대전은 연합국의 승리로 끝났지만 전후 처리와 배상금 협상은 지지부진했다. 그 와중에 프랑화가 폭락하며 달러화의 가치가 높아졌다. 전쟁 직후 달러당 5프랑 하던 환율이 1926년에는 무려 10배 가까이 상승한다. 그만큼 파리에 온 미국인들의 주머니 사정이 넉넉해진 셈이다. 소설가 피츠제럴드 부부가 1926년 7천 달러를 들고 파리에 도착했을 때 파리에서의 생활비로 충분하다고 생각했다. 헤밍웨이 부부가 일 년에 3천 달러로 지낸다고 하지 않던가. 이제 파리를 찾는 미국인들은 연간 40만 명을 상회하고, 체류자도 3만 명을 넘는다.

---

98) 단 프랑크, 박철화 옮김, 〈보엠〉 1권, 이끌리오, 2000, 39쪽에서 재인용.
99) Patrice Higonnet, *Paris, Capitale du monde*, p. 300.

실로 "미국 사회를 파리에 그대로 옮겨 놓은 것과 크게 다르지 않"은 상황이었다.[100] 게다가 미국에서는 금주법이 시행되고 있었다. 카페와 레스토랑, 댄스홀과 나이트클럽이 몰려 있는 파리에서 미국인들은 아무런 눈치도 보지 않고 파리지앵이 입버릇처럼 말하는 '삶의 즐거움'(joie de vivre)을 만끽할 수 있었다.

우려의 목소리도 컸다. 영국의 시인 엘리엇은 파리로 갈 꿈꾸는 작가 지망생들에게 카페나 레스토랑에서 시간을 보내며 쾌락의 도시가 주는 유혹에 빠진다면 큰 낭패를 볼 거라고 경고한다. "파리에서의 커다란 위험은 이 도시가 지나치게 정신을 자극한다는 사실이며, 모든 자극제와 마찬가지로 파리는 당신을 견고하고 참된 작업을 하게 하는 대신, 대단한 두뇌 활동을 하고 있다는 달콤한 착각에 빠지게 한다."[101] 파리에 온 미국인들은 자칫 관광안내서의 화려한 파리를 도시의 실제 모습으로 착각한 것은 아닐까? 잃어버린 세대의 작가들이 화려한 도시의 이면에 도사린 경제적 불안과 파시즘의 전조, 일차 대전의 후유증을 제대로 들여다보았을까?

'파리는 날마다 축제' 중이었고, 지구상 최고의 '쾌락의 도시'였지만, 미국 작가들은 관광객들과는 처지가 달랐다. '길 잃은 세대'의 작가들은 흥청망청 쓸 돈도, 유흥에 탐닉할 시간도 없었다. 글을 써야 한다는 절체절명의 과업에서 자유로운 작가는 없는 법이다. 그렇지 않고서는 화장실도 난방시설도 없는 파리의 허름한 아파트 꼭대기 층에서—파리는 일반적으로 아파트 꼭대기 층이 가장 저렴하며 시설이 형편없다—헤밍웨이가 추운 겨울을 견디며 살아간 이유를 짐작하

---

100) 어니스트 헤밍웨이, 김욱동 옮김, 〈태양은 다시 떠오른다〉, 민음사, 2011. 작품해설, 385쪽.
101) Patrice Higonnet, *Paris, Capitale du monde*, p. 305에서 재인용.

기 어렵다. 게다가 헤밍웨이 부부는 파리에 도착했을 때 결혼한 지 불과 일 년도 되지 않은 신혼이었다.

1921년 12월 22일 헤밍웨이 부부는 파리에 도착했다. 온수도 가스도 없는 라탱 지구의 낡은 아파트에 거처를 마련했다. 지금은 관광객들로 북적이는 카르디날 르무안(Cardinal Lemoine) 거리는 당시만 하더라도 가난한 노동자와 주정뱅이들이 모여 사는 동네였다. 〈파리와 런던의 밑바닥 생활〉(1933년)이란 책을 통해 파리의 하류인생을 묘사한 조지 오웰이 살던 동네이기도 했다. 방이 두 개 있었지만 집필실로 쓰기에는 좁고 불편해서 글을 쓰려면 집 밖으로 나가야만 했다. 처음에는 근처 허름한 호텔방을 집필실로 사용했다. 헤밍웨이는 불우한 상징주의 시인 폴 베를렌느가 거처하던 방이라고 자랑삼아 말했지만, 호텔방도 집필실로 쓰기에는 여러모로 불편했다.

헤밍웨이는 파리의 명물인 카페에서 글을 쓰기로 결심했다. 카페에서는 추위에 떨지 않아도 되었고, 커피나 포도주를 마시며 글을 쓸 수 있었다. 주위의 시선이나 소음도 글쓰기에 기분 좋은 자극을 주었다. 일차대전 이후로 화가들이 몽마르트에서 작업실과 거처를 옮기면서 몽파르나스는 생제르맹과 더불어 작가와 예술가들의 안식처가 되었다. 헤밍웨이는 사람들을 피해 집 근처의 한적한 카페 라 클로즈리 데 릴라에서 주로 글을 썼다. 그곳의 아늑한 테라스에서 "오후의 햇살이 어깨 너머로 비쳐 드는 구석 자리에 앉아 공책에 글을 썼다." 훗날 헤밍웨이는 파리의 '카페-집필실'에서 글쓰기에 몰두했던 행복한 시절을 이렇게 회상한다.

"겉장이 파란 공책 한 권, 연필 두 자루와 연필깎이(주머니칼은 너무 비효율적이다), 대리석 상판 테이블, 코끝을 간질이는 커피

헤밍웨이가 글을 썼던 카페
라 클로즈리 데 릴라(1925년경), 몽파르나스
La Closerie des Lilas, Montparnasse

신혼 시절의 헤밍웨이 부부

향, 이른 아침 카페 안팎을 쓸고 닦는 세재 냄새, 그리고 행운, 이 것이 내게 필요한 전부였다.(…) 어떤 날은 글이 아주 잘 써져서 나는 마치 울창한 나무 사이를 걸어 숲 속 빈터를 지나 고지대로 올라가 호수 저편에 있는 언덕을 직접 눈으로 내려다보는 것처럼 전원 풍경을 실감나게 묘사할 수 있었다. 그런 날 서둘러 연필을 깎다 보면 원뿔 모양의 연필깎이 날에 걸려서 연필심이 부러지기도 했다. 그럴 때면 펜나이프의 작은 날로 부러진 연필심 조각을 끄집어내거나 조심스럽게 연필심을 뾰족하게 깎아 다듬은 다음, 다시 글 속으로 들어가 한쪽 팔로 땀에 절어 소금기로 얼룩진 배낭의 가죽 끈을 쥐고, 다른 팔로 배낭의 무게가 등에 골고루 분산되게 조절하면서 모카신 밑에 밟히는 솔잎을 느끼며 호수 쪽으로 내려갔다."[102]

헤밍웨이식 묘사의 백미를 맛볼 수 있는 대목이다. 20년 후 철학자 사르트르는 생제르맹의 카페 드 플로르에 출근하다시피 하며 카페 한 구석을 집필실로 삼았다. 그의 영원한 동반자 시몬 드 보부아르는 옆 테이블에 자리 잡았다. 카페가 책을 읽고 공부하는 공간으로 변모한 요즘 카페에서 글을 쓰는 작가를 이상한 눈으로 쳐다보는 사람은 없다. 〈해리 포터〉의 작가 조앤 K 롤링도 에딘버러의 카페 〈엘리펀트 하우스〉에서 소설을 썼노라고 고백했다. 작가에게 특별한 영감을 선사하는 곳이라면 '신주쿠의 고층 호텔'(일본 소설가 무라카미 류)도 마다할 이유가 없다.

헤밍웨이는 글을 쓰다 지치면 돔이나 셀렉트 같은 몽파르나스의 카

---

102) 어니스트 헤밍웨이, 〈파리는 날마다 축제〉 2부 〈파리스케치〉 1장 〈새로운 유파의 탄생〉, 227쪽.

알레 데 포르티피카시옹
Allée des Fortifications

페에서 지인들과 어울리거나 작가들의 사랑방 구실을 하던 오데옹 길의 서점 〈셰익스피어 앤 컴퍼니〉에 들렀다. 그곳에서 영어서적을 구경하거나 주인 실비아 비치와 이야기를 나누다가 가끔 부족한 생활비를 빌리기도 했다. 파리에서의 삶은 엘리엇이 경고한 달콤하고 낭만적인 생활과는 거리가 멀었다. 헤밍웨이는 늘 배고픔과 가난에 시달렸다. 점심값을 아끼기 위해 뤽상부르 공원을 두 시간 정도 걷다가 집에 들어와서는 아내에게는 점심 초대를 받고 오는 길이라고 거짓말을 하는 모습에서는 연민의 감정이 밀려온다. 헤밍웨이는 가난했지만 삶의 열정만큼은 잃지 않으려고 했고, 배고픔이 가져다주는 예민한 감각을 글쓰기에 활용하고자 했던 작가였다. 그래서 작가 헤밍웨이는 "배고픔은 훌륭한 교훈"이라고 주저 없이 말한다.[103]

파리는 헤밍웨이가 지독한 '글쓰기 수업'을 통해 작가로서 기본기를 다진 학교이기도 했다. 통신사 특파원 자격으로 파리에 온 헤밍웨이는 아직 작가로서 확신과 자신감이 없었다. 헤밍웨이는 자신만의 스타일과 작가로서의 개성을 발견하기 위해 거듭 방황했다. 글쓰기의 욕구는 억누를 수 없었지만 좀처럼 결과물에 만족할 수 없었다. 헤밍웨이는 지독한 독서광답게 선배 문인들의 작품을 통독하며 글쓰기의 방향을 모색한다. 특히 체홉이나 투르게네프 같은 러시아 작가들에서 큰 깨우침을 얻는다. 거트루드 스타인 여사나 시인 에즈라 파운드의 글쓰기 레슨도 큰 도움을 준다. 직설적인 성격의 스타인은 헤밍웨이의 원고에 쓴 소리를 아끼지 않았다. 또 다른 스승 파운드는 "대상을 묘사할 때 가장 '적합한 단어'(mot juste)만을 사용해야 한다."거나 "어떤 특정한 상황에서는 특정한 사람에게 주목해야 하듯이, 언제

---

103) 어니스트 헤밍웨이, 〈파리는 날마다 축제〉의 8장 제목이기도 하다.

나 신중하게 선택한 형용사를 사용하라."는 구체적인 조언을 통해 헤밍웨이식 스타일을 만드는데 일조한다.[104]

멘토들의 조언에 힘입어 글쓰기에 자신감이 붙던 헤밍웨이에게 악재가 생겼다. 1922년 12월 중순 헤밍웨이의 부인 해들리는 남편과의 스키 여행을 위해 파리 리옹 역을 출발해 스위스로 향한다. 그런데 짐 칸에 넣어둔 여행용 가방을 아무리 찾아도 없지 않은가? 그 가방에는 헤밍웨이의 미발표 원고가 들어 있었다. 해들리는 백방으로 뛰어다녔지만 결국 가방을 찾지 못했다. 헤밍웨이 부부는 우울한 겨울을 보내야 했고, 헤밍웨이는 친구에게 "너무 상심해서 그 일을 잊기 위해 거의 수술을 받아야 할 지경"이라고 털어놓는다.[105] 헤밍웨이는 '장편소설' 도전을 전화위복의 계기로 삼는다.

"나는 장편소설을 써야 한다. 그러나 정제된 문장으로 소설을 완성하려고 애쓰다 보니 불가능한 일처럼 여겨졌다. 장거리 달리기를 연습하듯이 우선 조금씩 조금씩 긴 글을 쓰는 훈련이 필요했다. 전에 리옹 역에서 가방과 함께 원고를 잃어버린 그 소설을 썼을 때 나는 아직 젊음 그 자체만큼이나 허망하고 변덕스러운 젊은 나이의 순진한 정서에 사로잡혀 있었다. 나는 의심할 여지없이 그 원고를 잃어버린 것이 오히려 잘된 일이라는 것을 알고 있었지만, 새로 소설을 써야 한다는 것 역시 알고 있었다. 그러나 나는 소설을 쓰지 않을 수 없는 순간이 올 때까지 느긋하게 기다리기로 했다. 절대로 생계의 수단으로 소설을 써서는 안 될 것이다. 내가 할 수 있는 일은 그것밖에 없고, 다른 선택의 여지가 전혀 없을 때 나

---

104) 어니스트 헤밍웨이, 주순애 옮김, 〈파리는 날마다 축제〉, 이숲, 2012, 130쪽.
105) 제프리 메이어스, 이진준 옮김, 〈헤밍웨이〉 1권, 책세상, 2002, 122쪽.

는 소설을 쓸 것이다."[106]

　　그의 첫 장편소설 〈태양은 다시 떠오른다〉(1926년)는 절치부심의 각오와 기다림 끝에 탄생한 작품이다. 이 작품은 헤밍웨이가 파리에서 만난 사람들을 모델로 쓴 일종의 '실명소설'에 해당한다.[107] 특히 통신사 특파원인 주인공 제이크 반스는 작가의 분신으로 간주해도 무방할 정도로 자전적 요소가 강한 인물이다. 다른 작중인물들도 헤밍웨이와 교류했던 구체적인 인물로 특정할 수 있다. 평론가들은 이 작품을 두고 헤밍웨이의 가장 중요하고 뛰어난 작품이면서 미국문학사에 획을 그은 작품이라고 평가한다.[108] 그 이유는 이 작품이 바로 '길 잃은 세대' 혹은 '잃어버린 세대'의 방황을 밀도 높게 그리고 있기 때문이다. 헤밍웨이는 소설의 제사(題詞)로 거트루드 스타인 여사의 말을 인용한다. "당신들은 모두 길을 잃은 세대요." 이는 바로 이어진 〈전도서〉의 한 구절 "한 세대는 가고 한 세대는 오되 땅은 영원히 있도다. / 해는 뜨고 해는 지되 그 떴던 곳으로 빨리 돌아가고 (…)"와 겹쳐지며 이 책의 주제를 암시한다.

　　일의 전말은 이렇다. 거트루드 스타인은 자신의 차를 수리하던 정비공이 제때에 일을 마치지 못하자, "자네들 모두는 잃어버린 세대야."라며 꾸짖는 정비소 주인의 말을 새겨듣는다. 마침 스타인 여사의 살롱을 찾은 헤밍웨이를 보고 술에 취해 방황하는 그와 친구들을 떠올리며 이렇게 설명한다. "맞아. 그게 바로 자네들 모습이야. 자네들 모두의 모습이지. 전쟁에 참가했던 젊은이들 모두가 바로 '잃어버린

---

106) 어니스트 헤밍웨이, 〈파리는 날마다 축제〉, 87쪽.
107) 어니스트 헤밍웨이, 〈태양은 다시 떠오른다〉, 작품 해설, 379~381쪽 참조.
108) 앞의 책, 작품 해설, 376~377쪽 참조.

세대'라고."[109] 헤밍웨이는 수긍할 수 없었다. "정신적 나태와 이기주의"에 빠진 스타인이 과연 그런 말을 할 자격이 있는지도 의문이거니와, "어떤 의미에서는 모든 세대가 잃어버린 세대이고, 과거에도 그랬듯이 미래에도 그럴 것"이기 때문이다.[110] '잃어버린 세대'라는 호칭은 "사람들이 아무렇게나 쉽게 갖다 붙이는 모든 고약한 오명"에 불과하다.[111]

헤밍웨이의 항변에도 불구하고 작중인물들은 온통 길을 잃고 헤맨다. 조국과 고향을 등진 '국적 상실자'들은 파리에서 부유하는 삶의 지표도 방황하는 삶의 나침반도 찾을 수 없었다. 고국을 떠나 방황하는 세대의 내면의식이 파리의 장소성과 절묘한 조합을 이루어낸다. 1920년대 파리를 무대로 살아가는 청춘들을 '길 잃은 세대'로 명명함으로써 헤밍웨이는 그 세대 특유의 정신세계를 소설에 담아냈다.

> "넌 국적 상실자야. 조국의 땅과 접촉을 잃어버렸단 말이야. 귀하신 몸이 된 거지. 사이비 유럽 기준 때문에 넌 망치고 만 거야. 죽도록 술만 퍼마시고, 섹스에 사로잡혀 있고. 넌 모든 시간을 일하는 데 쓰는 게 아니라 지껄이는 데 허비하거든. 넌 국적 상실자야 알았어? 카페나 헤매고 다니고 말이야."[112]

인물들이 보여주는 도덕적으로 타락한 삶은 방황의 한 방식이기도 하다. 실제로 대부분의 인물들이 알코올 중독과 성적 일탈, 전쟁 후유

---

109) 어니스트 헤밍웨이, 〈파리는 날마다 축제〉, 74쪽.
110) 앞의 책, 75쪽.
111) 앞의 책, 77쪽.
112) 어니스트 헤밍웨이, 〈태양은 다시 떠오른다〉, 178쪽.

스페인 팜플로나, 1925년 여름
(사진 속 인물들은 각각 〈태양은 다시 떠오른다〉의 작중인물로 재탄생한다. 헤밍웨이는 제이크 반스로, 뒤편의 안경 쓴 인물은 소설가이자 편집자인 해롤드 롭인데 작품에서는 로버트 콘으로, 헤밍웨이 옆에 앉은 여성은 레이디 더프 트위슨이라는 영국여성으로 브렛 애슐리로 나온다.)

증과 경제적 궁핍으로 헤매고 방황한다. 하지만 작가 자신이 '견고한 세대'라고 부른 주인공 제이크 반스에 주목한다면 모두가 길을 잃고 방황하는 와중에도 안간힘을 쓰며 삶의 지표를 모색하는 노력만큼 소중한 것은 없다. 꺾이지 않는 생명력과 재생의 의지로 태양은 다시 떠오르는 법이니까.

헤밍웨이는 결코 파리를 낭만과 쾌락의 도시로 미화하지 않았다. 파리는 고통과 불행이 나날이 펼쳐지는 삶의 현장이며, '국적 상실자'로 살아가는 젊은이들의 우울과 불안이 투영된 장소이기 때문이다. 파리를 그저 쾌락과 자기만족의 놀이터로 삼는다고 일침을 놓은 엘리엇에 헤밍웨이는 반문한다. 엘리엇 선생, 당신께서는 방황하는 '국적 상실자'요, '길 잃은 세대'인 우리 청년들을 진정 이해할 수 없으신가요? 주인공 제이크는 남아메리카로 함께 여행을 떠나자는 로버트 콘의 제안을 거절하며 파리에 남는다.

"이봐 로버트, 다른 나라에 간다고 해서 달라지는 건 없어. 나도 벌써 그런 짓 모조리 해 봤어. 이 나라에서 저 나라로 옮겨 다닌다고 해서 너 자신한테서 달아날 수 있는 건 아냐. 그래 봤자 별거 없어."
"하지만 넌 남미에 가 본 적이 없잖아."
"남아메리카라니 뭐 말라죽은 거야! 지금 같은 심정으로 그곳에 가 봤자 달라지는 건 아무것도 없어. 이곳은 괜찮은 도시야. 어째서 파리에서 새로 인생을 시작하려고 하지 않는 거야?"[113]

헤밍웨이는 1928년 파리에서의 '새로운 인생'을 마감하고 미국 플로리다 주 키웨스트로 이주한다. 그 전 해에 파리에서 고락을 함께 한 해들리와 헤어지고 패션 작가 폴린 파이퍼와 재혼하며, 미국으로 돌아간 해에 아버지는 권총으로 자살한다.

---

[113] 앞의 책, 24~25쪽.

4. 'Lost generation' in Paris

헤밍웨이의 파리 시절을 담은 〈움직이는 축제〉(A Moveable Feast)는 헤밍웨이 사후에 출간되었다. 1961년 미국 아이다호 주 자택에서 엽총으로 자살하기 직전에도 파리 시절을 회상하는 글을 쓰고 있었다고 한다. 헤밍웨이는 파리로 떠날 꿈을 꾸는 이들에게 잊을 수 없는 조언을 남긴다.

"아직도 파리에 다녀오지 않은 분이 있다면 이렇게 조언하고 싶군요. 만약 당신에게 충분한 행운이 따라 주어서 젊은 시절 한때를 파리에서 보낼 수 있다면, 파리는 마치 '움직이는 축제'처럼 남은 일생에 당신이 어딜 가든 늘 당신 곁에 머무를 거라고. 바로 내게 그랬던 것처럼."

이제 '움직이는 축제'라는 책 제목의 의미가 짐작 간다. 1920년대 파리에는 헤밍웨이 말고도 제임스 조이스와 에즈라 파운드를 포함한 다수의 영미 작가들이 활동하고 있었다. 헤밍웨이는 언어 장벽 때문인지 프랑스 작가들과는 교류하지 않았으며, 파리 회고록에도 프랑스 작가는 단 한 명도 등장하지 않는다. 대신에 헤밍웨이의 회고록은 그 시절 파리에 머물던 미국 작가들에 대해 소중한 정보를 제공한다. 예를 들어 우리에게는 낯선 미국의 시인 랄프 치버 더닝의 경우를 들어 보자. 그는 20년 넘게 파리에서 살았으면서도 자발적 고립과 은둔을 택한 괴팍한 성격의 소유자였다. 헤밍웨이는 책의 15장 〈악의 대리인〉에서 "아편을 피우면 허기조차 잊어버리곤 했던 시인"에게 파운드의 부탁으로 아편 단지를 가져다주며 생긴 일화를 감칠맛 나게 풀

어낸다. 이밖에도 영국의 소설가이자 비평가인 포드 메독스 포드, 〈뉴요커〉지의 파리특파원 자네트 플래너, 영국의 시인 힐레르 밸록과 어니스크 월시, 20대에 파리에 머물며 헤밍웨이와 긴밀한 우정을 나눈 에반 쉬프맨 등이 등장한다.

헤밍웨이의 파리 시절에서 가장 비중이 큰 인물은 소설가 스콧 피츠제랄드다. 책의 후반부는 온통 그와 얽힌 이야기가 주를 이룬다. 1925년 5월 파리 몽파르나스의 술집 딩고 바(Dingo bar)에서 헤밍웨이는 "비록 인생의 황금기는 아니더라도 작가로서 황금기에 있"던 스콧 피츠제랄드를 만난다.[114] 피츠제랄드는 1920년 첫 장편소설인 〈낙원의 이편〉이 대성공을 거두며 일약 인기 작가로 부상했으며, 파리로 오기 직전에 세 번째 장편소설인 〈위대한 개츠비〉를 출간했다. 오늘날 피츠제랄드의 대표작이자 미국문학의 기념비로도 손색이 없는 이 작품은 출간 당시에는 별다른 주목을 받지 못했다. 헤밍웨이와 피츠제랄드는 딩고 바에서 막 출간된 소설에 대해 대화를 나눈다.

"그는 한 권밖에 남지 않은 자신의 새 책 〈위대한 개츠비〉를 누군가에게 빌려 주었다며, 돌려받는 대로 내게 보여줄 테니 한번 읽어 보라고 했다. 이 작품에 대해 말할 때 스콧은 부끄러워하고 있었다. 겸손한 작가라면 스스로 생각하기에도 훌륭한 작품을 완성했을 때 남들에게 그 작품에 대해 이야기하면서 부끄러움을 느끼게 마련이다. 나는 그가 얼마나 훌륭한 작품을 썼는지 짐작할 수 있었고, 그가 어서 그 책을 회수하여 내가 읽을 수 있기를 바랐다."[115]

---

114) 어니스트 헤밍웨이, 〈파리는 날마다 축제〉, 17장 〈스콧 피츠제랄드〉, 160쪽.
115) 앞의 책, 167쪽.

이후에 〈호밀밭의 파수꾼〉의 저자 J. D. 샐린저와 〈노르웨이의 숲〉의 저자 무라카미 하루키가 이 작품에 표한 오마주를 생각하면 작가의 겸손이 다소 뜻밖이다. 그의 파리 생활은 자전적 에세이 〈금이 가다〉(1936년)에서 고백했듯이 삶이 천천히 무너져 내리는 과정의 시작이었다. 평생 애증의 관계를 반복한 아내 젤다가 프랑스인 조종사 에두아르 조장과 사랑에 빠지자 잘 나가던 그의 삶도 조금씩 금이 가기 시작한다. 대부분의 작가들이 파리에서 문화적 충격과 지적 자극을 받으며 성장의 계기를 마련하는데 반해 피츠제랄드의 파리 체류는 삶이 몰락하는 시발점이 되는 특이한 사례에 속한다. 그의 고백대로 파리는 "마흔아홉 살이 되기 십 년 전에, 나는 문득 내가 이미 망가져 있었음을 깨"닫는 안타까운 각성의 장소가 된 셈이다.[116]

"모든 삶이란 서서히 해체되어 가는 일련의 과정일 테지만, 그 중에서도 중대한 타격은—그러니까 외부에서 오는, 혹은 그렇게 보이는 크고 갑작스러운 타격은—그래서 우리가 계속 떠올리며 탓을 하고 약해질 때마다 친구들에게 하소연하게 되는 타격은 그 파괴력을 단숨에 발휘하지 않는다. 외부의 타격엔 내부의 또 다른 타격이 뒤따르게 되는데, 이를 자각했을 때엔 이미 늦어서 다시는 회복하지 못한다는 느낌이 들게 된다. 전자에 따른 파손은 순식간에 일어나는 듯 보이지만 후자는 알지 못하는 사이에 진행되다가 어느 순간 갑자기 깨닫게 되는 것이다."[117]

헤밍웨이가 〈태양은 다시 떠오른다〉에서 자신의 세대를 '길 잃은

---

116) 스콧 피츠제랄드, 김보영 옮김, 〈위대한 개츠비〉, 펭귄코리아, 2013, 291쪽.
117) 스콧 피츠제랄드, 최내현 옮김, 〈재즈 시대의 메아리〉, 북스피어, 2018, 163쪽.

세대'로 규정했듯이, 피츠제랄드는 일차대전이 끝나고 맞이한 1920년대를 '재즈의 시대'로 부른다. 그는 이 시대를 겉으로는 화려하지만 실은 불안과 우울로 병든 시대이며 "기적의 시대, 예술의 시대, 잉여의 시대, 풍자의 시대"라고 말한다. 〈위대한 개츠비〉의 '아메리칸 드림'이 좌절되고 변색되는 과정은 '길 잃은 세대'의 고뇌와 방황을 보여준다.

헤밍웨이와 더불어 제임스 조이스((James Joyce, 1882~1941)는 '방랑의 문학'을 대표하는 작가이다. 헤밍웨이가 "경험을 통해 알고 있는 주제에 대해서만 글을 쓰기로 작정"한[118] 이래 유럽 각지와 아프리카, 쿠바를 돌아다니며 체험의 폭을 넓혔듯이, 조이스도 조국 아일랜드를 떠나 유럽 각지를 '방랑하는 유대인'처럼 떠돈다. 조이스는 〈젊은 예술가의 초상〉에서 '유배와 망명'의 문학을 선언한 바 있다.

"나는 내가 믿지 않는 사람에게 시중은 들지 않겠어. 그게 비록 내 가정이든, 조국이든, 교회든 말이야. 나는 될 수 있는 한 자유롭게 인생의 어떤 양식으로써, 아니면 예술의 어떤 양식으로서 자기를 표현할 작정이야. 자신을 수호하기 위한 유일한 무기인 침묵과 유랑과 간지(奸智)를 써 가면서 말이지."[119]

예술의 완성을 위해 떠난 유배와 망명의 길은 멀고도 험난했다. 1904년 아내 노라 바나클과 함께 더블린을 떠난 이후로 런던과 취리히를 거쳐 1905년에는 이탈리아의 트리에스테로 이주했다. 트리에스테 시내를 걷다보면 옆구리에 책을 끼고 산책하는 모습의 조이스 동

---

118) 어니스트 헤밍웨이, 〈파리는 날마다 축제〉, 19쪽.
119) 제임스 조이스, 신현규 옮김, 〈젊은 예술가의 초상〉, 신원문화사, 2010, 337쪽.

상과 마주친다. 안경을 끼고 모자를 비뚤하게 쓴 채 지팡이를 짚고 서 있는 더블린의 조이스 동상과는 사뭇 다른 모습이다. 조이스는 〈더블린 사람들〉(1914년)과 〈젊은 예술가의 초상〉(1916년)으로 작가로서의 확실한 입지를 굳혔지만 트리에스테에서는 생활고에 시달려야 했다. 게다가 평생 그를 괴롭힌 눈병으로 시력조차 온전치 못했다. 조이스는 평생의 역작 〈율리시즈〉를 쓰기로 결심하고 작가로서 승부를 걸었다. 조이스는 새로운 환경에서 좋은 글을 쓰고 싶었다. 마침 절친 에즈라 파운드가 파리로 오라고 집요하게 설득하던 중이었다.

미국의 전위적인 문예지 〈리틀 리뷰〉에 연재 중이던 소설은 심각한 문제에 부딪힌다. 보수 인사들이 외설적인 장면을 문제 삼아 편집자들을 고발한 것이다. 당시 미국에서 외설물 출판은 벌금형과 징역형까지 받을 수 있는 중대 범죄였다. 결국 편집자들은 벌금형을 받았고 미국이나 영국 어느 출판사에서도 조이스의 원고를 받아주지 않았다. 파운드는 조이스의 새 소설을 시인이 보기에도 "기막히게 좋은 작품"이라고 극찬하며 조이스의 파리행을 독려했다. 마침내 조이스는 "〈율리시즈〉가 읽기에 적절하지 않다면, 인생은 살기에 적절하지 않"은 거라는 명언을 남기고 1920년 7월 9일 파리에 도착한다. 이제 파리에서 〈율리시즈〉 집필을 마무리하고 작품을 출간하는 길밖에는 없었다.

인연이 사람의 운명을 바꾼다. 조이스는 파운드의 소개로 〈셰익스피어 앤 컴퍼니〉라는 영미서적 전문서점을 운영하는 미국 여성 실비아 비치를 만난다. 이곳은 서점이자 출판사였으며, 문인들의 사랑방 구실도 했다. 조이스는 헤밍웨이처럼 여기서 많은 영미 작가들을 만났다. 책방 지기는 문인들의 우편물도 받아주고 형편이 어려운 작가들에게는 급전을 융통해주기도 했다. 기댈 곳이 없는 무명작가들은 운이 닿으면 작품 출간의 기회도 얻었다. 집필을 마쳤지만 출판사를 구하지 못한 조이스는 절망했고, 이 사실을 실비아 비치에게 털어놓는다. 실비아 비치는 그 순간을 이렇게 회상한다.

"그것은 그에게 심한 타격이었다. 나도 상처받은 그의 자존심을 느낄 수 있었다. 완전히 실망한 말투로 그는 말했다. "내 책은 이제 나오기 글렀어요."
영어권에서의 출판의 희망은 당분간은 완전히 사라졌다. 그리고 나의 조그만 책방에 앉아 제임스 조이스는 깊은 한숨을 쉬고 있었다. 어떻게 할 수 있지 않을까 하는 생각이 들어 나는 말했다. "'셰익스피어 앤드 캠퍼니'에게 〈율리시즈〉를 출판할 영광을 주시겠어요?"
그는 즉시 나의 제안을 받아들였다. 나는 그의 위대한 〈율리시즈〉를 이렇게 우스꽝스러운 조그만 서점에 맡기는 그가 무모하다고 생각했다. 그러나 그는 매우 기뻐하는 듯했고 나도 기뻤다. 우리는 둘 다 감동하여 헤어졌다."[120]

책의 내용만큼이나 원고도 난삽했다. 조이스 특유의 악필에 화살표와 괄호 표시가 많아 편집과 교정 작업이 난항을 겪었다. 특히 마지막 장에는 아무런 문장부호도 없었다. 마침내 1922년 2월 2일 제임스 조이스의 〈율리시즈〉가 파리에서 출간되었다. 실비아 비치는 조이스의 생일에 책을 출간해 생일선물로 바치겠노라고 약속한 터였다. 초판본은 한 달 만에 매진되었다.
헤밍웨이가 작가로 성장하고, 파운드가 영미의 재능 있는 작가들

---

120) 나영균, 〈제임스 조이스〉, 정우사, 1999, 157쪽.

셰익스피어 앤 컴퍼니(1951년~), 라 부쉐리 길
Rue de la Bûcherie

1928년 3월 오데옹 길 12번지 셰익스피어 앤 컴퍼니(1919~1941) 앞에서
실비아 비치를 비롯한 지인들과 찍은 사진

을 파리로 불러오고, 조이스가 〈율리시즈〉를 출간할 수 있었던 것은 파리에 뛰어난 '문화 중개자'들이 있었기 때문이다. 양차대전 사이 파리 문화계의 대모라 불린 거트루드 스타인, 〈셰익스피어 앤 컴퍼니〉의 책방지기 실비아 비치, 그 맞은편에 〈책을 사랑하는 친구들〉이라는 서점을 연 아드리엔 모니에가 그들이다.

거트루드 스타인(Gertrude Stein, 1874~1946)은 1903년 미국에서 파리로 건너와 그곳에서 생을 마쳤다. 파리 플뢰리스 길 27번지의 자택은 진정한 의미의 살롱이었다. 국적과 신분을 막론하고 다양한 사람들이 드나들었으며, "모두가 누군가를 데리고 왔다."[121] 그녀의 살롱은 작은 미술관이기도 했다. 스타인의 특유의 안목으로 동시대 파리의 미술작품을 벽에 걸어두었다. 피카소와 세잔, 마티스와 고갱의 그림을 보러 한밤중에도 손님이 찾아왔고, 스타인은 아무 말 없이 문을 열어주었다. 특히 전시회에 출품한 적이 없는 피카소가 대단한 화가인지는 오직 거트루드 스타인 여사의 아틀리에에서만 확인할 수 있었다.

그녀가 주재한 살롱은 〈셰익스피어 앤 컴퍼니〉를 능가하는 문화 살롱이었다. 토요일마다 열린 만찬에는 내놓으라는 예술가와 작가들이 참여했다. 화가들 이외에도 헤밍웨이나 아폴리네르, 장 콕토 같은 작가들이 있었다. 자그마한 체구의 미국 여성 스타인은 양차대전 사이 파리로 온 외국의 예술가들과 프랑스 작가들을 서로 연결하는 '연대의 구심점' 역할을 했다. 그녀와 대화를 나눈 적이 있는 사람이라면 누구든 대화의 유익함과 즐거움을 인정했다. 스타인의 살롱은 단지 예술가들의 교류의 장에 그치지 않았다. 예술가들은 유익한 충고와

---

121) 거트루드 스타인, 권경희 옮김, 〈앨리스 B. 토클라스 자서전〉, 연암서가, 2016, 203쪽.

비평을 주고받으며 자극과 영감을 얻었다. 때로는 불협화음이 일기도 했다. 피카소와 마티스 사이의 시기와 질투, 그리고 추종자들 사이의 알력은 대단했다.

이 모든 일화는 회고록 〈앨리스 B. 토클라스의 자서전〉(1933년)에 상세히 소개되어 있다. 그런데 왜 거트루드 스타인의 자서전이 아니라 토클라스의 자서전일까? 토클라스는 성소수자였던 스타인의 평생 동반자였다. 스타인은 자신의 삶을 토클라스의 시점에서 서술하면서 가능한 한 외부자의 관점에서 바라보고자 했다. 스타인은 파리에서 〈3인의 여성〉(1908년)과 〈미국인의 형성〉(1925년)과 같은 실험적인 작품들을 발표하며 작가로도 활동했다. 스타인은 이방인의 입장을 만끽하며 프랑스어가 지배적인 언어 환경에서 자신만의 실험적 글쓰기에 매진했다.

1915년 오데옹 길 7번지에 〈책을 사랑하는 친구들의 집〉(La Maison des Amis des Livres)이라는 서점이 문을 연다. 아드리엔 모니에(Adrienne Monnier, 1892~1955)가 그 장본인이다. 1919년에는 맞은편 12번지에 〈셰익스피어 앤 컴퍼니〉가 문을 연다. 서로 마주보는 두 서점은 책을 판매하고 대여하는 서점 겸 작은 도서관이었다. 영어 서적을 전문적으로 취급하는 실비아의 서점에는 당시 파리에 머물던 영미 문인들이 주요 고객들이었다. 특히 주머니 사정이 좋지 않았던 문인들에게 일정액으로 책을 빌려볼 수 있는 서비스는 큰 도움이 되었다. 그 당시 파리에는 영어 서적이 드물었을 뿐만 아니라 영미문학 연구나 교육도 미진한 상황이었다. 두 서점에서 정기적으로 열린 문학 강연과 낭독회는 파리의 문학 애호가들에게 큰 반향을 불러일으켰다.

문화가 꽃피우기 위해서는 창작자들을 서로 연결해 시너지 효과를 내는 '문화 중개자'의 노력이 필요하다. 실비아 비치의 헌신적인 노력으로 출간된 〈율리시즈〉는 아드리엔 모니에 덕분에 더욱 빛을 발했다. 프랑스어 번역본을 출간하기로 결정한 모니에는 7년 동안 번역과 교정에 매달린 끝에 1929년 〈율리시즈〉의 프랑스어 번역본을 출간한다. 이는 조이스에 바치는 헌사이자 영원한 동지 실비아 비치에 건넨 애정의 표현이기도 했다. 실비아 비치와 아드리엔 모니에는 조이스를 도와 그의 문학이 빛을 볼 수 있도록 힘을 아끼지 않은 뛰어난 조력자들이다. "첫 줄에 있지도, 마지막 줄이 있지도 않지만, 두 번째 줄에 있"던 조력자들은 실은 1920년대 파리를 문화예술의 메카로 만든 숨은 실력자들이었다.[122]

5. 파리의 흑인 문화와 재즈 시대의 개막

미국의 흑인 인권운동가 윌리엄 두 보이스(1868~1963)는 1900년 런던에서 열린 한 세미나에서 "20세기의 문제는 흑인 차별의 문제가 될 것"이라고 단언했다. 단지 미국의 인종 차별뿐만 아니라 전 세계 흑인 차별이 20세기의 중요한 화두로 던져질 것임을 예견했다. 19세기 후반부터 "프랑스에는 인종차별이 없다"는 소문을 접한 미국의 흑인들이 프랑스 땅을 밟는다. 프랑스는 자유는 물론이고 '평등'의 원칙을 소중히 여겨 일찍부터 노예제도를 없앤 나라다!

반면에 미국의 사정은 갈수록 악화일로를 걸었다. 1865년 꿈에 그리던 노예 해방이 이루어졌지만 흑인과 백인의 분리정책과 흑인 차별

---

122) Laure Murat, *Passage de l'Odéon: Sylvia Beach, Adrienne Monnier et la vie littéraire à Paris dans l'entre-deux-guerres*, Fayard, 2002, p. 11.

생루이 다리, 재즈 밴드
Pont Saint-Louis

은 갈수록 심해졌다. 1876년에 이른바 '짐 크로 법'(Jim Croew laws)이 공표된 이후로 흑인은 백인과 같은 공간에서 식사를 할 수 없었으며, 교회나 학교, 심지어는 화장실과 묘지에 이르기까지 흑인은 백인과 철저하게 분리되었다. 공공장소에는 '개와 흑인 출입금지' 팻말이 나붙었다. 짐 크로 법은 20세기 중반까지 존속되다가 1965년에야 법적 효력을 상실한다. 반면에 평등의 나라 프랑스에서는 일찍이 "흑인 교회와 백인 교회, 흑인 학교와 백인 학교, 흑인 묘지와 백인 묘지를 구별하지 않"았다.[123]

일차대전 이후에 미국 남부의 흑인들이 가장 많이 이주한 도시는 어디일까? 아마도 뉴욕이나 시카고 같은 미국의 대도시를 떠올릴 것이다. 하지만 정답은 프랑스 파리다. 내친 김에 하나만 더 묻자. 무려 20만 명이 넘는 미국의 흑인 병사들이 일차대전에 참전했다는 사실을 아시는지? 그렇게 많은 흑인들이 목숨을 걸고 참전한 까닭은 자유와 민주주의를 수호하기 위해서가 아니라, 조국을 위해 싸운 공로로 인종차별의 현실이 조금이나마 개선되리라는 희망 때문이었다. 하지만 인종차별은 전장도 예외가 아니었다. 백인 병사들은 흑인 병사들과 같은 부대에 배속되기를 거부했고 흑인들의 전투력을 폄하한 군 지휘부는 그들 대부분을 비전투요원으로 배치했다. 흑인 병사들은 참호를 파거나 전사자를 땅에 묻는 중노동에 종사했다. 게다가 그들은 '미국 흑인 병사(black american soldier)'가 아니라 '니그로 병사(negro soldier)'로 비하되었다. 전쟁이 끝나자 희망을 잃은 많은 참전용사들이 프랑스에 남았다.

미국의 흑인들은 미국에서 온 백인들을 제외하면 평범한 파리지앵들과 교류하며 평온한 삶을 즐겼다. 일상을 구속하는 규제나 차별은

---

123) 에드먼드 화이트, 강주헌 옮김, 〈게으른 산책자〉, 효형출판, 2004, 91쪽.

존재하지 않았다. 흑인 남성들은 주위 시선에 구애받지 않고 파리 여성들과 당당하게 교제할 수 있었다. 미국에서라면 당장 잡혀가거나 심한 처벌을 받았을 것이다. 원하면 대학에 진학할 수도 있고, 능력에 맞는 직업을 선택할 수 있었다. 파리에서 누리는 일상의 자유가 그들에겐 몹시 소중했다. 파리에 거주하는 흑인이 늘어나고 흑인 커뮤니티가 형성되면서 새로운 문화의 흐름이 생겨난다. [124]

우선 파리에 남은 흑인 병사들을 통해 재즈가 보급되기 시작한다. 조지아 주 콜럼버스에서 10남매의 일곱째로 태어난 유진 벌라드(Eugene Bullard, 1895~1961)가 대표적이다. 그는 최초의 흑인 비행기 조종사로 맹활약한 공로로 프랑스 정부에서 무공훈장까지 받은 참전 용사였다. 일차대전이 끝나고 파리에 남은 그는 자신의 연주 실력을 살려 몽마르트에 있는 나이트클럽 〈젤리스〉(Zeli's)에서 드럼 연주자로 일하다가 〈르 그랑 뒥〉(Le Grand Duc)이라는 클럽을 운영한다. 당시 몽마르트는 흑인 음악과 재즈의 본거지였다. 벌라드는 미국에서 온 흑인 가수들과 재즈 뮤지션들을 무대에 세우면서 1920년대 파리의 재즈문화를 이끈다. 조세핀 베이커, 루이 암스트롱 같은 뮤지션들이 이 클럽에서 공연하며 이름을 알렸다. 1920년대 파리 문화계의 키워드는 재즈와 색소폰이라고 말할 정도로 재즈는 파리에서 활짝 꽃을 피운다. 미국의 재능 있는 뮤지션들이 대서양을 건너와 '재즈의 시대'를 열었다.

파리의 미국 흑인들이 대중문화에서만 재능을 발휘한 것은 아니었다. 미국의 흑인 작가와 지식인들이 파리에서 제 2의 '할렘 르네상스'를 주도하며 전 세계 흑인들의 연대와 흑인 문화에 대한 제고를 촉구

---

124) JD Harris, *Blacks in Paris: African American Culture in Europe*, Focus Readers, 2019 참조

했다. 일차대전 이후 파리는 전 세계 흑인들의 교류와 연대에 최적화된 도시로 떠오른다. 이른바 '흑인 국제주의'(black internationalism)가 파리를 무대로 태동한다. 할렘 르네상스의 대부이자 '뉴 네그로 운동'(new negro movement)의 선구자인 알랭 로크(Alain Locke, 1885~1954), 할렘 르네상스의 1세대 시인인 랭스턴 휴즈(Langston Huges, 1902~1964), 마르티니크 출신 최초의 공쿠르상 수상작가인 르네 마랑(René Maran, 1877~1960), 세네갈의 흑인운동가 티에모코 자란 쿠야테(Tiemoke Garan Kyouyaté, 1902~1942) 등이 1920~30년대 파리에서 활동한 흑인 작가와 지식인들이다.[125]

전후 초현실주의자들도 백인 중심의 서양문화를 해체할 수 있는 가능성을 흑인 예술에서 찾았다. 초현실주의 그룹의 리더인 앙드레 브르통은 아프리카 원시예술에 매료되었으며, 피카소는 아프리카 조각을 보고 "비로소 회화의 진정한 의미를 깨달았다."고 고백했다. 훗날 세네갈의 시인 생고르와 마르티니크 출신의 문인 에메 세제르가 주도하는 '네그리튀드'(négritude) 운동이 파리 한복판에서 싹트고 있었다. '길 잃은 세대'의 미국(백)인들이 파리에서 방황하고 있을 때, 흑인들은 대립과 갈등으로 치닫는 서구문화의 비판적 대안을 마련하고 차별받는 흑인들의 '정체성'을 확립하고자 했다. 백인들의 경멸적인 시선에 비친 '네그로'가 아니라 흑인이 바라본 '흑인다움'을 뜻하는 '네그리튀드'를 찾고자 했다.

이제 1920년대 파리의 '재즈의 시대'로 되돌아가자. 파리에 재즈를 울려 퍼지게 한 몇 사람이 남아 있다. 1917년 파리로 건너가 재즈 작곡가로 활동한 콜 포터(1891~1964), 그와 함께 재즈 클럽 〈셰 브릭탑〉

---

125) Brent Hayes Edwards, *The practice of diaspora: literature, translation, and the rise of Black internationalism*, Harvard University Press, 2003.

조세핀 베이커
시드니 베쳇

〈Chez Bricktop〉을 열어 몽마르트를 파리 재즈의 성소로 만든 에이다 루이즈 스미스(1894~1984), 그리고 시드니 베쳇(1897~1959)도 그 중 한 명이다. 재즈에 즉흥 연주를 가미해 스윙 재즈 붐을 일으켰던 베쳇은 클라리넷 연주자로 인기를 끌었는데 트럼펫 연주자였던 루이 암스트롱과 쌍벽을 이뤘다. 그의 대표곡인 〈La Petite Fleur〉는 프랑스 전통 가요를 재즈로 재해석한 노래로 엄청난 인기를 끌었다. 샹송의 분위기를 짙게 풍기는 이 연주곡을 듣고 있노라면 낙엽이 떨어진 파리의 거리를 쓸쓸하게 걷는 여행자의 향수가 느껴진다. 그밖에도 음악적 순발력이 돋보이는 〈Rosetta〉나 거쉬인의 오페라 〈포기와 베스〉(1935년)에 등장한 유명한 곡인 〈섬머 타임〉을 빼놓을 수 없다. 영화를 좋아하는 이라면 피츠제랄드의 원작소설을 영화화한 〈벤자민 버튼의 시간은 거꾸로 간다〉(2009년)에 나오는 〈Out of nowhere〉가 그의 작품이라는 것도 잊지 말자.

  무엇보다도 재즈의 시대가 배출한 최고의 스타는 조세핀 베이커(Josephine Baker, 1906~1975)였다. 미주리 주의 빈민가에서 태어난 그녀는 8살 때 학교를 떠나 백인여성 집에서 하녀로 일한다. "손을 씻으며 비누를 너무 많이 쓴다는 이유로 그녀의 두 손을 끓는 물속에 강제로 밀어 넣었던 고약한 주인"의 횡포를 견디다 못해 1919년 뉴욕으로 와서 극단 의상보조로 일을 시작한다.[126] 거기서 뮤지컬 대본을 교재 삼아 춤과 노래를 독학한 그녀는 브로드웨이 댄서로 진출하지만 크게 주목받지 못한다.

  조세핀 베이커는 1925년 파리로 오면서 인생의 전기를 맞는다. 파리에 일던 재즈 열기에 기름을 부은 격이었다. 특히 조세핀 베이커는

---

126) 에드먼드 화이트, 〈게으른 산책자〉, 102쪽.

'야생적'이고 '길들여지지 않은' 춤을 선보이면서 일약 스타가 된다. 원시적인 리듬에 맞추어 코믹하면서도 열정적인 모습으로 온몸을 흔들어대는 그녀의 춤은 폭발적인 반응을 불러일으켰다. 그녀의 춤이 "폭탄처럼 파리를 강타했다."는 말은 결코 과언이 아니다.[127] 샹젤리제 극장이나 카지노 드 파리 같은 공연장은 일명 '바나나 댄스'라고 불렸던 그녀의 춤과 노래를 감상하려는 관객들로 미어졌다. 찬사도 쏟아졌다. "모두를 사로잡는 미소를 가진 여인"(피카소), "세상에서 가장 아름다운 여인"(헤밍웨이). 그녀는 "프랑스에 와서야 나는 비로소 인간이 되었다."며 파리에 대한 사랑을 표현했고, 파리지앵은 그녀를 '검은 진주'나 '검은 비너스'로 부르며 아낌없는 애정을 베풀었다.

그녀가 프랑스어로 부른 명곡 〈내겐 두 연인이 있어요〉(J'ai deux amours)를 들어보자. "내게는 두 연인이 있어요. 내 조국과 파리, 파리는 늘 내 아름다운 꿈이지요." 이렇게 시작되는 노래를 듣노라면 그녀가 정신적 조국 파리를 얼마나 사랑했는지 느낄 수 있다. 이차대전에는 레지스탕스 운동에 참여했고 인종차별 철폐에도 앞장선 그녀의 공로를 높이 산 프랑스 정부는 2021년 8월 흑인여성으로서는 최초로 파리 팡테옹에 안장하기로 결정했다. 기존에 팡테옹에 안장된 여성은 과학자 마리 퀴리를 위시해 전부 5명에 불과하며, 모두 백인이다.

1933년 루이 암스트롱(1901~1971)이 파리 순회공연을 시작하고, 듀크 엘링턴(1899~1974)이 1937년 물랭 루즈에서 역사적인 공연을 선보이면서 파리의 재즈 열기는 최고조에 달한다. 하지만 이차대전이 일어나면서 '재즈의 시대'는 쓸쓸하게 막을 내린다. 재즈를 미국 음악

---

127) 메리 매콜리프, 최애리 옮김, 〈파리는 언제나 축제, 1918~1929〉, 현암사, 2020, 271쪽.

으로 생각한 히틀러는 재즈 음악을 금지시켰고, 미국의 재즈 뮤지션들은 탄압을 피해 파리를 떠났다. 프랑스 국적을 취득한 조세핀 베이커는 자신의 노래에 암호를 넣는 방식으로 레지스탕스 운동에 참여한다. 〈르 그랑 되〉을 운영하던 유진 벌라드는 이차대전이 발발하자 다시 참전했다. 이번에는 전투비행사가 아니라, 독일어를 잘 한다는 이유로 독일에 첩자로 보내졌다.

하지만 파리의 흑인문화가 완전히 사라진 건 아니다. 이차대전이 끝나고 실존주의의 시대가 열리면서 재즈와 흑인문화가 되살아난다. 미국의 대중문화에 정통한 소설가 보리스 비앙(Boris Vian, 1920~1959)은 재즈 밴드를 구성해 생제르맹의 클럽에서 트럼펫 연주자로 활동했다. 심장질환으로 연주를 포기한 이후에는 재즈 평론을 발표하며 재즈에 대한 애정을 이어갔다. 대표작인 〈세월의 거품〉(1947년)의 주인공 콜랭도 재즈에 심취한 청년이다. 그가 숭배하는 듀크 엘링턴의 곡 〈클로에〉는 작품의 중요한 모티브로 작용한다. 여주인공의 이름도 '클로에'일 정도다. 이 작품의 주제는 "삶은 곧 재즈다."란 문장으로 요약된다. 재즈가 사전에 규정된 악보 없이 즉흥적인 리듬에 따라 변주되듯이, 삶도 선험적인 법칙이나 규율을 따르지 않고, 주체의 의지와 선택에 의해 결정된다. 그러니까 "삶은 재즈이고, 재즈는 실존적이다."

실존주의자들은 재주 연주에 관심이 많았고, 대표적인 철학자 사르트르는 재즈 피아니스트를 꿈꾸기도 했다. 한 철학자는 그의 피아노 연주를 이렇게 평한다. "사르트르는 악보를 주의 깊게 읽지 않는다. 음표 하나하나 공들여 치지도 않는다. 음표들을 은근슬쩍 건너뛰기도 하고, 뻣뻣한 자세로 수줍은 듯이 연주한다. 아니 연주하지 않음으로써 연주한다는 표현이 맞을 것이다."[128] 실존주의와 재즈는 이렇게 만난다.

  할렘 르네상스 이래로 끊어졌던 미국 흑인 작가들의 발걸음도 이어졌다. 가장 유명한 작가가 바로 〈미국의 아들〉(Native Son, 1940년)로 유명한 소설가 리차드 라이트(1908~1960)였다. 1946년 파리에 도착한 그는 사르트르와 시몬 드 보부아르의 도움으로 파리 지성계에 소개되면서 흑인 문학에 대한 관심을 제고하는데 큰 역할을 한다. 흑인이 처한 비참한 현실과 의식의 각성을 촉구한 강연을 묶어 〈들어라! 백인들아〉(White Men, Listen!, 1957년)를 출간했다. 리차드 라이트의 뒤를 이어 제임스 볼드윈(1924~1987)이 파리로 온다. 볼드윈은 흑인에다가 동성애자였다. 미국에서 이중의 차별에 회의를 느낀 그는 유럽 각지를 떠돌다가 1948년 파리에 정착한다. 흑인 동성애자의 고뇌를 그린 〈조반니의 방(房)〉 같은 작품들로 유럽의 독자들에게 깊은 인상을 심어준 그는 1987년 프랑스 남동부 코트다쥐르의 유서 깊은 중세 마을 생폴드방스에서 생을 마친다.

---

128) 프랑수와 누벨만, 이미연 옮김, 〈건반 위의 철학자: 사르트르, 니체, 바르트〉, 시간의 흐름, 2018, 10쪽.

5장

파리, 다인종과 다문화의 도시

1. 프랑스는 이민자의 나라인가?

루브르와 오르세, 샹젤리제와 에펠탑만이 파리의 전부는 아니다. '우리가 몰랐던' 파리가 도시 곳곳에 숨어 있다. 파리 12구에 위치한 〈국립 이주사 박물관〉(Musée national de l'histoire de l'immigration)도 파리의 '숨은 진주' 가운데 하나다. "이주의 역사에 바쳐진 프랑스 최초이자 유럽 최초의 국립박물관"은 니콜라 사르코지가 제 23대 프랑스 대통령으로 취임한 2007년도에 개관했다.[129] 정작 개관식에 행사의 주빈인 대통령은 참석하지 않았다. 무슨 불가피한 사정이라도 있었던 것일까? 이민자의 아들인 사르코지는 반(反)이민 정책을 강하게 밀어붙인 것으로 유명하다. 불법 이민은 차단되었고, 이민자들의 범법 행위는 한 치도 용납할 수 없었다. 그런 사르코지로서는 "이민

---

129) 통합유럽연구회, 〈박물관과 미술관에서 보는 유럽사〉, 책과함께, 2018, 304쪽.

데놔에 길, 벨빌 지구 Rue Dénoyez, Belleville
로지에 길, 유대인 지역 Rue des Rosiers

자들의 역사가 곧 프랑스의 역사"라는 박물관의 설립 취지에 동의할 수 없었고, 개관식 불참으로 불편한 심경을 드러냈다.

프랑스는 미국처럼 이민자의 나라인가? 〈국립 이주사 박물관〉은 프랑스는 이민자의 나라이며, 프랑스의 역사에는 식민주의와 제국주의의 그림자가 짙게 드리워져 있다는 불편한 진실을 관람객들에게 선사한다. 19세기부터 두 세기에 걸쳐 본격화된 프랑스로의 이주의 역사는 '환영의 땅, 적대적 프랑스'란 문구로 요약된다. 이민자에 대한 환대와 적대, 이민자를 프랑스 국민으로 통합하려는 노력과 프랑스 사회에서 추방해야 할 이방인으로 보는 편견이 시계추처럼 왕복하며 프랑스 근대사를 움직였다.

파리는 뉴욕 못지않게 다양한 인종이 모여 사는 도시이다. 성공을 꿈꾸는 예술가, 일자리를 찾는 북아프리카의 노동자, 정치적 박해를 피해 조국을 떠나온 망명객들이 19세기의 수도 파리로 몰려들었다. 파리는 국적과 인종이 다양한 이방인들을 품었다. 그 결과 파리 곳곳에는 다인종과 다문화의 자취가 새겨져 있다. 지하철 2호선과 6호선이 지나가는 바르베스 로슈슈아르 역(Barbès-Rochechouart)에 내리면 마치 아프리카로 착각할 정도로 아프리카인들과 아프리카 음식점 및 상점들이 곳곳에 눈에 띈다. 졸라의 소설 〈목로주점〉의 주인공 랑티에와 제르베즈가 일자리를 구하러 파리로 올라와 자리 잡은 곳도 바로 이 동네였다. 예나 지금이나 이 지역엔 지방이나 외국에서 온 노동자들이 많이 거주하고 있다.

인근에 위치한 '벨빌'(Belleville) 지구도 이민자들이 모여 사는 동네로 유명하다. 노동자들과 이민자들이 모여 사는 파리의 가난한 동네인 이곳은 파리코뮌 당시 격렬한 시가전이 벌어진 현장이기도 하다. 아프리카 및 아랍 출신 이민자들이 모여 사는 파리 북동부 지역은 파

1999년 제정된
프랑스 정부의 공식 상징 디자인
(마리안느와 자유, 평등, 박애)
대통령이 이끄는 행정부 소속 기관들만 사용한다.

'자유, 평등, 박애' 문구가 새겨진
프랑스 공공건물 입구

마리안느 복장으로 헌법을 든 시위대
Manif pour tous, 2013

리 중심부나 서남부 지역과는 판이한 분위기를 연출한다. 이밖에도 파리 13구의 차이나타운, 파리 10구 북역과 동역 사이의 스리랑카 타밀족 거리, 마레 지구의 유대인 거리 등이 유명하다. 박물관은 이민자들의 출신 지역의 역사와 문화를 이해하는데 큰 도움을 준다. 파리의 아랍 문화의 본산인 〈아랍세계연구소〉(Institut de monde arabe)나 파리의 모스크, 오세아니아, 아프리카 박물관으로 불리는 〈케브랑리 박물관〉, 아시아의 문화유산을 모아놓은 〈기메 박물관〉은 '파리 안의 세계'를 보여주는 대표적인 문화공간이다.

2. 프랑스인과 외국인

"프랑스를 프랑스인들에게!"(La France aux Français!) 최근 프랑스 극우파 시위에 자주 등장하는 슬로건이다. 프랑스에는 '순수한' 프랑스인들만 살고, 그렇지 않는 사람들은 프랑스 밖으로 내쫓아야 한다! 3대만 거슬러 올라가도 반 이상의 프랑스인은 이민자 출신이라는데 '순수한' 프랑스인이 존재할까? 순수 혈통 신화는 대통령까지 나서야 할 정도로 프랑스 사회 전반에 퍼져 있다. 프랑스와 미테랑 대통령은 1987년 소르본 대학에서 열린 '프랑스와 문화의 다원성'이라는 주제의 강연에서 프랑스 사회의 '다원적' 성격을 강조하며 순수 혈통주의를 경계한다.

> "우리 조상은 갈리아인이고, 조금은 로마인이고, 조금은 게르만인이고, 조금은 유대인이고, 조금은 이탈리아인이고, 조금은 스페인인이고, 아마도 점점 포르투갈인이 되어갑니다. 누가 알까요?

폴란드인이 되어가는지? 그리고 나는 이미 우리는 조금은 아랍인이 아닌지 자문합니다."[130]

현실은 미테랑 대통령의 희망과는 정반대로 흘러갔다. 극우정당은 프랑스의 정치와 사회를 좌지우지할 정도로 급성장했으며, 이민자 문제가 프랑스 사회의 뜨거운 쟁점이 된 지 오래다. 사실 프랑스 사회의 '외국인 혐오증'은 뿌리가 깊다.

① "우리 영토 위에 살고 있는 모든 외국인들은, 설령 우리를 사랑한다고 생각하는 사람이라 해도, 그가 누리지도 이해하지도 못하는 우리의 전통, 영원한 프랑스를 증오하기 마련이다."[131]

② "300만 명에 달하는 외국인들이 프랑스에 거주하는 것이 이 나라의 사회생활과 도덕에 영향을 미치지 않았다고 말할 수는 없을 것이다. 온건한 프랑스 노동 귀족—이들은 물질적으로 만족하기 때문에 더욱더 보수적이다—은 이 나라에 아무런 애착도 없는 낮은 지위의 외국 노동자 대중과 직면하고 있다. 외국인 노동자들은 무지로 인해 사회 발전을 저해해왔으나 동시에 혼란의 시기에는 사회변화를 촉진할 가능성도 있다. 그 가운데 많은 이들이 뿌리가 없고 사회에 제대로 적응하지 못한 자들이다. 외국인 이민자 무리가 프랑스 범죄율을 1/3이나 높이고 도덕과 질서의 혼란을 초래하는 데 일조했음은 부인할 수 없다."[132]

---

130) 김미성, 〈프랑스 이민자 문학〉, 한국문화사, 2020, 6쪽에서 재인용.
131) 피에르 노라, 〈기억의 장소〉 3권, 271쪽에서 재인용.
132) G. Mauco, *Les Etrangers en France, leur rôle dans la vie économique*, A. Colin, 1932, p. 558. 조르주 뒤비 외 〈사생활의 역사〉 5권, 699쪽에서 재인용

각각 20세기 초반 프랑스의 이민 문제를 바라보는 작가 모리스 바레스와 사회학자 조르주 모코의 의견이다. 대표적인 극우 작가와 인구학자 모두 외국인은 프랑스 사회에서 추방되어야 할 암적 존재라는 점에 동의한다. 외국인들은 프랑스에 아무런 애정도 없이 살아가며 사회적 혼란만을 초래하는 골칫덩어리일 뿐이다. 가능하면 외국인들이 프랑스에 오지 못하도록 막고, 이민을 최소화해야 한다. 이민자는 그저 프랑스에 동화되지 못한 이방인일 따름이다.

프랑스 사회를 뜨겁게 달군 '이민자 문제'의 역사는 19세기로 거슬러 올라간다. 19세기 후반 급속한 산업화와 근대화로 부족해진 노동력을 외국인 노동자들이 채우기 시작하며 이민자 비율이 서서히 높아진다. 일차대전이 초래한 막대한 인명손실도 이주와 이민을 촉진했다. 게다가 정치적 박해를 피해 톨레랑스의 나라 프랑스로 망명을 온 외국인들이 점점 늘어난다. 오스만 제국 말기에 150만 명 이상이 학살된 아르메니아나 사회주의로의 급격한 체제 변화를 겪은 러시아에서 프랑스로의 대규모 디아스포라가 일어난다. 1931년에는 전체 인구에서 외국인이 차지하는 비율이 7%(약 280만 명)에 육박할 정도로 이민자와 외국인이 차지하는 비중이 커진다. 프랑스 정부는 프랑스의 역사와 문화를 교육시키고, 공화국의 가치를 내면화하도록 유도하면서 이민자 통합에 신경 썼고, 대부분 유럽 대륙에서 온 이민자들은 '문화적인 차이'로 인한 갈등을 겪지 않았다.

문제는 알제리가 식민지에서 독립한 1960년대 이후에 생겨난다. 알제리, 모로코, 튀니지 출신의 북아프리카 이민자들이 급증하면서 '제2차 이주의 물결'이 프랑스를 덮친다. 이른바 '마그레브'(Magreb) 지역 출신 이민자들은 그들만의 종교와 문화를 고집하면서 프랑스 사회로의 동화와 통합의 노력을 게을리했다. 유럽의 문화적 전통에 무지할 뿐더러 프랑스 역사의 위대한 순간들을 공유한 적이 없는 마그레브 이민자들은 '문화적인 차이'를 이유로 프랑스 사회로의 통합에 저항했다.

3. 프랑스의 '공화주의적' 통합 모델

1886년 통계에 따르면 파리 거주자 가운데 36%가 파리 출생이고, 56%는 지방 출신이며, 8%만 외국인이었다. 백 여 년이 지난 1999년에 이르면 파리에서 출생한 인구의 비율은 31%, 지방 출신은 32%인 반면 외국인의 비율은 23%로 높아졌다. 또 다른 통계는 "1999년부터 2008년까지 이주민의 수는 22% 정도 늘어났다."고 보고한다.[133] 이렇게 파리의 외국인의 수가 폭발적으로 늘어난 데에는 프랑스의 국적 취득이 이웃 나라에 비해 수월했기 때문이다. 속인주의를 국적 취득의 원칙으로 규정한 나폴레옹 법전과는 달리 프랑스는 1889년 이래 속지주의를 채택하고 있다. 프랑스에서 태어난 외국인의 자녀는 원칙적으로 프랑스 국적을 취득할 수 있는 권리를 가진다.

국민 명칭에 출신 인종을 병기하는 국가가 있다. 바로 미국이 그러하다. 이탈리아계 미국인이나 중국계 미국인이라는 표현이 일상화된 미국과는 달리 프랑스에서는 포르투갈계 프랑스인, 폴란드계 프랑스인이라는 표현을 쓰지 않는다. 출신 인종보다는 공화국 시민을 우선시하기 때문이다. 각 개인은 인종에 상관없이 공화국의 가치를 수용하기만 하면 프랑스 공화국의 시민으로 인정받는다. 공화국이 표방

---

133) 이상 엄한진, 〈프랑스의 이민문제〉, 서강대 출판부, 2017, 42쪽 및 Michel Pinçon 외, *Sociologie de Paris* 참조.

하는 가치란 잘 알려진 대로 자유, 평등, 박애의 정신, 정치와 종교의 엄격한 분리를 뜻하는 '세속주의'(laïcisme) 그리고 민주주의의 원칙을 의미한다. 프랑스는 공화국의 가치에 입각한 사회 통합을 지향한다는 의미에서 '공화주의적' 통합 모델을 따르는 국가다.

프랑스의 사회 통합 정신은 공화국 헌법에 명시되어 있다. 1793년에 공표된 헌법 제1조는 "프랑스는 하나이며 나눌 수 없다."는 문장으로 시작한다. 그 후로 몇 차례의 수정을 거쳐 "프랑스는 나눌 수 없고 종교에 의해 통치되지 않으며 민주사회 공화국이다."라는 조항으로 다듬어진다. 사실 대혁명 이후 프랑스 사회의 일관된 원칙은 자유, 평등, 박애의 가치라기보다는 "나눌 수 없는 하나의 공화국"의 정신이다. 헌법 정신에 따르면 프랑스는 차이와 다원성을 존중하는 '다문화주의적' 모델과는 거리가 멀다. 이민자들이 세운 국가 미국은 인종 간의 차이와 문화적 다원성을 바탕으로 '미합중국'이라는 전체를 구성한다. 반면에 프랑스는 '프랑스인'으로의 동화와 '나눌 수 없는 하나의' 공화국으로의 통합을 요구한다.

공화국의 시민이라면 그 누구도 자신의 인종이나 특히 종교적 정체성을 공공장소에서 드러낼 수 없다. 예를 들어 모스크에서 아랍어를 배우거나 코란 수업을 듣는 것은 허용되지만 학교나 관공서 같은 공공기관에서 종교적 색채가 짙은 복장을 해서는 안 된다. 북아프리카 출신의 무슬림들이 공화국의 '세속주의' 정책과 마찰을 일으킨다. 이른바 '히잡' 사건은 이를 잘 보여준다. 1989년 프랑스 우아즈 지방의 한 중학교에서 무슬림 여학생 세 명이 수업시간에 히잡을 벗으려 하지 않았다는 이유로 퇴학을 당한다. 히잡은 이슬람 여성들이 외출 시 목과 머리 부분을 가리기 위해 쓰는 일종의 스카프 같은 복장이다. 온몸에 두르는 차도르나 부르카보다는 덜 하지만 특정 종교의 색채가 분명하게 드러난다.

히잡 사건은 프랑스 사회에서 격렬한 찬반 논쟁을 불러일으킨다. 퇴학 조치는 이슬람교에 대한 차별과 억압이 아닌가? 프랑스 공화국에서는 종교의 자유가 허용되지 않는가? 하지만 프랑스는 이미 1905년도에 '국가와 교회의 분리에 관한 법'을 제정해 '세속주의'를 법제화했다. 프랑스에서는 종교에 대한 차별도 없지만 특혜도 존재하지 않는다. 결국 2004년 프랑스 정부는 "국공립학교에서 노골적인 종교적 표현, 즉 그것의 착용으로 그가 속한 종교를 식별할 수 있게 하는 상징물이나 의복의 착용을 금지"하는 법안을 신설하면서 논쟁은 공화주의와 세속주의의 승리로 막을 내린다.[134]

사태는 진정되었지만 문제는 해결되지 않았다. '공화주의적' 통합 모델이 심각한 도전에 직면했기 때문이다. 이슬람 이민자들은 '문화적인 차이'를 강조하며 프랑스의 사회 통합 모델을 수정하라고 목소리를 높였다. 모든 프랑스인들은 출신과 인종, 종교에 '상관없이' '평등'하다는 공화국의 '이념'과 출신과 인종, 종교에 '따라' 차별받는 '현실' 사이의 간극이 갈수록 벌어졌다. 대부분의 마그레브 출신 이민자들은 '방리유'(banlieu)라 불리는 파리 변두리 지역에 거주한다. 가난과 차별에 시달리며 미래에 대한 희망을 접은 방리유의 마그레브 청년들은 사회적 불만을 증오와 폭력으로 표현한다. 폴란드 이민자 출신인 마티유 카소비츠 감독은 영화 〈증오〉(1997년)에서 프랑스 사회에 깊이 뿌리박힌 인종차별과 '게토화'된 이슬람 이민자들의 실상을 실감나게 그렸다.

이제 '공화주의적' 모델은 수정되어야 할 때가 아닌가? '나눌 수 없

---

134) 엄한진, 〈프랑스의 이민문제〉, 73쪽.

는 하나의' 프랑스가 아니라 '다원적인' 프랑스로 가야하지 않을까? 사회 곳곳에서 이런 목소리가 들려온다. 종교와 관습이 판이한 이민자들을 공화국의 이념과 정신에 통합시키려는 비현실적 방식 대신에 미국 사회처럼 차이와 다원성을 존중하는 다문화주의는 어떨까? 다문화주의의 모델을 받아들인다면 종교와 문화의 차이를 어느 정도까지 인정해야 할까? 질문이 꼬리에 꼬리를 물며 이어진다. 대혁명 이후 프랑스가 견지해온 가장 근본적인 원칙이 흔들리며 프랑스 사회는 최대의 위기를 겪고 있다. 이민자의 문제는 이슬람의 문제와 결부되고 테러리즘의 준동으로 증폭되면서 아직도 '현재진행형'이다.

4. 프랑스의 국가적 일체감과 민족주의

프랑스에서 태어나거나 살고 있다고 해서 프랑스인이 되는 것은 아니다. 프랑스의 국가적 일체감과 프랑스인이라는 뚜렷한 자각을 느껴야만 프랑스 '국민'이라고 부를 수 있다. 한 개인이 국가와 민족에 속해 있다는 소속감과 정체성을 '민족주의'(nationalisme)라고 한다. 1798년 아카데미 프랑세즈 사전에 처음 등재된 이 단어에 학문적 깊이를 부여한 학자가 바로 콜레주 드 프랑스 교수인 에르네스트 르낭(Ernest Renan, 1823~1892)이다. 그는 1882년 소르본 대학에서 〈민족주의란 무엇인가?〉라는 역사에 남을 명강연을 한다. 르낭은 지리적 환경과 인종, 언어와 종교는 민족을 구성하는 필수 요건이 아니라고 주장한다. 특히 인종과 민족을 혼동하지 말 것을 역설하며 순수한 게르만 혈통을 고집한 독일 민족주의에 날선 비판을 제기한다.

대신 르낭은 민족을 하나의 '영혼'이자 '정신적 원리'로 바라보자고 제안한다. 르낭에 의하면 민족의 '영혼'은 두 가지 요소로 이루어진다. 하나는 "선조들에 대한 숭배"를 통한 역사적 기억의 공유이며, 다른 하나는 "공통의 삶을 계속하려는 명백히 표현된 욕구"이다. 민족주의란 과거의 정신적 유산을 이어받고, 미래를 함께 개척하고자 하는 공동체의 의지이자 약속이다. 르낭은 '매일매일 하는 투표'라는 비유를 통해 민족은 공동체 구성원들이 일상적 삶에서 보여주는 의지와 약속에 의해서만 구성된다는 점을 강조한다.[135] 민족의식은 공동체를 위한 희생과 헌신이 뒤따라야 맺어지는 결실이다. 바로 이런 이유로 르낭은 니스와 사부아 지방의 프랑스 편입을 반대했다. '민족' 공동체를 유지하려는 의지와 약속이 없는 상태에서, 단지 지리적으로 인접해 있고, 언어나 인종이 같다고 해서 프랑스 민족이 될 수는 없기 때문이다.

    과거의 정신적 유산을 공유하고, 공동체의 미래를 개척하는데 학교와 교육만큼 효율적인 제도도 없다. 보통선거와 혁명기념일 같은 국경일도 국민통합을 이루고 국가적 일체감을 조성하는데 큰 역할을 한다. 프랑스 국민이라면 누구든지 초등학교에서 프랑스의 언어와 역사를 배우고, 7월 14일 혁명 기념일 퍼레이드와 불꽃놀이를 구경하며 프랑스 국민임을 느끼며, 보통선거를 통해 국민의 신성한 권리를 행사한다.

    정신적 유산의 계승과 국민 통합의 과제는 학교 교육을 통해 가장 효율적으로 수행된다. 19세기는 '교육의 세기'이기도 했다. 초등교육의 전면적 시행으로 지긋지긋한 문맹에서 탈출했고, 공화국의 시민들을 체계적으로 길러낼 방편을 마련했다. 가톨릭교회와의 긴 연줄을

---

135) 르낭, 신행선 옮김, 〈민족이란 무엇인가?〉, 책세상, 2002, 80~84쪽.

끊으며 '세속화된' 프랑스의 교육은 공화국 시민으로서의 도덕과 의무, 비판적 이성의 활용, 애국심의 고취를 주요 목표로 삼았다. 특히 초등학교 교사(instituteur)는 공화주의의 전도사로 맹활약했다. 작가 에밀 졸라는 "프랑스의 미래는 초등학교 교사들이 어떻게 만들어 가는가에 달렸다."며 조국의 명운을 교사들에게 걸었다. 하지만 19세기 전반까지만 하더라도 초등학교 교사는 글을 깨우쳤거나 셈을 할 줄 아는 평범한 농부가 맡을 정도로 전문직으로 대접받지 못했으며, 대우도 형편없었다. 20세기 초반까지 약 15만 명의 교사들이 열악한 처우를 견디며 공화국의 전도사로서 사명감을 갖고 교육에 매진했다.

민족주의는 프랑스 사회의 갈등과 분열을 조장하는 원인이 되기도 했다. 특히 프랑스-프로이센 전쟁 패전 이후 독일에 대한 복수심에서 출발한 '감정적인' 민족주의가 준동하면서 극단적인 방향으로 치닫는다. 극우 성향의 작가 모리스 바레스는 프랑스 사회의 혼돈과 타락을 극복할 수 있는 원동력을 프랑스인들의 단결과 민족주의적 애착에서 찾고자 했다. 여기서 한 걸음 더 나아가 프랑스의 극우민족주의는 국가의 쇠락과 민족의 쇠퇴는 '유대인의 음모' 탓이라고 주장한다. 반유대주의를 표방한 민족주의가 1890년대부터 프랑스 전역에 기승을 부린다. "빈곤, 무정부주의, 도덕의 쇠퇴 등 문제가 무엇이든 간에 유대인들을 죄인으로" 모는 사회 분위기가 조성된다.[136] 프랑스 반유대동맹이 결성되는가 하면, 유대인이 프랑스에 끼친 폐해를 파헤친 책 〈유대인의 프랑스〉(La France juive, 1886년)가 베스트셀러가 되기도 했다.[137]

극우 성향의 민족주의는 민족을 국토나 조상의 혈통에 대한 감정

---

136) 메리 매콜리프, 〈벨 에포크, 아름다운 시대〉, 410쪽.
137) Emmanuel Fureix, *Le siècle des possibles*.

적인 애착으로 설명한다. 나폴레옹이나 잔다르크 같은 위인 숭배도 감정적 민족주의의 단골메뉴다. 19세기 후반부터 모리스 바레스를 위시한 극우 민족주의자들은 공화국 내부의 숨겨진 적인 유대인을 프랑스에서 몰아내는 것만이 국난을 타개할 유일한 해법임을 강조하며 반유대주의의 기치를 앞세운다. 이제 드레퓌스 사건이 몰고 온 프랑스 사회의 소용돌이 속으로 들어가보자.

5. 파리의 유대인과 반유대주의의 역사

파리에는 유대인 박물관이나 홀로코스트 기념관처럼 유대인 희생을 추모하는 장소나 기념물이 없다. 드레퓌스 사건은 10년 넘게 프랑스 전역을 들끓게 했지만 드레퓌스 대위의 동상은 도시 어디에도 찾을 수 없다. 이차대전 당시 파리의 유대인들도 엄청난 박해를 받았지만, 핍박의 흔적은 거의 남아 있지 않다. 1942년 7월 약 7만 명의 유대인이 파리 교외의 한 벨로드롬(실내 경륜장)에 집단 수용된다. 그들은 물과 음식은 물론 아무런 인간적인 대우도 받지 못한 열악한 상황에서 아우슈비츠로 이송될 날만 기다렸다. 자살자들이 속출했고 살아남은 사람들도 아우슈비츠에서 생을 마감했다. 끔찍했던 집단수용소는 다시 자전거 경주대회장으로 사용되다 철거되었고, 희생된 유대인들을 위한 추모비는 세워지지 않았다.

프랑스의 유대인 역사는 길다. 메로빙거 왕조 시대(482~750)부터 프랑스에 거주하기 시작한 유대인들은 중세에는 공동체를 이룰 정도로 성장했다. 그럴수록 유대인에 대한 반감도 커졌다. 유대인 탄압에 앞장선 성왕(聖王) 루이 9세(1214~1270)는 "유대인이 교리에 대해 시비를 걸면 논쟁하지 말고 바로 칼을 빼서 유대인 몸 깊숙이 찌르라"
는 지시를 내렸다.[138] 그의 손자 필립 4세(1268~1314)는 유대인은 프
랑스를 떠날 것을 명령하며 유대인의 재산을 압류했다. 동화와 차별,
통합과 추방이 반복되면서 프랑스 유대인의 역사는 숨 가쁘게 흘러
갔다.

대혁명 당시 4만 명에 불과했던 유대인들의 시민권은 인정되지 않
았다.[139] 인권선언이 강조한 평등한 시민의 범주에 '한 민족으로서'
유대인들은 포함되지 않았다. 그러다가 1791년 9월 몇 가지 단서를
달고 '개인으로서' 유대인에게 제한적인 시민권을 부여한다.

> "우리는 한 민족으로서의 유대인들에게는 모든 것을 거부해야
> 하고, 개인으로서의 유대인들에게는 모든 것을 허용해야 합니다.
> 그들은 국가 안에서 정치단체나 집단을 구성해서는 안 됩니다. 그
> 들은 개인적으로 시민들이어야만 합니다. (…) 만약 그들이 그렇
> 게 되기를 원치 않는다면, 그렇다고 말하게 하고 그들을 추방해야
> 할 것입니다."[140]

유대인의 민족 정체성을 버리고 대혁명의 이념과 공화국의 정신을
받아들인다면 유대인은 프랑스 '시민'의 권리를 누릴 것이다. 이후로
파리의 유대인 수는 점점 늘어나며 로스차일드 가문처럼 부와 영향력
을 자랑하는 유대인 가문도 생겨난다. 반유대주의의 분위기가 만연
한 가운데 유대인의 사회진출도 늘어난다. 군인이나 공무원뿐만 아니

---

138) 주경철, 〈도시여행자를 위한 파리 역사 가이드〉, 92쪽.
139) Colin Jones, *Paris, Biography of a city*, p. 421.
140) '프랑스인과 외국인', 피에르 노라, 〈기억의 장소〉 3권, 251-252쪽.

라 고등사범학교나 에콜 폴리테크니크 같은 최고명문학교에 입학한 수재들이 프랑스 사회의 상층부에 진입한다. 특히 프랑스 지성계에서의 활약이 두드러진다. 철학자 앙리 베르그송은 유대인으로는 처음으로 아카데미 프랑세즈 회원이 되었고, 사회학자 에밀 뒤르켐은 소르본 대학에 교편을 잡았다. 20세기 후반으로 가면 레이몽 아롱, 클로드 레비 스트로스, 엠마뉘엘 레비나스, 자크 데리다, 피에르 부르디외 같은 프랑스의 '대가급' 사상가들 다수가 유대인이다. 그들은 "유대인 성(姓)을 빼고는 유대인이라는 흔적을 찾아볼 수 없는 학자들의 이미지"를 대중에게 심어주었다.[141] 1936년 인민전선 내각의 수상으로 취임한 정치인 레옹 블룸(Léon Blum, 1872~1950)은 프랑스의 이념과 가치에 봉사하는 '세속화된 유대인'의 전형을 보여준다. 그의 말을 들어보자.

"나는 조국과 조국의 역사를 자랑스러워 하는 프랑스 사람이며, 누구보다 프랑스의 전통에서 많은 것을 얻은 프랑스 사람입니다. 내가 유대인이라고 해도 말이죠."[142]

유대인의 사회진출에 위협을 느낀 반유대진영은 1880년대부터 유대인 차별과 추방의 목소리를 높인다. 특히 이 시기에는 동유럽 유대인들이 박해를 피해 자유의 도시로 몰려들면서 파리의 유대인 공동체가 재편된다. 프랑스 사회에 동화된 유대인들은 유대인의 관습과 문화를 고수하려는 동유럽 유대인들과 거리를 두었다. 통계를 살펴보자. "1880년에서 1925년 사이 10만 명의 유대인이 프랑스로 들어왔으

---

141) 피에르 노라 외, 〈기억의 장소〉 4권, 185쪽.
142) 토니 주트, 김상우 옮김, 〈지식인의 책임〉, 오월의봄, 2012, 78쪽에서 재인용.

며, 그중 80%가 파리에 집중되었다. 1851년에 38만에 불과하던 이민자는 1901년에는 백만을 넘어서 총인구의 2.9%에 달하였고 파리 인구의 6.3%를 차지했다."[143] 19세기말 파리에는 유대인 이민자들과 반유대주의자들이 팽팽히 맞서고 있었다. 이 일촉즉발의 위기에서 세기말 파리를 뒤흔든 엄청난 사건이 일어난다.

드레퓌스 사건의 전말을 요약하자면 이렇다. 프랑스–프로이센 전쟁의 패배로 독일에 대한 국민감정이 악화되고 반유대주의가 기승을 부리던 시절 군사기밀이 파리 주재 독일대사관으로 유출된다. 그 범인으로 참모본부에 근무하던 유대계 포병 대위 알프레드 드레퓌스가 지목된다. 유출 문건의 암호명 'D'가 이름 첫 글자와 일치하며 필적이 유사하다는 이유로 억울한 누명을 썼다. 1894년 간첩 혐의로 군사재판에 넘겨진 드레퓌스는 종신형을 선고받는다. 동료들이 지켜보는 앞에서 계급장과 군인 표식을 박탈당한 드레퓌스는 프랑스령 기아나의 '악마의 섬'(훗날 영화 〈빠삐용〉의 무대가 된다)으로 유배를 당했다. 그 와중에 1896년 페르디낭 에스테라지 소령이 진범으로 밝혀졌지만 무죄로 석방된다. 드레퓌스 사건은 반유대주의를 앞세운 극우 언론과 가톨릭교회 그리고 사건을 은폐하려는 군부의 합작품이었다. 드레퓌스 대위는 유대인이라는 이유 때문에 사건의 진범으로 몰렸다.

작가 에밀 졸라가 극적인 전환점을 마련한다. 그는 1898년 1월 13일 〈여명〉(L'Aurore) 지에 〈나는 고발한다!〉(J'accuse!)라는 제목으로 대통령에게 보내는 공개서한을 발표한다. 드레퓌스의 무죄를 확신한 졸라의 호소는 절박했고, 사건의 진실을 밝히겠다는 의지는 단호했다. 아직도 명문장으로 회자되는 졸라의 〈나는 고발한다!〉는 이렇

---

143) 필립 아리에스 외, 〈사생활의 역사〉 4권, 50쪽.

게 탄생했다.

"진실이 땅속에 묻히면 그것은 조금씩 자라나 엄청난 폭발력을 획득하여, 마침내 그것이 터지는 날 세상 모든 것을 날려버릴 것입니다. (…) 제가 고발한 사람들에 관한 한, 저는 그들을 알지 못하며, 단 한 번도 만난 적도 없으며, 그들에 대해 원한이나 증오를 품고 있지도 않습니다. 그들은 제게 사회악의 표본일 뿐입니다. 그리고 오늘 저의 행위는 진실과 정의의 폭발을 앞당기기 위한 혁명적 수단일 뿐입니다. 저는 그토록 큰 고통을 겪은 인류, 바야흐로 행복 추구의 권리를 지닌 인류의 이름으로 오직 하나의 열정, 즉 진실의 빛에 대한 열정을 간직하고 있을 뿐입니다. 저의 불타는 항의는 저의 영혼의 외침일 뿐입니다. 부디 저를 중죄 재판소로 소환하여 푸른 하늘 아래에서 조사하시기 바랍니다!"[144]

이제 프랑스는 드레퓌스의 무죄를 주장하는 진영과 드레퓌스의 유죄를 확신하는 반대 진영으로 나뉘어 극심한 대립과 반목의 시간을 보낸다. 1898년 문서 조작에 가담한 앙리 중령이 죄책감으로 스스로 목숨을 끊고, 드레퓌스의 재심 청구가 받아들여져 10년형으로 감형된다. 결백을 입증하려는 끈질긴 노력은 마침내 1906년 결실을 맺고 드레퓌스는 육군에 복귀한다. 소령으로 승진한 드레퓌스는 일차대전에 참전했으며 1935년 파란만장한 삶을 마감한다.

드레퓌스의 결백이 밝혀진 덕분에 반유대주의의 기세는 수그러들었고, '공화주의적' 모델은 더욱 빛을 발했지만 사건이 남긴 상처와

---

[144] 에밀 졸라, 유기환 옮김, 〈나는 고발한다〉, 책세상, 2005, 106~108쪽.

후유증은 심각했다. 우선 19세기의 수도 파리의 명성에 금이 갔다. 편협한 민족주의와 반유대주의가 모더니티의 수도 파리를 있게 한 환대와 관용의 정신을 심각하게 훼손했다. 진영 간의 반목과 대립은 파리 코뮌에 버금가는 '내전'을 방불케 했다. 프랑스는 프랑스인과 외국인, 드레퓌스파와 반드레퓌스파로 쪼개졌고, 가족과 친구들을 갈라놓았다.

드레퓌스의 결백을 믿는 지식인들은 그리 많지 않았다. 대작 〈잃어버린 시간을 찾아서〉의 작가 마르셀 프루스트는 사교계의 고상한 신사 이미지를 벗어던지고 드레퓌스와 졸라를 위해 나섰다. 모친이 유대인이었다는 이유가 전부는 아니었다. 인종차별의 위험성을 절실히 느낀 지식인 프루스트는 재심 청원을 위한 서명 운동을 주도하는가 하면 〈나는 고발한다!〉로 고발당한 졸라 재판에 하루도 빠지지 않고 참석했다. 반면에 알퐁스 도데의 아들이자 프루스트의 절친이던 소설가 레옹 도데(1867~1942)는 드레퓌스의 유죄에 대해 한 치의 의심도 품지 않았다. 대부분의 인상주의 화가들은 드레퓌스 반대편에 섰다. 심지어 드가는 드레퓌스를 옹호하는 사람과는 말도 섞지 않았고, 절교도 서슴치 않았다. 툴루즈 로트렉은 반유대주의 신문에 한치의 망설임도 없이 삽화를 실었다.

드레퓌스와 반드레퓌스는 프랑스 정치의 좌와 우, 프랑스 사회의 진보와 보수를 가늠하는 상징이 된다. '반드레퓌스'는 사회의 불안이 가중되고 혼란이 지속되면 언제든지 '반유대주의'의 기치를 꺼내든다. 1936년 유대인인 레옹 블룸이 수상에 취임하자 엄청난 반발이 일어났고, 로스차일드 가문으로 불똥이 튀어 부와 권세를 자랑하던 유대인 가문은 졸지에 악의 화신으로 치부되었다. 반유대주의는 프랑스 유대인 1/3의 목숨을 앗아간 홀로코스트에서 절정에 달했다.

몽소 공원
Parc Monceau

현재 프랑스에서 유대인에 대한 인종차별적 행위나 발언은 법적인 처벌을 받지만 아직도 사회 곳곳에 반유대주의가 출몰한다. 〈사랑의 지혜〉라는 책으로 유명한 철학자 알랭 핑켈크로트는 폴란드 이민자 출신의 유대인이다. 부친이 아우슈비츠로 끌려가 고초를 겪기도 했다. 2019년 2월 16일 '노란 조끼' 집회에 참석한 시위대 일부가 이 유대인 철학자에게 "텔아비브로 돌아가라", "더러운 시오니스트", "프랑스는 우리 땅이다" 같은 유대인 혐오 발언을 쏟아냈다. 그해 파리에서는 총 541건의 유대인 혐오 범죄가 접수되었다. 현재 파리에는 약 30만 명의 유대인들이 살고 있다. 유대인과 무슬림은 프랑스의 사회통합 모델에 줄기차게 의문을 제기하는, 프랑스 사회의 '뜨거운 감자'와도 같다.

6. 유대인 가문의 영욕이 새겨진 니심 드 카몽도 박물관

샹젤리제 개선문에서 오슈 대로(Avenue Hoche)를 따라 천천히 걷다 보면 잘 꾸며진 공원이 나온다. 유대인 은행가 에밀 페레르(Emile Pereire, 1800~1875)가 18세기에 조성된 몽소 공원(Parc Monceau) 일대를 1860년대 파리 개발이 한창일 때 사들여 고급 주거지역으로 단장했다. 이후로 공원 주위로 유대인 재력가나 유명인의 저택이 속속 들어서며 파리 최고의 부촌으로 떠올랐다. 19세기 유럽을 주름잡았던 금융자본가 로스차일드 가문의 대저택도 이곳에 있다. 페레르 형제도 파리 개발 사업으로 막대한 부를 챙기며 이 지역의 부호 대열에 합류했다. 19세기 후반부터 유명 작가나 예술가도 이곳에 터전을 마련했다. 〈삼총사〉의 작가 알렉상드르 뒤마와 아들 뒤마 피스, 당대 최고

의 여배우 사라 베르나르, 작곡가 드뷔시 등이 이곳에 저택을 구입하면서 부와 명성을 과시했다. 몽소 지역의 제네랄-카트루 광장에 가면 뒤마 부자와 사라 베르나르 기념비를 볼 수 있다.

공원 바로 맞은편 몽소 거리 63번지에 니심 드 카몽도(Nissim de Camondo) 박물관이 자리하고 있다. 파리의 내놓으라는 박물관과 미술관에 가려져 잘 알려지지 않은 이 박물관은 19세기 중반부터 백 년 동안 최고의 재력을 과시한 유대인 가문의 비극적 역사를 한눈에 보여준다. 오스만 제국의 수도 콘스탄티노플에서 금융업에 종사하던 카몽도 가문은 니심 드 카몽도와 아브라함 베호르 형제의 주도로 1869년 파리로 이주한다. 19세기의 수도 파리에서 사업을 확장하고 새 삶을 개척하고픈 바람이었다. "파리까지 전세 열차로 온 집안 식구와 재산을 실어 나른 카몽도 가문의 파리 이주"가 각종 언론에 보도되며 파리 시민들의 이목을 끌었다.[145] 19세기 후반은 파리의 금융 산업이 비약적으로 성장하던 시절이었다. 두 형제의 노력 덕분에 사업은 날로 번창했다.

그 다음 세대인 모이즈 드 카몽도(니심 드 카몽도의 아들)와 이사크 드 카몽도(아브라함 베호르의 아들이자 모이즈의 사촌형)는 더 이상 부를 축적하기보다 수집가로서 열정을 쏟았다. 특히 모이즈는 파리를 떠들썩하게 한 스캔들을 일으킨 부인 이렌과 이혼한 후로 미술품과 고가구 수집에 몰두했다. 1911년에 저택을 신축하고 그동안 수집한 콜렉션과 애장품을 저택 곳곳에 전시했다. 사촌형 이사크는 오리엔탈 미술과 인상주의 화가들에 심취해 있었다. 1917년 카몽도 가문의 첫 번째 비극이 일어난다. 일차대전에 참전한 모이즈의 외아들 니

---

[145] 이지은, 〈부르주아의 유쾌한 사생활〉, 지안출판사, 2011, 398쪽. 이하 박물관의 세부 정보는 이 책을 주로 참조했다.

심 드 카몽도(할아버지의 이름과 같다)가 정찰비행 도중 사망한다. 이혼 후 자녀들에 의지하며 살아온 모이즈는 깊은 시름에 빠진다. 이제 가업을 이어갈 후손도 사업을 번창시킬 의욕도 없어졌다. 1935년 모이즈는 유언을 남기고 세상을 뜬다. 우선 전사한 아들의 이름을 딴 박물관을 저택에 마련할 것, 박물관의 컬렉션을 외부에 기증하거나 유출하지 말 것 등이 주요 내용이었고 저택 관리 및 유지보수에 관한 매뉴얼도 남겼다.

1935년에 개관한 니심 드 카몽도 박물관은 방대한 컬렉션을 자랑하는 박물관이자 유대인 부호의 대저택이다. 박물관은 17세기 왕실 소장품에서 18세기 고가구, 19세기 장식예술에 이르기까지 화려한 목록을 자랑한다. 또한 프랑스의 고성(古城)을 연상시키는 4층 저택의 곳곳은 유대인 부호의 재력과 권세를 한 눈에 보여준다.

이사크 카몽도은 평생 독신으로 살았다. 사후 이사크의 콜렉션 전체는 국가에 기증된다. 그렇다면 카몽도 가문의 마지막 혈육인 모이즈의 딸 베아트리스는 어떻게 되었을까? 나치가 파리를 점령한 후에도 몽소의 대저택을 떠나지 않았던 베아트리스는 결국 남편과 자녀들과 함께 모두 강제수용소로 이송되어 그곳에서 삶을 마감한다. 카몽도 가문은 5세대를 끝으로 절멸했다. 오직 가문의 이름을 딴 박물관만 남아 유대인 가문의 영욕이 얽힌 역사와 화려한 컬렉션을 전할 뿐이다.

고딕 양식의 저택(오텔), 마레 지구
Hôtel Hérouet, Le Marais

6장

파리, 모더니티의 도시로 우뚝 서다
오스만의 파리 개발과 파리의 도시 풍경

"도시의 모습은 아! 사람의 모습보다 더 빨리 변하는구나."
(보들레르, 〈백조〉)

1. 파리의 도시 풍경과 건축

파리를 로마나 아테네 같은 고도(古都)로 착각하기 쉽다. 파리는 로마 시대 이전까지 거슬러 올라가는 역사 도시임을 자랑하지만, 수 천 년 시간의 손때가 묻은 건축물은 거의 남아 있지 않다. 파리에서 접하는 건축물은 성당과 왕궁, 귀족과 부르주아의 대저택을 빼면 대부분 19세기 후반 오스만 지사(知事)의 작품이다. 파리는 뛰어난 자연 경관을 자랑하는 도시가 아니다. 파리는 도시 경관이 자연 경관을 압도하며, 역사적 기념물과 건축물의 조화가 중요한 도시다.

런던의 19분의 1, 로마의 15분의 1, 서울의 6분의 1 규모인 파리는 친밀한 인간관계를 맺기에 적절한 도시이다. 너무 크지도 작지도 않은 파리는 '메가 시티'의 비인간적인 위압감과는 정반대로 포근함과 안정감을 선사한다. 그러한 느낌은 바로 파리의 거리를 걸으면서 마주치는 건물들로부터 생겨난다. 일정한 높이의 건물들이 대로를 따라 '따로 또 같이' 개성을 뽐내며, 돌과 유리와 강철의 조화로움이 독특한 도시 경관을 연출한다.

나폴레옹 3세가 파리 개발 프로젝트를 위해 발탁한 오스만 지사는 황제 못지않은 불도저 스타일의 행정가였다. '철거의 예술가'로 불린 오스만은 자신이 세운 계획을 한치의 모자람도 없이 집행했다. 빅토르 위고가 〈파리의 노트르담〉에서 공들여 묘사했던 중세의 파리는 거의 사라졌다. 노트르담 대성당만 살아남았고, 성당이 위치한 시테 섬 주민들은 파리 외곽이나 노동자 거주 지역으로 쫓겨났다. 오스만 자신은 이를 "옛 파리의 알맹이를 뽑아내는 작업"으로 설명했다.[146] 새로 조성된 대로를 따라 3만 여개의 가스등이 환하게 불을 밝혔고, 파리는 이제 '빛의 도시'로 거듭났다.

유럽의 다른 도시에서 그 유례를 찾기 힘든 전면적인 도시 개발을 추진해야 할 이유는 분명했다. 우선 19세기에 접어들면서 파리의 인구가 급속도로 팽창했다. 루이 14세 시대에 40만 명이던 인구는 불과 백년 만에 100만 명을 돌파했으며 1872년에는 그 두 배를 넘었다. 여기에 10만 마리가 넘는 말들이 이끄는 승합마차가 파리의 낡은 도로 위를 다니고 있었다. 구도심으로는 급증하는 인구와 통행량을 감당할 수 없었다. 뭔가 획기적인 개선책이 필요했다. 반듯하고 넓은 길은 왕궁과 귀족의 대저택이 위치한 파리 한 가운데에서나 구경할 수 있

---

146) 벤 윌슨, 〈매트로폴리스〉, 408쪽.

을 뿐, 구불구불하고 좁은 골목길은 오물과 하수로 썩은 내를 풍겼다.

언제 폭발할지 모르는 정치적 불안과 노동자들의 생활고가 좁고 불결한 골목길에서 자라나고 있었다. 폭동이 일어나면 파리의 골목길은 즉각 바리케이드로 바뀌었으며, 곳곳에 진을 친 시민들은 자유의 함성을 높였다. 쿠데타로 종신 집권의 기회를 얻은 나폴레옹 3세는 바리케이드를 봉쇄해야만 권력을 유지할 수 있음을 잘 알고 있었다. 나폴레옹 3세의 의중을 정확히 읽은 오스만 지사는 제2제정이 몰락할 때까지 황제와 운명을 같이 하면서 파리의 도시 경관을 바꾸어 놓았다.

2. 오스만 이전의 파리 개발

나폴레옹 3세 이전에도 파리를 근대적인 도시로 탈바꿈시켜야 한다는 목소리가 높았다. 특히 19세기에 접어들면서 도시 문제는 정치가나 행정가뿐만 아니라 푸리에나 생시몽 같은 사회주의 사상가들에 이르기까지 근대 도시 파리의 미래를 꿈꾸는 모든 이의 관심사였다. 다양한 대안과 해결책이 제시되었지만 대개는 부분적인 개보수에 그쳤다.

태양왕 루이 14세 시대의 재상 콜베르는 파리 '미화'(美化) 작업에 신경을 썼다. '도시계획'(urbanisme)이란 단어조차 존재하지 않던 시절이었다. 콜베르는 중세 도시 파리를 보다 아름답게 꾸며 근대 도시의 느낌을 주고자 했다. 콜베르는 튈르리궁을 확장하고 그 앞에 시민들이 즐겨 찾는 공원을 조성하는 것으로 만족했다. 루이 14세의 관심은 온통 자신만의 화려한 소우주인 베르사유에 쏠려 있었다. 파리를

보주 광장
Place des Vosges

진정한 근대 도시로 혁신하기 위해서는 시간과 자본이 필요했다.

절대왕정기는 대귀족의 전성기이기도 했다. 국왕과 왕족이 거처하던 뤽상부르 궁이나 팔레 루아얄에 버금가는 귀족의 대저택이 파리 중심부에 세워지기 시작한다. 이를 '오텔'(hôtel)이라고 부른다. 파리의 마레 지구에는 지난 날 대귀족의 권세를 엿볼 수 있는 오텔들이 모여 있다. 마레 지구 끝에 있는 보주 광장에 가면 부르주아의 저택인 '파비용'(pavillon)을 볼 수 있다. 마레 지구의 '오텔'과 보주 광장의 '파비용'은 오스만의 개발 광풍을 빗겨가며 지난 세월의 흔적을 고스란히 간직하고 있다. 오스만 식 아파트의 획일적인 풍경에 싫증이 난 도시 인문여행자라면 마레 지구와 보주 광장을 걸으며 오텔과 파비용의 고풍스러운 분위기에 젖어볼 일이다.

나폴레옹 보나파르트는 자신이 이룩한 위대한 제국의 수도를 로마 제국의 수도에 버금가게 만들자 했다. 방돔 광장의 기둥 꼭대기에 자신의 동상을 세우고, 대승을 거둔 전투 이름을 센 강의 다리(오스테를리츠 다리)나 파리의 거리(예나 길)에 새겼으며, 에투알 광장에 개선문을 짓도록 했다. 나폴레옹은 위대한 정복자의 흔적만 남긴 것은 아니었다. 혁명기에 파손된 건물들을 복구하고 센 강에 최초의 철교 퐁데자르를 놓고, 분수나 공원을 조성하는 등 도시 건축에서 주목할 만한 업적을 남겼다.

하지만 도시를 부분적으로 미화하거나 도시 곳곳에 기념비적 건축물을 세우는 차원을 넘어서서 도시 경관 전체에 근본적인 변화가 생긴 것은 나폴레옹 3세의 제2제정에 들어서면서다. 19세기 중반에 접어들며 전면적인 도시 개발을 추진해야 할 이유들이 동시다발적으로 생겨났기 때문이다. 도시로 유입된 농촌 인구의 실업과 가난을 해결해야 했으며, 도심 곳곳에 자리잡은 빈민가를 더 이상 방치할 수 없었고, 콜레라(오염된 물)와 결핵(오염된 공기)으로부터 도시를 안전하게 지켜야 했다. 특히 범죄와 질병은 근대 도시로 성장하기 위해서 반드시 해결해야 할 문제였다. 이제 더 이상 파리 개발 프로젝트를 늦출 수 없었다.

3. 나폴레옹 3세와 오스만 지사

파리 북역 맞은 편 광장 이름은? 바로 '나폴레옹 3세' 광장이다. 이곳을 제외하면 파리에서 그의 이름을 딴 거리나 기념물은 눈에 띄지 않는다. 그가 '꿈의 도시'이자 '빛의 도시' 파리를 설계한 장본인이라는 점을 감안하면 다소 뜻밖이다. 나폴레옹 3세의 포부는 황제 취임 이전부터 거창했다. 그는 로마를 대리석의 도시로 만든 아우구스투스 황제를 따라 '제2의 아우구스투스'가 되고 싶어 했다. 쿠데타로 종신집권의 기회를 얻은 루이 나폴레옹의 취임 일성도 파리를 명품도시로 만들겠다는 거대한 포부를 들려준다.

> "파리는 프랑스의 심장이오. 이 위대한 도시를 아름답게 꾸미도록 노력합시다. 새로운 거리를 만들고, 공기와 빛이 부족한 노동계급의 거주지를 더 건강한 곳으로 만들고, 이로운 햇빛이 우리 성벽 안의 모든 곳에 닿게 합시다."[147]

루이 나폴레옹은 삼촌 보나파르트 나폴레옹처럼 제국을 확장하고

---

147) 벤 윌슨, 〈메트로폴리스〉, 10장 '파리 증후군: 파리, 1830~1914', 408쪽.

조국의 영광을 만천하에 떨치는 방식 대신 파리를 세계적인 근대 도시로 만드는 데 심혈을 기울였다. 파리를 최첨단을 달리는 근대 도시로 만들겠다는 야심만은 조카가 삼촌을 능가했다.

나폴레옹 3세는 도시 개발이 가져다줄 엄청난 경제 효과를 확신했다. 파리 개발 사업은 런던에 뒤처진 금융 산업을 일으키고, 대규모 토목 공사는 일자리를 창출하며 프랑스의 국부 증진에 크게 기여할 것이다. 일자리 창출로 노동자 계급의 지지를 얻을 수 있겠다는 정치적 계산도 있었다. 파리 개발 사업이 순항하자 황제는 1855년 파리 시청사에서 6천여 명의 하객들을 초대해 화려한 신년 축제를 열었다. 그 행사에는 황제의 오른팔이자 개발 사업의 총책임자인 조르주 외젠 오스만 남작(Georges-Eugène Haussmann, 1809~1891)도 참석했다.

황제는 취임하자마자 오스만을 센 도지사로 임명했다. 당시에는 파리가 속한 센(Seine) 도의 지사가 파리 시장을 대신했다. 황제는 집무실로 도지사를 불러 중요한 임무를 하달했다.

> "황제는 나에게 지도 한 장을 보여주었다. 그 위에는 황제 자신의 손으로 공사의 긴급한 정도에 따라 개통해야 할 도로가 청색, 적색, 황색, 녹색 네 가지 색으로 나뉘어 칠해져 있었다. 황제는 즉각 착공하라고 나에게 명령을 내렸다."[148]

루이 나폴레옹은 정치 일선에 복귀하기 전 오랜 기간을 런던에서 지냈다. 당시 런던은 도로망과 상하수도 시설을 새로 갖추고, 하이드 파크 같은 쾌적한 공원을 조성하는 등 근대 도시로서의 면모를 선보

---

148) 가시마 시게루, 정선태 옮김, 〈괴제 나폴레옹 3세〉, 글항아리, 2019, 279쪽에서 재인용.

였다. 루이 나폴레옹은 파리가 런던을 능가하는 '문명 세계의 대수도'가 되기를 열망했다. 황제는 파리 지도에 자신의 꿈을 색칠하기 시작했다. 황제로부터 개발의 전권을 부여받은 오스만은 특유의 꼼꼼함과 추진력으로 프로젝트를 성사시켰다. 오스만 지사의 집무실에는 파리 지도 두 장이 걸려 있었다. 황제가 색칠로 표시한 파리 지도와 자신이 측량한 파리 정밀지도.

오스만의 파리 개발은 신도시 조성 사업과는 거리가 멀었다. 수천 년 역사의 흔적이 짙게 배어 있는 파리의 중심부로 들어가 낡은 파리를 모던한 파리로 거듭나게 하는 일은 결코 만만치 않은 일이었다. 면밀한 계획과 추진력을 바탕으로 행정적 뒷받침과 전문가들의 도움이 요구되었다. 오스만은 1870년 도지사 직에서 물러날 때까지 엄청난 권한을 행사하며 파리 개발 사업을 진두지휘했다. 무려 17년 동안 파리의 도시 경관을 좌지우지했다. 오스만의 개발로 파리의 건물 절반 정도가 없어졌고, 오스만은 "사실상 도시를 구하기 위해서 도시를 파괴했다."고 주장했다.[149] 황제의 권력도 두려워하지 않을 만큼 대담하고 용의주도한 그는 '마키아벨리적인 인물'로 평가받는다.[150] 오스만이 물러난 이후에도 그가 추진했던 파리 개발의 동력은 멈추지 않았다. 파리의 '오스만화'는 상당 기간 지속되었고, 그로 인해 오늘날 파리의 모습이 갖추어졌다.

---

149) 에드워드 글레이저, 〈도시의 승리〉, 249쪽.
150) 데이비드 하비, 〈모더니티의 수도 파리〉, 184쪽.

4. 파리 개발의 원칙과 오스만의 강박관념

오스만의 파리 개발에는 강박관념이라고 불러도 좋을 원칙이 존재했다. 우선 '직선' 제일주의를 들 수 있다. 그에게 길이란 일직선으로 난 대로(大路)를 의미했다. 오스만은 20년에 걸쳐 "뒤엉킨 미로, 작은 길, 막다른 골목"으로 요약되는 중세의 길을 현대식 대로로 곧게 폈다.[151] 자신의 이름을 딴 오스만 대로(boulevard d'Haussmann)에 가 보면 그가 고집한 직선 제일주의와 직선의 기하학을 확인할 수 있다. 오스만을 "캠퍼스와 직각자로 무장하고 파리의 도시 계획을 지배하는 '직선의 아틸라왕'"으로 비유하기도 한다.[152] 좁고 구불구불한 골목길에 깃든 삶의 정서는 훤하게 대로가 뚫리는 순간 사라지고 만다. 직선 제일주의는 질서와 통일성을 낳았고, 미로처럼 얽힌 골목길을 획일적인 도시 풍경으로 만들었다. 샹젤리제 대로건 오스만 대로건 파리의 대로가 비슷한 인상을 주는 이유도 여기에 있다.

플로베르와 동시대 소설가인 막심 뒤캉은 오스만 이전의 파리 풍경에 대해 이렇게 썼다. "파리 주민들은 부패하고, 비좁고, 복잡하게 뒤엉킨 골목길에 어쩔 수 없이 갇혀 그곳에서 질식해가고 있었다."[153] 다닥다닥 붙어 있는 낡은 건물들에 가려진 햇빛은 파리의 대로 위에 환하게 모습을 드러냈다. 인상주의자들은 '빛의 도시' 파리가 연출하는 밝고 화려한 분위기에 매료되었다. 빛이 환하게 비치는 오스만의 대로는 이전의 파리에서 보지 못한 확 트인 시야를 연출했다. 오스만의 대로에는 숨겨진 비밀도 없이, 모든 것이 '가시적으로' 드러났다.

---

151) 리처드 세넷, 〈살과 돌〉, 문학동네, 2021, 227쪽.
152) 데이비드 하비, 〈모더니티의 수도 파리〉, 187쪽.
153) 벤야민, 〈아케이드 프로젝트〉, 367쪽에서 재인용.

베로_ 비 내리는 푸아소니에르 대로
Jean Béraud_ Le boulevard Poissonière sous la pluie, 1880,
24×35.5cm, Musée Carnavalet, Paris.

도시의 '가시성', 이것이 바로 오스만의 파리 개발의 두 번째 원칙이다. 심지어 눈에 보이지 않는 지하 세계도 가시성의 원칙에서 예외가 아니었다.

오스만에게 근대 도시란 번듯한 건물을 짓고 도시의 랜드 마크를 세우는 것이 아니라 도시 곳곳을 막힘없이 연결하는 순환의 움직임을 만드는 것을 뜻한다. 도시 곳곳의 '점'과 '점'을 잇는 '선'들이 교차하며 만들어진 '면'(面), 이것이 바로 오스만 식 도시 경관이다. 장소와 장소가 이어지며 도로가 뚫리고 교통이 원활해진다. 직선도로를 찾기 어려울 정도로 비비꼬인 예전의 좁은 도로에서는 "마르스 광장에서 파리 식물원까지 마차를 타고 가면 속도가 도보보다 느려서 두 시간 가량 걸렸다."고 한다.[154]

오스만 시대의 파리에는 승합마차와 기차가 중요한 교통수단이었다. 1860년대에는 매일 만 이천 대의 마차가 파리 동역 앞을 지나갔다고 한다. 승합마차가 서로 부딪히지 않고 속도를 낼 수 있도록 도로를 포장하고 폭을 넓혀야 했다. 또한 모든 길은 '파리의 관문'인 기차역으로 통해야 했다. 19세기 후반에 파리의 동서남북에 기차역이 들어섰다. 오스만 식 대로는 기차역과 파리 시내 곳곳을 손쉽게 연결했다. "원하는 곳이 어디든 언제나 빠른 속도로 이동"할 수 있는 원활한 네트워크를 갖춘 도시가 바로 오스만이 생각한 '좋은 도시'의 필수조건이었다.[155] 도시의 순환과 네트워크, 이것이 바로 오스만이 추진한 파리 개발의 세 번째 원칙이다.

오스만의 파리 개발은 병든 파리의 건강을 회복하기 위한 '외과수술'에 비유된다. 오스만이 개발의 원칙으로 삼은 위생과 건강에 대한

---

154) 리처드 세넷, 〈짓기와 거주하기〉, 49쪽.
155) 앞의 책, 59쪽.

강박관념만큼 근대적인 것도 없다. 도시의 질병과 악취를 몰아내는데 쾌적한 공원과 깨끗한 상하수도 시설만큼 효과적인 수단도 없기 때문이다. 파리의 동과 서에 조성된 숲(뱅센 숲과 불로뉴 숲)과 공원은 파리의 '허파' 노릇을 톡톡히 하며 병든 도시에 건강한 몸을 되돌려주었다. 나폴레옹 3세는 런던의 공원과 녹지가 삶의 질을 향상시킨다는 점을 익히 체험했다.

 공원 설계를 책임진 아돌프 알팡(Jean-Charles Adolphe Alphand, 1817~1891)은 황제의 의중을 받들어 파리의 '허파'를 영국 식 공원으로 조성했다. 새로 조성된 몽소 공원(파리 8구), 몽수리 공원(13구), 뷔트 쇼몽 공원(19구)은 파리 중심부의 공원(뤽상부르 공원, 자르댕 데 플랑트, 튈르리 정원)과 더불어 파리를 어느 도시와 비교해도 손색없는 '녹색'도시로 만들었다. 불결과 악취의 대명사였던 파리의 하수도를 개보수한 것도 청결과 위생에 대한 오스만의 관심 덕분이었다. 이제 파리는 지긋지긋한 콜레라로부터 자유로운 도시가 되었다.

5. 오스만의 파리 개발 프로젝트(1851~1870)
: Paris under construction

 오스만 시대에는 '크다'(大)란 뜻의 형용사 'grand'이란 단어가 애용되었다. '큰' 도로(대로/grand boulevard), '큰' 저택(대저택/grand hôtel), '큰' 상점(백화점/grand magasin)과 같은 어휘들은 모두 오스만의 파리 '대'개발 프로젝트와 맥을 같이 한다. 오스만 이전까지 파리의 남과 북, 동과 서를 가로지르는 대로는 존재하지 않았다. 여기에 파리의 기차역과 기차역 사이, 역에서 파리 중심부를 연결하는 대로가 속속 개통되면서 파리의 중추 도로망이 완성된다.

파리 시내에는 1891년이 되어야 자동차가 운행하기 시작한다. 오스만이 승합마차의 원활한 통행을 위해 만든 대로는 훗날 자동차 운행에도 큰 지장이 없을 정도로 현대적이었다. 또한 오스만은 파리의 도로를 뒤덮은 포석을 뜯어내 자갈을 깔고 아스팔트를 부었다. 이제 바리케이드는 구시대의 유물이 되었으며, 파리 대개발 사업은 혁명의 불안과 공포를 일소했다.

> "이제는 폭도 집단이 거리를 휩쓸고 다니지 않고 석공과 목수, 다른 직공 무리들이 일하러 간다. 포장 돌을 벗겨낸다고 해도 바리케이드를 쌓기 위해서가 아니라 수도관과 가스관을 묻을 자리를 만들기 위해서다. 주택을 위협하는 것은 더 이상 화재나 방화범이 아니라 두둑한 토지 수용 배상금이다."[156]

바리케이드가 사라진 자리에 대로의 화려한 문화가 선보였다. 시원하게 뚫린 대로를 따라서 극장과 카페, 백화점과 대형 상점이 속속 들어섰다. 대로가 개통하는 날이면 축제와 공연이 펼쳐졌다. 바리케이드를 쌓던 노동자들이 물러가고 백화점 쇼윈도에 정신이 팔린 여성이나 카페 콩세르의 공연을 보러온 관객들이 대로를 메운다. 인도와 차도의 명확한 구분이 없던 시절 마차와 행인들이 뒤섞인 모습이 인상적이다. 카페의 테라스는 대로를 오가는 산책자들과 '대로 문화'를 구경할 수 있는 최적의 장소였다.[157]

---

156) D. Pinkney, *Napoleon III and the rebuilding of Paris*, 1958, p. 178. 데이비드 하비, 〈모더니티의 수도 파리〉, 261에서 재인용.
157) 바네사 R. 슈와르츠, 노명우 옮김, 〈구경꾼의 탄생〉, 마티, 2006, 64쪽 내외. 저자는 이 모든 현상을 '대로문화'라는 용어로 설명한다.

생미셸 광장, 오스만 식 아파트
Place Saint-Michel

오스만 남작

피사로의 〈프랑스 극장 앞 광장과 오페라 거리, 햇빛 있는 겨울 아침〉(1898년)이 보여주는 대로는 마차와 승합마차, 행인들의 차림새를 제외하면 오늘날 파리의 모습과 별반 다르지 않다. 대로변의 건물이나 가로수, 분수나 광장은 그 당시의 모습을 잃지 않았다. 벨 에포크의 대표적 화가 장 베로(Jean Béraud, 1849~1935)는 자신의 마차를 아틀리에로 개조해가며 대로를 오가는 파리지앵의 일상을 실시간으로 화폭에 담았다. 장 베로의 그림은 오스만이 바꾸어놓은 파리의 대로 문화(boulevard culture)를 사진보다 더 생생하게 전달한다.

파리에는 도시를 조망할 수 있는 장소가 몇 군데 있다. 에펠탑이나 몽마르트의 사크레 쾨르 성당, 파리 15구 몽파르나스 타워에서 파리를 내려다보면 건물들이 일정한 스카이 라인을 이루고 있음을 알 수 있다. 이것이야말로 마천루의 도시 뉴욕이나 산업화의 도시 런던과는 구분되는 파리 특유의 도시 풍경이다. 오스만은 건물의 높이와 도로의 폭뿐만 아니라 대로변에 들어설 건물의 층수나 층의 높이에도 일정한 제한을 두었다. 오스만의 강력한 규제는 우후죽순 격의 난개발을 방지했다. 건축가나 고객의 취향은 건물 안팎의 장식으로 제한되었다.

오스만의 개발로 대로변에 아파트가 들어서며 아파트의 전성기가 열린다. '오텔'이 귀족의 저택이라면, 아파트는 '다층-다세대 공동주택'이라고 정의할 수 있다. 부르주아는 아파트라는 새로운 주거 형태를 선호했다. 오스만 식 아파트는 층에 따라 거주자의 신분이 구분되는 특징이 있다. 지상 층에는 빵집이나 식료품점, 카페나 식당 같은 상점들이 들어선다. 주거 공간은 우리 식으로 하면 2층부터 시작되는데, 프랑스어로는 지상 층에서 첫 번째 층을 뜻하는 'premier étage'로 표기한다. 오스만 식 아파트는 지상 층을 제외하고 5~6층으로 구성된 건물이다. 우리 식 고층 아파트와 혼동하지 말아야 한다. 부유층은 대개 2층(우리 식으로)을 선호한다. 물론 엘리베이터가 설치되기 시작한 1880년대 이후에는 더 높은 층을 선호했지만, 오스만 시절만 해도 층이 높아질수록 임대료도 저렴해지고 주거시설도 차이가 났다.

제일 꼭대기 층인 7층 다락방에는 2층 부르주아 가정의 하녀들이 거주한다. 그 시절 하녀들은 난방도 되지 않는 좁은 다락방에 기거하며 지친 몸을 달랬다. 지금도 쪽창이 달린 꼭대기층 '하녀 방'을 파리 시내 곳곳에서 볼 수 있다. 가난한 유학생이나 월세를 절약하고자 하는 초보 직장인이 주로 산다. 우리는 대개 전망 좋은 고층을 선호하지만 오스만 식 아파트에서는 부자들이 아래층에 살고 가난한 사람들이 위층에 산다. 졸라의 소설〈목로주점〉의 여주인공 제르베즈는 알콜 중독과 파산으로 극빈층으로 전락하지만 아래층에 내려가 사는 꿈만은 포기하지 않는다. 물론 꿈은 이루어지지 않았고, 제르베즈는 꼭대기 다락방에서 비참한 삶을 마감한다. 여기서 파리의 주거 스타일을 엿볼 수 있다. 부르주아에서 노동자에 이르는 여러 계층이 공동주택에 층을 구분해 거주하는 '이종혼합 거주' 방식이 그것이다.[158]

게다가 오스만의 파리 개발로 파리는 부자 동네와 가난한 동네로 나뉘며 양극화가 고착된다. 부유층은 파리 중심부나 서쪽의 고급 주거 지역에 자리 잡고, 노동자나 빈민 같은 '위험한 계급'은 파리 북동쪽이나 교외로 밀려났다. 맨체스터나 시카고 같은 산업 도시는 최하층의 빈민가가 도심에, 중산층은 교외의 전원주택으로 구분되어 거주했는데, 파리는 빈민가를 파리 외곽으로 몰아내는데 성공하면서 정반대의 도시 환경을 구축했다. 노동자들을 위한 주거 시설은 턱없이 부

---

158) 임석재,〈유럽의 주택〉, 북하우스, 2014, 430쪽.

나다르가 찍은 파리의 새 하수도(1861년)

족했고, 상수도나 가스도 제대로 공급되지 않는 주거 환경도 열악하기 짝이 없었다. 파리 외곽 지역은 점차 빈곤층이 모여 사는 '게토'로 변했다. 오늘날 파리의 심각한 사회 문제는 오스만의 파리 개발에도 일부 원인이 있다.

파리는 오물과 악취로 악명이 높았다. 집밖으로 오물을 내다버리는 바람에 길거리는 늘 악취로 진동했다고 한다. 오수 처리 시설이 없어서 생긴 일이다. 나폴레옹 3세는 파리의 외관에 치중한 나머지 눈에 띄지 않은 지하 세계에는 관심이 없었다. 지상의 파리를 성공적으로 개발한 오스만은 땅 밑의 파리도 손보기로 하고, '자신의 아이디어'를 실천에 옮겼다. 19세기 중반만 해도 파리는 전염병에 몹시 취약했고, 콜레라의 유행은 정치적 격변보다 더 큰 사회적 혼란과 불안을 야기했다. 콜레라의 원인으로 오염된 하수가 지목되자, 오스만은 파리의 상하수도 체계를 과감하게 뜯어고쳤다. 오스만의 하수도망 건설을 '지하 근대화' 작업으로 표현하기도 한다. 오스만은 지상의 파리에 적용했던 개발의 원칙(직선 제일주의, 질서와 통일성에 대한 강박관념)을 지하에도 예외 없이 적용했다.

파리에서 멀지 않은 상수원을 찾아내 오염되지 않은 물을 파리로 공급했고, 오물과 악취가 진동하는 하수도를 청결하고 쾌적하게 보수했다. 1855년에는 파리의 하수도를 둘러보는 관광 코스까지 개발되었다고 한다. 빅토르 위고가 〈레미제라블〉에서 미로를 방불케 하는 파리의 낡은 하수도를 공들여 묘사했다면, 기발한 발상으로 유명한 사진작가 나다르는 새로운 하수도를 사진에 담았다. 상하수도 공사를 진두지휘한 토목기사 외젠 벨그랑(Eugène Belgrand, 1810~1878)은 자신의 업적이 담긴 사진에 몹시 흡족해했다. 콜레라나 흑사병 같은 '중세의 전염병'으로 신음하는 도시는 더 이상 근대적이지 않다. 오스만은 파리에 건강한 '허파'(공원과 숲)와 '내장기관'(상하수도)을 돌려줌으로써 공중위생과 보건을 확립하고 근대 도시로서 파리의 위상을 높였다.

오스만은 도시 디자인에도 신경을 썼다. 그는 '산책과 가로수 부서'를 두어 가로등과 가로수를 관리했다. 공원과 시내 곳곳에는 분수와 벤치를 설치했다. 뤽상부르 공원이나 튈르리 정원에 놓인 독특한 모양의 벤치와 의자도 그의 작품이다. 분수는 식수 공급의 기능도 했다. 오늘날처럼 가정에서 수도관을 통해 식수를 공급받게 된 것은 20세기 초반에 들어서였다. 그렇다면 가정에 수세식 변기가 보급된 시기는 언제일까? 영국인들이 19세기 초반에 만든 수세식 변기는 1880년대 후반에야 파리의 가정으로 보급된다. 그 이전까지 층마다 화장실이 있었고, 제대로 관리되지 못한 탓에 악취가 말도 못했다. 신문과 잡지 판매점인 키오스크(kiosque)가 파리의 거리에 등장한 것도 이 무렵이다.

6. 에밀 졸라의 〈쟁탈전〉 읽기

오스만의 파리 개발이 불러온 투기 광풍을 다룬 소설이 있다. 바로 에밀 졸라가 1872년에 〈루공 마카르〉 총서의 두 번째 작품으로 발표한 〈쟁탈전〉(La Curée)이다. 파리의 엄청난 변화를 직시했던 졸라는 〈창작 노트〉에 이렇게 썼다. "파리를 막대한 지출의 소용돌이에 휘말리게 한 것은 오스만이다. 도시들은 파리를 모방했고, 개인들은 파리를 따라했다." 제2제정기의 파리 개발로 시민들은 이전에는 상상조차 못했던 새로운 도시적 경험과 마주했다. 파리의 새로운 도시 풍경과 도시가 개인에게 끼친 변화는 현실의 면밀한 관찰과 실험을 중시하던 졸라로서는 외면할 수 없는 주제였다.

작품을 이끌어가는 인물은 아리스티드 사카르(Aristide Sacard)와 르네(Renée) 부부다. 파리로 올라온 아리스티드 루공은 사카르로 개명하고 국회의원인 형 외젠 루공의 도움으로 시청의 도로 담당 공무원이 된다. 급여 2천 4백 프랑의 말단 공무원이던 그가 "수백만 프랑을 주무르는 대단한 투기사업가"로 변신한 데에는 형의 당부가 중요했다. "마음대로 재산을 끌어모을 수 있는 시대가 우리에게 온 거야. 돈을 많이 벌어라."[159] 그는 엄청난 재산을 모으기 위해서 모든 수단

---

159) 에밀 졸라, 조성애 옮김, 〈쟁탈전〉, 지식을만드는지식, 2012, 178쪽. 이하 출처는 생략하고 쪽수만 표기하기로 한다.

과 방법을 동원한다. 첫 번째 부인과 사별한 뒤 오직 투기 자본을 마련할 목적으로 막대한 유산을 물려받은 르네와 결혼한다.

르네는 전형적인 파리의 대부르주아 출신 여성이다. 사치와 쾌락에 물든 제2제정기 파리의 전형적 인물인 르네는 물려받은 유산을 탕진한다. 몸치장에 엄청난 돈을 쓰며 사교계에 출입하지만, 흥미를 잃고 만다. 르네에게는 새로운 자극이 필요했다. 그녀는 "아무에게도 일어나지 않았던 어떤 것, 매일 만나는 것이 아닌 어떤 것, 미지의 어떤 즐거움"(17)을 찾아 나선다. 이렇게 르네는 사카르와 전처 사이에서 태어난 막심과 위험한 사랑의 놀이에 빠진다.

"돈과 욕망이 들끓는 제2제정의 사회"(176)는 사카르의 투기욕과 르네의 육체적 욕망을 동시에 자극한다. 〈고리오 영감〉의 라스티냐크처럼 〈쟁탈전〉의 사카르도 몽마르트 언덕에 올라가 파리를 내려다보며 자신의 야망을 아내 앙젤에게 털어놓는다.

"오, 저것 좀 봐. 파리 위로 금화가 쏟아지네! (…) 파리를 크게 십자로 나누는 것이다. (…) 첫 번째 도로망이 완성되면 대단원의 춤이 시작될 걸. 두 번째 망은 첫 번째 망과 구역들을 연결시키기 위해 도시 전체에 구멍을 낼 거요. 돌기둥들은 횟가루 더미 속에서 사라질 거요. (…) 이쪽으로 세 번째 금, 저기 저쪽으로 다른 금, 저기에 금 하나를 더 긋고, 저 멀리에도 금을 긋고, 도처에 금이 그어진단 말이오. 칼질로 토막 난 파리, 내장을 드러낸 파리 앞에서 수십만 토목업자들과 석공들이 포식하게 되겠지. 전략적으로 만들어진 파리의 이 도로들이 훌륭하게 완성될 때쯤이면 옛 구역에 새로운 강자들이 등장할 거요."(121쪽)

아내는 곧바로 화답한다. "저 아래, 저건 분명히 금고예요."(123쪽)

오스만의 파리 개발로 파리는 온통 투기 광풍에 휩싸인다. "파리를 바꾸는 광대한 계획에 따라, 철저하고 새로운 도로를 내면서 즉흥적으로 만들어진 구역들을 중심으로 땅과 부동산 매매와 관련된 엄청난 투기 계획"(86)이 꾸며진다. 제2제정기 파리의 진정한 주인공은 나폴레옹 3세도 오스만도 아닌 막대한 자본과 돈이었다. 거대한 변화의 중심에 '돈'이 놓여 있었다. 오스만은 개발에 소요되는 막대한 비용을 조달하기 위해 세금을 늘이는 방법을 택하지 않았다. 증세는 서민 가계를 약화시키고 여론을 악화시킬 것이 분명했기 때문이다. 대신에 은행이나 부동산 신탁회사를 통해 장기 채권을 발행해서 자금을 조달했다.

돈과 투기가 횡행하면서 사회의 근간이 흔들리고 위계질서가 무너진다. 자본주의 사회에서는 "자본이 추잡한 잔치를 벌"이며, "도덕과 자연, 성과 나이, 밤과 낮의 모든 경계들이 무너"진다고 지적한 마르크스를 떠올려보자. 자본의 막강한 힘은 사회 곳곳으로 파고들며 가족과 계급의 위계질서를 뒤흔든다. 새어머니와 아들지간인 르네와 막심은 근친상간적적 사랑을 나누고, 사카르는 이런 두 사람을 철없는 아이처럼 대한다. 사교계의 귀족 여성이나 고급 매춘부는 별반 다르지 않다. 문란한 성의식과 무너진 계급 질서는 제2제정기 파리의 타락과 퇴폐와 직결된다. 사카르와 르네, 막심은 표면상 가족일 뿐 금전적 이해관계로 묶여 있다.[160)]

졸라 소설 속 인물들은 일단 타락과 파멸의 길로 접어들면 그 길에서 벗어나지 못한다. 작품이 진행될수록 추락의 속도는 빨라지며 인

---

160) Natacha Cerf, Pauline Coullet, *La Curée d'Emile Zola*, LeprtitLittérature.fr., 2016, pp. 21~24 참조.

물의 욕망은 통제할 수 없는 지경에 이른다. 그런 의미에서 등장인물의 행로는 이미 정해져 있다. 졸라는 인간의 운명은 사회적 환경과 유전에 의해 정해진다는 '결정론'을 바탕으로 소설을 썼다. 사카르와 르네는 돈과 육체적 욕망에 눈이 멀어 파멸과 타락의 길에 접어든다. 고독과 신경증과 광기만이 홀로 남은 르네에게 남겨진다. '쟁탈전'은 투기의 각축장이 된 파리를 뜻하면서도 먹잇감으로 전락한 르네의 운명을 암시한다. 이보다 앞서 쿠르베는 1856년 살롱전에 동명의 작품 〈쟁탈전〉(1856년, 보스턴 미술관)을 출품한 바 있다.

졸라의 인물들은 발자크 소설처럼 〈루공 마카르〉 총서를 이루는 작품들에 반복해서 등장한다. 사카르는 〈쟁탈전〉보다 20년 후에 발표된 〈돈〉(L'Argent, 1891년)에서 50세가 넘은 나이의 정력적인 은행가로 변신한다. 사카르는 이제 부동산 투기에서 손을 떼고 주식 투자에 매달린다. 그는 증권거래소에 상장된 '만국은행'의 주가를 조작하는 방식으로 투기를 벌인다. 주식은 토지와 함께 자본주의 사회의 대표적인 투기/투자 대상이다. 사카르는 부동산 투기와 주식 투자를 통해 자본주의 사회의 "왕이 되고, 신이 되는 꿈"을 버리지 못한다. 그런데 과연 사카르의 집착에서 자유로운 현대인이 있을까? 졸라의 작품은 우리는 과연 돈과 욕망에 대한 집착에서 얼마나 자유로운지 되묻는다.

7. 오스만의 파리 개발에 대한 비판과 '옛' 파리에 대한 향수

7장의 제사(題詞)로 인용한 보들레르의 시구("도시의 모습은 아! 사람의 모습보다 더 빨리 변하는구나.")를 자세히 음미해보자.

(2연) 내가 새로 생겨난 카루셀 광장을 지나고 있을 때,
불현듯 내 풍요한 기억을 살아나게 했다.
옛 파리의 모습은 이제 보이지 않는다(도시의 모습은
아! 사람의 모습보다 더 빨리 변하는구나) :

(3연) 나는 머리 속에서만 그려볼 뿐, 진을 친 저 모든 판잣집들을,
산더미 같이 쌓인 윤곽만 드러낸 주두와 기둥들,
잡초며, 웅덩이 물로 파래진 육중한 돌멩이들,
그리고 유리창에 빛나는 뒤죽박죽 골동품들을.

(8연) 파리는 변한다! 그러나 내 우울 속에선
무엇 하나 끄떡하지 않는다! 새로 생긴 궁전도, 발판도, 돌덩이도,
성문 밖 오래된 거리도, 모두 다 내게는 알레고리가 되고,
내 소중한 추억은 바위보다 더 무겁다.[161]

총 13연으로 구성된 보들레르의 시 〈백조〉의 일부분이다. 오스만의 개발로 새로 조성된 카루셀 광장을 걷고 있던 시인은 불현듯 옛 파리의 기억을 되살려낸다. 그리고 기억 속 파리는 무엇 하나 변하지 않

---
161) 보들레르, 윤영애 옮김, 〈악의 꽃〉, 문학과지성사, 2003, 218~220쪽.

샤를 마르빌_ 롬 길
Charles Marville_ Rue de Rome, 1853~1870.

샤를 마르빌_ 게뤼삭 길
Charles Marville_ Rue Gay-Lussac, 1853~1870.

앉음을 확인한다. 허름한 판잣집, 오래된 건물의 기둥, 세월의 이끼가 낀 돌멩이 하나하나에 이르기까지. 보들레르는 이 시를 빅토르 위고에게 헌정했다. 옛 파리의 추억을 노래한 이 시가 〈파리의 노트르담〉에서 중세의 파리를 웅장한 필치로 살려낸 위고에게 바쳐진 것은 자연스럽고 당연했다. 위고는 노트르담 대성당을 파리 시민들의 가슴에 자리 잡게 했고, 건축가 비올레 르 뒥(Viollet-le-Duc, 1814~1879)은 노트르담 대성당 복원에 평생을 바쳤다. 오스만의 개발로 파리의 옛 모습은 사라졌지만, 보들레르가 노래했듯이 파리의 소중한 추억은 무엇 하나 변하지 않았다. 파리의 급격한 변화는 '옛 파리'에 대한 향수를 불러일으켰다. 무자비한 철거로 과거를 잃어버린 도시에 절규하는 목소리도 들려왔다.

"과거가 없는 도시. 추억이 없는 정신이 가득 찬 곳. 눈물 없는 심장을 가진 곳. 사랑 없는 영혼이 가득한 곳! 뿌리 없는 군중의 도시. 언제라도 쓸어버릴 수 있는 인간쓰레기의 더미. 너는 성장하여 세계의 수도가 될 수도 있겠지만, 너에게 시민은 절대로 없을 것이다."[162]

'철거의 예술가' 오스만도 사라진 옛 파리의 모습을 기록으로 남겨 현대화된 파리의 반면교사로 삼고자 했다. 오스만은 파리 시립역사도서관(Bibliothèque Historique de la Ville de Paris)을 세우고 사진가 샤를 마르빌(Charles Marville, 1816~1879)에게 옛 파리의 모습을 사진에 담을 것을 지시한다. 파리 개발 이전과 이후의 모습을 사진으로 남겨 파리가 얼마나 아름답고 효율적인 도시로 변모했는가를 보여주

---

[162] 데이비드 하비, 〈모더니티의 수도 파리〉, 457쪽에서 재인용.

샤를 마르빌_ 푸르 길

Charles Marville,_ Rue du Four, 1853~1870.

려는 의도에서였다. 마르빌은 1858년부터 10년 동안 파리 곳곳을 누비며 역사의 뒤안길로 사라질 파리의 올드 타운을 수천 장의 사진에 담았다. 사진이 이때만큼 기록물로서의 가치를 발휘한 적도 드물다.

오스만의 개발로 파리의 옛 모습이 완전히 사라진 것은 아니었다. 직선으로 뻗은 대로 뒤편으로는 드문드문 골목길이 남아 있었으며, 파리로 편입된 변두리 지역은 오스만 식 개발의 사각지대에 놓여 있었다. 외젠 앗제(Eugène Atget, 1856~1927)는 개발의 손길이 미치지 못한 파리의 옛 모습을 사진에 담았다. 오스만 식 아파트나 일직선 대로, 신식 카페나 백화점은 안중에 없었다. 그는 파리의 구석구석을 찾아다니며 세월의 풍상을 간직한 건물과 거리, 무심히 버려진 개발 소외 지역을 사진에 담았다. 그는 무려 20년이 넘게 파리를 누비고 다니며 수천 점이 넘는 사진을 찍었다. 앗제의 사진은 역사박물관이나 공공도서관에 없어서는 안 될 소중한 자료가 되었고, 때로는 화가나 건축가에게 파리 풍경의 밑그림 구실도 했다.

앗제는 삶의 단편적이고 순간적인 모습을 스냅 사진처럼 찍지 않았다. 그는 대상을 장시간 빛에 노출시키면서 정확한 모습을 재현하고자 했다. 앗제의 사진에는 파리에 대한 향수가 짙게 배어 있다. 그의 사진은 잊혀진 파리에 대한 향수를 자극하며 '그림 같이 아름다운'(pittoresque) 풍경을 선사한다. 앗제 사진의 회화적이고 시적인 비전에 매료된 초현실주의자들은 그를 '현대 사진의 아버지'로 받들었다.[163] 19세기 파리는 이제 샤를 마르빌과 외젠 앗제의 흑백사진으로만 기억될 뿐이다.

---

163) 게리 뱃저, 정재곤 옮김, 〈외젠 앗제〉, 열화당, 2003.

앗제_ 발랑스 길, 안마당
Eugène Atget_ Cour, 7 rue de Valence, 1922.

앗제_ 넝마주이
Eugène Atget_ Chiffonier, 1899-1901.

앗제_ 라팽 아질, 몽마르트
Eugène Atget_ Auberge du lapin agile, cabaret au lapin agile, rue des Saules, Montmartre, 1922.

8. 오스만의 파리 / 르코르뷔지에의 뉴욕

오스만의 개발이 이루어지지 않았다면 파리는 어떻게 되었을까? 로마처럼 유적들이 자아내는 고풍스러운 분위기의 도시가 되었거나, 뉴욕처럼 고층빌딩이 하늘을 찌를 듯이 솟아있는 도시가 되었을지 모른다. 오스만은 시테 섬에 거주하는 노동자와 서민을 파리 외곽으로 쫓아내고 오스만 식 건물과 대로를 지었지만, 20세기의 건축가 르코르뷔지에는 그곳에 고층 아파트촌이 들어서지 않은 것을 아쉬워했다. 그 대신 그는 1925년 오스만의 개발 광풍을 빗겨간 마레 지구를 완전히 철거하고 거대한 고층빌딩 단지로 재개발하자는 계획안을 발표한다. 르코르뷔지에의 바램대로 되었다면 파리는 주택난 해소의 대가로 파리만의 고유한 도시 풍경을 상실했을 것이다. 도시의 '거리 생활'(street life)을 혐오한 르코르뷔지에는 도시를 고층빌딩과 숲의 조화로만 생각했다.

21세기의 파리는 오스만의 파리라고 해도 좋을 정도로 오스만이 설계한 파리의 모습을 간직하고 있다. 오스만 이후에도 그가 세운 도시 개발의 원칙은 유지되었다. 이제 파리에서 철거와 재개발은 더 이상 허용되지 않았다. 제3공화국의 건축물들(사크레쾨르 성당과 에펠탑, 트로카데로궁과 샤이오궁, 그랑 팔레와 프티 팔레)은 오스만의 파리와 조화를 이루었다. 파리 식 도시 개발 모델은 빈과 같은 유럽 도시들로 확산되기 시작했다. 파리는 양차대전으로 큰 피해를 입지 않았기에 전후 복구 차원의 대규모 개발이 필요치 않았다. 반면에 런던이나 베를린, 특히 바르샤바 같은 도시는 공습으로 엄청난 피해를 입어 전면적인 도시 개발이 필요했다. 파리는 철거와 재건축 대신에 유지와 보수의 정책을 펼치며 오스만의 파리를 온전히 보전했다.

이제 오스만의 파리는 지키고 보존해야 할 소중한 자산이 되었다. 빅토르 위고와 샤를 가르니에의 주도로 창립된 〈역사기념물 우호회〉(Société des amis des monuments historiques)는 1895년 파리의 도시 풍경을 훼손한다는 이유로 지하철 지상 노선 건설을 반대했다. 결국 파리 지하철은 일부 구간에서만 지상으로 다닌다. 히틀러는 에펠탑 앞에서 파리 점령을 기념하는 사진을 찍은 후 이렇게 당부했다.

"파리는 아름답지 않던가? 하지만 베를린이 더 아름다울 수 있도록 해야 해. 과거에 나는 파리를 파괴해서는 안 되는지 자문했었지. 하지만 베를린을 더 아름답게 만든다면 향후 파리는 그림자에 지나지 않을 거야. 그러니 무엇 때문에 파리를 파괴해야 하나?"

파리는 도시 전체가 박물관이자 인류 전체의 문화유산이라는 인식은 히틀러 같은 적국의 지도자도 인정할 정도로 보편적이었다. '유지와 보수' 정책에 반대하며 19세기 파리를 철거하고 완전히 새로운 파리를 건설하자는 주장도 만만치 않았다. "도시가 방부 처리된 호박 화석처럼" 굳어진 탓에 "도시를 보호하기 위해서는 사실상 도시의 일부를 파괴해야" 한다는 목소리가 차츰 커졌다.

마침내 1960년대 들어 파리의 건축물 고도제한이 풀리면서 210미터의 몽파르나스 타워(1969년)가 건설된다.[164] 몽파르나스 타워는 에펠탑 못지않은 반발을 불러왔고, 결국 오스만의 파리를 허물고 새로운 세기에 걸맞은 역동적인 파리를 만들어야 한다는 제안은 파리 시민들의 공감을 얻지 못했다. 르코르뷔지에의 눈에 파리는 "끝난 도

---

164) 에드워드 글레이저, 〈도시의 승리〉, 250쪽.

시"로 비춰졌고, "생성 중인 도시" 뉴욕의 역동적인 모습이 그를 사로잡았다. 1935년 뉴욕에 도착한 그의 일성을 들어보자.

"도시가 비상한 속도로 건설되고, 수직으로 일어서고, 새로운 마천루가 매월 혹은 삼 개월 단위로 출현하였다. 마천루? 도시와 하늘이 마천루로 가득 차 밑에서 우러러보면 거대한 홀로코스트의 불길과도 같다. 아메리카인은 달러를 쌓아 올리는 일밖에 모르다고 경솔하게 단정 지어서는 안 된다. 여기에 그들의 열광, 어린아이의 순진함, 감정의 풍요로움이 증명된다. (…) 뉴욕이 거대한 기획에 의해 단순한 한 도시를 넘어 현대의 선두 자리에 서게 된 지난 십 년 동안, 파리시에는 삼십삼 킬로미터에 거쳐 역사에 길이 남을 저렴한 주택이 세워지고 있었다. 그것은(제일의 도시로서의) 결정적인 권리 포기의 명백한 증거일까."[165]

파리는 '미국식' 변화와 뉴욕 모델에 강한 거부감을 표했다. 그 반대급부로 뉴욕은 가장 새롭고 현대적인 도시의 타이틀을 가져간다. 1940년대가 되면 뉴욕은 전 세계 이민자들의 관문이자 명실상부한 '모더니티의 수도'로 군림하며 파리의 위상을 위협한다. 소설가 쥘리앙 그라크는 "1940년 이후로 파리는 세계적인 규모로 지방화되었다."는 말로 파리의 약화된 위상을 정리했다. 1920년대 미국의 작가들이 파리를 찾은 것처럼 이제 파리의 예술가들이 뉴욕에 몰려든다. 파리 시대는 저물고 바야흐로 뉴욕 시대가 열렸다.

---

165) 르코르뷔지에, 〈뉴욕의 마천루는 너무 작다〉, 이광주 엮음, 〈아름다움과의 만남〉, 열화당, 2011, 201-202쪽에서 재인용.

몽파르나스
Montparnasse

7장

만국박람회(Exposition Universelle), '빛의 도시' 파리를 만들다

1. 박람회의 수도, 파리

다소 뜻밖으로 들리겠지만 파리는 박람회의 수도이다. 팩트 체크부터 해보자. 1855년 박람회를 시작으로 1900년까지 11년 정도의 주기로 모두 5차례의 박람회(1855년, 1867년, 1878년, 1889년, 1900년)가 파리에서 열렸다. 1925년 국제장식박람회와 1931년 식민박람회, 1937년 박람회까지 포함하면 19세기 중반부터 80년 동안 8차례의 박람회가 파리에서 개최되었다. 1851년 런던에서 처음 열린 만국박람회를 19세기 유럽 최고의 빅 이벤트로 키우며 박람회의 시대를 활짝 연 도시가 바로 파리다.

박물관과 백화점, 박람회는 모두 근대의 발명품이다. 전시품이 다를 뿐 대중에 개방된 전시 장소라는 점은 같다. 박물관은 예술작품을,

백화점은 상품을, 박람회는 산업과 기술의 최신 제품을 전시한다. 이 근대의 발명품들은 파리가 근대 도시로 전면적으로 재편되는 과정에서 생겨났다. '박람회'(Exposition)와 '(상품) 전시'(exposition)는 첫 문자의 대소만 다를 뿐 동일한 어휘이다. 백화점은 박람회의 제품 전시 방식을 응용했으며, 박람회는 박물관의 공공성에 대중을 위한 오락적 재미를 가미했다.

파리 박람회는 명실상부한 '만국' 박람회로서 국제적 규모를 자랑했다. 1889년 파리 만국박람회 안내책자는 쥘 베른의 〈80일간의 세계 일주〉(1873년)를 능가하는 세계 일주를 제안한다. "쥘 베른은 80일 동안의 세계 일주를 꿈꾸었다. 샹 드 마르스에서 당신은 단 여섯 시간 만에 세계 일주를 할 수 있다." 박람회는 무엇보다도 '진보'의 아이콘으로서, 동시대인들에게 인류의 '미래'에 대한 희망을 심어주었다. 벤야민은 박람회를 통해 "인류의 정신은 물질의 힘에 친숙해지기 시작했다."고 지적했다.[166] 박람회의 '히트 상품'은 물질적 진보의 확실한 증거이자 보증수표였다. 싱어(Singer)의 재봉틀(1855년), 독일의 14인치 구경 대포(1867년), 전등과 전화(1878년) 그리고 에펠탑(1889년)과 무빙 워크(1900년)가 대표적인 히트 상품들이다.

2. 19세기의 산물, 만국박람회

박람회의 명칭은 나라마다 다르다. 대영제국(Great Britain)에서는 'Great Exhibition', 상품 전시 및 판매를 강조한 미국에서는 'World's

---

166) 발터 벤야민, 〈아케이드 프로젝트〉, 472쪽.

Fair', 프랑스에서는 'Exposition Universelle'이라는 명칭을 사용한다.[167] 만국박람회는 프랑스어 명칭을 직역한 단어이다.

최초의 박람회가 열린 1851년 런던으로 가보자. 유럽에서 가장 앞선 산업과 기술을 자랑하던 영국은 산업혁명의 결실을 박람회장에 선보였다. 첫 박람회는 대중에게 강렬한 인상을 심어주었다. 하이드파크에 설치된 주 전시관인 '크리스털 팰리스'(Cristal Palace), 일명 '수정궁' 덕분이었다. 최첨단 건축물인 수정궁은 온실 정원사의 아이디어에서 탄생했다고 한다. 주철로 골격을 세우고 온실처럼 유리로 덮은 건물은 마치 '수정'처럼 반짝거렸다. 산업혁명으로 대량생산된 철과 유리의 시대가 도래했음을 알리는 신호탄이었다.

길이 564미터, 폭 120미터, 높이 40미터의 수정궁을 두고 기념비적 건축물이라는 찬사가 쏟아졌다. 피트로 환산한 길이(1,851피트)는 개최연도를 뜻한다. 철은 견고한 구조를 지탱했고, 유리는 화려한 빛을 선사했다. 빛이 유리를 통해 진열된 상품들에 쏟아지는 장관에 관람객들은 넋을 잃었다. 증기기관차를 타고 영국 각지에서 모여든 관람객들은 런던 인구의 두 배가 넘었다. 관람객의 눈길을 사로잡은 상품에는 '단검으로도 쓸 수 있는 우산'이나 '비누도 물도 필요 없는 면도기' 같은 것도 있었다.[168] 반면에 러시아의 대문호 도스토예프스키에게 수정궁은 인간의 꿈과 욕망을 계산적 이성에 종속시킨 거짓 유토피아에 불과했다. 그는 1864년에 발표된 소설〈지하로부터의 수기〉에서 서구의 합리주의와 공리주의에 의해 말살당한 '지하의 세계'를 특유의 장황한 고백체로 설파한다. 대작가는 수정궁이 과학적 이성과 공리적 계산으로 축소된 인류의 어두운 미래를 보여준다고 경고한다.

---

167) 요시미 순야, 이태문 옮김,〈박람회: 근대의 시선〉, 논형, 2004, 46쪽.
168) 앞의 책, 제1장 '수정궁의 탄생' 참조.

"그렇다면 인간의 모든 행동은 저절로 이 법칙[자연의 법치]에 따라 로그표처럼 수학적으로 분류되어 100만 8천 종에 이를 것이고 그렇게 연감에 기입될 것이다. 아니면 이보다 훨씬 더 훌륭한 방법으로, 지금의 백과사전 같은 편람과 유사한 몇몇 건전한 출판물이 나와서 모든 걸 정확히 계산해 주고 명시해 주면 세상엔 이미 더 이상 행동이라는 것도, 엽기적 사건도 없어질 것이다. 그때가 되면—이건 모두 여러분이 하는 얘기다—새로운 경제적 관계, 즉 완전히 준비되고 역시나 수학적 정확성을 뽐내며 계산된, 완전히 기성품 같은 관계들이 나타날 것이고, 본질적으로 모든 질문에 대한 모든 가능할 법한 대답이 제시되기 때문에 모든 가능할 법한 질문이 한순간에 사라질 것이다. 그때야말로 수정궁이 건설될 것이다."[169]

작가의 경고에도 불구하고 박람회는 멈추지 않았고 또 다른 수정궁이 도시마다 세워졌다. 이제 파리가 1855년 만국박람회로 런던에 도전장을 내민다.

3. 제2제정, 박람회의 시대를 열다
: 1855년 박람회와 1867년 박람회

첫 번째 파리 박람회에는 쿠데타로 집권한 나폴레옹 3세의 정치적 의도가 크게 작용했다. 황제는 오랜 기간 망명 생활을 한 영국의 사정

---

[169] 표도르 도스토예프스키, 김연경 옮김, 〈지하로부터의 수기〉, 민음사, 2010, 42쪽.

에 밝았다. 런던박람회가 대성공을 거두자 황제는 박람회를 체제 안정을 위한 절호의 기회로 여겼다. 박람회에 몰린 인파가 폭동이나 소요를 일으킬지도 모른다는 우려도 런던박람회를 통해 말끔히 사라졌다. 박람회는 혁명과 반혁명으로 어수선해진 사회 분위기를 쇄신하고, 정치적 안정을 도모하는 전기가 되지 않을까. 황제의 기대에 보답하듯 박람회는 혁명의 잠재 세력을 상품을 욕망하고 소비하는 대중으로 변모시키는 탁월한 효과를 발휘했다.

나폴레옹 3세는 런던의 수정궁에 버금가는 전시관을 짓고자 했지만 결과는 보잘 것 없었다. 〈산업궁〉(Palais de l'industrie)은 평범한 석조 건물이었고, 전시된 상품들도 많지 않았을 뿐더러 기대 수준에 못 미쳤다. 하지만 일반 대중은 박람회장에서 문명과 기술의 진보를 피부로 느꼈다. 박람회는 대중에게 신기술과 히트 상품의 '쇼케이스'로서 자신의 존재 가치를 확실하게 각인시켰다.

나폴레옹 3세는 첫 박람회를 거울삼아 1867년 두 번째 박람회를 야심차게 기획했다. 역사학자 르낭은 "유럽 전체가 상품을 보기 위해 나섰다"며 불편한 심정을 내비쳤지만, 박람회는 유럽인들의 이목을 파리에 집중시킬 수 있는 좋은 기회였다. 인류의 미래는 산업과 기술의 진보에 달려 있으며 파리는 진보를 선도하는 도시라는 생각, 파리 박람회는 이러한 생각을 신념으로 바꾸어놓았다. 우선 만국박람회라는 명칭에 걸맞게 이집트나 오스만 터키, 극동의 중국과 일본에 이르기까지 참가국의 규모가 늘어났다. 무엇보다도 박람회의 시계는 미래를 향해 있었다. 더 나은 미래가 인류를 기다리고 있다는 믿음만으로도 박람회를 찾은 관람객들을 들뜨게 하기에 충분했다.

'전시' 방식에도 큰 변화가 생겼다. 수정궁이나 산업궁 같은 대규모 전시관 대신, 참가국마다 별도의 전시관인 '파비용'(pavillon)을 지어 나라별로 전시품을 볼 수 있게 했다. 새로운 전시 방식은 국가 간의 경쟁과 이국취미를 유발하면서 이후 박람회의 기본 틀이 된다. 박람회와 백화점은 서로를 벤치마킹하며 대중을 사로잡을 획기적인 전시 방식을 찾아내고자 했다. 박람회나 백화점 모두 "상품이라는 물신에 대한 순례지"이자 "자본주의 문화의 주마등이 가장 찬란하게 펼쳐지는" 장소였기 때문이다.[170]

덕분에 관람객 수도 배로 늘었다. 천만 명이 넘는 관람객들은 박람회장만 찾지 않았다. 프랑스와 유럽 각지에서 온 관람객들은 말로만 듣던 '19세기의 수도' 파리, 오스만의 개발로 탈바꿈한 파리를 눈으로 확인하고자 했다. 파리 전체가 박람회장이라고 할 정도로 관광객들로 넘쳐났으며 "유럽 부호들이 박람회를 구경하고 쇼핑을 즐기는 것은 하나의 시대적 유행이 되었다."[171] 파리의 고급 문화예술에서 카페 문화와 미식문화, 그리고 파리의 밤 문화에 이르기까지 관광객들은 19세기의 수도 파리가 제공하는 모든 것에 흠뻑 빠져들었다.

1855년 런던 박람회에 5백만 명이던 관람객 수가 1900년 파리 박람회에서는 무려 5천만 명으로 급증한다. 참고로 이 기록은 1970년 오사카 박람회에 가서야 깨진다. 1867년 박람회의 인기 제품은 바로 독일 크루프사에서 개발한 14인치 대포였다고 한다. 3년 뒤 프랑스-프로이센 전쟁에서 파리 시민들을 공포로 몰아넣은 병기였다고 하니 역사의 아이러니라 하겠다.

---

170) 데이비드 하비, 〈모더니티의 수도 파리〉, 376쪽.
171) 주강현, 〈세계박람회 1851~2011〉, 블루앤노트, 2012, 64쪽.

4. 1889년 박람회, 에펠탑의 신화를 쓰다

모네는 삼색기가 물결치는 파리의 축제 분위기를 실감나게 보여준다. 온통 삼색기로 뒤덮인 파리의 몽토르귀유 길의 모습이다. 1878년 6월 30일은 만국박람회 개최를 기념해 공휴일로 지정되었고 파리의 모든 거리는 축제 분위기 일색이었다. 마네도 비슷한 장면을 그린 〈깃발로 장식된 모스니에 길〉을 남겼다. 프랑스-프로이센 전쟁이 끝나고 파리를 잿더미로 만든 파리코뮌의 상처도 아물자 제3공화국은 박람회를 통해 국가의 자존심을 회복하고 공화국의 미래를 밝히고자 했다. 박람회의 성공적 개최에 공화국의 명운을 걸었다. 제2제정에서 제3공화국으로 체제가 바뀌었지만 박람회는 정치권력에 좌우되지 않을 만큼 강력한 영향력을 행사하며 지속되었다.

센 강을 마주보고 샹 드 마르스와 트로카데로 광장을 연결하는 넓은 부지가 박람회장으로 사용되었다. 트로카데로 광장에는 수정궁을 의식해 트로카데로 궁을 지었다. 1878년 박람회의 히트 상품은 단연코 에디슨과 벨의 발명품이었다. 에디슨의 전등과 벨의 전화는 박람회 내내 대중의 이목을 끌며 미래의 신상품으로 각광받았다. 프랭탕 백화점이 파리 최초로 백화점 매장에 전기 조명을 설치하는 등 전기는 대중의 일상생활을 획기적으로 바꾸어놓았다. 이제 파리는 세 번의 박람회를 개최하면서 쌓은 역량과 노하우를 네 번째 박람회에 쏟아붓는다. 프랑스 대혁명 100주년을 맞는 1889년이 바로 절호의 기회였다.

여기서 한 가지 의문이 생긴다. 만국박람회는 런던에서 시작했는데, 파리가 박람회의 수도를 꿰찬 이유는 무엇일까? 첫 개최 이후에 영국은 '해가 지지 않는 제국'답게 영연방 도시들을 순회하며 박람회

모네, 몽토르귀유 길, 1878년 6월 30일
Claude Monet, La Rue Montorgueil,
Fête du 30 juin 1878,
81×50cm, Musée d'Orsay, Paris.

모네, 생드니 길, 1878년 6월 30일,
Claude Monet, Rue Saint-Denis,
Fête du 30 juin 1878,
76×52cm, Musée des Beaux-Arts, Rouen.

를 개최한 반면, 프랑스는 국가의 모든 역량을 오직 파리 한 도시에만 집중했다. 덕분에 19세기 후반 파리는 런던이나 뉴욕을 따돌리고 박람회의 수도로 우뚝 설 수 있었다. 또한 파리는 도시 한복판의 샹 드 마르스를 박람회장으로 활용하면서 도시 자체를 박람회의 랜드마크로 내세웠다. 도시 외곽의 유휴 부지를 박람회장으로 조성했던 여타 도시들과는 달랐다. 원래 샹 드 마르스는 루이 15세가 조성한 육군사관학교 생도들을 위한 훈련소였지만, 1855년 박람회부터 줄곧 파리만국박람회장으로 사용된다.

기술과 문명의 진보를 보여주자는 만국박람회 취지에 맞게 높이(45미터)와 길이(4백미터), 폭(100미터)에서 압도적인 기계관을 짓고, 에디슨의 전등이 '빛의 도시' 파리를 환하게 밝혔지만, 이것만으로는 프랑스 대혁명 100주년을 기념하고 제3공화국의 발전상을 알리기에 부족했다. "공화국에 봉사하는 신기술의 가능성을 대중에게 알린다."는 슬로건을 내건 1889년 박람회를 상징하는 결정적인 무언가가 필요했다. 제3공화국 정부는 과학, 기술, 진보, 미래의 가치를 상징하는 획기적인 건축물을 세우자고 결정한다. 박람회 조직위는 참신한 아이디어에 골몰한 끝에 샹 드 마르스에 파리의 기존 건축물을 압도하는 높이의 탑을 세우자는 결론에 도달했다.

탑의 높이는 300미터로 정해졌다. 이를 피트로 환산하면 1000 피트에 해당한다. 당시에는 1000피트 높이의 건축물을 짓는 것은 재정적으로도 큰 부담이거니와 기술적 한계로 받아들여졌다. 파리의 오벨리스크를 본 따 세워진 워싱턴 기념탑(1885년)의 높이도 168미터에 불과했다. 게다가 석탑인 까닭에 완공에만 무려 40년이 걸렸다. 2년이라는 짧은 기간 내에 세계에서 가장 높은 탑을 세우려면 철탑만이 유일한 대안이었다. 바야흐로 에펠의 시대가 열릴 참이었다.

무려 700개가 넘는 설계안이 응모했다. 강철과 석재의 대립이 이때만큼 치열했던 적이 없을 정도로 철탑 설계안과 석탑 설계안이 팽팽하게 맞섰다. 에펠은 "석재의 가능성은 중세 성당 건축의 시대에 이미 절정에 달"했으므로, "더 높이, 더 크게 짓기 위해서는 강철을 사용해야만 한다."는 투철한 신념을 지닌 건축가였다.[172] 반면에 그리스 로마 시대부터 비롯되는 석조 건축 설계안은 건축가 가르니에가 선도했다. 그는 "철은 건방지고 무미건조하고 저속하여" 예술적 건축물에는 사용될 수 없다고 생각했다.[173] 에펠은 1878년에 철도 교량 건설에 이바지한 공로로 레지옹 도뇌르 훈장을 받은 역량 있는 건축가였고, 가르니에는 1875년에 자신의 이름을 딴 오페라 하우스인 '오페라 가르니에'를 설계한 당대 최고의 석조 건축가였다.

결과는 어떻게 되었을까? 1886년 6월 에펠의 설계안이 만장일치로 당선되었다. 박람회까지 주어진 시간은 불과 2년이었고, 공사 기간을 충족하는 설계안은 철탑밖에는 없었다. '강철의 마법사' 에펠은 '오페라 가르니에'처럼 건축가의 이름을 딴 기념비적 건축물을 세우고 싶었고, 이제 그 기회가 찾아왔다.

300미터가 넘는 철탑을 단기간에 세우기 위해서는 치밀한 공학적 계산과 과학적 공정이 요구되었다. 탑의 높이를 감당할 수 있는 견고한 토대를 만드는데 몇 개월이 걸렸다. 그 다음으로 현장에서 부품들을 한 치의 오차도 없이 조립해야 했다. 그런데 예기치 못한 반대여론에 부딪혔다. 탑이 조금씩 모습을 드러내자 파리의 '흉물'이 도시의 미관을 해칠 거라는 우려의 목소리가 커졌다. 높이를 지탱하지 못한 탑이 결국 무너질 거라는 걱정까지 더해졌다. 마침내 1887년 파리의

---

172) 메리 매콜리프, 〈벨 에포크, 아름다운 시대(1871~1900)〉, 270쪽.
173) 정대인, 〈논란의 건축, 낭만의 건축〉, 문학동네, 2015, 86쪽.

작가와 예술가 300명이 에펠탑 건설을 비난하는 성명을 발표했다. 건축가 가르니에가 앞장섰다.

> "우리 작가, 화가, 조각가, 건축가들은 (…) 지금 위협받고 있는 프랑스 예술과 역사의 이름으로 우리의 수도 한가운데에 백해무익하고 추악한 에펠탑을 세우는 것에 항의한다. (…) 이 탑의 야만적인 크기는 노트르담, 생-샤펠, 투르 생-자크 등을 압도해 우리의 모든 건축물을 모욕하고 왜소하게 만들 것이다."[174]

명단에는 소설가 뒤마나 작곡가 구노를 비롯해서 대표적 지식인인 에밀 졸라도 이름을 올렸다. "거대한 시커먼 공장 굴뚝" 같은 에펠탑이 파리를 굽어본다면 이는 파리의 망신이요 치욕일 것이다![175] 에펠탑은 결국 파리를 파멸시킬 '바벨탑'이 되지 않겠는가! 게다가 에펠탑은 통상적으로 박람회가 끝나면 철거되는 다른 건축물과는 달리 향후 20년 동안 권리를 보장받았다. 에펠은 사업 수완이 뛰어난 건축가였다. 이제 반대의 목소리는 더욱 커졌고, 작가 모파상은 에펠탑이 꼴보기 싫어 에펠탑 안의 레스토랑에서 식사를 했다는 일화를 남기고 파리를 등졌다. 에펠탑이 파리의 수호탑이자 파리를 밝히는 '등불'이 되기 위해서는 몇 십 년의 세월이 흘러야만 했다.

에펠탑을 둘러싼 논란은 철강과 석재의 싸움이자 엔지니어와 건축가의 경쟁이며, 기술과 예술의 대립이었다. 에펠은 엔지니어로서 자신의 역량을 최대한 보여주어야 했다. 바람의 저항을 최소화하고 지진이나 태풍을 견딜 수 있도록 설계해야 했다. 그런데 "1999년 시속

---

174) 발터 벤야민, 〈아케이드 프로젝트〉, 457~458쪽.
175) 메리 매콜리프, 〈벨 에포크, 아름다운 시대(1871~1900)〉, 302쪽.

240킬로미터의 태풍이 왔을 때도 탑의 정상은 13센티미터밖에 움직이지 않았"다고 하니 백 년 전의 정교한 계산능력과 공학적 마인드에 감탄하지 않을 도리가 없다.[176)] 사실 에펠은 바람의 저항에 가장 신경을 썼다.

> "지금껏 내가 이 탑을 디자인하는 데 있어서 가장 신경쓰고 있는 현상이 무엇이었나? 그것은 바람의 저항이었다. 나는 수학적인 계산이 알려주는 당연한 형태를 따르고 (…) 강함과 아름다움의 커다란 인상을 심어주게 될 이 기념물의 바깥 모서리가 가진 곡선을, 결국 이것이 바라보는 이들의 눈에 묵직한 디자인 그 자체로 다가가도록 지켜냈다."[177)]

에펠탑이 무너질 것이라는 우려는 수그러들었다. 15만 개의 강철 부품과 250만 개의 나사를 마치 레고를 쌓듯이 정교하게 조립해야 했다. 최소 인원이 최단 기간에 집중적으로 작업한 결과 마침내 에펠탑은 1889년 3월 31일에 완공된다. 에펠은 엘리베이터 대신 1710개의 계단을 걸어 올라가 탑 꼭대기에 삼색기를 걸었다. 이제 파리에서 노트르담 대성당보다 무려 213미터나 더 높은 세속적 건축물이 바벨탑 같은 위용을 자랑하며 우뚝 솟았다. 에펠탑은 프랑스의 위대한 상징이 되었으며, 에펠은 레지옹 도뇌르 훈장을 두 번이나 수여하는 영광을 누린다.

---

176) 정대인, 〈논란의 건축, 낭만의 건축〉, 88쪽.
177) 〈르탕〉(*Le Temps*), 1887년 2월 14일자 기사. 위키백과 〈에펠탑〉 항목 참조.

5. 에펠탑 이후의 에펠탑: 신화는 계속된다

파리 관광명소 1순위는 루브르 박물관도 개선문도 아닌 에펠탑이다. 에펠탑은 하루에 제한된 인원만 입장할 수 있기 때문에 예약을 하지 않으면 오래 줄을 서거나, 에펠탑 앞에서 사진만 찍고 돌아서야 한다. 어렵사리 탑 꼭대기에 올라가도 파리를 제외하면 볼 것이 없다!

에펠탑은 들어가서 볼 내부가 없는 특이한 장소이다. 기호학자 롤랑 바르트는 에펠탑을 "무용성의 유용성이 관철된" 역설적 장소이자 "내용이 없는 장소"로 설명했다.[178] 그래서 에펠탑이 나오려면 에펠탑 앞에서 사진을 찍는 수밖에는 없다. 에펠탑을 배경으로 찍은 사진만이 파리 여행 증명사진으로 대접받는다. 매년 7백만 명 이상의 관광객들이 찾는 에펠탑은 코로나 19로 이차대전 이후로는 처음으로 문을 닫기도 했지만, 여전히 파리의 랜드마크 구실을 톡톡히 하고 있다.

에펠탑의 신화는 1889년 박람회 이후에도 계속된다. 1900년 파리 박람회의 명소도 단연코 에펠탑이었다. 거의 한 세기를 건너뛰어 1996년에 200프랑 지폐에 들어갈 인물을 두고 논쟁이 일었다. 후보는 에펠과 뤼미에르 형제였다. 그해는 마침 영화 탄생 100주년이기도 했다. 에펠은 유력한 경쟁자를 물리치고 지폐와 기념우표에 자신의 모습을 새겼다. 하지만 에펠탑의 역사를 되돌아보면 위기가 없었던 것은 아니다. 에펠탑은 과학적 쓸모를 입증하며 존속권 보장이 종료되는 1909년 이후에도 살아남아야 했다. 에펠탑은 파리 유일의 전망대이자, 일차대전 당시 연합국의 통신 안테나였으며, 그 이후에는 라디오와 텔레비전 방송용 안테나 역할을 했다. 또한 에펠탑은 기상관측

---

178) 정대인, 〈논란의 건축, 낭만의 건축〉 참조.

과 물리 실험, 천체 관측의 장소로 사용되었다. 에펠탑은 한계를 뛰어넘으려는 도전의 장소가 되기도 했다. 낙하산 하강을 시도하거나(1912년), 자전거를 타고 내려오고(1923년), 산악 장비를 갖추고 등반하거나(1954년), 최근에는 번지점프를 하거나 오토바이를 타고 도전하는 등 각종 모험과 도전이 이어졌다. 자살 시도도 적지 않아 고귀한 생명들이 에펠탑에서 뛰어내렸다.[179]

기호학자 바르트는 에펠탑의 신화가 지속되는 현상을 두고 그 의미가 '무한 증식'하는 기호와도 같다고 설명한다. 화가와 시인들은 에펠탑을 현대의 신화로 만드는데 큰 역할을 했다. 점묘화법을 추구한 신인상주의 화가 조르주 쇠라(George-Pierre Seurat, 1859~1891)의 〈에펠탑〉(1889년) 이후로 많은 화가들이 에펠탑을 화폭에 담았다. 에펠탑의 미학적 가치를 탐구한 선구적인 화가로 폴 루이 들랑스도 빼놓을 수 없다. 1910년 파리에 온 이래 〈창문에서 본 파리〉(1913년)부터 〈안녕 파리〉(1972년)에 이르기까지 에펠탑을 자신이 꿈꾸는 파리 풍경의 중심에 둔 샤갈과 라울 뒤피, 그리고 장 콕토에 이르기까지 여러 화가들의 이름을 떠올릴 수 있다.

그래도 단 한 명의 화가를 꼽으라면 30여 점의 에펠탑 그림을 남긴 로베르 들로네(Robert Delaunay, 1885~1941)를 들 수 있다. 들로네는 "기념비적인 오브제나 공항, 철로 제작한 대형물, 럭비, 축구" 같은 현대적인 소재들을 주로 화폭에 담은 입체파 화가로 유명하다.[180] 그는 무엇보다도 파리의 평범한 건물들을 압도하는 "에펠탑의 지칠 줄 모르는 활력"에 반했다.[181] 에펠탑의 화가는 "새로운 세계의 강철 뮤

---

179) 앞의 책 참조.
180) 류승희, 〈화가들이 사랑한 파리〉, 아트북스, 2017, 245쪽.
181) 피에르 노라, '에펠탑', 〈기억의 장소〉 5권, 104쪽.

들로네_ 샹 드 마르스, 붉은 탑
Robert Delaunay_ Champs de Mars, La Tour Rouge, 1911~1923, 160.7×128.6cm, The Art Institute of Chicago.

쇠라_ 에펠탑
Georges Seurat_ La Tour Eiffel, 1889, 24×15cm, Fine Arts Museums of San Francisco.

들로네_ 에펠탑
Robert Delaunay_ Tour Eiffel, 1926, 169×86cm, Musée d'Art Moderne de la Ville de Paris.

즈"에 영감을 받아 1909년부터 2년 동안 오직 에펠탑에만 매달렸다. 1911년 작 〈붉은 탑〉은 들로네가 남긴 에펠탑 연작에서 가장 널리 알려진 작품이다.

에펠의 실험은 초현실주의의 미적 혁신의 선구적 사례로 평가받으며, 에펠탑은 아방가르드의 표본으로 받아들여진다. 시인 아폴리네르가 선봉에 섰다. 아폴리네르는 시 〈에펠탑〉에서 칼리그램(calligramme)을 창작에 도입하는 시적 혁신을 감행했다. 또한 〈변두리〉(Zone)라는 작품에서는 에펠탑을 그리스 로마의 낡고 진부한 세계를 탈피한 현대 산업문명의 상징으로 형상화한다.

"마침내 이 낡은 세계가 지겹다

양치기 처녀여 오 에펠탑이여 오늘 아침 다리들 저 양떼들이 메에 메에 운다

너는 그리스 로마의 고대에 진저리가 난다

여기서는 자동차들마저 낡은 티를 낸다."[182]

시의 첫 부분이다. 그리스 로마의 낡은 세계가 진저리가 날 정도로 지겹던 시인에게 파리의 에펠탑은 새로운 현대 문명의 상징과도 같다. 파리의 수호 성녀인 쥬느비에브처럼 이제 에펠탑은 파리지앵이라는 양떼를 이끄는 목동과 같은 존재가 된다. 양치기 처녀가 된 에펠

---

[182] 기욤 아폴리네르, '변두리', 〈사랑받지 못한 노래〉, 황현산 옮김, 민음사 세계시인선, 2016, 8쪽.

탑은 "자동차들마저 낡은 티를" 낼 정도로 현대의 첨단을 달리는 도시의 수호신이다. 아폴리네르에 이어 초현실주의 시인 루이 아라공도 〈탑이 말한다〉는 시에서 에펠탑을 프랑스를 상징하는 '푸른 여인'으로 형상화한다. 이제 시인들은 에펠탑이 없는 파리는 상상할 수 없다. 마침내 1925년 극작가 장 지로두는 〈에펠탑에서 올리는 기도〉라는 제목의 글을 발표한다.

"내 눈앞에 5천 헥타르의 세계, 즉 파리가 펼쳐져 있다. 이곳에서 사람들은 그 어느 곳에서보다 더 많이 생각하고 이야기하고 쓴다. 이곳은 지구의 교차로로서 가장 자유롭게 우아하며, 가장 덜 위선적이다 이 가벼운 공기, 내 밑에서 펼쳐져 있는 공간, 이것들이 지성, 사유, 취향이 겹겹이 누적된 층들을 구성하는 것이다."[183]

지로두의 에펠탑 찬가는 마치 들로네의 그림 〈붉은 탑〉에 대한 설명처럼 들린다. 이후로 에펠탑은 샹송으로 불리고 영화의 소재로 애용되며 대중들에게 깊이 각인된다. 매년 혁명 기념일엔 에펠탑에서 화려한 불꽃 축제가 펼쳐진다. 파리 점령 후 히틀러가 가장 먼저 찾은 곳도 에펠탑이었다. 나폴레옹은 개선문에서 승리를 자축했지만 히틀러는 에펠탑을 점령하고 나서야 비로소 파리를 손에 넣었다고 확신했다. 해방이 되자 에펠탑에 제일 먼저 삼색기가 걸렸다. 이제 에펠탑은 건축가 르코르뷔지에가 재치 있게 말했듯이 "사랑스러운 파리의 상징, 파리의 사랑스러운 상징"이 되었다.[184] 그렇다면 프랑스인들은

---

183) 피에르 노라, '에펠탑', 〈기억의 장소〉 5권, 93쪽에서 재인용.
184) 앞의 책, 67쪽.

```
        S
        A
       LUT
        M
       O   N
       D   E
       DONT
      JE SUIS
      LA LAN
       GUE É
      LOQUEN
      TE QUESA
      BOUCHE
      O  PARIS
     TIRE ET TIRERA
    T O U        JOURS
    AUX          A L
  L E M          ANDS
```

아폴리네르의 시 〈에펠탑〉 칼리그램

에펠탑에서 무엇을 떠올릴까?

> "지속적인 것과 끊임없는 변모, 한 세기의 기억을 요약하는 능력, 대수롭지 않은 일과 중요한 일, 노래, 시, 화가들의 소재, 악취 미적인 골동품, 축제와 전쟁, 사소한 것들."[185]

다시 말해서 프랑스인들은 에펠탑에서 삶의 모든 것을 떠올린다! 시간과 공간의 테스트를 이겨낸 작품을 고전이라고 부른다. 에펠탑은 두 번의 드라마를 연출하며 건축의 기념비적 '고전'이 되었다. 최초의 설계안이 우여곡절 끝에 완공되는 드라마에 이어 파리의 랜드마크로 우뚝 서는 드라마가 연출되면서 에펠탑의 신화는 완성된다.

6. 파리 박람회, 벨 에포크의 정점을 찍다

파리 박람회는 개최될 때마다 계기와 명분이 있었다. 1878년 박람회가 파리코뮌의 상처를 극복하고 공화국의 미래를 선포했다면, 1889년 박람회는 프랑스 대혁명 100주년을 기념했고, 한 세기가 시작되는 상징적인 해인 1900년 박람회는 드레퓌스 사건으로 양분된 프랑스 사회를 통합하고 새천년의 힘찬 출발을 다졌다. 1900년 박람회는 기존의 박람회와는 규모나 시설 면에서 비교가 되지 않았다. 파리는 벌써 네 차례나 박람회를 개최한 도시가 아니던가? 영국은 단두 차례(1851년과 1862년)에 불과했고, 후발 주자인 미국도 같은 상

---

185) 앞의 책, 107쪽.

황(1884년 뉴올리안즈 박람회와 1893년 시카고 박람회)이었다. 새천년 첫 박람회는 다른 큰 스포츠 행사와 겹쳤다. 두 번째 하계 올림픽이 1900년 5월부터 10월까지 파리에서 열릴 예정이었다. 결과는 만국박람회의 대승이라고 할 정도로 박람회의 인기는 올림픽을 능가했다. 그 당시 올림픽은 20개 종목에 불과한 소규모 체육행사였다.

드레퓌스 사건으로 국론이 분열되고 국가의 이미지는 실추되었지만, 경제는 유례없는 호황을 누렸다. 물질적 풍요와 진보의 혜택을 누리고 있다는 자부심과 희망이 넘쳤다. 프랑스 사회는 이른바 '벨 에포크'(Belle Epoque)에 접어들었고, 1900년 박람회는 벨 에포크의 정점을 찍었다. 무려 5천만 명이 넘는 관람객들이 파리를 다녀갔고, 이 기록은 20세기 후반에 들어서야 깨진다. 박람회장 입구에는 '파리의 여인'(La Parisienne)이라는 거대한 조각상이 세워졌다. 그리스 로마의 여신상이 아니라 당대를 살아가는 파리지엔이 관람객을 맞이했다. 이 조각상은 19세기의 수도이자 모더니티의 수도로서 파리의 자부심 그 자체였다. 밤이 되면 수천 개의 백열등으로 환하게 불을 밝힌 '파리의 여인'은 더욱 아름다운 자태를 뽐냈다.

관람객 수뿐만 아니라 전시 규모에서도 역대 최고의 박람회였다. 에펠탑이 여전히 위용을 뽐내는 샹 드 마르스에는 '오락과 여가, 장식미술과 실내장식, 미술과 건축, 군사'의 네 구역의 전시장이 마련되었다.[186] 프랑스는 과학과 기술뿐 아니라 예술과 디자인, 패션과 건축의 강국임을 부각시키고자 했다. 향수와 오트 쿠튀르(haute couture)가 박람회에 첫 선을 보이며 패션의 시대를 열었다. 그 무렵 런던에 유학중이던 일본의 소설가 나쓰메 소세키는 파리 박람회의 거대한 규

---

186) 메리 매콜리프, 〈벨 에포크, 아름다운 시대(1871~1900)〉, 522쪽.

베일락, 1900년 만국박람회 파노라마(석판화)
Lucien Baylac, Vue panoramique de l'exposition universelle de 1900, Lithographie, 72×93cm

1900년 만국박람회 무빙워크(사진)

모와 화려한 인상에 압도당했다.

> "오늘은 박람회를 구경삼아 갔는데, 커다란 시설과 장치로 뭐가 뭔지 방향조차 알기 어려웠다. 유명한 '에펠'탑 위에 올라 사방을 둘러보는데, 이는 300미터 높이에 인간을 상자에 넣어 쇠줄로 끌어올리고 내리는 방식이다. 박람회는 10일과 15일에도 보았는데 사람들 인파가 거대한 산과 같았다."[187]

소설가는 엘리베이터를 타고 에펠탑 꼭대기에 올라간 듯하다. 일본 문부성 관비유학생으로 런던에 온 나쓰메 소세키는 서구문명의 위세를 두 눈으로 확인하고 1903년 귀국길에 오른다. 1900년 박람회에는 엑스레이, 무선전화, 에스컬레이터, 자동차와 오토바이 같은 20세기 문명의 총아들이 선보였다. 파리의 대로에서 사람들을 실어날랐던 승합마차는 1913년이 되면서 자취를 감춘다.

60만 평 규모의 전시회장을 도보로 관람하기란 여간 힘든 일이 아니었다. 1889년 박람회에는 철로를 전시회장 내부로 연장하는 방법을 썼지만, 이번에는 전시회장을 걷지 않고 편안하게 둘러볼 수 있게 '무빙워크'라는 에스컬레이터를 설치했다. 원하는 대로 타고 내릴 수 있는 '움직이는 보도'는 1900년 박람회 최고의 히트 상품이었다. 하지만 진정한 주인공은 따로 있었으니 바로 1900년 7월에 개통한 파리 지하철 1호선이다.

지하철 개통은 런던에 비해 40년이나 늦었지만 곧바로 2, 3호선 공사를 시작하면서 파리는 지하철로 대표되는 대중교통의 시대를 연다.

---

187) 요시미 순야, 〈박람회: 근대의 시선〉, 100쪽에서 재인용.

엑토르 기마르 디자인
탕플(Temple) 역 입구와 전등(위)
아베스(Abbesses) 역 유리 지붕(아래)

관람객들은 지금은 클레망소 역으로 이름이 바뀐 샹젤리제 역에서 내려 박람회장으로 입장했다. 기차로 프랑스와 유럽 각지에서 모여든 관람객들은 지하철을 타고 박람회장으로 입장한 다음 무빙워크로 이동하면서 인류 최고의 축제를 즐겼다. 하지만 지하철 건설은 결코 쉬운 일이 아니었다. 경비를 어떻게 조달하고 누가 부담할 것인가, 지하철의 동력을 전기로 할 것인가 아니면 증기기관차처럼 증기로 할 것인가, 지하로 다닐 것인가 지상으로 다닐 것인가? 전기는 부담해야 할 비용이 컸고, 증기는 질식의 위험이 있었다. 지상 노선은 파리의 도시 경관을 해칠 것이고, 지하 노선은 혹시 기차에 물이 새지는 않을까 하는 걱정을 키웠다. 결국 고심 끝에 파리 시당국은 전기 동력과 지하 노선을 선택했다.

예술과 디자인의 강국답게 지하철 역 출입구를 아르 누보 양식의 독특한 디자인으로 장식했다. 바로 건축가 엑토르 기마르(Hector Guimard, 1867~1942)의 작품이다. 지금은 지하철 역 입구마다 다른 조형물이 설치되어 있지만 아르 누보의 걸작을 온전히 감상하고 싶다면, 원래 자리에 지금도 있는 포르트 도핀 역 또는 오텔 드 빌 역에 있던 것을 옮겨온 아베스 역 그리고 샤틀레 역에서 만날 수 있다. 박람회로 경제는 더욱 호황을 누렸다. 지하철 역 주변 상권이 살아나면서 지역경제도 활성화되었다. 빵과 포도주, 커피의 소비가 사상 최고치를 기록했고, 파리지앵은 풍요로운 '삶의 즐거움'(joie de vivre)을 마음껏 누렸다.

센 강을 따라 참가국의 전시장인 파비용이 줄지어 장관을 연출했다. 파리 시는 관람객들이 파리 중심 센 강변으로 열차를 타고 올 수 있도록 오르세 역을 설치하고 역사를 화려하게 꾸몄다. 그 유명한 오르세 미술관의 전신이 된 오르세 역은 이렇게 탄생했다. 오르세 미술관은 파리의 대표적인 도시재생사업으로 꼽힌다. 박람회 이후 오랫동안 방치되던 역사는 리모델링을 거쳐 1986년에 미술관으로 개관한다. 샹젤리제와 콩코르드 광장 사이에는 그랑 팔레(Grand Palais)와 프티 팔레(Petit Palais)가 세워진다. 인상주의의 승리를 기념하자는 건립 취지를 살려 인상주의 화가들이 총출동했다. 모네는 무려 14점을 출품했고 드가는 미국 체류 경험을 살려 〈뉴올리안즈의 면직물 회사 사무실〉을 출품했다. 이미 시장성을 인정받은 인상주의자들의 그림은 고가로 팔렸다. 마지막으로 센 강의 좌안과 우안의 전시장을 연결하는 알렉상드르 3세 다리도 선을 보였다. 센 강에서 가장 아름답고 정교한 다리로 소문난 알렉상드르 3세 다리를 거닐며 박람회의 열기와 벨 에포크의 '삶의 즐거움'을 떠올려보면 어떨까?

7. 대한제국, 박람회에 첫 선을 보이다

1900년 파리 박람회는 총 41개국이 참가한 명실상부한 '만국' 박람회였다. 박람회장에는 식민지 원주민 촌도 조성되었다. 오세아니아나 아프리카의 원주민 마을을 꾸며서 원주민이 생활하는 모습을 마치 '인간 전시품'처럼 구경했다. 실로 불로뉴 숲의 동물원과 다를 바가 없었다. 이제 박람회는 제국주의의 위세를 자랑하고, 서구 백인들의 이국취미를 자극하는 장으로 변질되었다. 문명의 상징인 에펠탑 아래에 원시의 세계가 펼쳐졌고, 개화된 유럽인들은 원주민들을 마치 동물원의 원숭이처럼 구경했다.

아직 주권국이었던 한국도 대한제국의 자격으로 참가했다. 유구한 역사와 문화적 전통을 알리는 것만이 독립국가로 인정받는 지름길이라고 믿었다. 대한제국은 1893년 시카고 박람회에 이어 두 번째로 참가했지만, 중국과 일본을 따라갈 수 없었다. 중국은 자금성의 입구와 만리장성 성벽을 전시회장에 세웠고, 일본은 쿄토의 금각사와 오래된 거리를 재현했다. 특히 1867년부터 한번도 빠짐없이 박람회에 참가한 일본의 이른바 '자포니즘'(japonisme)의 열풍은 대단했다. 모네와 고흐, 로트렉 같은 화가들이 일본의 풍속화인 '우키요에'(浮世繪)에 매료되었고, 불교와 다도도 큰 인기를 끌었다. 일본은 유럽의 박람회에서 가장 수혜 받은 동양 국가였다.

대한제국은 경복궁을 재현한 전시관에 태극기를 걸고 갓이나 병풍 같은 한국의 민속 공예품을 전시했지만 관련 사진이나 문헌 자료는 전해지지 않는다. 다만 모리스 쿠랑이라는 한국학자가 기록을 남겼다. 모리스 쿠랑(Maurice Courant, 1865~1935)은 한마디로 한국의 정신세계에 매료된 프랑스의 학자이자 외교관이었다. 동아시아 문화에 대한 식견이 풍부했던 그는 1890년부터 2년 동안 한양에서 외교관으로 근무하면서 조선의 서책들을 열광적으로 수집했고 이를 바탕으로 조선의 서책에 관한 서지학적 정보를 망라한 〈한국서지〉를 출간했다. 쿠랑을 '한국학'의 선구자로 부르는 이유가 여기에 있다. 쿠랑은 파리로 돌아와 한국관 개관에 적극적으로 참여한다. 그때의 경험을 바탕으로 〈샹 드 마르스의 한국관〉이라는 짧지만 감동적인 글을 발표한다.

"한국관이 주는 교훈이 있다면, 그것은 아마도 겸양의 미덕이 아닐까? 한국은 인구도 많지 않고, 부유하지도 않으며, 수세기에 걸친 외교 역사라고 해 봐야 외세의 침입과 이에 대한 힘겨운 물리침의 역사밖에 없는 나라이다. 역사적 고난 속에서도 한국은 정체성을 지키면서, 중국에서 받아들이고 있고 또 일본에 건네준 예술과 문명을 간직해 왔다. 몇 해 전까지만 해도 유럽은 한국의 존재를 몰랐고, 알았다 하더라도 으레 그 오만함 때문에 한국을 야만국으로 취급했을 것이다. 이제 이렇게 복합적이고도 섬세한 문명의 산물들을 통해 한국은 여러 방면에서, 심지어 근대 문물이라 부를 수 있는 인쇄술에서도 우리 서구의 수준을 뛰어넘는 나라로 우리 앞에 처음 모습을 드러낸 것이다. 우리가 다른 민족들보다 제법 위대하다는 생각을 버리자. 그렇게 되면 우리는 더 나은 미덕을 가질 것이며 또 우리의 앞날에도 나쁠 게 없을 것이다."[188]

서양의 자본주의와 제국주의가 맹위를 떨치던 20세기가 막 시작되던 해에 쿠랑은 겸양의 미덕을 호소한다. 오만과 편견을 버리고 "복합적이고 섬세한" 동양의 문명에 귀를 기울이자는 호소에도 불구하고 대한제국 전시관을 찾는 관람객은 드물었고, 조선의 수준 높은 문화예술은 유럽인들의 흥미를 불러일으키지 못했다.

---

188) 모리스 쿠랑, 파스칼 그러트 옮김, 〈프랑스 문헌학자 모리스 쿠랑이 본 한국의 역사와 문화〉, 살림, 2009, 265~266쪽.

8. 박람회의 퇴조와 파리 신화의 종말

박람회의 시대는 곧 제국주의의 시대였고, 제국주의가 쇠퇴하자 박람회의 시대도 저물었다. 이제 박람회는 미국으로 건너가 재도약을 준비한다. 1930년대 파리에서는 박람회가 두 차례나 열렸지만 '박람회의 수도 파리'의 신화는 이미 동력을 상실했다. 1931년 박람회는 제국주의와 식민주의의 전시장으로 변질되었고, 단골 참가국인 영국과 독일, 스페인마저 프랑스의 제국주의적 허세를 외면했다. 이제 파리는 모더니티의 수도가 아니라 제국주의의 수도가 된 것은 아닌가? 초현실주의자들과 공산주의자들이 거센 비판을 퍼부었다. 게다가 세계경제는 대공황에 시달렸고, 파시즘의 먹구름이 몰려오고 있었다.

1937년 박람회는 파시즘의 광풍이 몰아치고 전쟁의 불길한 기운이 고조되던 시점에 열렸다. 에펠탑을 중심으로 독일 전시관과 소비에트 전시관이 마주보고 섰다. 독일관에는 나치의 상징인 독수리가, 소비에트관에는 낫과 망치가 새겨졌다. 피카소는 〈게르니카〉를 출품해서 파시즘과 전쟁의 참상을 고발했지만 역사의 시곗바늘을 되돌리지는 못했다. 1937년은 데카르트의 〈방법서설〉 출간 3백 주년이었지만 이성의 승리는 요원했고 파시즘과 공산주의의 목소리만 높았다.

박람회의 퇴조와 더불어 '모더니티의 수도' 파리의 신화도 막을 내린다. 이후로 박람회는 미국의 시대를 거쳐 1970년 오사카를 필두로 동아시아의 시대에 접어든다. 1993년 한국 최초의 박람회인 대전엑스포의 열기를 기억하는 사람들이 적지 않을 것이다.

마네_ 풀밭 위의 점심 식사
Édouard Manet_ Le déjeuner sur l'herbe, 1863,
207×265cm, Musée d'Orsay, Paris.

8장

인상주의와 '현대의 삶을 그린 화가들'
마네, 드가, 카유보트, 모리조

1. 인상주의의 혁신과 전통에 대한 반기

 1863년 살롱 심사위원회는 다음과 같은 결정을 내렸다. 화가당 출품작을 3점으로 제한하고 전체 출품작 5천여 점 가운데 3천여 점을 탈락시킬 것.[189] 살롱의 권위가 더해지고, 출품을 원하는 화가들이 늘어나면서 내린 고육책이었다. 그만큼 낙선한 화가와 작품도 많아졌다는 뜻이다. 설령 심사 기준을 충족한다 하더라도 유명 작가의 출품작을 제외하면 대부분 전시장 천장이나 바닥 가까이 걸리는 것을 감수해야 했다. 입선의 관문을 통과한 신예 작가는 물론이고 낙선한 화가들의 불만이 커졌다. 지식인과 예술가의 환심을 사려고 한 나폴레옹 3세는 낙선작들만 모아 전시회를 열자는 제안을 받아들인다. 마네

---

189) 홍석기, 〈인상주의 모더니티의 정치사회학〉, 생각의나무, 2010, 85쪽.

의 〈풀밭 위의 점심 식사〉도 낙선전(salon des refusés)에 걸린 작품 가운데 하나다. 세상을 떠들썩하게 한 낙선작은 미래의 인상주의자들에게 강렬한 미적 자극을 주었고, 마침내 1874년에 제1회 인상주의전이 열린다.

몇 차례 고배에도 살롱 입선의 꿈을 버리지 않았던 인상주의의 '맏형' 마네는 단 한번도 인상주의전에 참여하지 않았다. 미술 아카데미와 에콜 데 보자르(국립미술학교) 그리고 살롱의 삼각편대로 구성된 제도권 미술은 화가들에게 막강한 권한과 압도적인 영향력을 행사했다. 살롱은 대중에게 작품을 선보일 수 있는 유일한 기회였고, 에콜 데 보자르는 전통적인 미술교육의 보루였다. 미술 아카데미 회원들은 회화 장르의 위계질서에서 정점을 차지했던 역사화를 고수했다. 그리스 로마 신화나 성서, 프랑스 역사에서 인물과 주제를 취한 역사화만이 회화의 정통성을 인정받았으며, 풍속화나 풍경화는 주변적 장르로 치부되었다.

인상주의자들은 수 세기 동안 굳어진 전통에 균열을 내고자 제도권 미술의 카르텔에 반기를 들었다. 에콜 데 보자르를 졸업한 드가를 제외하면 대부분의 화가들은 화가의 아틀리에에서 사숙하거나 루브르에서 옛 거장들의 그림을 자유롭게 모사하면서 그림 공부를 했다. 마네와 드가가 처음 조우한 곳도 루브르 박물관의 벨라스케즈 그림(〈마르게리타 공주의 초상화〉) 앞에서였고, 모리조의 아름다운 자태가 마네를 사로잡은 곳도 바로 루브르에서였다.

인상주의 화가들은 역사화의 권위를 거부하고 회화의 위계질서에서 가장 낮은 자리를 차지했던 풍경화에 매진했다. 그들은 아틀리에에서의 정확하고 섬세한 드로잉 작업을 거부하고 자연이 선사하는 빛과 대기의 유희에 마음껏 몸을 맡겼다. "나는 한 번도 아틀리에를 소유한 적이 없었고, 어떻게 그런 공간에 갇혀 있을 수 있는지 이해할 수 없다."[190] 1880년 한 인터뷰에서 모네가 한 말이다. 르누아르는 "주제라는 폭군에서 그림을 해방시킨 것"을 인상주의적 혁신의 요체로 꼽았다. 살롱의 권위에 복종하지 않았던 선배 화가 쿠르베를 따라 인상주의자들은 살롱 출품을 거부하고 그들만의 전시회를 열었다.

 인상주의 화가들은 미학적 혁신을 기치로 내걸며 유파의 단합을 꾀했다. 변모하는 일상이 예술로 승화하는 순간의 감각적 전환을 중시했다. 역사화는 신화나 역사에서 주제를 가져왔기 때문에 그림 속 역사적 사건을 특정하거나 종교적이고 도덕적인 메시지를 이끌어내는 데 어려움이 없었다. 반면에 진부한 일상이나 풍경의 덧없는 순간을 포착한 인상주의 회화에서는 묵직한 도덕적 울림을 받기 어려웠다. 인상주의 작품을 접한 부르주아 관객들은 불쾌한 반응을 보였다. 주제와 메시지의 '폭군'에서 해방된 그림에서 의미를 찾아낼 수 없었기 때문이다. 덧없이 지나가는 순간을 감각적으로 지각하는 것이 그렇게나 중요할까? 관객들은 인상주의자들의 '행복론'에 공감할 수 없었다. 삶의 행복이란 순간적이며 덧없으며, 순간의 즐거움을 향유하는 일이야말로 삶을 온전히 즐기는 방법이라는.

 시시각각 변하는 순간에 대한 예민한 감각과 치밀한 관찰은 아내의 임종을 지켜보는 모네의 그림에 잘 나타난다. 1879년 모네의 아내 카미유가 32세의 나이로 세상을 떠난다. 그는 사별 후 40년이 지나서야 절친 클레망소에게 그림의 경위에 대해 털어놓는다.

 "나는 아내의 비참한 이마를 지켜보면서, 죽음이 아내의 굳은

---

190) 안드레아 디펠, 이수영 옮김, 〈인상주의〉, 예경, 2005, 71쪽에서 재인용.

모네_ 양귀비(양귀비 들판 산책)_ 모네의 아내 카미유와 아들
Claude Monet_ Les Coquelicots(Coquelicots, la promenade), 1873, 50×65cm, Musée d'Orsay, Paris.

얼굴에 부과하고 있는 색깔의 변화를 내가 거의 기계적으로 관찰하고 있음을 깨달았다. 푸른색, 노란색, 회색 등등. 이것이 내가 도달한 요점이다. 물론 영원히 떠나가는 아내의 마지막 모습을 기록하고 싶은 것은 자연스러운 욕망이었다. 하지만 내가 그토록 사랑한 사람의 모습을 기록하자는 생각이 떠오르기 전부터 내 감각기관은 이미 색채감각에 반응하고 있었고, 내 반사능력은 나도 모르는 사이에 무의식적인 작용을 나에게 강요했다. 그것은 내 일상생활의 일부였다."[191]

일상의 순간이 예술로 승화하기 위해서는 화가 '자신만의 감각'이 요구된다. 모네는 "항상 새로운 각도에서 사물들을 바라보고, 사람들이 새로운 감각을 느낄 수 있게 하고 싶다"고 했으며, 피사로는 "당신이 기대하는 것과는 별개로, 나는 내 감각을 따른다."며 감각의 새로움이야말로 예술가의 독창성을 만드는 원동력임을 강조했다. 그렇기 때문에 같은 풍경이 화가마다 다른 인상과 감각을 낳는 것은 매우 자연스럽다.

모네의 〈라 그르누이에르〉(1869년. 뉴욕 메트로폴리탄 미술관)와 르누아르의 동명의 작품(1869년. 스톡홀름 국립미술관)을 비교해보자. 1869년 모네와 르누아르는 파리 근교의 유원지인 라 그르누이에르('개구리가 가득한 곳'이라는 뜻)에 머물며 물놀이 장면을 그림에 담았다. 하지만 결과물은 달랐다. 르누아르는 물놀이하는 사람들의 모습을 클로즈업한 반면, 모네는 보다 멀찍이 떨어진 곳에 캔버스를 세워 수면에 반사하는 빛의 유희에 집중했다.

---

191) 제임스 루빈, 김석희 옮김, 〈인상주의〉, 한길아트, 2001, 123쪽에서 재인용.

모네_ 양산을 든 여인, 좌향
Claude Monet_ Femme à l'ombrelle tournée vers la gauche, 1886, 131×88cm, Musée d'Orsay, Paris.

순간적인 인상을 화가 자신만의 감각으로 재빨리 스케치하는 방식은 사물의 견고한 형태를 정확한 드로잉과 완성된 붓터치로 드러내는 전통적 방식과 부딪혔다. 이러한 감각의 혁신은 불쾌하고 충격적인 미학적 경험을 초래했다. 대중의 외면과 평단의 냉담한 반응에도 불구하고 화가들은 마네의 화실 근처의 카페 게르부아에 모여 솔직한 대화와 편견 없는 질문을 주고받으며 미학적 정체성을 다져나갔다.

인상주의자들이 나눈 우정만큼 '인상적인' 것도 없다. 온화한 성품의 화가 피사로는 인상주의 전시회에 단 한 차례도 빠지지 않으면서 개성이 강한 후배들을 이끌었다. 까탈스러운 성격의 드가를 다독이고, 고갱이나 세잔을 인상주의 그룹에 합류시키는 일은 모두 피사로의 몫이었다. 마네의 도발적인 그림 〈올랭피아〉가 루브르에 전시되도록 혼신의 힘을 기울인 화가는 다름 아닌 모네였다. 마네와 여성화가 모리조의 우정을 뛰어넘는 돈독한 관계(?)도 눈길을 끈다. 넉넉한 재정을 자랑했던 카유보트는 든든한 후원자로서 큰 울타리가 되었다.

전통에 반기를 들고 미학적 혁신을 외친 인상주의 화가들이 걸어간 길은 제각기 다르다. 마네의 길과 모네의 길은 일치하지 않는다. 마네는 모네의 권유로 자연의 모습을 담은 적도 있지만, '뼛속 깊이' 도시인이었던 그는 '파리의 도시 풍경'을 작업할 때 화가로서 가장 행복했다. 그는 "파리의 시장과 철도, 다리, 지하도, 산책로"와 같은 곳에서 파리의 진면목이 드러난다고 믿었다.[192] 동시대 파리의 도시 풍경과 도시인에 대한 관심에서 드가를 따를 화가는 없었다. 드가는 화실 밖으로 나가 빛과 대기의 움직임을 포착하고자 한 '외광파(外光派)'의 노선을 분명하게 거부했다. 실제로 드가가 그린 풍경화는 매우 적다. 또

---

192) 프랑스와즈 카생, 김희균 옮김, 〈마네: 이미지가 들려주는 진실〉, 시공사, 2012, 96~97쪽.

르누아르_ 라 그르누이에르(강에 떠 있는 레스토랑과 보트 대여소)
Pierre-Auguste Renoir_ La Grenouillère, 1869,
66.5×81cm, Nationalmuseum, Stockholm.

모네_ 라 그르누이에르
Claude Monet_ La Grenouillère, 1869,
74.6×99.7cm, Metropolitan Museum of Art, New York.

한 오스만의 개발로 환골탈태한 파리의 모던한 모습을 그리는데 카유보트만큼 열성적인 화가도 찾기 어렵다.

마네와 드가, 카유보트가 걸어간 길은 모네나 르누아르, 피사로가 걸어간 길과 다르다. 물론 두 길이 완벽한 평행선을 이루지는 않아서 도중에 합쳐지기도 하고 다시 갈라지기도 한다. 그런 의미에서 인상주의를 단일한 미학적 신념을 공유한 미술 유파로 보지 말고 미학적 스타일의 다소간의 차이를 용인하는 느슨한 공동체, 일종의 '가족 유사성'을 보여주는 미학적 운동으로 바라볼 필요가 있다.

2. 보들레르의 미학적 유산과 '현대의 삶을 그린 화가들'

시인이자 미술평론가인 보들레르를 "인상주의를 이론적으로 뒷받침한 사상가"라고 한다면 다소 뜻밖으로 들릴지 모르겠다.[193] 다수의 미술비평을 남긴 보들레르는 〈현대의 삶을 그린 화가〉(1863년)라는 글에서 '현대성'(modernité)의 미학을 적극적으로 주창한다. 그는 '현대성'을 이렇게 규정한다. "현대성, 그것은 일시적인 것, 순간적인 것, 우연적인 것으로서 예술의 절반을 차지하며 나머지 절반이 영원한 것, 변하지 않는 것이다."[194] 보들레르는 현대성의 미학을 가장 잘 구현한 화가로 콩스탕탱 기스(Constantin Guys, 1802~1892)를 든다. 기스는 전통 회화가 아니라 캐리커처를 주로 그린 풍속화가였다. 사실 일상의 풍속을 순간적으로 포착해서 빠른 속도로 스케치하는 풍속화가의 작업 방식은 인상주의와 일맥상통한 부분이 있다.

---

193) 제임스 루빈, 〈인상주의〉, 28쪽.
194) 샤를 보들레르, 정혜용 옮김, 〈현대적 삶을 그린 화가〉, 은행나무, 2014, 31쪽.

'현대의 삶'(la vie moderne)은 1860년대에 널리 사용되던 용어로서 시대정신을 대변한다. 사실 1867년에 사망한 보들레르는 생전에 인상주의의 대약진을 목격하지 못했다. 그가 적극적으로 옹호한 화가들도 들라크루아 같은 낭만주의 화가나 쿠르베나 도미에 같은 사실주의 화가였다. 하지만 보들레르가 씨를 뿌린 현대성의 미학은 마네를 경유해서 인상주의가 일으킨 미학적 혁신의 밑거름이 되었다. 그런 의미에서 '현대의 삶을 그린 화가'라는 용어는 인상주의 회화로 그 외연을 확장한다.

보들레르는 마네보다 열 살 위였지만 그 둘은 파리 시내를 함께 산책하며 깊은 대화를 나눈 '지적 동반자'였다. 1850년대 중반 화가와 미술비평가로 친교를 맺은 두 사람은 1860년대 초반 거의 매일 만나다시피 하며 '현대의 삶'에 대한 취향을 공유했다. 보들레르는 마네가 "현대적 현실에 대한 정확한 취향"을 갖고 있음을 상기시키면서 그를 매우 중요한 '현대의 삶을 그린 화가'로 간주했다.

'현대의 삶'을 재현하기 위해서는 '플라뇌르'(flâneur) 즉 '산책자'가 되어 군중과 일상의 삶 속으로 들어가야 한다는 보들레르의 주장도 인상주의 미학과 연관성이 깊다. '현대의 삶을 그린 화가'는 에드거 앨런 포우의 소설 제목처럼 〈군중 속의 사람〉(Man in the Crowd)이 되어야 한다. '플라뇌르'는 현대성의 미학을 실천하기 위한 유용한 방법론에 해당한다.

산책자의 미학을 구현한 대표적인 화가로 드가를 꼽을 수 있다. 드가 자신이 산책 예찬론자였다. "시내에 있으면 나쁘지 않아. (…) 모든 걸 바라보게 되지. 물에서든 땅에서든 끊임없이 움직이는 사람들. 사물과 사람의 움직임은 주위를 분산시키기도 하고 위로해주기도 하네."[195] 드가는 거리를 걷다가 우연히 마주친 장면을 담은 그림을 많이 남겼다. "초연하지만 호기심 찬 시선"으로 파리 시내를 산책하다가 마음에 드는 카페에 들어가거나 여성복 상점에서 점원과 진열된 상품을 마치 '탐정'처럼 꼼꼼히 살펴보기도 했다. 드가는 산책 도중 마주친 인상적인 장면과 흥미로운 순간을 기억해두었다가 화폭에 풀어냈다.

드가의 〈콩코르드 광장을 건너는 르픽 자작과 그의 딸들〉(1875년. 에르미타주 미술관)은 '현대의 삶'을 관찰하고 기록하기 위해 '플라뇌르'가 된 화가의 시점을 잘 보여주는 작품이다. 화가는 콩코르드 광장을 산책하다가 두 딸과 함께 광장을 경쾌한 걸음걸이로 가로지르는 르픽 자작과 마주친다. 드가는 산책하는 자작 가족을 우연히 마주친 시점을 화면에 있는 그대로 드러낸다. 그 결과 화면 속 인물들의 전체상은 사라지고 화가의 시선에 포착된 일부만 드러난다. 화면 왼편에 등장하는 지나가는 인물도 등 부분에서 날카롭게 잘려나가 누군지 알아보기 힘들다. 이렇듯 상식을 벗어난 대담한 화면 구성은 마치 대상을 순간적으로 포착한 스냅 사진 같은 효과를 낸다. 예술은 "금세 사라지는 것, 고정되지 않은 것, 일시적인 것"과 결부되어야 한다는 보들레르의 주장은 드가의 그림에서 설득력을 얻는다.

인상주의를 빛의 움직임과 감각적인 인상을 드러내려는 시도로 본다면 모네와 피사로, 르누아르를 꼽아야겠지만, 보들레르의 미학적 유산을 받든 '현대의 삶을 그린 화가' 그룹으로 본다면 마네와 드가 그리고 카유보트와 모리조를 빼놓을 수 없을 것이다. 1874년 제1회 인상주의전에 참여한 작가들은 야외 작업을 중시한 그룹(모네와 르

---

195) 리처드 세넷, 〈짓기와 거주하기〉, 57쪽에서 인용.

드가_ 별
(발레, 로시타 마우리)
Edgar Degas_
L'étoile(Ballet, Rosita Mauri),
1878, Pastel, 58.4×42cm,
Musée d'Orsay, Paris.

드가_ 콩코르드 광장
(콩코르드 광장을 건너는
르픽 자작과 그의 딸들)
Edgar Degas_ Place
de la Concorde
(Le Vicomte Lepic et ses
filles traversant la place
de la Concorde), 1879,
78.4×117.5cm, Hermitage
Museum, Saint Petersburg.

누아르)과 현대적 삶과 실내의 장면을 중시한 그룹(드가와 모리조)으로 나뉘었다.

인상주의는 프랑스 역사상 가장 빠른 속도로 경제적 번영과 근대화를 이룬 시기에 생겨난 예술사조이다. 파리는 진보와 현대성의 상징 그 자체였고, 도시 곳곳에서 급속한 변화의 물결이 일었다. 빅토르 위고 같은 낭만주의자들은 오스만이 파괴한 옛 파리에 대한 동경과 향수를 간직한 반면, '현대의 삶을 그린 화가'들은 오스만이 건설한 대로(grand boulevard)와 오페라 하우스, 카페와 기차역을 '현대의 삶'이 가장 잘 녹아든 장소로 여겼다. 예술사가 아놀드 하우저도 인상주의와 더불어 파리라는 '현대적 삶의 도시'가 예술의 명실상부한 주제로 부각되었다고 설명한다. 다시 말해서 인상주의가 "유례없이 도시적인 예술"인 까닭은 "풍경으로서의 도시를 발견하고 그림을 시골에서 도시로 옮겨왔기 때문만이 아니라 세계를 도시인의 눈으로 보고 현대적 기술인의 극도로 긴장된 신경으로 외부세계의 인상들에 반응"했기 때문이다.[196]

르누아르의 〈그랑 불바르〉(1875년)를 보자. 파리의 도시 풍경을 소재로 한 르누아르의 몇 안 되는 작품 가운데 하나이다. 이 그림은 오스만 식 대로를 따라 펼쳐진 '현대적 삶'의 구성요소를 생생하게 보여준다. 널찍하게 펼쳐진 대로, 오스만 식 아파트, 대로 양편에 늘어선 가로수와 가로등, 승합마차, 벤치에 앉아 신문을 읽는 남자, 아이들을 데리고 외출에 나선 부인들. 인도와 차도의 구분이 없던 시절에 대로는 마차와 인파가 뒤섞이며 활기찬 모습을 연출한다. 하지만 화가 자신은 파리의 대로나 오스만 식 아파트에 별다른 흥미를 느끼지 못했

---

[196] 아놀드 하우저, 백낙청 외 옮김, 〈문학과 예술의 사회사〉 4권, 창작과 비평사, 1999, 201쪽.

다. 파리의 도시 풍경을 그려달라는 화상의 요구에 응했을 따름이다. 그의 예술적 감각은 도시의 현대적 삶에 예민하게 반응하지 못했다. "나는 정말이지 알고 싶다. 소위 야만의 시대에 탄생했다고 하는 고딕 건축물은 그처럼 역동적이고 탁월하고 변화무쌍한데 반해, 근대의 건축물은 그처럼 차갑고, 마치 사열식의 군인들처럼 뻣뻣하게 늘어서 있는 것인지."[197]

모네도 르누아르처럼 파리에서 벗어나 자연으로 돌아갔을 때 비로소 편안한 감정으로 작업에 몰두할 수 있었다. 그는 1864년 동료 바지유에게 보낸 편지에서 고백한다. "당신은 자연에 혼자 있을 때 가장 좋다고 느끼지 않나요? 나는 그렇다고 확신합니다. 사실 나는 항상 그렇게 생각해왔고, 또 그런 조건에서 완성한 것은 항상 최고였습니다. 우리는 파리에서 보고 듣는 것에 너무 신경을 씁니다. (…) 그리고 내가 여기서 하는 것은 적어도 어느 누구와도 비슷하지 않다는 장점을 가질 것입니다. 왜냐하면 내가 개인적으로 느낀 것에 대한 표현일 것이기 때문입니다."[198]

반면에 마네와 모네는 "둘 중에 누가 더 혁신적인 화가이며, 좀 더 현대적인 소재를 표현하는 쪽이 누구인지"를 두고 끊임없이 논쟁을 벌였다.[199] 마네는 화가들의 선망의 대상이었던 로마대상을 거부하면서 이제 고대 로마의 폐허나 유적지가 아니라 현대적 삶이 펼쳐지는 파리를 화폭에 담아야 한다고 주장했다. 마네는 전형적인 도시인으로서 파리의 '도시 풍경'과 도시를 터전으로 살아가는 인물을 그렸다.

---

197) 안드레아 디펠, 〈인상주의〉, 117쪽에서 재인용.
198) 폴 스미스, 이주연 옮김, 〈인상주의〉, 예경, 2002, 92~93쪽에서 재인용.
199) 제프리 마이어스, 김현우 옮김, 〈인상주의자 연인들〉, 마음산책, 2007, 303쪽.

햇빛이 찬란한 야외에서의 작업을 싫어한 화가로는 단연코 드가를 꼽아야 한다. 그는 "우리가 자연을 아무리 사랑해봤자 과연 자연이 그 사랑의 대가를 돌려주는지 결코 알 수 없는 일"이라며 자연에서는 결코 '현대적 삶'의 단면들을 찾을 수 없다고 확신했다.[200] 평생 시력 장애에 시달린 드가에게 야외 작업은 화가로서의 수명을 단축할 수 있는 위험한 일이기도 했다. 대신에 드가는 현대성의 도시 파리에서 그림의 소재를 가져왔다. 드가는 현대성을 대변하는 '장소'(카페, 카페 콩세르, 오페라 하우스 등)보다는 장소에 깃든 인물들(산책자, 무희, 세탁부, 심지어는 말)의 움직임을 보여주고자 했다. 그렇기 때문에 드가의 그림에서는 정적인 것을 발견하기 어렵다. 드가는 현대적 삶의 '역동적인' 모습을 그 누구보다 예리하게 포착한 화가이다.

3. 인상주의 화가들 대로(grand boulevard)로 나서다

빛의 도시 파리는 화가들을 거리로 이끌었다. 낮에는 환한 빛이, 밤에는 가로등이 불을 밝히는 파리의 대로는 빛과 색채를 중시하는 인상주의 화가들이 가장 사랑한 '파리 풍경'이었다. 소설가 기 드 모파상은 '빛의 도시'의 밤풍경을 이렇게 묘사한다. "밤하늘의 행성에서 가스등에 이르기까지, 부드러운 밤공기 속에서 모든 것이 빛나고 있다. 상공에서도 거리에서도 어찌나 많은 빛이 빛나고 있는지 어두움조차 밝게 보였다. 빛나는 밤은 태양이 비치는 한낮보다 즐겁다."[201]

---

200) 피에르 카반느, 김화영 옮김, 〈에드가 드가〉, 열화당, 1994, 10쪽.
201) 기 드 모파상, 〈월광〉. 발터 벤야민, 〈아케이드 프로젝트〉 2권, 1341~1342쪽에서 재인용.

르누아르_ 물랭 드 라 갈레트의 무도회
Pierre-Auguste Renoir_ Bal du moulin de la Galette, 1876, 131×175cm, Musée d'Orsay, Paris.

르누아르_ 그랑불바르(대로)
Pierre-Auguste Renoir_ Les Grands Boulevards, 1875,
52.1×63.5cm, Philadelphia Museum of Art, Philadelphia.

빛과 색채, 움직임이라는 인상주의의 3요소가 파리의 대로에 다 들어 있었다. 도시의 대로를 걷는 군중만큼 유동적이며 역동적인 것은 없었다.

화가들이 오스만 식 대로에 매료된 것은 대로를 따라 늘어선 극장과 카페 콩세르, 카페와 레스토랑과 같은 문화공간과 유흥공간이 선사하는 '현대적 삶의 즐거움' 때문이기도 했다. 소설가 발자크는 파리는 "즐거움을 만들어내는 대도시의 거대한 작업장"과도 같다고 썼다.[202] 관광객들이 루브르나 노트르담 대성당 같은 파리의 대표적 관광명소를 주로 찾는다면, 파리지앵들은 대로를 걸으며 마주치는 다양한 볼거리에 사로잡혔다. 마들렌느에서 바스티유 광장에 이르는 대로에는 유명 레스토랑과 카페, 극장을 비롯해서 수백 개에 달하는 화려한 상점들이 줄지어 있었다. 오페라 대로나 근처의 카퓨신 대로와 이탈리앵 대로도 파리지앵과 관광객들이 즐겨 찾는 '핫 스팟'이 되었다.[203] 오스만 식 대로를 활보하는 사람들의 활기와 상호작용은 근대 도시 파리의 '거리 생활'(street life)을 창조했다.

시인 보들레르는 대로를 산책하며 받은 시각적 자극을 이렇게 표현했다. "엄청난 새로움! 모두가 눈을 위한 것일 뿐, 귀를 위한 것은 하나도 없구나!" 19세기말 빈에서 온 청년 프로이트도 파리의 시각적 도시 풍경에 매혹되었다. "파리에 온다면 아마도 대다수 사람들을 사로잡은 것에 당신도 매혹될 거예요. 화려한 외장, 들끓는 군중, 매혹적으로 전시된 다양한 상품들, 거리는 수 킬로미터나 뻗어 있고 밤에는 불빛이 강물처럼 범람하며 어디에나 화려함과 우아한 사람들이 넘

---

202) 벤 윌슨, 〈메트로폴리스〉, 403쪽에서 재인용.
203) Charles Rearick, ***Pleasures of the Belle Epoque***, Yale University Press, 1986. 7장 참조.

피사로_ 몽마르트 대로, 겨울 아침
Camille Pissarro_ Boulevard Montmartre, matin d'hiver, 1897, 64.8×81.3cm, Metropolitan Museum of Art, New York.

피사로_ 몽마르트 대로, 밤
Camille Pissarro_ Boulevard Montmartre, Effet de nuit, 1897, 53.3×64.8cm, National Gallery, London.

쳐난답니다."²⁰⁴⁾

　현대성은 소재가 아니라 '스타일'에 있다. 모네는 루앙 대성당이나 수련 그림으로 유명하지만, '건초더미' 같은 평범한 사물을 그리기도 했다. 모네에게는 대상이 아니라 '어떤 관점에서' 대상을 포착하는가가 더 중요했다. 그리고 대상에 대한 시각과 관점이 화가의 스타일을 만들어낸다. 오스만 식 대로를 포착하는 방식은 화가마다 달랐으며, 이러한 차이를 분별하는 것이야말로 인상주의 회화를 제대로 음미하는 길이기도 하다.

　우선 모네와 피사로부터 살펴보자. 모네는 카퓌신 대로 35번지에 위치한 사진작가 나다르의 작업실에서 바라본 대로의 모습을 화폭에 담았다. 널찍하고 전망 좋은 나다르의 스튜디오는 임대료가 저렴한 몽마르트의 화실과는 확연하게 다른 시야와 전망을 제공했다. 모네가 제1회 인상주의전에 출품한 〈카퓌신 대로〉(1873년)는 군중과 마차들이 분주하게 오가는 파리의 대표적 '그랑 불바르'를 담은 그림이다. 카퓌신 대로는 산책이나 쇼핑을 하러 나온 시민들로 항상 북적이는 대표적인 오스만 식 대로였다. 하지만 "화실의 화가가 거실을 칠하는 페인트공을 모방"한 것 같다는 혹평이 쏟아진 이후로 모네는 파리의 대로를 화폭에 담기를 주저했다.

　모네가 카퓌신 대로를 그린 지 25년이 지나 피사로는 화가들의 고향 몽마르트의 대로를 화폭에 담았다. 특히 그는 아침, 저녁, 밤의 시간대로 나누어 그렸다. 마치 모네가 빛의 변화에 따라 시시각각 다른 모습을 보여주는 루앙 대성당을 그렸듯이 피사로도 파리의 대로를 두고 빛의 효과를 탐구했다. 화면 멀리 오페라 하우스가 보이고, 대로

---

204) 1885년 미래의 처제 민나 베르네이스에게 보낸 편지. 바네사 R 슈와르츠, 〈구경꾼의 탄생〉, 86쪽에서 재인용.

카유보트_ 창문 앞에 선 젊은 남자
Gustave Caillebotte_
Jeune homme à la fenêtre,
1876, ,117×82cm,
J. Paul Getty Museum, L.A.

카유보트_ 오스만 대로의
교통섬
Gustave Caillebotte_
Île de la circulation sur le
boulevard Haussmann,
1880, 81×101cm,
Private collection.

를 오가는 사람들의 분주한 발걸음과 마차의 통행이 "도시의 에너지와 움직임"을 잘 전달해준다.[205] 하지만 인공의 건축물과 도시의 유동성은 자연을 사랑한 화가에게 적지 않은 불편함을 불러일으켰다. 모네와 피사로는 마치 자연의 대상을 감상하듯이 대로에서 멀찍이 떨어져서 빛의 유희와 군중의 움직임을 포착했다.

오스만 식 아파트의 발코니는 대로를 조망할 수 있는 최적의 장소였다. 카유보트의 〈창문 앞에 선 젊은 남자〉(1875년)와 〈오스만 대로의 교통섬〉(1880년. 개인 소장)은 아파트 발코니를 통해 바라본 대로의 모습을 담았다.

창문 앞에 등을 돌리고 선 남자는 텅빈 대로를 바라본다. 밝은 햇빛과 선명한 그림자의 대조가 시선을 끈다. 모네와 르누아르의 대로와는 달리 카유보트의 대로에서는 군중의 부산한 모습이 보이지 않는다. 모네의 화면을 가득 채운 군중들은 어디로 사라진 걸까? 카유보트는 도시인의 고독과 소외를 강조하려는 듯하다. 환한 여름날 바지 주머니에 손을 넣은 채 황량한 거리를 바라보는 남자의 쓸쓸함이 읽힌다. 카유보트는 발코니를 사이에 두고 실내와 야외, 사적 공간과 도시의 거리가 교차하는 모습에 흥미를 느꼈다.

일찍이 마네도 〈발코니〉(1866~1869년. 오르세 미술관)에서 바깥에서 바라본 발코니의 모습을 통해 부르주아의 사생활을 날카롭게 파고든 바 있다. 이제 시선의 방향이 뒤바뀌어 발코니는 대로를 바라보는 최적의 장소가 된다. 〈오스만 대로의 교통섬〉(1880년)은 카유보트의 '조감도적 시선'이 뚜렷하게 드러나는 작품이다. 위에서 아래로 급격히 하강하는 시선은 카유보트의 시선이 고층 발코니에서 거리를 향

---

205) 다이애나 뉴월, 엄미정 옮김, 〈인상주의〉, 시공아트, 2014, 124쪽.

카유보트_ 파리 거리, 비오는 날
Gustave Caillebotte_ Rue de Paris, temps de pluie, 1877,
212.2×276cm, Art Institute of Chicago, Chicago.

하고 있음을 드러낸다. 그밖에도 〈위에서 내려다본 대로〉(1880년)는 창문에서 수직으로 거리를 바라보는 독특한 시점을 택하면서 카유보트 특유의 '시선의 모험'을 극대화한 작품이다.

카유보트는 다수의 인상주의 그림을 수집한 미술 콜렉터이기도 했다. 수집품 상당수는 그의 유언에 따라 국가에 기증되면서 오르세 미술관의 중요한 컬렉션이 되었다. 정작 카유보트 자신의 작품은 여기저기 팔려나가 개인 소장품인 경우가 많다. 다행스럽게도 그의 대표작인 〈파리 거리, 비오는 날〉은 시카고의 한 미술관에 걸려 있다.

이 작품에서 화가는 '조감도적 시선'을 버리고 파리의 거리로 나가 '산책자의 시선'을 취한다. 군중에 섞이기를 주저하며 '창문 앞에 선 남자'는 이제 대로의 군중들에 섞여 산책을 즐긴다. 연구에 따르면 이 그림의 배경은 8개의 거리가 교차하는 미로메닐 대로라고 한다. 그림 전면에 보이는 세모꼴 건물(전형적인 오스만 식 아파트)을 비롯해 가로등, 마차, 포장도로, 플라뇌르 등이 파리의 근대적 도시 풍경을 구현한다. 광장을 중심으로 부채살처럼 펼쳐진 방사형 거리를 스치듯 지나가는 인물들은 자로 잰 듯한 기하학적 구도를 이룬다. 우산을 들고 레인 코트를 입은 행인들의 모습은 이곳이 부르주아 계층의 거주지임을 보여준다.

화면 속 인물들은 서로 적당한 거리를 유지하며 떨어져 있다. 팔짱을 끼고 젖은 포도를 걷는 남녀는 마주오는 사람과 눈을 마주치지 않으려는 듯 시선을 돌리고 있으며, 등을 돌리고 반대 방향으로 걸어가는 사람은 뒷모습이 잘려나간 모습으로 화면에 나타난다. 아마도 '파르동'(Pardon! '죄송합니다')이라고 말하며 지나쳤을 것이다. 서로 무심한 듯 지나치는 사람들에게서 카유보트 그림 특유의 분리와 고독의 분위기가 감지된다. 모네나 르누아르, 피사로가 그린 대로에서는 워낙 원거리의 시점을 취한 탓인지 오가는 사람들의 표정이 제대로 읽히지 않는다. 행인들은 단지 군중의 무리를 이룰 뿐이다. 반면에 카유보트의 그림은 '원자화된 개인'으로서 도시인의 고독과 소외를 실감나게 전달한다.

4. 파리의 여가문화와 유흥을 그림에 담다
: Modern Paris, Modern pleasure

파리의 대로를 따라 카페 콩세르나 카바레, 뮤직홀 같은 대중을 위한 공연장이 생겨나면서 대중문화의 시대가 열렸다. 게다가 카페는 파리 시민의 소중한 일상이 되었다고 할 정도로 19세기 중반에 접어들며 폭발적으로 늘어났다. 비슷한 시기에 카페는 술 한잔 값으로 공연을 즐길 수 있는 카페 콩세르로 변모했다. 물랭 루즈 같은 뮤직홀은 파리의 관광 명소로 각광받았다. 마네와 드가 그리고 로트렉은 카페와 카페 콩세르, 뮤직홀을 통해 파리의 여가문화와 유흥을 그림에 담은 대표적인 화가들이다.

미국의 수필가 랄프 왈도 에머슨은 파리를 '카페와 대화의 도시'라고 불렀다. 1880년대까지 파리에 4만여 개의 카페가 성업했다고 한다. 카페 테이블을 야외로 개방하면서 테라스의 손님들이 행인들과 시선을 주고받는 독특한 거리 풍경도 이 무렵에 생겨났다. 오스만의 개발로 파리의 거리는 넓어졌고, 카페는 테이블을 야외로 내놓을 정도로 여유 공간을 확보했다. 다양한 계층의 사람들이 노천 카페에 모여 마시고, 웃고 떠들며, 대화와 토론을 즐기면서 '사교성'을 구현했다. 진정한 민주주의는 카페에서 싹텄다. 카페는 현대적 풍속의 발화

지점이었고, 인상주의 화가들은 이 점을 놓치지 않았다.

드가는 〈저녁 카페 테라스의 여인들〉에서 환하게 조명을 밝힌 카페 테라스에서 짙은 화장을 하고 대화를 나누는 여인들—아마도 손님을 기다리는 매춘부로 여겨지는—을 통해 파리의 유흥과 밤 문화를 여과 없이 전달한다. 마네와 드가가 그린 카페에는 고달픈 삶을 살아가는 소외된 인물들이 눈에 띈다. 특히 싸게 마실 수 있는 압생트는 가난한 예술가와 서민의 팍팍한 삶을 달래주는 대표적인 독주였다. '압생트 아워'로 불린 오후 5시와 7시 사이에는 압생트를 마시려는 사람들로 카페가 북적였다. 마네의 〈자두〉(1878년)와 드가의 〈압생트〉(1875년 ~1876년)는 카페에서 압생트에 빠져 있는 인물들을 보여준다.

19세기 중반 카페는 술과 담배를 즐기며 샹송을 들을 수 있는 '노래하는 카페'로 변모한다. 점차로 각종 공연과 연주가 덧붙여지면서 '카페 콩세르'(café-concert)라는 카페 겸 공연장이 생겨난다. 음료수 비용만 지불하면 가수의 공연이나 춤과 서커스를 구경할 수 있어서 서민과 노동자들이 부담 없이 갈 수 있는 장소로 인기를 끌었다. 벨 에포크는 카페 콩세르의 전성시대였다. 1890년 파리에는 2백 개가 넘은 카페 콩세르가 성업 중이었고 1897년에 이르면 326개의 카페 콩세르가 문을 열었다고 한다. 카페 콩세르는 '가난한 사람들의 극장' 구실을 톡톡히 하면서 문화 민주주의와 '쾌락의 균등화'를 촉진했다.

드가는 〈카페 콩세르 데 장바사되르에서〉(1876~1877년. 리옹 미술관)에서 샹젤리제 대로의 카페 콩세르 데 장바사되르(Des Ambassadeurs)의 한껏 달아오른 공연 분위기를 생생하게 전달한다. '앙바사되르'란 대사(大使)란 뜻으로 파리의 번화가인 샹젤리제 주위에 외국 대사관 저가 몰려 있어 붙여진 이름이다. 카페 콩세르는 '노래하는 카페'가 낳은 스타 가수 테레자(Thérésa)를 위시해서 다수의 스타들을 탄생시

드가_ 카페 콩세르 데 장바사되르
Edgar Degas_ Le café-concert des
Ambassadeurs, 1876~1877, 37×27cm,
Musée des Beaux-Arts, Lyon.

드가_ 카페 콩세르: 개의 노래
Edgar Degas_ Au Café-concert:
La Chanson du chien,
1875~1877, 55×45cm, Havemeyer collection.

드가_ 압생트
Edgar Degas_ L'Absinthe, 1875~1876,
92×68cm, Musée d'Orsay, Paris.

컸다. 드가의 그림에 등장하는 에밀리 베카도 자극적인 몸짓과 선정적인 레페토리로 인기를 끌었다. 여가수들의 분장한 얼굴에 쏟아지는 눈부신 조명—이를 각광(脚光)이라 부른다—과 관객들이 여가수에게 보내는 은밀한 시선이 눈길을 끈다.

인물의 표정과 동작에 관심이 많던 드가는 〈개의 노래〉(1878년 경. 개인 소장)에서 카페 콩세르의 명소인 알카자르(L'Alcazar)에서 공연하는 테레자의 모습을 클로즈업한다. "그 여자가 입을 크게 벌리면 이 세상에서 가장 야하게, 가장 섬세하게, 가장 정신적으로 감미로운 목소리가 흘러나온다."[206] 세간의 평이 말해주듯이 카페 콩세르가 낳은 최고의 스타 테레자는 마치 앞발을 들어 올린 개처럼 손을 올리며 현란한 몸짓과 애원하는 목소리로 관객들을 사로잡았다. 드가의 그림은 공연으로 후끈 달아오른 파리의 카페 콩세르로 우리를 데려다 준다.

마네는 무대에 오른 여가수들의 몸짓보다는 카페 콩세르를 찾은 손님과 웨이트리스의 심리에 주목했다. 〈카페 콩세르〉(1878년)와 〈카페 콩세르의 한 구석〉(1878년~1879년)에서 무심한 표정으로 술잔을 기울이는 손님들을 그린 바 있는 마네는 〈폴리 베르제르 바〉(354쪽 그림 참조)에서도 무심한 표정의 웨이트리스를 화면의 정중앙에 위치시킨다. 1869년에 문을 연 폴리 베르제르는 프로이센과의 전쟁과 파리코뮌으로 잠시 문을 닫았다가 재개장한 이후로 파리를 대표하는 카페 콩세르로 이름을 날렸다.

마네의 그림에서 테이블에 앉은 손님들은 공중그네 묘기를 구경하고 있다. 아마도 서커스 공연이 열린 모양이다. 드가가 무대를 비추는

---

[206] 피에르 카반느, 〈에드가 드가〉, 15쪽.

강렬한 조명효과로 생동감을 불어넣었다면 마네는 거울을 통해 사람과 사물을 빛나게 한다. 대리석 바에는 맥주와 샴페인, 과일과 꽃이 놓여 있고 웨이트리스의 무심하고 냉담하기까지 한 표정은 보는 이의 궁금증을 자아낸다. 과연 그녀는 무슨 생각에 잠겨 있는 것일까? 고객을 응대하느라 지쳤을까? 아니면 고객의 환대를 기다리고 있을까? 화면 오른쪽에 비친 모자 쓴 남성이 궁금증을 풀어줄 열쇠일지 모른다. 이 그림을 완성한 일 년 후 마네는 세상을 뜬다.

5. '모더니티의 대성당' 기차역

1837년 파리와 생제르맹 앙레를 잇는 노선이 개통된 이후로 파리와 프랑스 각지를 연결하는 철도망이 개설되고 파리에도 기차역이 속속 들어섰다. 1849년 동역을 시작으로 1870년대까지 파리에는 모두 7개의 기차역이 신설되었다. 기차는 파리 시민들의 여가생활을 크게 변화시켰다. 가까운 기차역에서 기차를 타면 한 시간 이내로 파리 교외로 나가 여가를 즐길 수 있었다. 게다가 기차역은 철과 유리를 사용한 최신 건축물로 도심의 새로운 랜드마크로 각광받았다. 시인 테오필 고티에는 기차역을 '인류의 새로운 대성당'으로 불렀다. 기차역이 19세기 산업화와 도시화의 산물임을 감안해서 고티에의 표현을 '모더니티의 대성당'이라고 바꾸어보자. '모더니티의 대성당' 기차역과 기차가 회화의 중요한 주제로 편입된 것은 전적으로 현대의 삶을 그린 화가들 덕분이다.

마네는 기차를 회화적으로 표현한 최초의 화가일 것이다. 1872년 생라자르 역 근처에 화실을 마련한 마네는 곧바로 〈철도〉(1872년)라는 그림을 그렸다. 마네는 기차나 기차역을 전면에 부각시키기보다는 강아지를 안고서 인자한 표정을 짓는 엄마와 등을 지고 생라자르 역을 바라보는 딸의 모습에 주목했다. 철도 그 자체의 물성보다는 급변하는 도시 환경을 마주하는 사람들의 반응에 관심을 기울인 탓이었다. 마네는 말년에 화물열차와 철도노동자를 그리려고 했지만 병세가 깊어지며 실현에 옮기지 못했다.

마네가 배경으로 처리한 생라자르 역은 모네에 의해 인상주의의 대표적인 소재가 되었다. 모네는 특유의 미적 감각을 발휘해서 1877년 1월부터 4월까지 생라자르 역을 각기 다른 시점과 기법으로 그린 연작을 발표했다. 모두 11점의 연작 가운데 가장 유명한 작품이 바로 오르세 미술관에 소장된 〈생라자르 역〉이다. 생라자르 역은 파리의 기차역 가운데 가장 많은 이용객 수와 가장 큰 규모를 자랑하는 역이었다. 파리에서 노르망디 지역으로 가거나 센 강 인근의 유원지로 피크닉을 떠나려면 생라자르 역에서 출발해야 했다. 노르망디의 항구 르아브르 출신인 모네는 1871년부터 1874년까지 파리 근교 아르장퇴유에 거주했는데, 이곳에 가기 위해 생라자르 역을 자주 이용했다. 그만큼 모네에게는 친숙했던 역이었다.

모네가 역장에게 기관차가 일시에 증기를 뿜어내도록 해달라고 부탁했다는 일화는 유명하다. 자욱한 연기에 가려진 기차역과 기차는 찬란한 빛과 대기의 움직임 속에서 마치 '모더니티의 꿈'을 발산하는 듯하다. 철골 구조에 유리를 사용한 기차역은 최신 건축물로 화가들의 눈길을 사로잡았다. 하지만 모네를 매혹시켰던 생라자르 역은 30년이 지난 후 소설가 프루스트에게 정반대의 인상을 남긴다. "발베크행 기차를 타려면 가야만 하는 생라자르 역의 차고처럼 유리로 지붕을 덮은 거대한 차고, 그것은 배를 가른 도시의 동굴 위에 강

마네_ 철도
Édouard Manet_ Le chemin de fer, 1873,
93.3×111.5cm, National Gallery of Art, Washington, D.C.

모네_ 생라자르 역
Claude Monet_ La gare Saint-Lazare, 1877, 75×104cm, Musée d'Orsay, Paris.

렬한 참사의 흉조로 널따란 하늘을 펼치고 있"다고 소설가는 묘사한다.[207]

생 라자르 역을 가로지르는 다리인 유럽교(pont de l'Europe)를 통해 기차역과 파리의 거리를 마치 영화의 한 장면처럼 살려낸 화가는 바로 카유보트이다. 유럽교는 1860년대에 지어진 철교로 다리 밑으로 생라자르 역으로 가는 철로가 지나가고 건너편으로는 새로 조성된 유럽광장과 오스만 식 아파트가 보인다. 카유보트의 구도 설정은 탁월했다. 화면에 기차역과 신작교, 오스만 식 아파트와 산책하는 파리지앵 같은 파리의 현대적 삶을 구성하는 요소들을 모두 담을 수 있었기 때문이다.

그림에는 모두 네 명의 인물이 등장한다. 작업복 차림의 노동자는 등을 돌리고 기차역 차고지를 바라보며, 잘 차려입은 부르주아 남성이 뒤를 힐끔 돌아보며 지나가는 여인에게 인사를 건네고, 반대방향으로는 퇴역 군인이 다리를 건너간다. 여성이 혼자서는 마음 놓고 외출하기 힘들었던 시절, 화려한 옷차림으로 혼자 길을 걷는 여성은 뭇 남성들의 시선을 독차지하기 마련이다. 서로 다른 방향을 바라보는 인물들의 시선 처리와 산책자들의 우연한 마주침은 카유보트 그림 특유의 모티프로서, 〈파리 거리, 비오는 날〉에서 보여준 '관계의 부재'와 도시인의 소외를 재차 보여준다. 서로 다른 계층과 성별의 인물들이 다리 위에서 우연히 마주치는 장면에서 연상되는 사연과 스토리가 사뭇 궁금해진다.

---

207) 마르셀 프루스트, 〈꽃피는 아가씨들의 그늘에〉 2권. 벤야민, 〈아케이드 프로젝트〉 2권, 1322쪽에서 재인용.

카유보트_ 예르 강의 카누
Gustave Caillebotte_ Pésissoires sur L'Yerres(Skiffs), 1877,
88.9×116.2cm, National gallery of art, Washington, D.C.

카유보트_ 유럽교
Gustave Caillebotte_ Le pont de l'Europe, 1876,
124.7×180.6cm, Musée du Petit Palais, Genève.

6. 부르주아의 여가생활과 레저

쿠르베의 〈돌 깨는 사람들〉(1849년), 드가의 〈세탁부〉(1869년), 카유보트의 〈마루를 깎는 사람들〉(1875년), 이 세 작품의 공통점은 무엇일까? 육체노동자들의 고단한 노동을 주제로 한 작품들이다. 쿠르베는 인생의 어두운 면을 정직하게 드러냈고, 드가는 "우아한 아름다움은 범속한 일상 속에 있다."고 굳게 믿었다. 카유보트는 노동 예찬이나 노동자가 처한 현실 고발은 일체 배제한 채 육체노동의 디테일을 살려낸다. 인상주의 그림에는 세탁부나 노동자 같이 힘들여 일하는 사람들이 적지 않게 등장한다. 당시 세탁부는 여성으로서 엄청난 양의 빨래와 다림질을 감당해야 하는 고된 육체노동자였다. 인상주의자들은 고된 노동을 강요하는 현실을 고발하는 정치적이거나 도덕적인 메시지를 던지지 않는다. 단지 그림은 고상하고 품위 있는 주제만을 다루어야 한다는 편견에 도전했을 따름이다.

인상주의는 사회의 변두리에 속한 사람들보다는 부르주아의 일상과 여가생활을 다룰 때 더욱 빛을 발했다. 르누아르는 〈물랭 드 라 갈레트의 무도회〉의 축제 분위기가 여실히 보여주듯이 서민들의 삶을 그릴 때조차도 꿈과 희망을 아로새기고, 화려함과 즐거움을 부각시켰다. 유원지 보트에서 파티를 즐기는 선남선녀들, 안정감이 돋보이는 중산층 가정, 피아노를 치는 부르주아 가정의 소녀들, 이는 르누아르 그림의 단골 메뉴이다. 특히 19세기 프랑스 사회의 최대 수혜자인 부르주아의 여가문화와 취미활동은 거의 모든 인상주의 화가들이 다루었다고 해도 과언이 아니다.

부르주아의 여가생활을 재구성해보자. 주중에는 극장이나 카페 콩세르에서 여가를 보내고, 블로뉴 숲이나 튈르리 공원에서 산책을 즐

르누아르_ 보트 놀이에서의 점심 식사
Pierre-Auguste Renoir_ Le déjeuner des canotiers, 1880~1881,
130.2×175.6cm, The Phillips Collection, Washington, D.C.

기거나 경마장을 찾는다. 일요일에는 당일로 다녀올 수 있는 교외로 나가 피크닉이나 취미활동을 즐긴다. 휴가철이 되면 가족과 함께 바닷가의 피서지에서 일광욕과 해수욕을 즐긴다. 노르망디의 한적한 소도시 트루빌은 이렇게 프랑스 최고의 해수욕장으로 탈바꿈했다. 특히 기차를 타고 파리 근교의 센 강변으로 나가 하루를 보내고 돌아오는 여가문화가 급속히 확산된다. 아르장퇴유, 부지발, 아스니에르 같은 파리 근교의 유원지에서 춤과 음악을 즐기거나 레스토랑에서 식사와 포도주를 곁들였다. 르누아르의 〈보트 놀이에서의 점심 식사〉에는 따사로운 햇빛과 감미로운 선율이 흐르는 가운데 뱃놀이를 즐기는 선남선녀들의 행복한 표정이 손에 잡힐 듯 전해진다.

르누아르와 마찬가지로 아르장퇴유에 거주한 모네에게는 여가를 즐기는 사람들의 모습보다 '자연에 대한 사랑'이 우선이었다. 특히 센 강에 대한 애정에서 모네를 따를 화가는 없어 보인다.

> "센 강! 나는 이 강을 내 평생 모든 시간, 하루의 온갖 때, 파리에서 바다에 이르는 도정인 아르장퇴유, 파시, 베테이유, 지베르니, 루앙, 르 아브르 등 그 어디에서나 그렸다. (…) 나는 이 강을 그리는 데 한번도 지루해본 적이 없다. 이 강은 나에게 항상 새롭게 다가왔다. 나는 그곳에서 타는 듯한 뜨거운 여름을 보냈고 물의 반사 때문에 눈에 손상을 입었다. 또한 우호적인 환경이 아니었던 겨울에도 나는 그곳에 있었다."[208]

모네는 평생 센 강을 떠난 적이 없었고, 사시사철 수면에 부딪히는

---

[208] 하요 뒤히팅, 이주영 옮김, 〈인상주의〉, 미술문화, 2007, 98쪽에서 재인용.

빛의 효과를 탐구했다. 센 강의 유원지에서 노르망디 바다를 거쳐 지베르니 정원의 수련에 이르기까지 '물이 있는 풍경'이야말로 모네 그림의 가장 중요한 모티프라고 할 수 있다.

스포츠에 관심이 많던 카유보트는 센 강에서 보트를 타거나 조정 경기에 몰두하는 사람들을 그렸다. 그는 센 강 지류인 예르 강변에 별장을 갖고 있어 보트에 익숙했을 뿐만 아니라 조정 경기에 즐겨 참여한 스포츠맨이기도 했다. 특히 카유보트는 힘껏 노를 젓는 남자들의 우정과 연대의식을 강조한다. 스포츠로 맺어진 남자들의 진한 우정은 카유보트 그림에서 볼 수 있는 독특한 주제이다. 다른 인상주의 화가들과는 달리 그의 그림에서 밀짚모자를 쓰고 땀을 흘리며 노를 젓는 선수들의 고투가 풍경에 대한 관찰을 뒷전으로 밀어낸다.

화가는 이미 1875년 작 〈마루를 깎는 사람들〉에서 노동하는 사람들의 디테일한 근육과 동작을 강조한 바 있다. 이런 이유로 카유보트는 인상주의에서 흔하지 않은 '남성성'의 주제를 즐겨 다룬 화가로 높이 평가받는다.[209] 카유보트가 남긴 남성 누드도 흥미롭다. 목욕하는 여인들의 평범한 모습이 담긴 드가의 누드처럼 카유보트의 남성 누드에는 육체를 미화하려는 그 어떤 붓 터치도 생략된 채 오직 일상적 삶의 진부함만이 노출되어 있다. 1875년 살롱 출품작인 〈마루를 깎는 사람들〉이 '천박한 주제'를 다루었다는 이유로 낙선한 것은 오히려 자연주의 화가로서 그의 재능을 보여주는 반증일지 모르겠다.

---

209) 제임스 루빈, 〈인상주의〉, 262쪽.

7. 인상주의와 파리의 여성화가들
 : 베르트 모리조와 메리 케세트

"천재는 남성이다."(공쿠르 형제. 1857년)

19세기말까지 프랑스 여성들은 공적 영역에서 배제된 채 가정과 실내를 벗어나지 못했다. 여성 화가들도 예외가 아니었다. 여성 화가들에 가해진 제약은 상상을 초월했다. 우선 여성이 화가가 되는 길이 낙타 바늘구멍만큼이나 좁았다. 에콜 데 보자르 입학을 비롯해서 화가로서 정식 교육을 받을 수 있는 기회가 차단되었다. 미술은 그저 유한 계층의 취미 활동으로 족했다. 어렵게 화가의 길을 선택한다 하더라도 장르의 구속에서 벗어나지 못했다. 가장 낮게 평가받는 정물화나 공예, 태피스트리 같은 장식미술로 만족해야 했다. 화가가 되더라도 남성과 동등한 전시 기회를 갖는 것은 불가능했다. 남성과 동행하지 않고서는 외출하기 힘든 상황에서 야외 스케치가 필수인 풍경화에 도전할 수 없었다. 여성이 홀로 떠나는 스케치 여행은 생각하기조차 힘들었고, 상류 계층일수록 제약이 심했다.

여성은 마네나 드가가 자유롭게 출입했던 카페나 카페 콩세르에도 혼자서 갈 수 없었고, 파리 시내를 자유롭게 산책할 수조차 없었다. 러시아 출신 여성 화가 마리 바슈키르체프는 자유로운 예술가가 되고자 하는 꿈과 그 꿈을 억압하는 사회적 제약을 일기에 이렇게 적었다.

"내가 바라는 것은 혼자 돌아다닐 수 있는 자유, 마음대로 튈르리 공원이나 뤽상부르 공원에 있는 벤치에 앉을 수 있는 자유, 미술품 가게의 진열장 앞에 멈춰서고, 교회나 미술관에 들어가고, 밤에 오래된 거리를 걸을 수 있는 자유다. 그것이 내가 바라는 것이며, 그런 자유가 없는 사람은 진정한 예술가가 될 수 없는 것이다."[210]

이 여성 화가는 화가로서 꽃을 피우기도 전에 결핵으로 생을 마쳤다. 19세기 초반의 '남장' 여성화가 로자 보뇌르는 여성과 동거를 하고 남장을 하는 방법으로 남성의 흉내를 내며 여성화가의 제약을 피했다. 남장을 한 덕분에 주위의 시선에 방해받지 않고 야외 스케치를 다닐 수 있었다. 비슷한 시기에 여성 소설가 조르주 상드도 남장을 하고서야—여성들의 바지 착용이 금지되던 시절이었으므로 아마도 상드는 바지 차림으로 길을 나섰을 것이다—파리의 거리를 마음껏 활보할 수 있었다. "파리의 이쪽 끝에서 저쪽 끝까지 날아갔다. 아무도 나를 몰랐다. 아무도 나를 쳐다보지 않았다. 아무도 내게 트집을 잡지 않았다. 나는 거대한 인파 속에 섞여 있는 원자였다."[211] 로자 보뇌르나 조르주 상드의 경우는 극히 예외적이었을 뿐이다.

전통적으로 여성은 남성 화가의 뮤즈이거나 기껏해야 그림의 모델로 만족했다. 진보적인 남성 지식인도 여성에 대해서만은 보수적인 태도를 보이는 경우가 허다했다. 인상주의와 더불어 중요한 변화가 일어난다. 인상주의는 "여성들이 예술가로서 공식적으로 참가한 최초의 미술사조"로 평가받는다.[212] 인상주의 전시회에 참여한 남성 화가들은 50여 명에 이르지만, 여성 화가들은 단 5명이었고 그중 2명은

---
210) 제프리 마이어스, 〈인상주의자 연인들〉, 139쪽에서 재인용.
211) 벤 윌슨, 〈메트로폴리스〉, 438쪽에서 재인용.
212) 안드레아 디펠, 〈인상주의〉, 136쪽.

가명으로 단 한 차례만 참여했다. 3명의 여성화가 모리조, 케세트, 브라크몽은 1874년에서 1886년까지 파리에서 열린 인상주의 전시회에 참여하며 이름을 알렸다. 특히 모리조는 단 한번을 제외하고는 전시회에 빠지지 않았다. 이렇듯 여성이 남성과 대등한 관계에서 화풍을 주도한 예는 이후 입체파나 초현실주의에서도 찾아보기 어렵다.

19세기말부터 파리의 미술계는 변화하고 있었다. 아카데미-에콜 데 보자르-살롱의 특권이 조금씩 무너지면서 화가를 꿈꾸는 여성들이 늘어났다. 유럽과 미주에서 온 여성 화가들이 미술의 수도에서 고군분투한 모습도 큰 자극이 되었다. 1881년에 여성화가 및 조각가 조합(union)이 결성되며, 마침내 1897년 여성들의 에콜 데 보자르 입학이 허용된다.[213]

마네의 걸작 〈발코니〉(1868~1869년, 오르세 미술관)에 등장하는 세 명의 인물(그 뒤로 어렴풋이 지나가는 인물은 제외하고) 가운데 단연코 시선을 끄는 인물은 부채를 들고 흰색 옷을 입은 여성이다. 바로 인상주의 여성화가 베르트 모리조이다. 마네의 작품에서 모리조는 "불타는 듯한 짙은 눈"이 인상적인, 지적이고 자유로운 여성으로 그려진다.

어려서부터 그림에 소질을 보인 모리조 자매는 전문화가로부터 미술 수업을 받는다. 하지만 베르트 모리조가 화가의 길을 걷겠다고 했을 때 주위의 반대는 불 보듯 뻔했다. 평생의 후원자 마네조차도 모리조에게 결혼 이외의 선택이 있다고 생각하지 않았다. 심지어 모리조의 재능을 발견한 스승도 여성 화가의 길은 부르주아 가문의 커다란 흠이 될 것이라고 화가의 어머니에게 경고했다. "그게 무엇을 의미하

---

213) Laurence Madeline, *Woman Artist in Paris(1850~1900)*, Yale University Press, 2017 참조.

마네_ 발코니
Édouard Manet_ Le balcon, 1868~1869,
170×124.5cm, Musée d'Orsay, Paris.

는지 아십니까? 부인이 속해 있는 상류층에서 이런 일은 거의 혁명이 될 겁니다. 어쩌면 대혼란이라는 표현이 더 나을 것 같네요. 아주 평화롭고 존경할 만한 부인의 집에 슬그머니 침투해서 두 자녀의 운명을 결정해버릴 미술을 저주할 날이 오지 않겠습니까?"[214] 언니 에드마는 결혼과 함께 화가의 길을 포기했지만 동생 베르트는 결심을 바꾸지 않았다.

가족의 지지와 후원이 큰 버팀목이 되었다. 언니는 물론이고 부모님도 모리조의 선택을 존중했다. 노르망디 지방으로 스케치 여행을 가야할 때면 언니 부부나 어머니가 동행해주었고, 기꺼이 그림의 모델이 되어주었다. 이렇게 〈화가의 어머니와 언니〉(1869~1870년. 워싱턴 내셔널 갤러리), 〈창가에 앉아 있는 화가의 언니〉(1869년. 워싱턴 내셔널 갤러리) 같은 그림이 그려졌다. 모리조가 여성화가에게 흔치 않았던 야외 풍경화를 남길 수 있었던 것도 가족의 든든한 후원 덕분이었다. 브르타뉴의 항구도시 로리앙의 풍경을 그린 〈로리앙 항구〉(1869년. 워싱턴 내셔널 갤러리)와 〈트로카데로에서 본 파리 풍경〉(1871~1872년. 산타바바라 미술관)이 바로 그 결실이다.

모리조의 경우는 당시 일반적인 여성 화가들이 처한 상황과는 달랐다. 모리조가 가족으로부터 받은 격려와 후원은 예외적이었다. 마리 브라크몽(Marie Braquemond, 1840~1916)은 가족의 결사반대로 화가의 길을 접어야 했던 경우에 속한다. 인상주의 전시회에 세 차례나 참여한 브라크몽은 화가인 남편의 반대에 부딪혀 갈등을 겪다가 결국 1900년에 붓을 꺾고 만다. 판화가인 남편 펠릭스 브라크몽은 여성이 남성의 영역인 유화에 도전하는 것에 격렬히 반대했다. 아내의 성공

---

214) 제프리 마이어스, 〈인상주의자 연인들〉, 135쪽에서 재인용.

모리조_ 나비 채집
Berthe Morisot_ Chasse aux papillons, 1874, 46×56cm, Musée d'Orsay, Paris.

모리조_ 요람
Berthe Morisot_ Le berceau, 1873, 56×46cm, Musée d'Orsay, Paris.

마네_ 제비꽃 장식을 한 베르트 모리조
Édouard Manet, Berthe Morisot au bouquet de violettes, 1872, 55.5×40.5cm, Musée d'Orsay.

을 질투한 속 좁은 남편 탓만은 아니었기를 바란다. 브라크몽을 지도한 거장 앵그르도 제자에게 꽃 그림만 그리게 했을 정도로 편견과 차별이 심했던 시절이었다.

하지만 브라크몽은 인상주의 화가로서 뚜렷한 신념을 가진 예술가였다. "인상파는 새롭게 사물을 보는 매우 유용한 방법을 창안했다. 마치 한 번에 창이 열리면서 태양 빛과 공기가 급류처럼 실내에 쏟아지는 순간을 표출한다."[215] 화가의 길을 포기한 이후 브라크몽의 삶은 알려져 있지 않다. 그녀는 1916년 자신의 재능을 인정받지 못한 채 파리에서 쓸쓸히 생을 마감했다.

모리조는 부르주아 여성과 여성화가 사이에서 균형을 잃지 않고자 했다. 33살의 노처녀 모리조는 1874년 오랜 방황 끝에 마네의 동생 외젠 마네와 결혼함으로써 균형 잡힌 삶의 가능성을 찾아냈다. 하지만 부르주아 여성으로서 전문적인 화가의 길을 걷는 것은 내적인 균열과 갈등을 수반할 수밖에 없었다. 평화롭고 고요한 부르주아 가정은 미묘한 불안과 갈등을 감추고 있었다. 언니 에드마가 6개월 된 딸을 바라보는 모습을 담은 〈요람〉을 보자. 새근새근 잠들어 있는 아기를 바라보는 어머니의 표정에서 무엇이 읽히는가? 모성애의 자연스러운 감정이나 흐뭇한 표정은 감지되지 않는다. 미래에 대한 불안이나 자식에 대한 걱정이 앞섰던 까닭일까? 소설가 위스망스는 이 그림에서 "불안하고 긴장된 감정의 동요"를 읽어낸다.

가족, 실내와 정물, 젠더 같은 주제는 모리조뿐만 아니라 르누아르나 드가, 피사로 같은 남성 화가들도 즐겨 다루었다. 이는 회화사에서 큰 의미를 갖는다. 남성 화가들도 전통적으로 여성 화가들의 영역

---

215) Delia Gaze, *Concise Dictionary of Women Artists*, Routledge, 2013.

으로 알려진 주제를 거리낌 없이 소화해내면서 이른바 장르 및 소재의 '크로스오버'가 이루어졌기 때문이다. 인상주의는 대상의 감각적 인상을 예민하게 표현한다는 점에서 '여성적인' 미술사조로 평가받는다. 감각과 인상은 이성과 합리적 사유와는 달리 '여성적'이라고 간주되었기 때문이다.[216]

모리조보다 훨씬 독립적이고 개성적인 여성 화가로 미국에서 온 메리 케세트(Mary Cassatt, 1844~1926)를 들 수 있다. 미혼의 미국 여성은 독립심과 개성을 유감없이 발휘하면서 인상주의 화가들의 진용을 넓혔다. 에바 곤잘레스(Eva Gonzalès, 1849~1883)가 마네의 충실한 애제자로 남은 반면 케세트는 드가와 수평적인 관계를 유지하며 화가의 삶을 능동적으로 개척했다.

오페라 하우스나 극장은 여성들이 비교적 자유롭게 출입할 수 있었던 흔치 않은 문화공간이었다. 케세트는 동반자 없이 유럽을 여행하는가 하면 혼자서 극장과 미술관에 가길 즐겼다. 〈칸막이 관람석에서〉(1878년. 보스턴 미술관)는 막간에 오페라 안경으로 관람석을 바라보는 여성의 모습을 담았다. 남성의 관찰 대상에 머물던 여성을 시선의 주체로 독립시킨 점이 독특하다. 이 그림의 주인공은 단연코 오페라 안경을 들고 주변을 관찰하는 여성이다. 이에 반해 왼쪽 관람석에서 이 여성을 바라보는 남성의 모습은 매우 작게 처리되어 있다. 화면 속 여성은 매우 적극적이며 자신감에 차 있는데, 이는 독립심과 개성이 강한 여성화가의 성격을 대변한다. 1866년 이후로 줄곧 파리를 떠나지 않았던 케세트는 1904년 프랑스 정부로부터 레지옹 도뇌르

---

216) Laurence Madeline, *Woman Artist in Paris(1850~1900)* 참조.

케세트_ 가을, 리디아 케세트의 초상
Mary Cassatt_ Automne, portrait de Lydia Cassatt, 1880,
40.9×30.3cm, Musée des Beaux-Arts de la ville de Paris(Petit Palais).

훈장을 받았으며, 1926년 파리 근교에서 영면했다. 르누아르도 동명의 그림을 남겼다(1874년. 런던 코톨드 미술관). 화려하게 치장한 부르주아 여성과 오페라 안경으로 주위 여성들을 훔쳐보는 남성의 모습이 케세트의 그림과는 몹시 대조적이다.

케세트_ 칸막이 관람석에서
Mary Cassatt_ In the Loge, 1878,
81.2 x 66cm, Museum of Fine Arts, Boston.

9장

벨 에포크, '삶의 즐거움'(joie de vivre)을 누리다
극장, 카페 콩세르, 뮤직홀과 카바레

1. 벨 에포크의 파리, '화산 위에서 춤추기'

화산처럼 분출하던 혁명의 에너지는 점차 '쾌락의 도시' 파리가 제공하는 사치와 유흥으로 대체되었다. 파리지앵은 미식과 샴페인의 향에 도취되었고, 화려한 볼거리와 각종 공연에 빠져들었으며, 경마와 스포츠를 즐겼다. 이 시기를 두고 '벨 에포크'(Belle époque)라 부른다. 일반적으로 1880년부터 일차대전이 발발하기 이전까지 약 30년의 기간을 말한다. '좋은 시절'을 의미하는 이 시기에는 미식과 패션, 관능과 사교, 위트와 유머가 삶의 걱정과 불안을 잠재웠다. 물론 당시에는 호시절을 보낸다는 생각조차 힘들었고, 세기말 특유의 혼란도 여전했다. 벨 에포크는 양차대전을 겪고 나서 비로소 생겨난 '좋은 시절'에 대한 향수에 다름이 아니다. 벨 에포크란 용어도 이차대전 이후

티소_ 야망(정치적인 여인): 파리의 여인 연작
James Tissot_ L'Ambitieuse(Political Woman),
1883~1885, 142.2×101.6cm,
Albright-Knox Art Gallery, New York.

티소_ 무도회
James Tissot_ Le Bal,
1880, 90×50cm,
Musée d'Orsay, Paris.

에 백과사전에 등재된다.

벨 에포크의 시대정신은 한 마디로 말해 '삶의 즐거움'(joie de vivre)이다. 제2제정기의 화려한 사교계는 계속해서 세련된 매너와 사교의 즐거움을 선사했으며, 대중문화의 시대로 접어들면서 대중은 여가생활과 문화적 혜택을 누렸다. 장 베로(Jean Béraud, 1849~1935)의 그림 〈콩코르드 광장의 파리 여인〉(1885년, 카르나발레 박물관, 48쪽 그림 참조)은 케이크를 들고 파티에 가는 화려한 옷차림의 파리지엔을 담고 있다. 그녀의 아름다운 자태와 표정에서 '삶의 즐거움'이 묻어난다. 베로는 파리의 대로에 마차를 세워두고 '좋은 시절'을 살아가는 '아름다운' 사람들의 표정을 화폭에 담았다. 파리 상류층의 호화로운 사교계와 우아한 생활을 그린 화가로 제임스 티소(James Tissot, 1836~1902)를 빼놓을 수 없다. 1885년부터 그리기 시작한 총 15점의 〈파리의 여인〉(La femme à Paris) 연작은 벨 에포크 파리의 결정판으로 여겨진다. 2020년 6월 오르세 미술관은 티소 특별전을 개최하면서 '벨 에포크를 그린 화가'의 예술세계를 조명했다.

경제적 번영이 뒷받침되지 않는 '좋은 시절'이란 없다. 이 시기 프랑스는 제국주의적 팽창과 내수 진작으로 인한 경제적 효과를 톡톡히 누렸다. 뿐만 아니라 연이은 획기적인 과학적 발견은 '문명 세계의 수도' 파리의 미래를 더욱 밝게 만들었다. 퀴리 부부의 X선(1895년)과 방사능(1896년) 발견을 시작으로 20세기에 들어서며 염색체 x가 확인되고(1905년) 상대성 이론이 등장하면서 과학계의 판도가 바뀌었다. 전기와 전화가 상용화되고 자동차와 비행기가 등장했으며, 영화는 본격적인 대중문화의 시대를 열었다. 일차대전이 끝나자 세계 각지에서 예술가들이 파리로 몰려들면서 예술적 상상력이 힘껏 분출했다. 대공황과 청교도적 분위기를 벗어나 자유를 만끽하려는 미국인들이 대표적이었다. 헤밍웨이, 피츠제랄드, 헨리 밀러 같은 작가들은 셀렉트나 쿠폴 같은 몽파르나스의 카페를 아지트로 삼았다. 피카소와 미로(스페인), 모딜리아니(이탈리아), 샤갈(러시아), 에른스트(독일), 브랑쿠시(루마니아) 등 이방의 화가들이 아방가르드 진영에 합류하면서 파리는 다시금 예술의 메카로서 명성을 떨친다.

하지만 벨 에포크는 시기적으로 '세기말'(fin de siècle)과 겹친다. 벨 에포크의 화려함 뒤에는 프랑스 사회의 해묵은 갈등과 세기말의 불안이 도사리고 있었다. 순전히 '아름답고 좋은 시절'이 있겠는가? 세기말 제3공화국의 정치적 상황은 한치 앞도 내다보기 어려울 정도로 혼란스러웠다. 드레퓌스 사건만큼 프랑스 사회의 갈등과 대립을 보여주는 것도 없었다. 빛의 도시 파리의 변두리로 쫓겨난 노동자들은 전기나 가스 공급도 상하수도 시설도 변변치 않은 열악한 환경에서 생계를 이어나가야만 했다. 열악한 노동 조건과 불안한 정치 상황에도 문화와 예술은 꽃을 피우기 마련이다. 벨 에포크의 축제와 여흥은 언제 폭발할지 모르는 프랑스 사회의 갈등을 감추고 있다는 뜻에서 '화산 위에서 춤추기'(dancing on a volcano)에 비유된다.[217]

2. 파리의 대표적 문화공간, 극장과 오페라 하우스

영화와 텔레비전이 안방을 차지하기 전까지 극장은 파리의 가장 대표적인 문화공간이었다. 통계에 따르면 19세기의 마지막 20년 동안 백만 명이 넘는 파리 시민들이 적어도 한 달에 한번 극장을 찾았으며,

---

217) Charles Rearick, *Pleasures of the Belle Epoque* 8장 참조.

그 가운데 절반 정도는 일주일에 한번 이상 연극과 오페라 공연을 즐겼다고 한다.[218] 상류층일수록 극장을 찾는 빈도는 높아졌다. 극장은 공연장이자 사교계이기도 했다. "극장에서, 극장을 위해, 극장에 의해 살아간다."는 말이 유행할 정도로 극장은 파리지앵의 소중한 삶의 일부가 되었다. 중산층의 극장 숭배는 유럽의 문화도시에서 볼 수 있는 일반적 현상이었다.[219] 귀족과 부르주아가 드나들던 극장의 문턱이 낮아지면서 '극장 민주주의'가 실현되었다. 동시에 카페 콩세르나 뮤직홀 같은 보다 대중적인 공연장이 극장과 경쟁하며 대중의 눈과 귀를 사로잡았다.

그렇다면 어떤 공연이 극장 무대에 올랐을까? 연극과 오페라가 단골 레퍼토리였다. 17세기 프랑스 고전주의 연극이 유럽 무대를 평정하면서 비극과 희극은 수시로 무대에 올랐다. 극장(théâtre)은 연극을 뜻하는 단어이기도 하다. 19세기는 프랑스 오페라의 황금기이기도 했다. '그랑 오페라'를 비롯해서 우리 귀에 익숙한 구노의 〈파우스트〉나 비제의 〈카르멘〉은 19세기 프랑스 오페라의 뛰어난 성취를 보여준다. 노래와 대사가 섞여 있는 '오페라 코미크'(opéra comique)나 오펜

---

[218] 앞의 책 참조. 프랑스 인구의 15%만이 최근 일년 이내에 극장에 간 경험이 있다는 통계(2005년)와 비교해보기 바란다.
[219] 오스트리아 출신 작가 스테판 츠바이크는 빈 중산층의 삶에서 극장이 차지하는 비중이 얼마나 큰가를 다음 일화를 통해 들려준다. "모차르트의 〈피가로의 결혼〉이 처음으로 상연되었던, 이제는 낡아버린 부르크극장을 허물어 버리게 되었을 때 빈의 전 사교계가 장례식 때처럼 엄숙하게 슬픔에 차서 극장으로 몰려들었다. 막이 무너져내리자 그들이 좋아하는 예술가들이 밟았던 무대 바닥의 한 조각이라도 유품으로 집에 가져가기 위해 사람들은 무대 위로 뛰어올랐다. 그리고 수십 년이 지난 뒤에도 아직 여러 사람들의 집에서는 성당에 십자가의 파편이 모셔져 있는 것처럼 이들 볼품없는 나무조각이 훌륭하고 작은 상자에 보관되어 있는 것을 볼 수 있었다."(스테판 츠바이크, 〈어제의 세계〉, 219~220쪽) 이쯤 되면 거의 종교에 가까운 연극 숭배가 아닌가 싶다.

바흐의 오페레타도 큰 인기를 끌었다. 보드빌과 멜로드라마는 극장의 레퍼토리 가운데 가장 서열이 낮았다. 하지만 서커스나 인형극, 판토마임이나 대중가요는 품격 있는 극장 무대에 올릴 수 없었다.

파리의 극장은 작품의 성격과 관객의 취향에 따라 세분화되어 있다. 상류층을 위한 극장과 서민이 드나드는 극장이 구분되며, 비극이나 오페라 전용 극장과 대중적 볼거리 위주의 극장이 구분된다. 같은 오페라라 하더라도 고전과 현대, 프랑스와 외국(특히 이탈리아와 독일), 유명 작곡가와 신인 작곡가 가운데 무엇을 선택하는가에 따라 극장이 달라진다. 그만큼 파리의 극장은 다양하고 선택의 폭이 넓다.

19세기 중반까지 파리의 탕플 대로(boulevard du Temple)는 '범죄의 거리'로 악명이 높았다. 오직 대중적 인기에 영합하기 위해 "극장마다 매일 저녁 사람을 때리고, 목 조르고, 독약을 먹여 죽이는 공연"을 무대에 올렸기 때문이다.[220] 각종 위반과 범죄의 온상이었던 탕플 대로의 극장들은 오스만의 파리 개발로 대부분 사라지고 그 자리에 현대식 극장이 들어섰다. 새로운 극장문화는 화려하고 웅장한 오페라 하우스의 개관(1875년)으로 더욱 빛을 발했다. 파리를 비롯해 베를린과 빈 같은 도시들이 유럽 오페라의 주도권을 두고 치열한 경쟁을 벌였다. 파리는 19세기 유럽 최고의 오페라와 오페라 극장을 자랑하며 수준 높은 공연을 선보였다.

파리에는 프랑스 정부의 재정지원을 받는 4개의 국립극장이 있다. 오페라 극장, 코메디 프랑세즈, 오데옹, 오페라 코미크가 파리의 국립극장이다. 가장 유서 깊은 극장은 루이 14세가 왕립음악아카데미를 모태로 설립한 오페라 극장(1669년)이며, 그 다음이 몰리에르 극단으

---

220) 로랑 도이치, 이훈범 옮김, 〈파리지앙 이야기〉, 중앙북스, 2013, 321쪽.

로 출발한 국립극단 코메디 프랑세즈(1680년)이다. 코메디 프랑세즈는 지금도 라신과 몰리에르 같은 프랑스 정통 희곡을 무대에 올리는 프랑스 공연예술의 산실이다. 오페라 코미크와 리릭 극장은 정통 오페라만을 고집하지 않는 개방적이고 실험적인 극장이다. 오페라 코미크(Opéra Comique, 1714년)는 18세기 초 유럽을 휩쓸던 이탈리아 오페라에 맞서 참신한 프랑스 오페라를 선보였으며, 리릭 극장(Théâtre Lyrique, 1847년)은 비제나 구노 같은 신예 작곡가들의 작품을 무대에 올려 '오페라의 실험실'로 주목 받았다. 이밖에도 파리의 대로를 중심으로 많은 민간 상업극장들이 세워졌다. 1914년에만 30여 개의 극장들이 성업 중이었다. 보드빌이나 코믹물을 공연하는 보드빌 극장과 바리에테 극장, 당대 최고의 여배우 사라 베르나르가 1898년부터 죽을 때까지 운영한 사라 베르나르 극장이 유명하다.[221]

19세기 후반 유럽 최고의 오페라 도시를 선점하려는 치열한 경쟁이 벌어졌다. 파리와 빈, 베를린 같은 문화도시들은 앞 다투어 화려하고 웅장한 오페라 하우스를 선보였다. 1860년 나폴레옹 3세는 유럽 최고의 오페라 하우스를 세운다는 목표로 설계안을 공모했고, 건축가 샤를 가르니에의 안이 채택되었다. 파리코뮌으로 공사가 잠시 중단되기도 했지만 1875년 마침내 그 화려한 자태를 드러냈다. 새 오페라 하우스는 설계자의 이름을 따서 '오페라 가르니에'(Opéra Garnier)라고 불린다. 화려하게 장식된 건축물은 수준 높은 프랑스 오페라에 대한 오마주이자 벨 에포크의 시대정신을 대변했다.

오페라 가르니에는 단숨에 파리 사교계의 중심으로 떠올랐다. 일

---

[221] 파리의 극장에 대해서는 다음 책을 참조했다. Jean-Claude Yon, *Une histoire du théâtre à Paris de la Révolution à la Grande Guerre*(Aubier, 2012). Christophe Charles, *Théâtre en capitales*(Albin Michel, 2008).

베로_ 파리 오페라 무대 뒤
Jean Béraud_ Les coulisses de l'Opéra de Paris, 1889,
38×54cm, Musée Carnavalet, Paris.

베로_ 보드빌 극장
Jean Béraud_ Le Théâtre du Vaudeville, 1889,
37.5×53.2cm, Musée Carnavalet, Paris.

주일에 한 번 최대한 멋을 부린 모습으로 남성을 대동하고 오페라 하우스로 외출하는 것은 사교계 귀부인 최고의 문화생활이었다. 극장은 화려하게 치장한 여성과 이를 훔쳐보는 남성들 사이의 만남과 사교의 장소이기도 했다. 1989년 바스티유 오페라가 세워지면서 파리는 한 도시에 두 개의 오페라 하우스를 보유한 명실상부한 문화도시임을 입증했다. 화려한 왕궁 스타일로 지어진 오페라 가르니에와 현대식 건축의 상징인 바스티유 오페라가 쌍두마차처럼 파리의 수준 높은 공연문화를 이끌고 있다.

파리의 오페라 상연 극장을 이해하기 위해서는 프랑스 오페라의 역사를 간략하게 정리할 필요가 있다. 프랑스 오페라의 역사는 이탈리아에서 유래한 오페라를 프랑스적인 음악 양식으로 만들려는 노력이라고 요약할 수 있다. 이러한 노력은 19세기에 '그랑 오페라'(grand opéra)로 결실을 맺는다. 기존 오페라에 화려한 무대장치와 스펙터클을 가미한 오페라를 '그랑 오페라'라고 부른다. 프랑스의 오페라에서는 성악적인 요소나 문학적인 줄거리보다는 발레 장면이나 화려한 볼거리(개선행진곡이나 대관식 같은)가 돋보였다. 그랑 오페라의 규칙을 정리하면 다음과 같다. 반드시 프랑스어로 되어 있어야 한다. 전쟁이나 혁명 같은 역사적 사건을 배경으로 다수의 인물들이 등장한다. 1막(도입부), 2막(발레), 3막(스펙터클), 4막(아리아와 중창), 5막(마무리)로 이어지는 구성을 갖춘다.[222]

자코모 마이어베어(Giacomo Meyerbeer, 1791~1864)의 〈아프리카의 여인〉(1865년)이나 프로망탈 알레비(Fromental Halévy, 1799~1862)의 〈유대인 여인〉(1835년)이 그랑 오페라의 대표작으로

---

222) 박종호, 〈박종호에게 오페라를 묻다〉, 시공사, 2007, 137~138쪽 참조.

꼽힌다. 지금은 거의 무대에 오르지 않는 이 작품들이 19세기 후반 파리 오페라 하우스의 단골 레퍼토리였다. 〈아프리카의 여인〉은 탐험가 바스코 다 가마의 일대기를 다룬 작품이며, 〈유대인 여인〉는 유대인과 기독교인 사이의 이루어질 수 없는 사랑을 그린 오페라로 발레와 대규모 합창이 어우러진, "당시까지 파리 오페라좌에서 공연된 작품 중 가장 스펙터클한 작품"이란 평가를 받는다.[223]

프랑스 오페라는 낭만주의 오페라에서 절정을 이룬다. 우리에게 친숙한 비제와 구노의 명품 오페라가 프랑스 오페라의 명성을 드높였다. 특히 1859년 리릭 극장에서 초연된 샤를 구노의 〈파우스트〉는 19세기 후반 가장 많이 공연된 오페라로서 1975년까지 무려 2천 회 이상 무대에 올랐다. 낭만주의 오페라에 이어 '가볍고 경쾌한 오페라'란 뜻의 오페레타가 인기를 끌었다. 화성과 선율이 간단해서 쉽게 따라할 수 있는 오페레타는 벨 에포크의 사교계에 안성맞춤이었다. 오펜바흐의 오페레타는 빈으로 건너가 요한 스트라우스 2세의 왈츠를 낳고, 훗날 브로드웨이의 '뮤지컬 코미디'로 재탄생한다.

화재로 소실된 오페라 극장이 알렉상드르 뒤마 피스의 〈춘희〉(1848년)의 무대였다면, 오페라 가르니에는 가스통 르루의 소설 〈오페라의 유령〉(1910년)으로 유명해졌다. 뮤지컬로 더 잘 알려진 원작 소설을 읽다보면 여주인공 크리스틴 다예의 멋진 공연 장면이 나온다. 오페라 하우스는 오페라 코미크나 리릭 극장에서 주목받은 신예 작곡가들의 작품을 무대에 올렸고, '오페라의 유령'의 레슨을 받은 여주인공은 구노의 〈로미오와 줄리엣〉의 첫머리를 멋지게 소화해낸다. 구노의 〈파우스트〉 마지막 장면에서는 어떤 가수도 들려주지 못

---

[223] 김영희, 〈프랑스 오페라 작곡가 15〉, 비즈앤비즈, 2012, 100쪽.

한 '초인적인 음성'으로 청중의 갈채를 받는다. "문이 2531개, 열쇠가 7593개"가 있는 오페라 하우스는 사실 엄청난 지하세계를 감추고 있었다.[224] 바닥을 깊고 튼튼하게 파내려간 탓에 수맥을 건드려 호수가 생겼고, 오페라의 유령은 이곳에 그 누구도 범접하기 어려운 자신만의 거처를 마련한다. 르루의 소설은 오페라 하우스를 범죄와 로맨스가 벌어지는 신비한 장소로 만들었고, 뮤지컬은 이 내밀한 장소를 우리들 가슴 속 깊이 각인시켰다.

졸라의 소설 〈나나〉만큼 19세기 후반 파리의 극장을 잘 보여주는 작품도 없다. 여주인공 나나는 파리의 대표적인 상업극장인 바리에테 극장에서 절찬리에 상연 중인 〈금발의 비너스〉의 비너스 역을 맡은 연극계의 새로운 스타이자 화류계의 샛별이다. 19세기말이 되면 극장은 연예산업으로 편입되고 바리에테 극장 같은 상업극장이 판을 친다. 코메디 프랑세즈의 무대에서 명연기를 펼친 고전 비극의 여주인공의 시대는 지나가고 연기력은 별 볼일 없지만 관능적인 육체를 자랑하는 여배우가 각광을 받는다. 나나에 대한 성적 호기심으로 뭇 남성들이 극장에 몰려온다. 나나의 실물을 구경하러 온 청년 엑토르에게 극장 지배인 보르드나브가 말한다. "선생님의 극장은 (…) 차라리 내 사창굴이라고 말하시지요."[225] 이제 극장은 나나의 관능적인 육체를 전시하는 장소가 되었고, 배우로서 기본기도 갖추지 못한 나나는 벌거벗은 육체만으로 관객들을 사로잡는다. 소설의 한 대목을 소개하면 이렇다.

"나나는 알몸이었다. 나나는 자기 육체가 지닌 절대적인 힘에

---

224) 가스통 르루, 이유경 옮김, 〈오페라의 유령〉, 예담, 2001, 316쪽.
225) 에밀 졸라, 〈나나〉, 11쪽.

마네_ 나나
Édouard Manet_ Nana, 1877,
154×115cm, Hamburger Kunsthalle, Hamburg.

확신을 갖고 태연하고 대담하게 나체로 등장했다. (…) 그녀는 물결 속에서 비너스로 탄생하고 있었다. (…) 수군거리는 소리가 부풀어오르는 탄식처럼 커져갔다. 손뼉 치는 소리가 들렸고, 모든 쌍안경이 비너스에게 고정되었다. 나나는 점점 더 관객을 사로잡았고, 모든 남자들이 어쩔 수 없이 나나를 인정했다. 발정난 짐승처럼 그녀로부터 피어오르는 암내는 더욱더 퍼져서 극장 안을 가득 채웠다. 이제 그녀의 조그만 움직임도 관객의 욕망을 부풀게 했고, 그녀가 새끼손가락만 움직여도 육체들이 뒤틀렸다. (…) 사람들은 숨이 막히는 것 같았고, 머리칼이 땀에 젖어 있었다. 거기 있는 세 시간 동안 관객의 입김과 사람 냄새가 공기를 덥혔다. (…) 흥분하고, 기진맥진하고, 연극의 종결에 신경의 혼란을 일으킨 천오백 명의 관객 앞에서 나나는 대리석과 같은 육체와 강한 성적 매력으로 그 모든 사람을 격파하면서 자기 자신은 아무런 상처도 입지 않고 의기양양했다."[226]

19세기말 상업극장의 선정적인 분위기를 이렇게 실감나게 묘사한 소설도 드물다. 1880년에 발표된 졸라의 소설은 1877년 마네가 그린 동명의 그림에서 모티프를 가져왔다. 나나는 소설과 미술을 통해 '쿠르티잔'(courtisane)이라고 불리는 화류계 여성의 대명사로 대중을 사로잡았다.

---

226) 앞의 책, 42~45쪽.

3. 카페 콩세르, 서민을 위한 유흥과 공연문화

오페라 하우스의 공연을 보려면 비용이 어느 정도 들까? 일반석은 대개 20프랑 내외, 박스석은 연간 비용이 2만 프랑 정도였다. 노동자나 서민은 엄두도 내기 힘들었다. 노동자들은 삼류 극장에서 보드빌이나 멜로드라마 같은 대중 공연을 즐기는 수밖에 없었다. 하지만 대부분의 서민들은 극장보다는 카페 콩세르나 뮤직홀에서 유흥을 즐겼다. 그곳에서는 맥주 한잔을 시켜놓고 공연이나 유행가를 부담 없이 보고 들을 수 있었기 때문이다. 게다가 공연 시간을 준수해야 하는 극장과는 달리 카페 콩세르는 수시로 출입할 수 있었다.

카페 콩세르는 언제 생겨났을까? 18세기 후반 카페의 손님들이 합창을 하며 노래를 즐기는 '노래하는 카페'(café-chantant)가 생겨났고, 공연과 연주가 곁들여지면서 19세기 중반 카페 콩세르(café-concert)라는 새로운 형태의 카페 겸 공연장이 생겨난다. 카페 콩세르는 카페(café)와 공연(concert)의 합성어로 '공연하는 카페' 정도로 옮길 수 있겠다. 19세기 전반 작곡가와 작사가에게도 저작권이 인정되면서 샹송 공연이 활성화된다. 프랑스 샹송의 원조는 에디트 피아프가 아니라 카페 콩세르에서 진가를 발휘했던 가수들이다.[227] 카페 콩세르가 낳은 최초의 스타 가수는 바로 테레자(Thérésa, 1837~1913)였다. 그녀는 불과 28살의 나이에 회고록을 출간할 정도로 큰 인기를 끌었으며, 드가의 〈개의 노래〉에도 등장한다. 툴루즈 로트렉이 그린 이베트 길베르(Yvette Guilbert, 1865~1944)는 물랭 루즈를 주 무대로 벨 에포크를 주름잡은 스타였다. 여가수들은 일상적 삶의 애환을 주로 노래했

---

227) Pierre-Robert Leclercq, *Soixante-dix ans de café-concert*, Belles Lettres, 2014.

지만 파리코뮌 이후로는 정치풍자를 곁들이며 카바레 아티스트의 원조가 된다.

극장만으로는 폭발하는 공연 수요를 충족할 수 없었다. 19세기 후반 오스만 식 대로를 따라 카페 콩세르가 들어서면서 카페 콩세르(줄여서 '카프콩'(caf'con)이라고 부르기도 한다) 없는 파리는 생각할 수 없을 정도로 파리 곳곳에 카프콩이 생겨난다. 1858년에 문을 연 '엘도라도'(Eldorado)는 3천 명이 넘는 인원을 수용할 수 있는 대형 카프콩이었다. 벨 에포크는 가히 카페 콩세르의 전성시대였다. 1897년 파리에만 326개의 카페 콩세르가 성업 중이었고, 카페 콩세르와 뮤직홀이 벌어들인 수입은 극장의 수입을 능가했다. 마르크스의 사위 폴 라파르그는 〈게으를 권리〉라는 책에서 노동자들의 노동시간을 하루 3시간으로 제한하고 나머지 시간에는 밤낮을 가리지 않고 빈둥거리거나 술을 마시며 '게으를 권리'를 누려야 한다고 주장한 바 있는데, 카페 콩세르는 서민과 노동자들이 '게으를 권리'를 누릴 수 있는 가장 이상적인 장소였다. 카프콩이 '가난한 자들의 극장'이라고 불린 이유도 여기에 있다.

벨 에포크는 선택된 소수만 누리던 유흥과 오락이 사회 전반으로 확산되며 '쾌락의 균등화 및 민주화'가 이루어진 시기로 평가받는다. 카프콩과 만국박람회는 모든 계층이 저렴한 비용으로 즐길 수 있는 유흥과 오락을 제공했다. 대혁명 백주년을 기념해 열린 만국박람회는 평등의 이념에 걸맞게 입장료를 낸 관람객들에게 동등한 관람의 기회를 제공했다. 서민과 노동자들은 일 프랑 정도의 비용으로 카프콩에서 맥주나 압생트를 마시며 가수들의 노래와 몸짓에 휘파람을 불며 환호했다.

카프콩은 예약할 필요도 없고, 평상복 차림으로 아무 때나 출입할 수 있었으며, 음주와 흡연이 가능했다. 입장료가 없는 대신 막간이 되면 음료를 다시 주문하는 것이 관례였다. 샹송으로 출발한 공연은 시간이 지날수록 다양한 레퍼토리를 선보였다. 노래와 춤을 비롯해 코미디언의 익살맞은 재담, 오케스트라의 연주까지 다채로운 공연이 청중의 눈과 귀를 즐겁게 했다. 하지만 공연에는 일정한 제약이 따랐다. 완성된 연극 대사와 연기는 허용되지 않았고, 보드빌이나 오페레타 같은 공연물도 올릴 수 없었다. 배우처럼 의상을 차려입거나 무대장치를 하는 것도 허용되지 않았다.

하지만 극장이 상업화되고 대중적인 공연문화의 수요가 늘면서 전통적인 극장과의 경계는 무너졌고, 카페 콩세르는 다양한 공연을 장르에 상관없이 무대에 올릴 수 있었다. 다만 당국의 검열만은 피할 수 없었다. 검열과 문화 통제가 심했던 제2제정기에는 무대에 올리기 전에 반드시 검열을 통과해야 했으며, 체제 비판적이거나 부도덕한 내용은 상연될 수 없었다. 통계에 따르면 19세기 마지막 20년 동안 무려 6천여곡의 샹송이 금지곡으로 지정되었다고 한다.[228]

최초의 대형 카페 콩세르인 엘도라도가 1858년 스트라스부르 대로에 문을 연 이래 레 장바사되르, 알카자르, 바타클랑 같은 카프콩들이 잇따라 개장한다. 마네의 그림 〈폴리 베르제르 바〉(1882년)로도 유명한 폴리 베르제르는 1869년에 문을 연 파리의 대표적 카페 콩세르였다. 일 년에 오십만 명 정도가 이곳을 찾았으며 지방 도시에도 문을 열었다. 폴리 베르제르에서는 발레, 판토마임, 오페레타 등 다양한 공연이 펼쳐졌고, 마네의 그림에 나오듯이 곡에사가 공중그네를 타기도

---

[228] 카페 콩세르에 대해서는 다음 책을 참조했다. Jean-Claude Yon, *Les spectacles sous le Second Empire*(Armand Colin, 2010). Pierre-Robert Leclercq, *Soixante-dix ans de café-concert: 1844-1918*(Belles Lettres, 2014).

했다. 마네의 그림은 모파상이 장편소설 〈벨아미〉(1885년)에서 묘사한 폴리 베르제르의 모습을 떠올리게 한다.

"사람들이 입장을 기다리는 넓은 복도는 주위를 도는 산책길과 통했는데, 그곳에서는 화려하게 차려입은 처녀무리가 수수하게 차려입은 남자들 틈에 섞여 서성거리고 있었다. 또한 세 개의 판매대 앞에는 음료와 애교를 파는 여자 판매원 세 명이 화장을 짙게 한 윤기 없는 얼굴로 버티고 서 있었다. 그중 한 판매대 앞에서 한 무리의 여자들이 새로운 손님을 기다리고 있었다. 여점원들 뒤에는 높은 거울이 있어서 그녀들의 등과 지나가는 사람들의 얼굴을 비추었다."[229]

화장을 짙게 한 여점원, 판매대에 진열된 술과 음료, 여점원 뒤의 높은 거울과 거울에 비친 사람들의 얼굴은 마네 그림 속 폴리 베르제르의 모습과 정확하게 일치한다. 시골 출신의 퇴역군인 조르주 뒤루아가 신문기자인 친구 포레스티에를 만나 파리에서 가장 먼저 가보고 싶다고 한 곳이 바로 폴리 베르제르였다. 눈이 휘둥그레진 뒤루아에게 포레스티에는 이곳은 "모든 직업, 모든 계급"의 사람들이 쾌락을 즐기기 위해 모여드는 곳으로서 특히 남녀가 만남을 갖는 장소라고 설명한다. "1층을 한번 보게. 구경하러 온 사람들은 아내와 아이들과 함께 온 얼간이 같은 표정의 부르주아들뿐이네. 박스 안에는 거리의 건달패와 몇몇 예술가들, 얼치기 같은 여자들뿐이야. 그리고 우리들 뒤편에는 파리의 인간들이 아주 우스꽝스럽게 섞여 있지. 남자들

---

229) 기 드 모파상, 송덕호 옮김, 〈벨아미〉, 민음사, 2009, 25쪽.

마네_ 폴리 베르제르 바
Edouard Manet_ Un Bar aux Folies-Bergère, 1881~1882,
96×130cm, The Courtauld Institute of Art, London.

은 어떤 사람들일까? 잘 관찰해보게. 모든 직업, 모든 계급이 다 모여 있네. 그런데 대부분이 방탕한 사람들이지."(27쪽)

자유롭게 먹고 마시며, 웃고 떠들 수 있으며, 성적 일탈까지 용인되는 카페 콩세르의 어수선한 분위기에서는 쇼와 공연을 제대로 즐길 수 없었다. 이제 카페 콩세르에서 카페의 기능은 사라지고 공연의 기능만 남은 새로운 형태의 공연장이 생겨난다. 이를 '뮤직홀'(music hall)이라고 부른다. 원래 "18세기 중엽 영국에서 음악과 오락시설을 갖춘 술집"을 지칭하던 뮤직홀은 19세기말 프랑스로 건너와 대중적인 공연을 제공하는 상설극장을 뜻하는 용어가 된다.[230] 뮤직홀은 카페 콩세르와는 반대로 술과 음료를 자유롭게 마실 수 없었고, 극장처럼 관람석이 지정되어 있었다.

대표적인 뮤직홀로 1889년 몽마르트의 클리시 대로(boulevard de Clichy)에 문을 연 물랭 루즈(Moulin Rouge)를 들 수 있다. 이후로 카지노 드 파리(1890년)와 올랭피아(1893년)가 개장하면서 뮤직홀은 대중문화와 쇼 비즈니스의 산실로 자리 잡는다. 뮤직홀의 성장에는 상업 포스터도 한몫을 한다. 툴루즈 로트렉이 그린 물랭 루즈 포스터는 물랭 루즈보다 인기가 높았다. 카페 콩세르와 뮤직홀, 그리고 카바레가 자리잡은 몽마르트는 벨 에포크 최고의 유흥가로 명성을 날린다. 프렌치 캉캉을 유행시킨 최고의 춤꾼 잔 아브릴로부터 1920년대 미국의 흑인 가수 조세핀 베이커를 거쳐 에디트 피아프와 이브 몽탕에 이르기까지 물랭 루즈가 배출한 스타들의 이름만으로도 그 진가를 확인할 수 있다. 이제 대중문화는 거스를 수 없는 시대적 흐름이 되었다. 쇼 비즈니스가 거대한 문화산업으로 변모한 오늘날 '엔터테인먼트'의 효시로 카페 콩세르를 기억해야 하는 이유도 여기에 있다.

---

[230] 김종로, 김익진, 〈프랑스 뮤지컬의 이해〉, 강원대학교 출판부, 2007, 30~31쪽.

스타인렌_ 검은 고양이의 순회 공연
Théophile Steinlen_ Tournée du Chat Noir de Rodolphe Salis, Lithographie, 135.9×95.9cm

로트렉_ '더 오래, 루'를 노래하는 이베트 길베르
Henri de Toulouse-Lautrec_ Yvette Guibert chantant 'Linger Longer, Loo',
1894, 57×42cm,
Pushkin Museum of Fine Arts, Moscow.

4. 카바레, 반문화(反文化)의 요람

흔히 카바레 하면 뒷골목의 시끌벅적한 선술집을 연상하지만 원래 카바레는 저항과 풍자의 반문화적 성격이 강한 '예술 카바레'로 출발했다. 19세기말 유럽의 공연문화는 검열을 둘러싼 체제와 예술가의 투쟁과 대립의 산물이다. 당국은 불온하고 퇴폐적이라는 이유로 대중문화를 통제하려 들었으며, 무대 위의 예술가들은 때로는 직설적으로, 때로는 교묘하게 현실을 고발하고 풍자했다. 제2제정이 기울어가던 1867년의 상황은 어떠했을까. 카페 콩세르 운영자라면 당일 무대에 올릴 공연 프로그램과 원고를 사전에 검열 받아야 했다. 시 당국은 2년 전 마네의 〈올랭피아〉가 빚은 사회적 물의를 잊지 않았다. 1870년 제3공화국이 출범하면서 폐지된 검열은 4년 후에 제자리를 찾는다. 물랭 루즈의 스타 잔 아브릴(Jane Avril)은 발이 이마에 닿도록 높이 쳐드는 캉캉 춤으로 유명했지만, 풍기단속 경찰관은 무용수의 발이 어느 정도까지 올라가는지, 속옷은 입었는지 유심히 살펴야 했다.

카페 콩세르가 서민을 위한 유흥과 오락을 제공했다면, 카바레는 예술가들의 체제 비판적 공연이나 실험적이고 도발적인 프로그램을 주로 무대에 올렸다. 카바레에 모인 예술가들은 시낭송과 샹송, 일인극과 퍼포먼스를 통해 현실을 풍자하고 부르주아를 조롱하고 야유했다. 카바레는 '반골기질'을 가진 아티스트들의 전초 기지와 같았다.[231]

1881년 11월 로돌프 살리(Rodolphe Salis, 1851~1897)가 몽마르트

---

231) 리사 아피냐네시, 강수정 옮김, 〈카바레〉, 에코리브르, 2007, 1장 '카바레에 오신 것을 환영합니다' 참조.

로트렉_ 잔 아브릴, 파리의 정원
Henri de Toulouse-Lautrec_
Jane Avril, Jardin de Paris, 1893,
Lithographie, 130×95cm

로트렉_ 카바레의 아리스티드 브리앙
Henri de Toulouse-Lautrec_ Aristide
Bruant dans son Cabaret, 1893,
Lithographie, 138×99cm

에 문을 연 〈샤 누아르〉(Chat Noir)는 최초의 예술 카바레로 알려져 있다. 에드거 앨런 포의 소설 제목에서 따온 '검은 고양이'는 대번에 가난한 예술가와 보헤미안의 성지가 되었다. 장차 프랑스 현대음악을 이끌어갈 작곡가 클로드 드뷔시는 지휘봉 대신 숟가락을 흔들었고, 살리는 노골적인 가사의 노래를 불렀다. "사장 나으리들, 당신네 괴물 같은 폭군들, 당신들은 망연자실 우리의 총탄에 쓰러질지니 총알받이가 될 살들이여. 지나는 개들마다 호젓한 곳에서 죽어 부푼 당신들의 얼굴에 오줌을 갈기고 우리는 당신들의 썩은 고기를 개들에게 던져줄 것이다."[232] 파리코뮌을 떠올리게 하는 실로 섬뜩한 노래가 몽마르트의 카바레에 울려 퍼졌다.

카바레 아티스트를 자처한 로돌프 살리는 "몽마르트란 무엇인가? 아무 것도 아니다. 그것은 무엇이어야 하는가? 모든 것이어야 한다."고 재치 있는 언사를 날렸고, 부르주아 관객들은 살리의 풍자를 즐겼다. 위대한 혁명가 시예에스(Emmanuel Joseph Sieyès, 1748~1836)의 경구 가운데 혁명을 몽마르트로 바꾼 패러디였다. '검은 고양이답다'는 말이 유행하고, '검은 고양이'를 모방해서 '검은 개'란 의미의 〈시엥 누아르〉(Chien Noir)란 카바레가 생길 정도로 살리의 카바레는 인기가 높았다.

1897년 살리가 세상을 떠나면서 샤 누아르의 자리에 새로운 카바레가 들어선다. '갈대피리'라는 사전적 의미로 거리의 음악을 뜻하는 〈미를리통〉(Mirliton)이 샤 누아르의 정신을 이어받는다. 샤 누아르에서 샹송가수로 명성을 떨쳤던 아리스티드 브리앙(Aristide Bruant, 1851~1925)이 카바레 아티스트의 새로운 주역으로 부상한다. 브리

---

232) 앞의 책, 23~24쪽에서 재인용.

앙은 살리의 도발 정신을 이어받아 '관객 모독'을 카바레의 기치로 내건다. 비속어를 섞어 가며 부르주아의 위선적 삶을 비꼬면서도 샹송의 예술성을 놓치지 않았다. 매년 만곡 이상의 샹송이 발표되었던 1890년대 파리에서 브리앙은 도발적인 가사와 독특한 음색으로 이목을 끌었다. 브리앙은 화가 툴루즈 로트렉의 포스터 덕분에 더욱 유명해진다. 포스터 속 '빨간 스카프에 검은 벨벳 재킷'은 카바레 아티스트 브리앙의 심벌 마크가 된다.

1903년 몽마르트에 문을 연 〈라팽 아질〉(Lapin Agile)은 몽마르트에 모여든 모더니스트들의 '상상력 연구소' 역할을 한다. 1900년 몽마르트의 쓰러져가는 목조건물인 바토 라부아르(세탁선과 닮았다고 해서 붙여진 이름)에 거처를 구한 피카소를 위시해서 아폴리네르, 막스 자콥, 몽마르트의 화가 위트릴로, 아폴리네르의 연인인 화가 마리 로랑생 등이 이곳에서 실험정신과 재기를 뽐냈다. 피카소의 실험정신은 몽마르트의 카바레에서 싹텄다고 해도 과언이 아니다. 이제 몽마르트는 예술 카바레의 성지가 된다. 1900년대 초 몽마르트에는 무려 20개가 넘는 카바레가 부르주아 관객들과 관광객들을 끌어들였다. 지금도 라팽 아질에서는 샹송과 공연이 열리지만, 피카소 시절의 전위적인 분위기를 찾기는 어렵다.

저렴한 임대료로 작업실과 거처를 구할 수 있는 몽마르트는 고흐나 피카소 같은 무명 화가들과 보헤미안 예술가들을 자석처럼 끌어들였다. 1870년도에야 파리 시에 편입된 이곳은 고흐나 피카소가 살던 무렵까지만 하더라도 풍차와 포도밭 같은 시골 풍경을 간직하고 있었다. 1889년 물랭 루즈가 문을 열고 현대식 카페와 레스토랑이 들어서면서 몽마르트는 독특한 밤 문화를 자랑하는 파리의 명소로 떠올랐다. 파리 시내에서는 맛볼 수 없는 낭만과 자유가 이곳 몽마르트에서 숨 쉬고 있었다. 예술가들과 보헤미안들은 밤늦게까지 카바레와 뮤직홀에서 부르주아의 정형화된 삶에서 벗어나 자유와 일탈을 즐겼다.

몽마르트 하면 떠오르는 화가가 바로 툴루즈 로트렉이다. 몽마르트를 떼어놓고 로트렉의 삶과 예술을 생각할 수 없다. 1885년 고향 툴루즈를 떠나 몽마르트의 아파트에 거처를 정한 이후로 몽마르트는 화가의 진정한 고향이자 작품의 산실이 되었다. 물랭 루즈의 여가수와 댄서, 사창가의 여인들, 카바레 아티스트 등이 로트렉 그림과 포스터의 단골 소재였다. 위트릴로가 몽마르트의 '풍경'을 주로 그려 몽마르트의 화가로 불렸다면, 로트렉은 몽마르트를 무대로 밑바닥 인생을 살아가는 '인물'들에 대한 연민과 공감을 화폭에 담았다.

예술이 쇼 비즈니스로 변질되면서 몽마르트의 실험과 풍자정신도 퇴색한다. 카바레 아티스트들은 부르주아 고객과 관광객들을 만족시키는 쇼 비즈니스맨으로 전락할 위기에 처한다. 오늘날 물랭 루즈는 파리의 유흥을 즐기려는 관광객들로 붐비는 관광지에 지나지 않는다. 몽마르트의 빛바랜 카바레는 20세기 초 유럽 각지로 퍼져가면서 반문화의 생명력을 되찾는다. 베를린과 뮌헨의 카바레는 보수적이고 억압적인 사회 분위기를 반전시킬 문화적 원동력이 되며, 취리히의 카바레 〈볼테르〉는 다다이즘의 요람이 된다. 일차대전이 한창이던 1916년 중립국 스위스의 취리히에 모여든 예술가들은 카바레 볼테르에서 실험정신을 담을 용어로 '다다'(Dada)라는 신조어를 만들어내고, 1918년 트리스탕 차라는 '다다 선언'을 발표한다. 베를린의 카바레에서 싹튼 도발과 풍자는 기성 질서에 충격을 주면서 이후 브레히트의 실험극을 탄생시켰다. 영화 〈푸른 천사〉(1930년)에서 여배우 마를레네 디트리히가 요염한 카바레 여가수로 출연한 이래 카바레는 영화와 뮤지컬의 소재로 거듭났다. 1966년 초연된 브로드웨이 뮤지컬 〈카바레〉는 나치 치하 베를린의 카바레를 무대로 한 작품으로 한국의 관객들에게 큰 인기를 얻었다.

5. 벨 에포크, 포스터의 전성시대

19세기 후반 파리가 광고의 전시장이었다고 한다면 다소 뜻밖일지 모르겠다. 벤야민은 각종 벽보와 포스터로 뒤덮인 파리의 모습을 이렇게 전한다. "19세기 중반부터 파리의 거리와 벽에는 포스터가 넘친다. 1848년 혁명 직후 파리의 모든 벽은 혁명파의 포스터로 뒤덮여 있었다. (…) 그러한 종류의 포스터가 하나 붙어 있지 않은 대저택과 성당은 하나도 없었다. 이전에 이 정도로 많은 게시물을 볼 수 있던 도시는 없었다."[233] 벨 에포크는 프랑스가 본격적인 소비사회로 진입한 시기였다. 건물 외벽은 물론이고 거리의 키오스크와 달리는 승합마차에도 광고 문구나 포스터가 부착되었다. 광고 포스터의 힘은 대단했다. 글을 깨우치지 못한 사람들에게 광고 이미지의 전달력과 호소력은 절대적이었다. 상업광고와 포스터는 '이미지의 시대'로의 진입을 촉진시켰다. 시인 아폴리네르는 이제 파리의 현대성이 고대 그리스 로마의 화석화된 세계가 아니라 "광고판과 벽보와 표시판과 게시판"이 걸린 거리에 있다고 천명한다.

마침내 넌 이 낡은 세계가 지겹다/양치기 처녀여 오 에펠탑이여

---

[233] 발터 벤야민, 〈아케이드 프로젝트〉, 473~474쪽.

오늘 아침 다리들 저 양떼들이 메에 메에 운다//너는 그리스 로마의 고대에 진저리가 난다 (…) 너는 읽는다 높은 소리로 노래하는 광고지 카탈로그 포스터를/이것이 오늘 아침의 시 그리고 산문으로는 신문이 있다/범죄수사 이야기 높은 사람들의 사진과/온갖 제목을 가득 실은 25상팀짜리 주간지가 있다// (…) 광고판과 벽보의 글자들이/표시판과 게시판이 앵무새처럼 떠든다/파리의 오몽티에를 로와 테른 가 사이에 있는/이 공장가의 아름다움을 나는 사랑한다"[234]

연극과 오페라 공연을 알리고, 뮤직홀과 카바레를 홍보하는 효과로도 포스터가 만점이었다. 여배우 사라 베르나르가 벨 에폭 최고의 스타로 거듭난 것도, 무명의 신인이었던 알폰스 무하가 일러스트레이터로 성공의 길을 걷게 된 것도 다 포스터 덕분이었다. 체코의 모라비아 출신의 무하는 미술을 배우겠다는 일념으로 1887년 파리로 온다. 벌집 같은 초라한 단칸방에 살며 "렌즈콩을 자루로 사다가 낡은 냄비에 끓여 먹으며 연명"하던 무하에게 기회가 찾아온다.[235] 1894년 크리스마스 날 울적한 심정으로 공방을 지키고 있던 무하에게 희소식이 전해진다. 여배우 사라 베르나르가 공연 중인 연극 〈지스몽다〉(Gismonda)의 새 포스터를 주문했다는 것이다. 새해 첫날까지 포스터를 받는다는 조건으로 신인인 무하에게 포스터 제작을 의뢰했다. 무하의 포스터는 여배우의 마음에 쏙 들었고 이후로 사라 베르나르의 연극 포스터는 무하의 차지가 된다. 이후로 무하는 초콜릿,

---

234) 기욤 아폴리네르, '변두리'(Zone), 〈사랑받지 못한 사내의 노래〉, 민음사 세계시인선, 8-9쪽.
235) 메리 매콜리프, 〈벨 에포크, 아름다운 시대: 1870~1900〉, 321쪽.

무하_ 동백꽃 여인(춘희, 사라 베르나르)
Alphonse Mucha_ La Dame aux Camélias(Sarah Bernhardt), 1896, Lithographie, 207.3×72.2cm

무하_ 지스몽다(사라 베르나르)
Alphonse Mucha_ Gismonda(Sarah Bernhardt), 1894, Lithographie, 217.9×75cm

맥주, 모자 등 벨 에포크의 상품 포스터로 영역을 넓히며 아르 누보 스타일을 구축한다.

포스터를 예술의 차원으로 끌어올린 공은 단연 쥘 세레(Jules Chéret, 1836~1932)에게 돌려야 한다. 그가 1869년에 제작한 포스터 〈발렌티노, 야간 댄스홀〉(Valentino)은 예술 포스터의 효시로 간주된다. 그는 "포스터란 반드시 광고에 적합한 형식이 아니라 뛰어난 벽화"라면서 포스터의 예술적 가능성을 실험하고, 포스터를 텍스트를 보조하는 삽화의 기능에서 분리시킨다.[236] 그에 따르면 포스터는 파리 시내 곳곳에 그려진 일종의 '벽화'이자 '거리의 미술관'과도 같다. 세레는 제2제정기부터 1900년대까지 무려 천 점이 넘는 포스터를 그린 '화가'이자 '그래픽 디자이너'였다. 세레는 특유의 예술가적 감각으로 뮤직홀과 카바레 포스터에 예술적 기운을 불어넣었다. 물랭 루즈의 첫 번째 포스터도 '포스터계의 와토'로 불린 세레의 작품이다.

포스터의 새로운 세계를 개척한 화가가 바로 툴루즈 로트렉이다. 로트렉에게 전통적인 회화와 포스터 사이의 구분은 별 의미가 없었다. 세레로부터 포스터의 예술적 잠재력을 깨우친 로트렉은 포스터가 주는 매력에 흠뻑 빠졌다. 그에게 포스터는 간결하고 집약적인 이미지로 인물의 내면이나 장소의 특성을 효과적으로 환기하는 뛰어난 예술이었다. 그가 남긴 포스터는 석판화를 포함해서 400여점에 가깝다. 로트렉에게 맡겨진 물랭 루즈의 두 번째 포스터는 장안의 인기를 독차지하며 신생 뮤직홀을 깊이 각인시킨다. 파리 시민들은 벽에 붙은 물랭 루즈 포스터를 떼어가지려고 법석을 떨었다. 우리가 기억하는 물랭 루즈는 바로 로트렉의 포스터에 그려진 물랭 루즈의 모습이 아

---

236) 존 바니콧, 김숙 옮김, 〈포스터의 역사〉, 시공아트, 2000, 8쪽.

세레_ 물랭 루즈 댄스, 블랑쉬 광장
Jules Chéret_ Bal au Moulin
Rouge, place blanche, 1889,
Lithographie, 124.6×89.5cm

세레_ 발렌티노, 야간 댄스홀
Jules Chéret_
Valentino, Grand Bal de Nuit, 1869,
Lithographie, 16.1×22.2cm

니던가.

　로트렉은 그래픽 디자인의 선구자이기도 했다. 영국의 자전거 회사 심슨이 의뢰한 포스터는 그래픽 디자이너로서 로트렉의 진가를 잘 보여준다. 로트렉은 경마장이나 사이클 경기장을 자주 찾았다. 신체장애가 있던 그는 경마장을 질주하는 종마(種馬)나 사이클 선수의 힘찬 동작에 매료되었다. 알콜중독 치료를 위해 정신병원에 입원했을 때도 서커스장을 활보하는 말의 모습을 기억 속에서 끄집어내 그렸다. 심슨사의 사장 루이 부글레(Louis Bouglé, 1864~1924)가 로트렉에게 자사 자전거의 포스터를 의뢰했다. 평소 사이클에 관심이 많던 로트렉은 런던의 벨로드롬까지 찾아가 자전거 경주를 면밀히 관찰했다. 로트렉 특유의 대담하면서도 단순한 그래픽 디자인이 돋보인다.

베로_ 기다림(파리 샤토브리앙 길)
Jean Béraud_ L'attente, rue de Chateaubriand, à Paris,
56×39.5cm, Musée d'Orsay, Paris.

10장

벨 에포크와 '프렌치 라이프 스타일'의 발명
패션, 가스트로노미, 스포츠

I. 벨 에포크의 패션과 프렌치 라이프 스타일

1. 벨 에포크, 축제와 쾌락의 시대

1880년 7월 14일 프랑스 대혁명 기념일은 마치 축제와도 같았다. 그 이전까지 혁명 기념일은 자칫 시위로 변질될까 두려워한 당국의 단속으로 축제의 분위기를 낼 수 없었다. 1878년 만국박람회는 프로이센과의 전쟁과 파리코뮌으로 인한 상흔으로부터 파리가 비로소 자유로워졌다고 선언했다. 이제 혁명 기념일은 애도와 추모의 시간이 아니라 공화국의 건승을 축하하고 조국의 미래를 기약하는 축제의 시간이 된다. 거리는 삼색기로 뒤덮였고, 군중들은 억눌렸던 환희를 분출하며 축제를 즐겼다. 모네의 깃발이 나부끼는 〈생드니 길, 1878년 6월 30일〉(루앙미술관)은 공화국 기념일의 축제 분위기를 생생하게 전해준다. 파리 만국박람회도 새롭게 탈바꿈한 수도를 구경하러 온 관광객들로 흡사 민중 축제와도 같은 분위기를 연출했다.

노동과 생산성을 강조하는 부르주아의 규율에 맞서 여가와 '삶의 즐거움'을 누리자는 인식이 확산된다. 사교계의 사치와 향락은 극에 달했고, 축제의 시간은 길어졌으며, 여가와 유흥을 죄악시하는 분위기도 바뀌었다. 벨 에포크에 접어들며 프랑스의 유흥산업은 최고로 성장한다. 파리는 인구 대비 술집 수와 알콜 소비량에서 유럽 최고의 도시였다. 마침내 1883년 칼 마르크스의 사위이자 노동운동가인 폴 라파르그는 '게으를 권리'를 선언했다. 더 정확히 말하자면 노동자들에게도 '게으를 권리'를 인정해달라는 말이다. 그는 형편없는 처우에 시달리는 노동자들에게 하루 3시간만 노동할 것과 노동자들의 가족에게는 아예 노동을 금할 것을 제안했다.

"한 세기 동안이나 강제 노역이 이들의 뼈를 부러뜨리고, 피부를 멍들게 하고 신경을 망가뜨렸다. 한 세기 동안이나 굶주림이 이들의 내장과 뇌를 산산조각 내왔다. 오! 게으름이여, 이 오랜 고통에 자비를 베푸소서! 예술과 고귀한 미덕의 어머니인 게으름이여, 이 인간의 고통에 위안이 되어주소서!"[237]

러시아의 아나키스트 크로포트킨도 '좋은 삶을 누릴 권리'를 주장하며 라파르그의 제안에 힘을 실었다. 게으름과 좋은 삶을 누릴 권리는 매우 프랑스적인 정신 태도를 보여준다. 청교도나 프로테스탄트 정신이 노동과 검약을 강조하며 삶의 원초적 즐거움을 억압한 반

---

237) 폴 라파르그, 조형준 옮김, 〈게으를 수 있는 권리〉, 새물결, 2005, 71쪽.

면, 프랑스는 오랜 기간 가톨릭의 교권주의가 지배하기는 했지만 앙드레 지드가 강조한 '지상의 양식'을 누릴 권리를 외면하지 않았다. 이를 두고 프랑스인의 선조인 골(Gaulle)족의 이름을 따서 '골족의 정신'(esprit gaulois)이라고 부른다.

골족의 정신을 가장 잘 구현한 예를 르네상스의 위대한 소설가 프랑스와 라블레(François Rabelais, 1483~1553)의 작품에서 찾는다. 그의 대표작 〈가르강튀아〉(Gargantua)의 무대인 텔레마크 수도원의 모토는 다름 아닌 '하고 싶은 것을 하라!'가 아니었던가! 1886년 몽마르트의 피갈 광장에 라블레 작품의 이름을 딴 텔레마크 카페가 들어선다. 여기서는 마음껏 웃고 떠들며 축제를 즐기는 것이 허용되었다. '축제와 명랑성'만큼 벨 에포크의 시대정신을 잘 나타내주는 것도 없다. 이제 파리를 찾는 관광객들은 노트르담 대성당이나 루브르 박물관이 아니라 대로변에 늘어선 카페나 레스토랑, 몽마르트의 뮤직홀이나 카바레에서 삶의 즐거움을 마음껏 향유한다. 19세기말 관광안내서에 소개된 파리는 이렇다.

> "파리 사람들처럼 오락을 좋아하는 사람들은 전 세계에 없을 것이다. 아침부터 낮이든 밤이든, 여름이든 겨울이든 파리에는 늘 구경거리가 넘쳤고 대부분의 사람들은 쾌락 추구에 빠져 있다."[238]

삶의 즐거움을 논하는 자리에 패션과 미식, 여가와 문화생활을 빼놓을 수 없다. 벨 에포크가 진정으로 '삶의 즐거움'을 누린 축제의 시대였던 까닭은 벨 에포크에 들어 먹고 마시고 입는 인간의 원초적인

---

238) 카셀(Cassell)의 관광안내서. 바네사 R. 슈와르츠, 〈구경꾼의 탄생〉, 44쪽에서 재인용.

티소_ 파리에서 가장 예쁜 여자: 파리의 여인 연작
James Tissot_ La plus jolie femme de Paris, 1883~1885,
146.3×101.6cm, Musée d'Art et d'Histoire, Geneva.

욕망이 문화의 양식으로 승화되면서 골족의 정신을 계승하는 '프렌치 라이프 스타일'을 만들어냈기 때문이다. 도시경제학자 에드워드 글레이저가 강조했듯이 '즐거운 도시가 성공한다.' 도시의 혁신과 성장은 음식문화, 패션, 문화예술이 주는 삶의 즐거움을 바탕으로 이루어진다. 도시의 혁신은 '밑으로 시작해서 위로 퍼지기 때문이다.'[239]

2. 파리, 패션과 유행의 수도

프랑스어로 '모드'(mode)는 패션과 유행이라는 두 가지 의미를 갖는다. 보들레르가 현대성을 "일시적인 것, 변하기 쉬운 것, 우발적인 것으로서, 이것이 예술의 절반이고 나머지 절반은 영원한 것, 변하지 않은 것"이라고 정의했을 때, '일시적인 것, 변하기 쉬운 것, 우발적인 것'의 대표적인 예가 바로 패션과 유행이다. 패션은 철저히 유행의 산물이기에 시대와 장소에 구애받는다. 오늘날 그 누구도 파리가 패션과 유행의 수도임을 부정하지 않는다. 파리를 파리답게 만드는 중요한 요인이 바로 오트 쿠튀르(haute couture)와 프레 타 포르테(prêt-à-porter) 시장이 견인하는 패션과 유행이다. 이미 파리는 18세기 후반부터 패션과 유행을 선도하는 도시로 명성이 자자했다.

> "유행들을 보지 않고 파리에 있다는 것은 완전히 눈을 감고 있는 것이다. 광장들, 거리들, 상점들, 사람들, 이 모든 것이 유행만을 보여준다. (…) 2주일이 지난 의복은 잘 차려 입은 사람들 사이

---

239) 에드워드 글레이저, 〈도시의 승리〉 5장 '즐거운 도시가 성장한다' 참조.

에서는 아주 낡은 것으로 통한다. 그들은 새로운 옷감, 최신 인쇄물, 새로운 제도, 새로운 스타일과 경향을 좇는 친구들을 원한다. 하나의 유행이 개화되기 시작하면 파리는 그것에 대해 열광한다. 그리고 이 새로운 장식물로 치장하고서야 비로소 자신을 드러낸다."[240]

나폴레옹 3세와 외제니 황후는 화려한 축제와 무도회를 열어 제2제정기의 파리가 사치와 쾌락의 중심 도시임을 널리 알리고자 했다. 상류층의 사치와 향락은 루이 14세 시절 베르사유 궁전의 사교계를 능가했다. 귀족과 상류 부르주아는 연이은 무도회와 만찬, 각종 사교 모임으로 잠 잘 시간조차 모자랐다. 황제는 수천 명의 하객들을 자신이 주재한 대연회에 초대하며 권세를 과시했다. 보통 11월에 시작해서 이듬해 5월까지 이어지는 사교계의 하루 일과를 작가 앙리 드 펜은 이렇게 묘사한다. "만찬은 7시 30분, 연극 공연은 9시, 무도회 시작은 자정, 밤참은 새벽 3시나 4시. 잠을 잘 수 있다면 그리고 시간이 남아 있다면 그 이후다."[241] 새롭게 단장한 불로뉴 숲과 롱샹 경마장에는 화려하게 치장한 귀부인들이 남성을 대동하고 산책을 하거나 경마를 구경했다.

이 모든 모임과 행사에는 최대한 멋을 부린 화려한 의복이 필수적이었다. 19세기 중반 파리에는 사교계의 귀부인들에게 화려하고 독특한 고급 의상을 제공하는 고급 패션, 이른바 '오트 쿠튀르' 시장이 형성된다. 과거에는 재단사가 고객이 직접 고른 옷감을 고객의 취향에

---

240) 루이 앙투안 드 카라치올리 Louis-Antoine de Caraccioli, 〈이성의 여행〉(1772). 필리프 페로, 〈부르주아 사회와 패션〉(현실문화연구, 2008), 37쪽에서 재인용.
241) 로랑 도이치, 〈파리지앙 이야기〉, 328쪽에서 재인용.

맞추어 옷으로 만들었다면, 이제는 패션 디자이너가 직접 자신의 독창적인 아이디어로 만든 옷으로 승부를 걸었다.

19세기 남성복 시장은 댄디의 발상지 런던이 주도했지만 여성 패션의 중심지는 단연 파리였다. 그 중심에 오트 쿠튀르가 자리했다. 오트 쿠튀르의 선구자로 영국 출신의 디자이너 찰스 프레데릭 워스(Charles Frederic Worth, 1825~1895)를 꼽는데 이견이 없다. 1845년부터 파리에서 활동하기 시작한 워스는 사교계의 대모 외제니 황후의 의상을 만들면서 유명해졌다. 특정 고객층을 위해 자신의 이름을 걸고 옷을 만든 최초의 디자이너로 평가받는 워스는 자신이 디자인한 옷을 매장에 진열해놓고 판매하는 새로운 방식을 취했다. 워스의 의상실은 사교계의 귀부인들로 붐볐고, 유럽의 왕실과 귀족 여성들이 앞 다투어 워스의 의상을 구입하면서 파리의 오트 쿠튀르는 유럽의 패션과 유행을 주도했다. 각 계절의 유행을 알리는 의상전시회를 열기도 했는데 오늘날 파리 패션쇼는 이렇게 시작했다.

파리는 일 년에 두 차례 오트 쿠튀르 패션쇼를 선보인다. 오트 쿠튀르 고객이 아니더라도 패션에 조금이라도 관심이 있다면 미디어를 통해 전파되는 파리 콜렉션의 메시지에 귀를 기울이지 않을 수 없다. 20세기 초반의 폴 푸아레와 샤넬을 필두로 피에르 가르댕, 기 라로쉬, 크리스티앙 라크루아에 이르는 기라성 같은 디자이너들이 창조한 패션 스타일이 전파되면서 파리는 패션과 유행의 수도로서 명성을 확고히 한다. 파리에서 발행되는 패션 잡지의 역할도 크다. 파리의 패션과 유행은 패션 잡지의 화보와 사진을 통해 파리 밖으로 광범위하게 유통되기 때문이다. 19세기 후반부터 파리에는 화가들의 일러스트레이션이나 사진이 실린 패션 잡지들이 유행하기 시작했다. 일차대전 이후에 발행된 〈보그(Vogue)〉(1920년)를 위시해서 〈엘(Elle)〉(1945년)이

워스_ 이브닝 드레스(앙상블)
Charles Frederick Worth_ Ensemble de soirée(Evening ensemble), silk, metal, 1887, Metropolitan Museum of Art, New York.

워스_ 이브닝 드레스
Charles Frederick Worth_ Robe de soirée(Evening ensemble), silk, 1862~1865, Metropolitan Museum of Art, New York.

나 〈마리 클레르(Marie Claire)〉(1952년)는 오늘날까지 패션을 사랑하는 전 세계 독자들이 애독하는 잡지이다.[242]

3. 벨 에포크의 패션과 오트 쿠튀르의 탄생

파리의 오트 쿠튀르를 주도한 프레데릭 워스나 자크 두세(Jacques Doucet, 1853~1929)는 결코 일상에서 편하게 입는 옷을 만들지 않았다. 사교계의 귀부인들이 무도회나 오페라 하우스로 외출하거나 고급 레스토랑에서 식사할 때 입던 옷이 주를 이루었다. 귀부인들은 축제나 무도회 때마다 옷을 바꾸어 입어야 했다. 매번 새로운 옷을 장만하려면 엄청난 비용이 들었지만, 사교계 출입을 위해서라면 감수해야 했다. 졸라의 소설 〈쟁탈전〉의 여주인공 르네가 막대한 유산을 물려받았음에도 빚에 쪼들리는 것이나, 〈나나〉의 여주인공이 의상과 가구 구입에 엄청난 비용을 쓰면서 파산한 것은 오트 쿠튀르 비용이 결코 만만치 않았음을 보여준다. 행사의 성격에 따라 입는 옷도 구별되었다. 심지어는 마차를 탈 때 별도로 입는 옷이 있을 정도였다. 마차에 올라탈 때 치마가 걸리지 않도록 치마의 길이와 모양을 조정해야 했기 때문이다.

파리의 귀족과 상류 부르주아에서 쿠르티잔과 여배우에 이르기까지 화려함과 멋을 자랑하는 사람들이 오크 쿠튀르의 고객들이었다. 외제니 황후를 비롯한 유럽 각국의 왕실은 파리 오트 쿠퀴르의 단골이었고 멀리 미국의 부자들도 화려한 의상을 구입하러 대서양을 건

---

242) Yvonne Deslandres, *Histoire de la mode au XXe siècle*, Somogy, 1986.

두세_ 애프터눈 드레스
Jacques Douce_
Afternoon dress, 1903,
cotton, silk, Metropolitan
Museum of Art, New York.

두세_ 애프터눈 드레스
Jacques Doucet_
Afternoon dress, 1900~1903,
silk, linen, rhinestones, Metropolitan
Museum of Art, New York.

넜다. 벨 에포크의 파리는 사치와 소비, 향락을 즐기려는 사람들로 넘쳐났고, 고급 의상에 대한 수요는 갈수록 증가했다. 통계에 따르면 1887년 파리에는 오트 쿠튀르 디자이너가 200명이었고 의상실은 500개에 달했다고 한다.[243] 19세기말 영국과 미국에서는 개성이 강한 독립적인 여성을 뜻하는 '신여성'(New Woman)이 출현하면서 실용복이 발달했지만, 부르주아 여성의 사회적 역할이 매우 제한적이었던 파리에서는 오트 쿠튀르가 대세였다.

의복을 받쳐주는 고급 액세서리도 벨 에포크 패션의 필수 아이템이었다. 프록코트와 연미복을 차려 입은 신사는 실크 모자와 장갑, 지팡이, 시계를 착용하고 외출했다. 코르셋과 크리놀린을 착용한 숙녀도 장갑과 고급 우산 및 양산, 부채를 들고 나들이에 나섰다. 특히 양산은 19세기 여성 패션의 필수 액세서리였다. 모파상의 단편 〈우산〉(1884년)에 잘 나타나 있듯이 우산/양산은 실용성과는 무관한 부르주아의 세련된 소품이었다. 들고 다니는 우산/양산의 품질이 그 사람의 사회적 위치를 결정했다. 모자와 장갑도 마찬가지였다. 귀부인이라면 반드시 장갑을 끼고 있어야 했으며, 심지어 자택 살롱에서 손님을 접대할 때에도 맨손을 드러내지 말아야 했다. 오트 쿠튀르는 멋을 부린 모자의 착용으로 완성된다. 더운 날에도 귀부인들은 모자와 장갑을 착용하고 외출했다. 19세기 내내 다양한 모자가 유행했으며, 모자 전문점이 의상 전문점만큼 인기를 끌었다. 19세기 말에는 연극 관람석 뒤편에 앉은 남자들이 공연을 잘 볼 수 있도록 모자의 높이를 낮추고 장식을 단순화하자는 '작은 모자' 캠페인이 일어나기도 했다.[244] 샤넬은 오트 쿠튀르 시장에 진입하기 전에 자신이 디자인한 모자로 이

---

243) 다이애너 크레인, 서미석 옮김, 〈패션의 문화와 사회사〉, 한길사, 2004, 227쪽.
244) Yvonne Deslandres, *Histoire de la mode au XXe siècle*, Somogy, 1986.

마네_ 봄
Édouard Manet_ Le Printemps, 1881,
74×51.5cm, J. Paul Getty Museum, L.A.

푸아레_ 팬시 드레스 코스튬
Paul Poiret_ Fancy dress
costume, 1911,
metal, silk, cotton, Metropolitan
Museum of Art, New York.

푸아레_ 금 화살
Paul Poiret_ Arrow of Gold, 1925,
silk, metallic thread, Metropolitan
Museum of Art, New York.

름을 알렸다.

4. 코르셋과 바지의 문화사

다른 각도에서 패션을 말해보자. 패션은 사회적 지위와 성적 정체성을 나타낸다. 옷만큼 직업과 신분, 계급과 성별을 잘 보여주는 것도 없다. 특히 복장의 대중화가 이루어지지 않은 19세기까지만 하더라도 의상 구입과 관련해 엄청난 사회적 편차가 존재했다. 최상류층은 전속 디자이너를 두고 계절과 행사에 맞추어 의복을 구입했지만, 하층계급은 결혼식 때 장만한 양복을 제외하면 중고 의복으로 만족해야 했다. 부르주아는 의식주 가운데 의복 구입에 가장 많은 지출을 했다.

의복은 남녀 간의 구별을 엄격하게 규정했다. 특히 여성의 경우 착용해야 할 의복과 입지 말아야 할 의복이 정해져 있었다. 가슴과 허리를 조이는 코르셋과 하체를 풍만하게 보이게 하는 크리놀린이 여성, 특히 상류층 여성이라면 반드시 착용해야 할 의복 보조물이었다면, 바지는 여성에게 결코 허용되지 않았다. 오랫동안 남성의 전유물이었던 바지는 20세기 초반이 되어서야 여성들이 공공장소에서 마음대로 입을 수 있었다. 코르셋을 벗고 바지를 입는 것, 20세기 여성 패션의 진화를 이렇게 요약할 수 있겠다.

코르셋은 16세기 전반부터 4백 년 동안 서양 여성 의복의 필수 아이템이었다.[245] 르네상스가 끝나갈 무렵 스페인과 이탈리아의 귀족 여성들이 고래 뼈를 이용해 가슴과 허리를 조이는 도구를 만들어냈을

---

[245] 이하 코르셋에 관한 논의는 주로 Valerie Steele, *Corset: a cultural history*(Yale University Press, 2003)와 이민정, 〈코르셋과 고래뼈〉(푸른들녘, 2008)를 참조했다.

앗제_ 파리 스트라스부르 대로의 코르셋 상점
Eugène Atget_ Boulevard de Strasbourg, Corsets, Paris, 1912, Metropolitan Museum of Art, New York.

로트렉_ 코르셋을 입는 여인, 임시 애인
Henri de Toulouse-Lautrec_ Conquête de passage-Femme en corset, 1896, 105.5×67.5cm, Musée des Augustins, Toulouse.

때만 해도 '고문 도구'라는 악명이나 여성의 건강에 치명적이라는 경고는 예상하지 못했다. 또한 코르셋은 여성 억압의 대명사로 여겨지면서 '탈 코르셋'이 여성 해방의 쟁점이 되기도 했다. 하지만 "여성의 허리를 죄여주는 새로운 기계"는 여성이 아름다움을 표현하고 성적 매력을 돋보이게 하는 자발적 수단이기도 했다. 아름다움은 특정 계급의 전유물이 아니며, 모든 여성이 누리는 권리이자 의무였다. 코르셋은 여성들의 다이어트나 몸매 관리를 위해서나 심지어는 남성 댄디들의 톡톡 튀는 패션 아이템으로도 활용되었다.

코르셋이 여성의 몸매를 아름답게 해줄 거라는 유혹은 실로 대단했다. 영화로도 유명한 마거릿 미첼의 소설 〈바람과 함께 사라지다〉(1936년)의 한 장면은 코르셋에 대한 판타지를 잘 보여준다. 16살 난 스칼렛 오하라는 거울 앞에 서서 코르셋 덕분에 일대에서 가장 허리가 가는 여자로 소문난 것을 매우 자랑스럽게 생각한다. 곧이어 외출하기 전 하녀가 코르셋을 잡아당기는 유명한 장면이 나온다.

> "'무얼 붙잡고 배 당겨요' 그녀가 지시했다. 침대 기둥 하나를 단단히 잡고 버티며 스칼렛은 시키는 대로 했다. 어멈이 힘껏 당기고 잡아채니까, 고래 이빨 거들을 찬 작은 허리의 둘레가 작아졌고, 자랑스럽고도 흐뭇한 표정이 그녀의 눈에 드러났다. '허리 하면 우리 어린 양 당할 여자가 없죠' 신통하다는 듯 그녀가 말했다."[246]

침대 기둥을 잡고 버티며 힘껏 잡아당긴 결과 스칼렛 오하라의 허리둘레는 15인치로 줄어들었다! 19세기 여성들의 허리 사이즈가 평균

---

246) 마거릿 미첼, 안정효 옮김, 〈바람과 함께 사라지다〉 상권, 열린책들, 2010, 126~127쪽.

27~29인치 정도였다고 하니 개미허리라고 부를 만하다. 또한 날씬한 허리는 상층 계급의 표시로 받아들여졌다. 노동자들이 허리선이 노출되지 않는 평평한 옷을 입은 것과 대조적이다.

19세기에 속옷은 여성의 성적 아름다움을 드러내는 중요한 방편이었다. 고급 매춘부와 여배우는 선정적인 속옷 차림으로 대중을 유혹했다. 화가들은 속옷 입은 여성과 누드 사이에서 고민해야 했다. 마네는 "실크 코르셋은 우리 시대의 누드일 것"이라며 코르셋과 속옷을 입은 여성을 화제(畫題)로 선택했다. 마네의 그림 〈나나〉(348쪽 그림 참조)는 연한 푸른 색 코르셋과 속옷을 입은 여배우 알리에타 오제를 모델로 한 작품으로 알려져 있다. 마네가 초상화까지 그려준 소설가 졸라는 3년 후에 이 그림에서 모티프를 얻어 동명의 소설을 발표한다. 소설에 대입시켜보자면 코르셋을 입은 여성이 배우이자 고급 매춘부인 나나이고, 이 여성을 물끄러미 쳐다보는 남성이 뮈파 백작인 셈이다.

그림 속 나나는 푸른 색 코르셋을 입고 거울을 바라보며 몸매를 뽐내고 있다. 푸른 색 코르셋은 흰색 코르셋과는 달리 선정적 분위기를 풍기는 에로틱한 복장으로 받아들여졌다. 그림 속 거울도 중요한 성적 코드이다. 여성은 마치 "거울아, 거울아 누가 제일 예쁘니?"라고 묻기라도 하듯이 거울 앞에 서서 자신의 몸매를 확인한다. 동시에 여성은 남성의 은밀한 시선을 온몸에 받으며 남성적 욕망의 대상이 된다. 마네의 그림을 시작으로 19세기 후반 코르셋을 입은 여성의 그림이 일대 유행한다.

여권 신장과 여성 패션의 일대 개혁으로 여성들은 코르셋의 질곡에서 벗어나게 된다. 일과 여가, 스포츠를 즐기는 새 시대의 여성에게는 새로운 패션이 필요했다. 일차대전은 '탈 코르셋'의 결정적 계기가 되었다. 여성들은 참전한 남성들을 대신해 직업전선에 뛰어들어야 했다. 코코 샤넬은 시대정신을 따라 여성을 코르셋으로부터 해방시키는 데 앞장선다. 일상생활에서 자취를 감춘 코르셋은 패션쇼나 대중문화에 모습을 드러냈다. 1990년 팝가수 마돈나는 장 폴 고티에가 디자인한 코르셋을 입고 화려한 무대를 연출한 바 있다.

14세기 중반까지만 하더라도 남녀의 의복은 확연하게 구분되지 않았다. 하지만 점차로 남성이 상의와 하의를 구분하고 발목까지 내려오는 바지(culotte)를 입고, 여성은 긴 드레스를 착용하면서 바지는 남성의 전유물로 굳어졌다. 나폴레옹 법전은 여성의 남성복 착용을 금지했다. "코르셋은 인류를 멸종시키는 암살자"라며 코르셋을 맹비난했던 나폴레옹도 여성의 바지 착용에 대해서만은 엄격했다.[247] 부득이 바지를 입어야 하는 경우라면 반드시 경찰에 신고하고 허가를 받아야 했다. 19세기 초반 '남장' 여성화가 로자 보뇌르의 경우가 그러했다.

1851년 미국의 여권운동가 아멜리아 블루머(Amelia Bloomer, 1818~1894)의 주도로 '블루머 바지' 착용이 시도된 적이 있지만, 보편화되지 못했다. 여성의 바지 착용에 대한 남성 주류 사회의 저항과 거부감은 강했다. 편리하고 실용적인 바지는 건국정신에 부합한다는 이유로 미국에서는 널리 착용되었지만 오트 쿠튀르가 영향력을 발휘하던 파리에서는 그렇지 못했다. 20세기에 들어와서도 여성의 바지 착용은 승마나 자전거 타기 같은 스포츠 활동에만 제한적으로 허용되었다. 자전거가 점차 보편화되면서 여성의 바지 착용을 바라보는 시선도 바뀌었다. 바지를 입고 안장에 올라탄 여성은 자전거로 어느 곳

---

247) 이민정, 〈코르셋과 고래뼈〉, 215쪽에서 재인용.

이나 다닐 수 있었다. 자전거는 여성의 바지 착용을 촉진한 남녀평등의 이기품이었다. 1892년 마침내 자전거를 타는 경우에 한해 여성의 바지 착용을 허용하는 법안이 통과된다. 바지를 상용화하려는 노력에서 코코 샤넬을 빼놓을 수 없다. 이제 발목까지 내려오는 치마와 긴 드레스를 짧은 치마와 바지가 대신한다.

5. 폴 푸아레와 코코 샤넬

1906년 자크 두세의 의상실에서 독립한 폴 푸아레는 아내이자 모델인 드니즈에게 코르셋이 없는 드레스를 입혀본다. 푸아레에게 이상적인 여성 몸매는 코르셋이 만들어주는 S라인이 아니었다. 그는 코르셋으로부터 여성의 가슴을 해방시킨 것을 두고두고 자랑스러워 했다. "아직은 코르셋 시대였다. 나는 코르셋에 대한 전쟁을 벌였고, 나는 자유라는 이름으로 코르셋의 몰락과 그 이후로 승리를 거둔 브래지어의 채택을 선언했다. 맞다. 나는 바로 가슴을 해방시켰다."[248] 폴 푸아레가 "여성을 마치 트레일러라도 끌고 있는 듯 보이게 만드는 역겨운 장치"로부터 해방시킬 수 있었던 것은 자신을 창작자이자 예술가로 인식했기 때문이다.[249] 그는 예술가적 기질을 유감없이 발휘하며 재봉과 양재의 '기술'로 취급받던 의상 디자인을 독립적인 '예술'로 승격시켰다.

폴 푸아레는 〈천일야화〉와 발레 뤼스(ballet russe)에서 창조적 영감을 얻는가 하면 일본의 기모노나 이사도라 던컨의 그리스풍 의상,

---

248) Valerie Steele, *Corset: a cultural history*, p. 147.
249) 메리 매콜리프, 〈새로운 세기의 예술가들〉, 189쪽.

심지어는 우크라이나 농부의 의상에서 혁신적 아이디어를 가져왔다. 폭넓은 교양인이었던 푸아레는 미술관이나 발레 공연장을 즐겨 찾으며 다양한 분야의 예술가들과 교류했다. 병실에 있던 프루스트가 한 걸음에 달려가 관람할 정도로 인기가 있던 러시아 발레의 무대 의상은 폴 푸아레의 몫이었다. 이번엔 화가 라울 뒤피가 푸아레가 디자인한 의상에 그림을 그려주었다. 폴 푸아레는 패션을 음악이나 미술 혹은 발레와 동급의 예술로 만들고자 했다. 이제 폴 푸아레의 명성은 1911년에 유럽 순회 패션쇼를 열 정도로 최고조에 달한다. 화려한 파티에 파리의 명사들을 초대해 패션을 홍보하는 것도 폴 푸아레가 고안한 방식이다. 그는 기발한 파티 기획자이기도 했다. 1911년 6월 24일 〈천일야화〉에서 모티프를 가져와 자신은 술탄 복장을 하고, 하객들에게는 오리엔탈 풍의 옷을 입히고 〈천이일야화〉라는 파티를 연 일화는 유명하다. 그 이듬해에는 베르사유 숲에서 〈디오니소스 축제〉를 밤새도록 열어 파리의 사교계를 들썩이게 했다.[250]

일차대전이 일어나자 사교계는 문을 닫았고 여성들은 공장과 병원에 나가 부족한 일손을 메워야 했다. 발목까지 내려오는 폴 푸아레 풍 드레스는 더 이상 실생활에 맞지 않았다. 치마의 길이를 줄이거나 이참에 치마 대신 바지를 입기도 했다. 짧게 자른 머리에 무릎까지 내려오는 치마나 바지를 입은 간편하고 기능적인 스타일이 유행하기 시작했다. 폴 빅토르 마르그리트(Paul Victor Margueritte, 1866~1942)는 1922년 '소년 같은 느낌의 여성'이라는 뜻의 〈가르손느〉(Garçonne)라는 제목의 소설을 발표해 큰 반향을 불러일으켰다. 여주인공이 즐겨 입었던 '가르손느 룩'이 바로 1920년대 코코 샤넬이 창조한 새로운 여

---

250) François Baudot, *Paul Poiret*, Assouline, 2006.

성 패션이었다. 이를 두고 푸아레는 가난한 소녀들의 취향이라고 저격했지만, 시대정신은 푸아레가 아니라 샤넬 편이었다.

  1920년대에 폴 푸아레는 왕성하게 활동할 수 있는 40대의 나이였지만, 벨 에포크를 수놓은 화려한 패션은 더 이상 시대에 어울리지 않았다. "패션은 10년 앞서 있는 사람에겐 찬사를 아끼지 않지만, 10분 늦은 사람은 결코 용서하지 않"는 법이니까.[251] 여성에게 코르셋이 없는 옷을 입히고, "치맛단을 지면에서 23센티나 들어올린 젊고 산뜻한 복장"을 하게 한 장본인이 바로 코코 샤넬이다.[252] 불티나게 팔렸던 향수 '샤넬 No. 5'부터 남성복에만 사용되었던 블랙 색상을 여성복에도 적용한 것까지 샤넬이 이룬 의복 혁명은 실로 대단했다. 이제 샤넬의 시대가 열린 것이다.

---

251) 앞의 책, p. 12.
252) 메리 매콜리프, 〈파리는 언제나 축제〉, 127쪽.

II. 가스트로노미의 탄생과 프랑스의 카페 문화

1. 미식문화(가스트로노미), 파리지앵의 식탁을 사로잡다

프랑스의 미식문화는 유네스코 인류무형문화유산으로 지정되어 있다. 맞는 말일까 아닐까? 2010년 세계 최초로 프랑스의 미식문화가 인류문화유산으로 지정되었다는 사실을 기억하는 이는 드물다. 요리는 물론이고 테이블 매너와 와인까지 아우르는 미식문화가 프랑스인들의 중요한 문화정체성을 형성하고 있음을 보여준 사건이다. 그 이듬해엔 제1회 〈가스트로노미 축제〉가 열려 파리 곳곳의 레스토랑이 대중들의 미각을 일깨웠다. 맛과 멋의 유행을 창출하는 도시답게 파리에는 세계 각지의 음식이 모여 있다. '잘 먹고 잘 사는 법'(art de vivre)에 대한 프랑스인들의 애정과 관심은 각별하다. "프랑스인은 음식에, 이탈리아인은 옷에, 독일인은 집에다 평생을 갖다 바친다."란 말이 공연히 생겨난 것은 아니다.[253] 살기 위해 먹는다면 의식주의 기본 행위에 지나지 않지만, 먹기 위해 산다면 삶의 즐거움이 샘솟고 문화가 생겨난다. 영국의 저명한 프랑스 역사학자 테오도르 젤딘은 "가스트로노미는 행복을 창조하기 위해 음식을 이용하는 예술이다."라는 문장으로 정리한다.

'신토불이'란 말도 있듯이 음식만큼 현지인의 생활 및 문화적 토양과 밀접하게 결부된 것도 없다. 파리지앵의 삶 속 깊숙이 들어가지 않는다면 파리 본연의 음식 맛을 누리기 어렵다. 프렌치 레스토랑에서 맛본 푸아그라나 달팽이 요리가 프랑스 요리의 전부는 아니다. 갈수

---

253) 김복래, 〈프랑스 식도락과 문화정체성〉, 북코리아, 2013, 147쪽.

티소_ 예술가의 여인들_ 현재까지도 영업 중인 파리의 르드와엥(Pavillon Ledoyen) 레스토랑 테라스.
James Tissot_ Les femmes d'artistes(The Artists' Wives), 1885,
146×101cm, Chrysler Museum of Art, Norfolk, Virginia.

록 표준화되는 패스트푸드 위주의 간편식도 거리가 멀다. 프랑스 요리는 고급 레스토랑에서 맛보는 '오트 퀴진'(고급 요리)부터 프랑스인들의 식탁에 오르는 가정식에 이르기까지 구성과 범주가 복잡하다. 내가 파리에서 즐긴 음식이 프랑스 요리체계의 어느 지점에 놓여 있는지 알 필요가 있다. 식도락가로 소문난 소설가 알렉상드르 뒤마의 〈대요리사전〉에 나오는 요리법만 해도 3천 가지가 넘는다.

레스토랑(restaurant)과 가스트로노미(gastronomie)란 용어 자체가 19세기 전후 파리에서 만들어진 신조어에 해당한다. 오늘날 우리가 알고 있는 레스토랑은 적어도 18세기 중반까지는 파리에 없었다. 원래 '레스토랑'이란 건강 회복을 위해 만들어진, 몸에 좋은 수프를 의미했다. 계몽주의 철학자 디드로가 편찬한 〈백과사전〉에는 '활력과 정력을 더하기 위해 사용하는 치료약'이라고 뜻풀이가 되어 있다. '레스토랑'을 파는 '건강원'에는 "위장이 약한 이들은 모두 내게로 오라, 내가 그대들을 치유하리라."는 라틴어 문장이 적혀 있었다고 한다.[254] 왕실과 귀족을 모시던 요리사들이 대혁명으로 일자리를 잃고 독립해서 차린 식당을 레스토랑으로 부르기 시작했다. 음식 이름이 음식을 제공하는 장소 이름으로 바뀐 것이다. 프랑스 요리에 다양한 수프가 존재하는 것은 레스토랑의 어원과 관계가 깊다. 19세기 최고의 셰프 앙투안 카렘은 수백 가지의 수프 요리법을 선보인 바 있다.

〈가스트로노미: 프랑스 미식혁명의 역사〉의 저자인 나가오 켄지는 레스토랑의 탄생에는 '과학', '건강', '개인'이라는 키워드가 작용했다고 분석한다.[255] 개별 요리마다 레시피가 마련되면서 과학적이고 체

---

254) 야기 나오코, 위정훈 옮김, 〈레스토랑의 탄생에서 미슐랭 가이드까지〉, 따비, 2011, 34쪽.
255) 나가오 켄지, 〈가스트로노미: 프랑스 미식혁명의 역사〉, 비앤씨월드, 2012.

계적인 요리법이 등장했으며, 건강에 좋은 음식을 제공하는 장소라는 어원적 의미가 부각된다. 마지막으로 레스토랑은 원하는 테이블에 자리 잡고 메뉴에서 원하는 음식을 고르는 개인 맞춤형 서비스를 제공했다. 같은 테이블에 낯선 사람들과 동석해 정해진 요리를 먹어야만 했던 예전에 비해 획기적인 변화가 생긴 것이다.

아무리 잘 차려진 식탁도 음식을 향유하고 맛을 음미하는 미식문화가 없다면 허기진 배를 채워주는 밥상에 불과할 것이다. 맛있는 요리를 분별하고 향유할 수 있는 능력과 권리를 지칭하는 '가스트로노미'라는 단어가 레스토랑이 번성하면서 유행하기 시작한다. 음식은 단순히 영양 보충의 수단만은 아니다. 음식 맛을 즐길 줄 아는 사람은 음식을 탐내며 무조건 배만 채우는 사람과는 다르다. 미식가는 자신의 미각을 화가의 시각이나 음악가의 청각처럼 활용하며 음식의 맛과 멋을 즐긴다. 요리가 사진과 영화에 이어 '제 10의 예술'로 등극한 것은 셰프의 창조 정신과 미식가의 미각적 향유가 어우러진 덕분이다. 가스트로노미라는 말에는 무엇을 먹을 것인가에서 어떻게 먹을 것인가로의 발상 전환이 담겨 있다.

〈미식가 연감〉을 발행한 그리모 드 라 레니에르(Grimod de La Reynière, 1758~1837)는 최초의 음식평론가로 평가받는다. 1803년에서 1812년까지 매년 파리의 레스토랑과 제과점을 순례하며 맛과 분위기를 평가한 이 책은 19세기 판 미슐랭 가이드라고 할 수 있다. 수천 곳이 넘는 레스토랑의 옥석을 가리기 위해서는 미식 가이드의 출현이 불가피했다. 미각의 중요성과 미식의 철학을 설파한 저작도 나타났다. 1825년 브리아 사바랭(Brillat-Savarin, 1755~1826)이 펴낸 〈미각의 생리학〉은 파리의 미식문화를 정리한 대표적 저술이다.

브리아 사바랭은 먹는다는 행위에는 미각을 포함한 다양한 감각이

동원된다는 점을 강조하며 가스트로노미라는 신조어에 이론적 토대를 부여했다. 사실 맛있는 음식은 미각에만 좌우되지 않는다. 조리할 때 나는 냄새, 플레이팅의 시각적 효과, 접시와 포크가 부딪히는 소리, 혀끝을 감도는 와인 향 등이 어우러지면서 음식의 맛을 결정한다. 사바랭의 책이 오늘날까지도 회자되는 이유는 그가 창안해낸 멋들어진 아포리즘 덕분이다. "당신이 무엇을 먹는지 말해달라. 그러면 당신이 어떤 사람인지 말해주겠다."는 아포리즘도 이 책에서 유래했다. 이 책의 서두에는 지금도 신선함과 유머를 잃지 않는 20개의 아포리즘이 실려 있다. 그 가운데 몇 개만 감상해보자. "동물은 삼키고, 인간은 먹고, 영리한 자만이 즐기며 먹는 법을 안다." "식사의 쾌락은 나이와 조건과 나라를 불문하고 나날이 경험된다. 그것은 다른 어떠한 쾌락과도 어우러질 수 있으며, 이 모든 쾌락이 사라진 후에도 마지막까지 남아 우리에게 위안을 준다." "새로운 요리의 발견은 새로운 천체의 발견보다 인류의 행복에 더 큰 기여를 한다." "치즈 없는 후식은 애꾸눈의 미녀와 같다." "사람을 초대한다는 것은 그가 내 집 지붕 밑에 있는 내내 행복을 책임지는 일이다."[256]

사바랭이 자비로 출간한 이 책은 생전에 빛을 보지 못하다가 사후에 미식문화의 정전으로 등극한다. 소설가 발자크는 책 제목을 빌려와 〈결혼의 생리학〉이라는 소설을 발표했고, 20세기 최고의 기호학자 롤랑 바르트는 "프랑스 미식문화의 대표작"에 자신의 해석을 덧붙여 재출간했다. 심지어 모파상은 미식가를 예술가의 반열에 올려놓았다. "미식가는 예술가이며 시인이다. 미각은 눈이나 귀처럼 섬세하고 완벽하며 존경스런 기관이다."[257] 벨 에포크는 음식을 향유하

---

256) 브리아 사바랭, 홍서연 옮김, 〈미식예찬〉, 르네상스, 2004, 19~21쪽.
257) 김복래, 〈프랑스의 식도락과 문화정체성〉, 5쪽에서 재인용.

베로_ 파티세리 글로프(샹젤리제 거리의 제과 제빵집)
Jean Béraud_ La Pâtisserie Gloppe
(Avenue des Champs-Élysées), 1889, 53×53cm, Musée Carnavalet, Paris.

는 즐거움을 극대화하며 미식문화의 전성기를 누린다. 파리를 '삶의 즐거움'을 누리는 '쾌락의 도시'라고 할 때 이는 파리가 미식문화의 중심지임을 뜻한다. 화려한 실내 장식을 자랑하는 고급 식당 〈막심〉(Maxime, 1893년 개업)은 미식문화의 전성기 벨 에포크의 분위기를 잘 전달한다.

2. 미식문화의 수도 파리의 신화를 만든 셰프들

파리의 미식문화는 셰프들의 창의적 도전정신으로 만들어졌다. 그들이 창조한 음식과 각고의 노력으로 집대성한 조리법이 없었다면 '미식문화의 수도' 파리의 신화는 만들어지지 않았을 것이다. 파리의 오트 퀴진을 대표하는 셰프로 앙투안 카렘과 오귀스트 에스코피에를 빼놓을 수 없다. 앙투안 카렘(Marie-Antoine Carême, 1784~1831)을 19세기 전반 프랑스 요리를 대표하는 셰프로 꼽는데 이견이 없다. 그는 평생 상류층의 '자유계약' 요리사로 일하며 창조적 요리를 개발하는데 몰두했다. 카렘은 나폴레옹 황제와 조세핀의 결혼식 대연회를 주관하는가 하면 러시아 황제 알렉산드르 1세(1777~1825)와 영국 왕자의 전속요리사로 일하면서 프랑스를 가스트로노미의 천국으로 만드는데 크게 기여했다. '요리사들의 왕이자 왕들의 요리사'로 불리는 카렘은 최초로 '셰프'(chef)라는 호칭을 받은 요리사이기도 했다. 셰프 카렘이 공들여 닦은 토대를 기반으로 파리의 오트 퀴진과 레스토랑이 유럽 전역과 미국의 대도시로 퍼져나가면서 전 세계 미식문화를 주도한다.

카렘은 오트 퀴진 가운데서도 연회용 고급 요리의 대가였다. 뷔페

식 테이블에 화려하게 장식된 요리는 높이 쌓아올린 케이크인 '피에스 몽테'(pièce montée)에서 절정을 이룬다. 건축에 조예가 깊었던 카렘은 아테네의 신전이나 로마의 유적, 중국 탑 모양의 피에스 몽테로 연회를 돋보이게 했다. 그는 요리뿐만 아니라 제빵 및 제과에도 일가견이 있었다. 카렘은 뛰어난 셰프이자 파티시에(pâtissier)이기도 했다.

카렘은 '글 쓰는' 요리사였고, 덕분에 미식의 역사에 이름을 남겼다. 그는 시간이 나면 도서관에서 책 읽기와 글쓰기에 매달렸다. 자신이 접대한 메뉴의 조리법을 마치 일기를 쓰듯이 꼼꼼히 기록했다. 예를 들어 1815년 8월 1일 엘리제궁에서 알렉산드르 황제에게 대접한 러시아식 코스 요리나 1817년 1월 18일 런던 로얄 파빌리온에서 섭정 왕자와 러시아의 니콜라이 대공에게 대접한 정찬의 메뉴도 그가 남긴 기록 덕분에 전수되었다. 하루하루 기록한 노트들이 쌓여 요리책이 만들어졌다. 총 52권의 〈19세기 프랑스 요리법〉은 수천가지의 요리법이 담긴 백과사전이자 오트 퀴진의 바이블로 불린다. 그가 남긴 조리법을 따르면 누구든지 오트 퀴진을 재현할 수 있었다. 요리사 하면 떠오르는 챙이 없고 뻣뻣한 흰 모자를 발명한 것도 그였다. 평생 숯불 연기에 시달리며 요리를 만든 카렘은 "정작 우리를 죽이는 건 바로 숯불"이라고 한탄하며 유독 가스의 희생자가 되었다.[258]

모든 요리를 테이블에 한꺼번에 내놓는 프랑스 식 요리를 '뷔페'(buffet)라고 부른다. 오늘날 호텔 뷔페를 연상하면 된다. 그렇게 되면 식탁은 풍성해 보일지 몰라도 음식이 차갑게 식거나 접시에 골고루 나누어 담기에는 불편하다. 게다가 뷔페 식 요리에 필수적인 화

---

258) 이안 켈리, 채은진 옮김, 〈천재 파티시에, 프랑스 요리의 왕〉, 말글빛냄, 2005.

려한 '장식'은 간편함을 추구하는 현대인의 적성에는 맞지 않는다. 카렘이 집대성한 프랑스 요리를 현대적 감각에 맞게 재편하는 과제를 성공적으로 완수한 셰프가 바로 오귀스트 에스코피에(Auguste Escoffier, 1846~1935)다. 그는 "우리는 더 이상 예전처럼 요리하지 않을 것이다. 새로운 요리가 태어났다."고 선언하며 프랑스 요리의 현대화를 주도했다.[259] 이제 카렘이 독보적 재능을 선보였던 화려한 장식의 시대는 물러가고, 요리를 조리 순서대로 내놓는 '러시아식 테이블'이 자리를 잡는다. 오늘날 프렌치 레스토랑의 코스 요리가 에스코피에 시대에 선보였다.

에스코피에의 요리 철학은 비싼 식재료로 화려한 식탁을 꾸미지 말고 신선하고 풍부한 식재료 본연의 맛을 살려내는 요리의 기본에 충실하자는 말로 요약된다. 에스코피에는 동료들에게 이렇게 당부했다.

> "요리사가 접시를 아름답게 꾸밀 때 추구하는 목적은 언제나 오로지 먹을 수 있는 것들을 통해, 그리고 조화롭게 차려진 음식의 재료를 통해 달성되어야 한다. 먹을 수 없는 모든 것은 요리 접시에서 추방되어야 하며 미각적인 단순함으로 음식을 장식하는 것이 미래의 절대적인 법칙이 되어야 한다."[260]

요리의 대중화와 간소화는 거역할 수 없는 시대적 흐름이었다. 오늘날 파리의 레스토랑에 내놓는 간소화된 코스 요리인 '아 라 카르

---

259) 미셸 갈, 김도연 옮김, 〈요리의 거장 에스코피에〉, 다우, 2005, 180쪽.
260) 하이드룬 메르클레, 신혜원 옮김, 〈식탁 위의 쾌락: 부엌과 식탁을 둘러싼 맛있는 역사〉, 열대림, 2005, 316~317쪽.

트'(à la carte)나 '오늘의 메뉴'(menu du jour)는 그러한 혁신의 산물이다.

19세기말의 호텔왕 세자르 리츠(César Ritz, 1850~1918)와는 만남은 에스코피에의 요리 인생에 결정적 전환점이 되었다. 1884년 모나코의 그랜드 호텔에서 지배인과 셰프로 만난 두 사람은 런던의 사보이 호텔(1889년)과 파리의 리츠 호텔(1898년)로 인연을 이어가며 호텔업과 요리계의 일대 혁신을 이끌었다. 당시 고급 요리의 중심지는 궁정이나 사교계가 아닌 특급 호텔이었다. 관광 산업이 활성화되며 유럽 각지의 부유층이 특급 호텔로 몰려들면서 호텔 레스토랑은 명사들의 고급 사교계가 되었다. 에스코피에는 특급 호텔 고객들의 까다로운 입맛을 만족시킬 창조적 요리를 선보였다. 특히 에스코피에는 단골 여성 고객을 위한 디저트를 선보여 주목을 받았다. 파리 오페라 하우스의 스타 소프라노 가수 넬리 멜바를 위해서는 복숭아 디저트인 '페쉬 멜바'(pêche Melba)['페쉬'는 복숭아를 뜻하는 프랑스어이다.]를 만들었고, 화려한 디저트를 즐긴 여배우 사라 베르나르에게는 '사라 베르나르 딸기'를 헌정했다. 자신이 개발한 요리에 기발한 이름을 붙여 유행을 만드는 재주로는 에스코피에를 따라갈 만한 셰프가 없었다.

에스코피에도 카렘 못지않게 도서관이나 서재에서 시간을 보낸 셰프였다. 5천 가지가 넘는 레시피를 기록한 〈요리의 길잡이〉(1903년)는 말 그대로 20세기 요리사들의 길잡이가 되었고, 말년에 펴낸 〈나의 프랑스 요리〉(1934년)는 "가능한 실제로 이용할 수 있도록 분명하게 레시피를 밝혀 누구든 읽을 수 있는 [일상요리를 다룬] 책"을 표방했다.[261] 1920년 에스코피에는 요리사로는 최초로 레지옹 도뇌르 슈발리에 훈장을 수여받는다.

에스코피에가 기록한 5천 가지가 넘는 요리법만 보면 프랑스 요리의 다양성에 놀라지 않을 수 없다. 하지만 카렘에서 시작해서 에스코피에로 이어지는 프랑스 퀴진의 특징도 뚜렷하다. 두 셰프 모두 요리의 기본으로 가장 공을 들인 것이 바로 소스의 개발이다. 카렘은 "요리에서 소스는 언어에서의 문법이고 음악에서의 멜로디와 같다"고 했으며,[262] 에스코피에는 "프랑스 요리의 세계적인 명성은 바로 미묘한 소스 맛 덕분"임을 인정했다.[263] "소스는 어느 누구도 가타부타 할 수 없는 프랑스 요리의 탁월한 자존심"이기에,[264] 파리 미식문화를 선도한 스타 셰프들은 소스의 완성도와 독창성이 오트 퀴진을 좌우한다고 믿었다. 쇠고기와 닭, 생선을 우려낸 육수를 바탕으로 몇 가지 기본 소스를 만들고 이를 활용해서 수백 가지 소스를 공들여 만드는 것이 프랑스 요리의 핵심이다. 식재료 본연의 맛을 해치지 않으면서 맛과 풍미를 더해주는 소스를 음미하는 것이 프랑스 미식문화의 요체라 할 수 있다. 여기에 와인과 요리의 궁합과 프렌치 레스토랑의 멋스러운 분위기가 더해지면 프랑스 요리의 퍼즐이 맞춰진다.

---

261) 오귀스트 에스코프에, 홍문우 옮김, 〈나의 프랑스 요리〉, 봄아필, 2016, 17쪽.
262) 민혜련, 〈관능의 맛, 파리〉, 21세기북스, 2011, 217쪽.
263) 오귀스트 에스코피에, 〈나의 프랑스 요리〉, 23쪽.
264) 폴 프리드먼, 주민아 옮김, 〈미각의 역사〉, 21세기북스, 2009, 268쪽.

카페 라 로통드, 몽파르나스
La Rotonde, Montparnasse

지금은 고급 레스토랑으로 변모한 카페 프로코프
Le Procope, Rue de l'Ancienne Comédie

3. 파리의 카페와 파리지앵의 음주 문화

오늘날 카페를 빼놓고 파리를 생각할 수 없다. 파리는 카페 문화가 가장 꽃을 피운 도시로 손꼽힌다. 파리는 카페를 대화와 토론의 장소로 만든 독특한 카페 문화를 지녔다. 1640년 파리에 커피가 도입된 이래 초창기 카페는 상류층 고객들이 커피를 마시는 고급한 장소였다. 하지만 카페는 이전 사회에서 목격할 수 없던 '새로운 형태의 사회성'을 만들어내면서 파리 곳곳으로 퍼져나갔다.[265] 파리는 '카페와 대화'의 도시였다. 최초의 카페로 알려진 카페 프로코프(Procope)는 18세기 계몽주의의 발상지였다. 디드로와 달랑베르가 〈백과전서〉를 만들자고 의기투합한 곳도 여기였으며, 당통과 마라가 혁명을 논하고 발자크나 위고 같은 당대 최고의 문인들이 모인 곳도 바로 여기였다.

18세기말에 3천 개 정도였던 파리의 카페는 1880년대에 이르면 무려 4만 여개로 급증한다. 오스만의 파리 개발로 파리 곳곳에 들어선 그랑 불바르를 따라 카페들이 우후죽순처럼 생겨난 탓이다. 현재 파리에 2만 개의 카페가 영업 중이라고 하니 파리의 카페 문화는 19세기말에 전성기를 누렸다고 볼 수 있다. 19세기 들어 각종 클럽(club)이 성행하면서 사교와 토론의 장소로서 커피하우스가 점차 모습을 감춘 런던의 상황과는 매우 대조적이다.

19세기 후반 파리의 대로를 걷다보면 몇 걸음만 옮겨도 카페와 카페 콩세르와 마주쳤다는 말이 과언이 아니다. 또한 1860년대부터 카페의 테이블을 야외에 개방하면서 카페 테라스에서 에스프레소나 와인 한잔을 마시며 도시 풍경을 음미하는 독특한 노천 카페 문화가 생

---

[265] Colin Jones, *Paris, Biography of a city*, Penguine Books, 2006.

겨난다. 파리지앵들의 기억 속에 카페가 오래 남아 있는 또 다른 이유는 어려운 시절 카페가 커피와 술은 물론이고 따뜻한 온기를 제공하는 안식처이자 정서적 교감을 나누는 터전이었기 때문이다. 헤밍웨이가 허기진 배를 참아가며 글을 쓴 곳도, 사르트르가 전후의 허무의식을 딛고 실존주의 철학을 가다듬은 곳도 바로 몽파르나스와 생제르맹의 카페에서였다.

파리의 카페 문화는 카페의 중심지가 이동하는 역사와 맞닿아 있다. 귀족 계급이 주로 루브르 왕궁과 가까운 팔레 루아얄의 카페를 애용했다면, 19세기 초반 보헤미안 예술가들은 센 강 좌안 라탱 지구의 허름한 카페에 모여들었다. 19세기 후반이 되면 몽마르트의 카페와 카바레가 예술가들의 성지로 바뀐다. 피카소가 몽마르트를 떠나 몽파르나스에 자리 잡은 1912년은 예술과 카페문화의 중심축이 몽파르나스로 이동하고 있음을 보여주는 상징적인 해이다. 이제 몽파르나스의 세련된 카페가 몽마르트의 허름한 선술집을 대신한다. 전후 사르트르와 카뮈의 실존주의는 생제르맹의 카페를 빼놓고 논할 수 없다. 이렇듯 카페는 지적 대화와 토론의 장이자 사색의 공간이며 창작의 산실이었다.

카페는 지식인과 예술가를 위한 공간만은 아니었다. 노동자들이 싸구려 술을 마시고 담배를 피우며 휴식과 위안을 구하는 '가난한 자들을 위한 대성당'이기도 했다. 카페는 누구나 커피 값만 내면 드나들 수 있는 평등하고 민주적인 공간이다. 요즘도 2유로 정도만 내면 누구나 카페의 한 자리를 차지할 수 있다. 19세기 중반까지만 하더라도 노동자와 서민은 조리시설을 갖추지 못한 열악한 주거환경에서 살았다. 1870년대 파리 노동자들의 식탁은 어떠했을까?

"1870년 이후, 노동계급의 식탁에는 쇠고기 대신 말고기가 올라왔다. 대부분의 사람들에게 빵은 성스러운 주식이었고, 수프는 필수였으며, 감자는 채소를 대신하는 구세주였으며, 와인은 누구나 좋아하는 음료였고, 돼지고기는 미식의 보물이었고, 사지동물 식용 고기는 손에 넣기 어려운 사치품이었고, 케이크는 유일하게 먹을 수 있는 디저트였다."[266]

노동자들은 먹고 마시는 일의 대부분을 값싼 카페에서 해결할 수밖에 없었고, 카페는 자연스럽게 사회적 불만을 토로하고 시국을 성토하는 장이 되었다. 서민들은 같은 처지의 사람들을 만나 삶의 애환을 나누었고, 공화주의자들과 사회주의자들은 카페에서 집회와 시위의 자유를 누리고자 했다. 여러모로 카페는 경찰의 엄중한 감시와 통제 아래 놓일 수밖에 없었다. 카페 주인과 손님 사이의 끈끈한 유대관계도 사회적 관계망 형성에 한몫을 했다. 카페 주인은 결혼식 선서의 증인을 서주거나, 결혼식 피로연을 주관하기도 했다.[267]

파리의 카페와 서울의 카페의 차이는 무엇일까? 서울에서는 커피를 비롯한 음료를 팔지만, 파리의 카페에서는 술을 마실 수 있다. 파리에서는 맥주와 와인을 비롯해서 칵테일과 코냑, 샴페인 등 다양한 주류를 마실 수 있다. 심지어는 담배나 우표, 복권도 판다. 한마디로 말해 파리의 카페는 음주 문화의 중심이다. 파리의 카페 숫자가 정점에 도달했을 때 알코올 소비량도 최고점을 찍었다고 한다. 제2제정기에 포도주 생산량이 늘어나고 프랑스가 와인의 본산지로 명성을 떨치

---

266) 폴 프리드먼, 〈미각의 역사〉, 284쪽.
267) W. Scott Haine, *The World of the Paris Café: sociability among the French working class, 1789~1914*, Johns Hopkins University Press, 1999.

베로_ 카페에서(압생트)
Jean Béraud_ Au café(L'Absinthe), 1909,
83.8×72.6cm, Musée Carnavalet, Paris.

면서 와인은 카페에서 가장 즐겨 찾는 술이었다. 코냑이나 브랜디가 부담스러웠던 노동자나 서민은 압생트라는 신종 독주에 탐닉했다. 게다가 1880년대에 접어들며 포도 수확이 급감하고 와인 가격이 폭등하자 노동자들은 유일한 대안인 압생트에 빠져들었다. 카페에서 압생트를 마시는 서민들의 모습은 마네와 드가 그리고 베로의 작품에 등장할 정도로 일반적이 된다.

압생트(absinthe)는 원래 '마실 수 없는'이란 의미의 그리스어 'apsinthion'에서 유래했다고 한다. 쑥을 원료로 만든 이 독주는 1830년대 알제리 전투에서 돌아온 병사들이 파리에 퍼뜨린 것으로 알려져 있다. 알코올 도수가 70도에 달하는 압생트의 효과를 오스카 와일드는 특유의 재치로 대신했다. "한 잔을 마시면 당신이 원하는 것을 볼 것이다. 두 잔을 마시면 실제가 아닌 다른 모습으로 보일 것이다. 마지막 잔을 마시면 있는 그대로 보이는데, 이것이 세상에서 가장 끔찍한 일이다."[268] 압생트의 환각 효과는 예술가들에게는 창작의 매력적인 보조수단으로, 노동자들에게는 삶의 고달픔을 잊게 하는 손쉬운 방편으로 받아들여졌다. 몽마르트의 화가 툴루즈 로트렉은 압생트를 늘 입에 달고 살았다. 심지어 압생트로도 만족하지 못해 압생트와 브랜드를 반반 섞은 술을 즐겼다. '지진'이란 별명이 붙은 폭탄주의 효과는 엄청났고, 로트렉의 건강은 급속도로 악화되었다.

이제 압생트의 폐해는 돌이킬 수 없을 정도로 커졌다. 압생트는 '생명수'(eau de vie)가 아니라 '사망주'(eau de mort)로 불렸다. 알코올 중독이 심각한 사회문제로 대두되었고, 에밀 졸라는 19세기 자연주의를 대표하는 소설 〈목로주점〉(1877년)에서 이를 파고들었다. 압생트

---

[268] 버나드 덴버, 이윤희 옮김, 〈툴루즈 로트레크: 세기말 파리의 슬프고도 아름다운 초상〉, 시공아트, 2014, 198쪽에서 재인용.

소비를 줄이려면 역설적이지만 와인 소비를 늘려야 했다. 정부는 와인 생산량을 늘리는 한편 1915년에는 압생트 제조와 판매를 금지하는 조치를 단행한다.

III. 파리지앵의 여가생활과 스포츠

1. 스포츠와 여가생활의 확산

관광을 뜻하는 영어 단어 '투어리즘'(tourism)은 복고왕정기부터 사용되기 시작했지만, 관광과 여행은 기차로 인한 교통수단의 획기적인 변화가 생긴 19세기 후반에 접어들며 본격화된다. 기차는 파리에서 미식의 도시 리옹까지 걸리는 시간을 종래의 100시간에서 10분의 1로 줄였다. 이제 기차로 30분 정도면 아르장퇴유나 부지발 같은 센 강변의 유원지에 닿을 수 있었다. 기차 덕분에 파리 시민은 당일로 근교를 다녀올 수 있었다. 부유한 부르주아 사교계가 문을 닫는 바캉스 시즌이 되면 기차를 타고 노르망디의 해변이나 코트다쥐르를 찾았다.

남불 지중해 연안의 도시들은 19세기 후반 관광산업이 활성화되면서 지금의 모습을 갖추게 되었다. 외제니 황후가 다녀간 뒤 지중해의 어촌 마을 비아리츠는 관광도시로 거듭났다. 칸과 니스에는 호텔과 카지노가 들어섰고, 유명 레스토랑은 식도락으로 관광객들을 유혹했다. 파리의 오페라 하우스를 만든 건축가 가르니에는 몬테 카를로의 카지노를 설계했다. 지중해의 쪽빛 해변을 뜻하는 '코트다쥐르'(côte d'azur)란 말도 이 무렵에 생겼다. 몇 주 동안 맑은 공기와 깨끗한 물을 마시며 심신을 치료하기에 온천만큼 좋은 것도 없었다. 프랑스의 대표적인 생수 브랜드인 비시(Vichy)와 비텔(Vittel)는 가장 인기 있는 온천 도시의 이름이기도 하다.[269]

여가의 패턴은 계층과 직업에 따라 크게 달랐다. 일주일 내내 노동에 시달렸던 노동자들은 쉬는 날이면 기차를 타고 교외로 나가기도 했지만 주로 파리의 카페 콩세르나 뮤직홀에서 술을 마시거나 공연을 즐기면서 시간을 보냈다. 노동의 효율과 생산성을 강조했던 제3공화국은 일요일 노동도 허용하는 법안을 상정하기까지 했지만 무산되었고, 노동자들은 토요일 밤과 일요일을 그냥 지나치지 않았다. 극장과 뮤직홀, 댄스홀은 주말이면 거리로 쏟아져 나온 노동자들을 맞이하기 위해 경쟁적으로 가격을 내렸다. 노동의 세계는 가혹하고 고달팠지만, 유흥의 시간이 있기에 버틸 수 있었다. 반면에 경제적이고 시간적 여유를 가진 부르주아는 요일별로 문화생활을 즐겼다. 한주의 시작과 끝인 월요일과 금요일은 오페라 관람에 적합했고, 토요일에는 경마나 서커스를 구경했다. 각종 무도회와 축제에 참석하다 보면 어느덧 바캉스 시즌이 되었고, 노르망디나 코트다쥐르는 사교계가 문을 열 때까지 파리지앵들의 휴양지 겸 놀이터가 되었다.[270]

2. "보다 빨리, 보다 높이, 보다 힘차게"

파리 시민들은 프로이센과의 전쟁 패배로 실추한 국력을 증진시키기 위해서는 무엇보다 몸과 마음이 튼튼한 인재를 기르고 애국심

---

269) Eugen Weber, *France, Fin de Siècle*, Harvard University Press, 1988.
270) Charles Rearick, *Pleasures of the Belle Epoque* 참조.

을 고취하는 것이 급선무라고 생각했다. 조국의 미래를 짊어질 인재를 양성하고, 애국심을 기르는데 스포츠만큼 유용한 수단도 없었다. 우선 학교 교육에서 신체 연마의 비중이 높아지고, 체조나 펜싱, 사격 같은 종목이 체계적으로 육성된다. 영국 식 스포츠가 대중의 각광을 받은 것도 이 무렵이다. 골프와 테니스, 축구와 럭비 등은 19세기말을 전후로 영국에서 프랑스로 유입된 스포츠 종목이다. 최초의 테니스 클럽은 1878년 영국과 가까운 노르망디의 도시 르 아브르에 세워진다. 프랑스의 전설적인 전투조종사 롤랑 가로스의 이름을 딴 프랑스 오픈 테니스 대회는 1891년에 창설된 이래 매년 5월말이 되면 전 세계 테니스 애호가들을 설레게 한다. 영국이나 스페인 못지않은 프랑스인들의 축구 사랑은 두말할 나위도 없다.

    스포츠는 세기말의 '타락한 정신'을 치유하는 좋은 방법이기도 했다. 세기말의 데카당한 분위기로 기존의 가치 체계는 '거꾸로' 전도되었고, 신체의 활력과 에너지는 현저하게 감소했다. 스포츠 정신이야말로 위스망스의 소설 〈거꾸로〉(1884년)의 주인공 데 제생트가 시달리는 신경증과 육체적 쇠락과 같은 '세기말병'의 효과적인 치료제였다. 1886년 피에르 드 쿠베르탱 남작이 프랑스 전역에 체육과 운동을 보급하고, 1895년 국제올림픽위원회를 창설한 것도 이런 맥락에서였다. 그 이듬해에 고대 올림픽의 발상지인 아테네에서 첫 번째 올림픽이 개최된다. 건강한 몸에 건강한 정신이 깃든다는 올림픽 정신이 세기말의 타락한 정신에 맞선다. 쿠베르탱은 스포츠를 통해 공정한 경쟁을 강조하고 페어플레이 정신을 함양함으로써 국민들의 정신과 육체를 '리셋'할 수 있다는 희망을 품었다. 1900년 파리에서 만국박람회와 제2회 국제올림픽이 동시에 열렸다. 2024년 파리 올림픽은 파리에서 개최되는 세 번째 올림픽 대회다.

3. 자전거, 벨 에포크의 '작은 여왕'

프랑스를 대표하는 스포츠는 무엇일까? 혹은 프랑스인들이 가장 사랑하는 스포츠는 무엇일까? 축구도 테니스도 펜싱도 아닌 자전거 경주라고 답하겠다. 자전거는 프랑스인들이 실생활에서 가장 즐기는 대중 스포츠다. 매년 7월에 열리는 자전거 경주 대회인 '투르 드 프랑스'(Tour de France)에 프랑스인들이 열광하는 이유도 여기에 있다. 1903년 자전거 광이자 언론인이었던 앙리 데그랑주(1865~1940)가 창시한 대회로 프랑스 전역을 자전거로 주파한다. 자전거 행렬이 지나가는 곳마다 인파가 몰리고 축제의 분위기가 조성된다. 투르 드 프랑스는 자전거로 떠나는 국토대장정이었다. 하지만 5천 킬로가 넘는 거리를 3주 동안 주파하기란 결코 쉬운 일이 아니었다. 초창기에는 참가선수 가운데 불과 10분의 1만이 완주했다.

자전거는 신기술의 상징이기도 했다. 자전거는 자동차 못지않게 획기적인 이동수단이자 심신단련의 방편이었다. 초창기 자전거는 구매비용이 만만치 않아 부르주아의 사치품으로 여겨졌고, "자전거를 소유한 예비남편을 구한다."는 신문광고가 실릴 정도로 귀한 혼수품이기도 했다. 던롭과 미슐랭이 개발한 새 타이어와 기술적 개선 덕분에 자전거는 대중적 교통수단이자 많은 사람들이 즐기는 스포츠로 자리 잡았다. 1910년대에 자전거 등록대수는 30만대를 넘었고, 일차대전 직전 자전거 인구는 4백만 명 정도였다. 벨로드롬(vélodrome)이라 불리는 자전거 경륜장과 자전거 경주대회(투르 드 프랑스) 그리고 자전거 전문잡지도 모두 이 무렵에 생겨났다.

자전거에 대한 불신도 쉽게 가라앉지 않았다. 자전거는 불임을 유발한다는 소문이 퍼지면서 의학적 부작용을 우려하는 목소리도 커졌

베로_ 블로뉴 숲의 자전거 살레(별장)
Jean Béraud, Le Chalet du Cycle au bois de Boulogne, 1900,
63×74.5cm, Musée Carnavalet, Paris.

다. 하지만 자전거 애호가들은 벨 에포크의 '작은 여왕'이 육체적, 정신적 건강에 큰 도움을 준다는 사실을 믿어 의심치 않았다. 특히 바지를 입고 자전거를 타는 여성의 모습은 여성 해방의 상징처럼 여겨졌다. 자전거처럼 이 세상도 남성과 여성의 두 바퀴로 돌아가기 마련이다! 2020년 파리 시장에 재선된 안 이달고는 자전거 도로 확장을 골자로 하는 도시 계획안을 발표했다. 자동차와의 전쟁을 선포하고 자동차 도로를 없애고 자전거 도로를 늘리는 한편, 자동차의 주행 속도도 30킬로로 제한했다. 파리 시민들에게 자동차를 버리고 자전거를 타라는 강력한 권고였다. '따릉이'의 원조 격인 공용 자전거가 첫 선을 보인 곳도 바로 파리였다.

조르주 퐁피두 광장
Place Georges-Pompidou

11장
상상력에 권력을!
68운동과 68사상

지금까지 함께 한 '모더니티의 수도' 파리로의 인문여행은 일차세계대전 직전에서 멈추었다. 헤밍웨이와 거트루드 스타인의 파리, 조세핀 베이커가 재즈 리듬에 맞춰 바나나 춤을 추고 보리스 비앙이 트럼펫을 불던 시절의 파리를 보여주기 위해 양차 대전과 이차세계대전 이후로 살짝 빠져나간 적도 있었지만, 프랑스 대혁명에서 벨 에포크까지의 파리가 인문여행의 주 무대였다. 벨 에포크가 끝난 후 언제 '아름다운 시절'이 있었냐는 듯이 파리는 20세기를 뒤흔든 역사적 격변에 휩싸였다. 일차세계대전과 러시아 혁명, 파시즘의 등장과 전운의 고조, 이차세계대전, 집단수용소와 유대인 학살, 스탈린의 전체주의가 인류가 꿈꾸던 진보와 해방의 신화를 무너뜨리고 20세기를 살상과 증오로 물들였다.

치열한 반성과 자기비판이 불가피했으며, 이성과 휴머니즘에 바탕을 둔 진보의 역사에 대한 전면적인 재검토 작업이 이루어졌다. 아우

카페 드 플로르(위), 레 뒤 마고(아래), 생제르맹 대로
Café de Flore, Les Deux Magots, Boulevard Saint-Germain

슈비츠 생존 작가인 프리모 레비는 '이것이 인간인가?'라며 처절한 의문을 던지며, 더 이상 내려갈 곳도 없을 정도로 바닥에 떨어진 인간으로서 "우리였던 존재의 무엇인가가 남아 있게 할 수 있는 힘"을 찾아내려고 안간힘을 썼다.[271] 20세기 최고의 증언 문학을 남긴 그는 1987년 4월 11일 투신자살로 삶을 마감했다.

카뮈와 사르트르는 전후의 폐허에서 실존주의를 내세우며 '어떻게 살아야 할 것인가?'라는 윤리의 문제를 천착했다. 〈이방인〉과 〈페스트〉의 작가 카뮈는 "짐승들의 시간"이 되어버린 "테러의 세기"에서도 "왜 계속 살아야 하는가?"라는 모럴의 문제를 제기하며 전통과 관습이 지배하는 부조리한 삶의 현실 앞에서 '반항하는 인간'의 삶을 촉구했다. 실존주의 하면 떠오르는 철학자 사르트르는 "실존은 본질에 선행한다."는 유명한 말을 통해 더 이상 신과 이성 같은 본질에 의해 규정되는 것이 아니라 매 순간 구체적인 상황 속에서 선택하고 책임지는 인간의 실존에 주목했다.

이제 파리의 사상적, 예술적 중심은 몽마르트에서 몽파르나스를 거쳐 생제르맹 거리로 이동했다. 카페 레 되 마고나 카페 드 플로르는 실존주의 작가들의 아성이 되었고, 좌장 격인 사르트르와 동반자 보부아르는 카페의 한 구석을 집필실 겸 응접실로 삼아 실존주의 문학과 사상을 키워갔다. 일차세계대전 이후 1950년대까지 파리에서 펼쳐진 문화예술과 지성의 향연에 대해서는 별도의 저서를 통해 자세히 살펴보기로 하고 이 책의 주제로 돌아오자.

파리는 대혁명 이후 혁명과 예술, 혁명과 사상의 쌍두마차로 19세기를 질주하며 모더니티의 수도로서 위상을 확고히 했다. 혁명의 에

---

271) 프리모 레비, 이현경 옮김, 〈이것이 인간인가 : 아우슈비츠 생존 작가 프리모 레비의 기록〉, 돌베개, 2007, 34쪽.

너지가 파괴와 전복에 머물지 않고 문화예술과 사상으로 흘러들어가 문화예술의 수도 파리를 만든 원동력이 되었다. 이는 유럽의 다른 어느 도시도 보여주지 못한 파리만의 역동성과 창조성을 만든 계기로 작용했다. 프랑스 대혁명과 나폴레옹의 집권은 프랑스 근대사회의 기틀을 만들었고, 1830년 7월 혁명은 낭만주의 문학과 예술을 태동시켰으며, 1848년 2월 혁명은 사회주의의 모험과 보헤미안적 상상력을 분출시켰다. 1871년 파리코뮌의 상처가 아무는 와중에서 모더니티의 수도 파리를 완성하려는 기획이 싹텄고 자연주의 문학과 인상주의 미술이 꽃피었다. 만국박람회와 백화점, 에펠탑과 루브르의 도시 파리는 벨 에포크에 접어들며 진보의 정점을 구가했다.

이제 혁명은 19세기의 유물로서 그 기운을 다한 것일까? 한때 혁명의 수도로서 명성이 자자했던 파리에서 혁명의 함성은 20세기를 뒤흔든 역사의 격변과 더불어 자취를 감춘 것일까? 세계대전의 상흔에서 벗어나 경제 개발과 고속 성장을 질주하던 1968년 일대 사건이 파리 전역을 뒤흔들었다. 그리고 이를 분기점으로 '68 이전'과 '68 이후'가 선명하게 나뉠 정도로 프랑스 사회는 결정적인 변화를 겪는다.

1. '68'을 어떻게 부를 것인가: 명칭과 평가

도대체 1968년 5월 파리에서 무슨 일이 벌어졌을까? 사태를 간단히 요약하자면 이렇다. 1968년 3월 파리 근교 낭테르 대학에서 촉발된 학생들의 시위가 격화되며 5월 파리의 소르본 대학으로 옮겨가 공권력과 충돌하면서 걷잡을 수 없이 번져 나가고, 노동자들의 시위 참여와 파업으로 파리는 물론 프랑스 전역이 마비되었다. 드골은 재신임을 묻는 국민투표로 난국을 타개하려고 했지만 부결되고 결국 하야한다. 이후 실시된 대통령 선거에서 우파인 조르주 퐁피두(Georges Pompidou, 1911~1974)가 제5공화국의 2대 대통령으로 당선되면서 정치체제의 변화를 이끌어내지는 못했지만 프랑스 사회는 1968년의 이념과 슬로건을 사회의 각 부문에서 실천하고 문화예술뿐만 아니라 사상의 커다란 변화를 이루어낸다.

1968년 5월의 원인과 전개, 프랑스 사회에 끼친 영향 이전에 명칭의 문제부터 살펴보자. 1968년 5월 프랑스를 뒤흔든 일대 사건을 부르는 명칭은 다양하며, 이는 프랑스 사회가 '1968년 5월'을 바라보는 시각 자체가 통일되지 못하고 혼란스럽다는 사실을 반증한다. 1968년 5월은 전형적인 '혁명'인가, 장기지속의 '운동'(mouvement)인가 아니면 프랑스 사회가 혼돈과 무질서에서 벗어나기 위해 반드시 청산해야 할 '사태'인가? 아니면 '68년 5월'이나 '파리 5월'이라고 장소와 시기만 표시해야 하나? 명칭에는 평가의 문제가 개입된다.

세계체제 이론가로 유명한 이매뉴얼 월러스틴(Immanuel Wallerstein, 1930~2019)은 '세계혁명'으로서 68의 성격을 강조하는 대표적 논자이다. 파리를 비롯해서 유럽의 주요 도시와 미국, 멕시코, 일본 등 세계 각지에서 반자본주의, 반제국주의, 반전을 외치는 목소리가 들려왔기 때문이다. 세계혁명까지는 아니더라도 일상적 삶과 문화를 근본적으로 바꾼 '문화혁명'으로 보자는 시각도 있다. 이탈리아의 기호학자이자 소설가 움베르토 에코가 대표적이다.

> "1968년이 가져온 가시적인 모든 흔적이 사라지기는 했지만, 이는 적어도 유럽에서는 우리가 서로 행동하고 관계 맺는 모든 방식을 크게 바꾸어놓았다. 사장과 노동자, 학생과 교사, 심지어는 부

모와 자식 간의 관계에서도 일대 변화가 발생했다. 이들 관계는 이제 예전과 같을 수 없을 것이다."[272]

'68혁명'은 일상생활과 문화예술 전반의 단절과 쇄신을 불러온 '결정적 사건'(프랑스의 사회학자 피에르 부르디외의 용어)이었다는 점에서 정치체제의 전복을 목표로 한 전통적인 혁명과는 성격이 판이하게 달랐다. 그 점에서 68혁명은 19세기 중반의 낭만주의적 상상력과 20세기 초 초현실주의의 시적 혁명의 계보를 잇는다고 말할 수 있다. 사회적, 문화적 변화를 추동했다는 점에서 68을 '운동'으로 보자는 주장도 만만치 않다. 미국의 활동가이자 신좌파 이론가인 조지 카치아피카스는 68을 "일상생활의 권력구조를 변혁하려는 대중의 욕구에 기초한 '세계사적 운동'"으로 설명하려는 대표적인 논자에 속한다.[273] 이 책에서도 정치체제의 변화를 가져온 급진적이고 단절적인 측면보다 장기지속의 성격과 일상생활과 문화 전반에 미친 파급력 등을 고려해 '68운동'이라는 명칭을 선택하고자 한다. 새로운 삶의 가능성을 추구하는 문화혁명은 장기지속의 운동을 통해서만 실현될 수 있음을 염두에 두자.

---

272) 이성재, 〈68운동〉, 책세상, 2009, 13~14쪽에서 재인용.
273) 조지 카치아피카스, 이재원 옮김, 〈신좌파의 상상력: 전세계적 차원에서 본 1968년〉, 난장, 2009.

2. 68운동의 원인과 전개

　68운동이 일어나던 해 드골은 집권 10년차를 맞이했다. 프랑스의 잃어버린 영광을 되찾고자 1958년 제5공화국이 출범했지만, "350종 이상의 다양한 치즈를 만들어내는 나라"를 권위적이고 억압적인 방식으로 통치하며 강경한 정치 노선을 고집한 드골로서는 변화와 개혁을 바라는 국민들의 욕구를 제대로 읽어낼 수 없었다. 게다가 구태와 관습을 벗어던지지 못한 기성세대와 변화를 갈망하는 젊은 세대 간의 갈등의 골은 점점 더 깊어졌다. 레지스탕스 운동의 영웅이자 프랑스 현대사를 대표하는 인물인 드골의 시대가 저물고 있었다.

　대학은 사회의 모순과 변화의 열망을 읽어내는 리트머스 시험지와 같다. 당시 프랑스 사회가 처한 심각한 위기는 대학의 교육 현장에 고스란히 드러났다. 전후 베이비붐으로 1968년 기준 프랑스 인구의 절반 가까이(44%)를 젊은 세대가 차지했는데 이는 1960년대 이후 최고의 수치로 기록된다. 그 결과 1968년에 이르면 20년 전보다 무려 4배 가까이 증가한 50만 명의 학생이 대학에 입학하게 된다. 하지만 대학은 하나도 변하지 않았다. 대학은 구태와 타율이 만연하고 비효율적인 행정과 고착화된 위계질서가 지배하고 있었다. 교수와 학생 사이의 대화와 토론도 불꽃 튀며 상상력과 창의력을 발산하는 모습과는 거리가 너무 멀었다. 수백 명의 학생들이 빽빽하게 들어선 대형 강의실에서 고루하고 낡은 교수법만을 고집하는 교수의 강의는 가슴 뛰는 청춘의 감수성과 지적 호기심을 전혀 만족시킬 수 없었다. 답답하고 억압적인 사회 분위기가 고스란히 대학이라는 배움의 현장에 농축되어 있었고, 일촉즉발의 위기는 바로 대학에서 폭발했다.

　기성세대의 동떨어진 현실 인식은 68운동이 일어나기 한 해 전에 프랑스 정부가 15세에서 24세 사이의 젊은 세대를 대상으로 장래 희망을 묻는 설문조사 결과에 단적으로 드러난다. 보고서는 결과를 이렇게 해석한다.

> "우리 청소년들은 일찍 결혼하려 한다. 좋은 직장을 구하는 것이 제1의 목표이다. 남자들은 자동차를 구입하기 위해, 여자들은 혼수를 위해 저축을 한다. 이들 모두 시국에 대해서는 관심을 갖고 있지만 정치에는 관심이 없기 때문에, 청소년의 72퍼센트가 선거권을 21세 이하로 낮추는 것에 찬성하지 않는다. 당장 전쟁이 일어나리라고 생각하지 않으며, 미래는 산업의 성과와 국가의 질서에 달려 있다고 믿고 있다."[274]

문장의 실질적인 주어는 청소년이 아니라 기성세대이다. 기성세대는 청소년들이 결혼과 좋은 직장을 꿈꾸며, 정치에는 무관심한 채 현재에 만족하며 살고 있다고 생각했지만, 청년 세대는 제도와 규율에서 벗어나 자유롭고 주체적인 삶을 살고 싶어 했다. 청년 세대의 가슴 속에서는 저항과 일탈의 싹이 트고 있었지만 무관심으로 일관한 기성세대는 아무런 기미도 읽어내지 못했다.

급증하는 대학 인구를 수용하기 위해 1964년 파리 근교 낭테르에 대학이 설립된다. 소르본은 이미 포화 상태를 넘어선 지 오래였다. 하지만 낭테르 대학에는 소르본 같은 전통과 권위도, 신설 대학이 보여주는 새로운 학풍이나 쇄신의 기운도 찾기 어려웠다. 설립 당시 문과 대학에만 무려 4만여 명의 학생이 등록했다고 한다. 학교에는 "사료

---

274) 오제명, 김경석 외, 〈68. 세계를 바꾼 문화혁명〉, 길, 2006, 43~44쪽에서 재인용.

를 억지로 먹인 거위 같은 교육의 종말"을 촉구하는 벽보가 붙기 시작했다. 프랑스 대학에는 딱히 입학정원이 정해져 있지 않다. 누구든 바칼로레아(baccalauréat)라 불리는 대학입학 자격시험을 통과하면 대학에 입학할 자격이 주어진다. 대학의 열악한 현실에 사회의 모순이 중첩되면서 시위는 격화되고 캠퍼스에 경찰이 출동하는 초유의 사태가 빚어지며 급기야 5월 2일 낭테르 대학은 폐쇄된다.

낭테르 대학에서 촉발된 대학의 위기는 소르본으로 점화되면서 정점을 향해 치닫는다. 낭테르 대학이 폐쇄되자 학생들은 프랑스 고등교육의 상징 소르본 대학으로 집결한다. 라탱 지구는 혁명의 열기로 충만했고, 드디어 5월 10일 라탱 지구 곳곳에 바리케이드가 설치된다. "바리케이드는 거리를 막지만 길을 열어준다."고 했던가? 파리의 혁명마다 등장했던 바리케이드가 68년 5월에도 어김없이 나타나 현실의 길을 막고 혁명의 길을 재촉했다. 68운동의 변곡점을 이룬 5월 10일의 밤을 '바리케이드의 밤'이라고 부른다. 현장의 목소리를 들어보자.

"새벽 1시. 우리 그룹은 게뤼삭 길과 생자크 길의 모퉁이에서 바리케이드를 지키고 있었다. 우리 그룹은 여섯 명의 학생과 열 명의 노동자, 몇 명의 이탈리아인과 그 밖의 구경꾼들, 그리고 나중에 합류한 네 명의 예술가로 이루어져 있었다. 대부분 전에는 본 적도 없는 사람들이었다. 우리는 서로의 이름도 몰랐다. (…) 우리의 바리케이드는 두 겹으로 되어 있었다. 하나는 3피트 정도의 높이로 보도블록을 쌓아 올린 것이었다. 그 뒤에 20야드 정도의 빈 공간이 있었는데 나무와 차량과 쇠기둥, 쓰레기통을 9피트 높이로 두 번째 바리케이드를 설치했다. 우리의 무기는 거리에서 흔히 볼

바리케이트, 1968년 게뤼삭 길

수 있는 돌맹이와 쇠붙이 따위였다. 주변 지역의 주민들이 자발적으로 많은 도움을 주었다. 그들은 최루탄 가스를 피할 때 쓰도록 물과 설탕, 의복을 우리에게 주었으며 경찰의 움직임을 알려주기도 했다. 그들의 후원으로 우리는 언제 경찰이 공격해 올지 몰라서 초조하기 기다리던 시간, 끝나지 않을 것 같던 그 시간을 지치지 않고 버틸 수 있었다."[275]

미디어를 통해 프랑스 전역에 생중계된 시위 장면은 국민들의 공분을 샀고, 시위대에 지지와 후원이 쏟아졌다. '바리케이드의 밤'을 전환점으로 마침내 노동자들이 학생들이 주도한 시위에 합류했다. 노동자와 노동조합의 힘이 막강한 프랑스에서는 노동운동 세력의 참여 없이는 혁명의 진전을 기대하기 어렵다. 이제 대학의 위기는 사회 전반의 위기로 확산되었으며, 드골 체제의 존립을 위협하는 '정치적 위기'로 발전했다. 극도의 혼란에 빠진 사회에 질서를 회복하기 위해 6월 13일 프랑스 전역에 시위 금지령이 내려지고, 곧이어 치른 선거에서는 "개혁은 찬성하지만 난장판은 용납할 수 없다."는 드골의 호소 탓인지 우파가 승리한다. 21세 이상만 투표할 수 있는 상황에서 개혁을 바라는 젊은 세대의 욕구가 전혀 반영되지 않은 결과였다. 68운동은 정치적으로 실패했을지 모르지만, 사회 각 부문과 일상생활에서 가히 '혁명적인' 변화를 이끌어낸다.[276]

---

275) 변광배, '사르트르와 68혁명', 〈68혁명 50주년, 철학 혁명을 말하다〉, 이학사, 2018, 100~101쪽에서 재인용.
276) 68운동의 전개과정에 대해서는 임문영, '프랑스의 1968년 5월 혁명의 문화적 성격' (〈국제학논총〉 6집, 2001)과 이성재, 〈68운동〉(책세상, 2009)을 참조했다.

3. 68운동이 묻고 슬로건이 답하다
: 말의 축제와 상상력의 해방

68운동 당시 파리의 거리와 벽을 뒤덮은 엄청난 양의 슬로건들만 모아놓은 책이 출간될 정도로 68운동은 무엇보다 슬로건과 구호로 자신을 드러냈다. 종래의 혁명 슬로건이 정권 타도나 체제 전복을 요구하는 직설적이고 과격한 메시지를 담는 수준이었다면, 68운동은 혁명을 담는 그릇인 언어 그 자체가 '혁명적'이어야 한다는 자각을 뚜렷하게 드러냈다.

68운동은 시위와 파업 이전에 말의 축제였다. 사회의 변혁은 개인의 해방에 기초해야 하며, 억압과 금기에서 해방되기 위해서 개인은 공식적인 언어의 틀에서 벗어나 기발하고 창조적인 언어를 구사해야 했다. 기호학자 롤랑 바르트는 이를 두고 "창조와 기쁨, 행복에 기반을 둔 '새로운 형식, 새로운 표현의 말'"로 해석한다.[277] 이렇듯 혁명이 말의 축제이자 불온한 상상력에서 분출된 시적 언어의 해방구였던 적이 있던가? 젊은 세대 특유의 해방감과 상상력으로 빚어낸 '시'와 같은 슬로건들이 낙서와 벽보, 피켓과 플래카드의 형식을 빌어 파리 전역을 뒤덮었다. '바리케이드에서 슬로건으로', 이것이야말로 68운동을 다른 혁명과 구분하는 중요한 특징이다. 소르본에 집결한 학생들은 바리케이드의 전사가 아니라 기발하고 재치 넘치는 슬로건들을 경쟁적으로 만들어내는 언어의 조련사들이었다.

라탱 지구의 거리와 소르본 대학의 건물, 르노 자동차 공장의 벽에 적혀 있던 숱한 슬로건들 중에 인상적인 것만 추려보면 다음과 같다.

---

277) 김미진, '프랑스 '68년 5월' 운동의 슬로건에 나타난 수사학', 〈석당논총〉 57집, 2013, 251쪽.

'삶을 새로이 창조하라', '예술, 너희들이 그것이다', '금지를 금지한다', '서른이 넘은 사람은 그 누구도 믿지 마라', '우리 안에 잠자고 있는 경찰을 없애야 한다', '혁명을 건설하는 것은 또한 내부의 모든 사슬을 부수는 것이다', '절대적인 권력은 절대적으로 남용된다', '우리들은 원한다: 구조들에 봉사하는 인간이 아니라 인간에 봉사하는 구조들을', '너희들이 배운 것은 모두 잊어라. 꿈을 꾸는 것으로 시작하자', '꿈은 현실이다', '사랑을 하면 할수록 더 많은 혁명을 하게 된다'[278]

이제 68세대가 꿈꾼 새로운 삶의 모습을 실감하시는가? 68운동의 성격을 단적으로 보여주는 슬로건을 꼽으라면, '보도블록 아래에는 해변이 있다'와 '상상력에게 권력을!'을 들 수 있다.

'보도블록 아래에는 해변이 있다'는 슬로건은 마치 시의 한 구절처럼 읽힌다. 보도블록을 걷어내고 깨어진 돌을 무기 삼아 바리케이드에서 싸우는 것만이 능사가 아니다. 보도블록은 해변으로 가는 비상구도 된다. 보도블록/해변의 대립은 권력과 억압/자유와 해방의 대립을 뜻한다. 보도블록을 들추어내면 해변을 발견할 수 있다는 믿음이 68운동을 지탱한 원동력이었다.

'상상력에게 권력을!'이란 슬로건은 68운동에서 상상력의 의미와 중요성을 일깨운다. 프랑스인들은 "'상상력'이란 말만 나오면 68운동을 떠올"릴 정도로 상상력과 68운동은 떼려야 뗄 수 없는 관계에 놓여 있다.[279] 그와 유사한 것으로 '상상력이 권력을 인수한다'는 슬로건도 눈에 띈다. 혁명은 그때까지 가지 않은 새로운 길을 개척하는 모

---

278) 김미진, '프랑스 '68년 5월' 운동의 슬로건에 나타난 수사학' 및 이성재, 〈68운동〉 참조.
279) 이성재, 〈68운동〉, 11쪽.

험이기에 기존의 규칙과 질서를 뛰어넘는 상상력이 절대적으로 요구된다. '상상력에게 권력을!'이란 슬로건이 중요한 이유는 사르트르가 평가했듯이 상상력에 권력이 주어지면 '가능성의 영역'이 확장되기 때문이다.

> "당신들의 행동에서 흥미로운 점은 '상상력에게 권력을' 준다는 것입니다. 누구나 그렇듯 당신들의 상상력에도 물론 한계는 있습니다. 하지만 당신들의 사고는 선배들보다 풍부합니다. 노동자 계급은 종종 투쟁 수단을 고안해냈지만, 이것은 그들이 처한 구체적 상황과 늘 관련된 것입니다. 그런데 당신들은 훨씬 더 풍부한 상상력을 갖고 있습니다. 소르본 대학의 벽에 적혀 있는 말들이 그것을 증명해줍니다. 당신들에게서 무엇인가가 나와서 사람들을 놀라게 하고 뒤집어엎고 우리 사회를 오늘날 이렇게 만든 모든 것을 거부하고 있습니다. 나는 그것을 가능성 영역의 확대라고 부르겠습니다. 그것을 포기하지 마십시오."[280]

68운동을 주도한 학생들과 가진 대담에서 사르트르가 한 말이다. 노(老)철학자는 학생들의 외침을 외면하지 않았고 68의 말들에서 사회의 제약을 뛰어넘어 가능성의 영역을 확장하려는 의지와 가능성을 읽어냈다. '상상력에게 권력을!'이란 말에 잘 드러나듯이 권위(국가, 미세권력, 가부장제)에 대한 도전과 해방, 상상력과 욕망과 같은 키워드들은 바로 '68사상'의 핵심에 해당한다. 68운동이 프랑스 사회뿐만 아니라 전 세계 지성계에 커다란 영향을 미칠 수 있었던 중요한 이유

---

[280] 이성재, 〈68운동〉, 83쪽에서 재인용.

는 바로 푸코와 들뢰즈, 라캉과 데리다 같은 기라성 같은 철학자들이 주도한 '68사상'의 새로운 도전을 가능하게 했기 때문이다.

4. 68운동의 결실: 여성운동과 대학 개혁을 중심으로

"프랑스인의 79%는 68운동이 프랑스 사회에 긍정적인 결과를 낳았다고 평가"했다.[281] 68운동 50주년을 맞아 2018년 2월에 실시한 여론조사의 결과이다. 정치적 성향에 따라 평가가 엇갈리는 것도 사실이다. 대표적으로 2007년 대통령에 당선된 니콜라 사르코지는 68운동을 무질서와 혼란을 초래했기에 청산되어야 마땅한 과거사로 규정한 바 있다. 그럼에도 불구하고 대다수의 프랑스인들이 68운동을 긍정적으로 평가하는 이유는 68운동이 일상에서 사람과 사람이 맺는 관계의 변화, 대학교육 체제와 여성의 위상 변화, 대중문화와 예술의 변화를 이끌어낸 장기지속의 운동이었고, 그 여파가 오늘날까지 미치고 있기 때문이다.

대통령을 중심으로 한 집권 세력만 놓고 보면 68운동은 성공하지 못했다는 결론을 내리기 쉽다. 드골이 하야한 이후에 대통령에 당선된 조르주 퐁피두(1969~1974년 재임)나 지스카르 데스탱(1974~1981년 재임) 모두 우파에 속하는 인물이기 때문이다. 하지만 68운동은 프랑스의 정치 지형에 중대한 변화를 이끌어냈다. 우선 좌파의 이념과 투쟁을 이끌었던 프랑스 공산당이 영향력을 잃고 사회당이 재건되었고, 환경 문제를 앞세운 녹색당이 출현했다. 레지스탕스

---

281) 민유기, '프랑스 68운동과 한국 '촛불항쟁' 이후의 민주주의', 〈역사비평〉, 2018, 25쪽.

운동을 이끌며 좌파의 이념적 선명성을 대변하던 공산당이 기득권에 연연하며 민심을 제대로 읽지 못한 탓이 컸다. 이른바 좌파의 헤게모니가 공산당에서 사회당으로 넘어가고 녹색당 같은 신설 정당이 생겨나면서 '신좌파'가 결성된다. 전열을 정비한 좌파는 마침내 1981년 사회당의 프랑스와 미테랑(1981~1995년 재임)이 대통령에 당선되면서 집권에 성공한다.

신좌파의 등장과 더불어 '국경 없는 의사회'나 '그린피스' 같은 국제적인 NGO의 출범(1971년)도 68운동의 결과임을 말해두자. 장기지속의 운동은 대중문화나 예술에도 일정한 변화를 이끌어내기 마련이다. 청년 세대가 앞장섰던 68운동은 청년들의 삶과 청년문화에 커다란 영향을 미쳤다. 청바지와 미니스커트, 록 음악, 히피문화와 마리화나가 청년문화의 상징으로 떠올랐다. 특히 미국에서는 히피문화가 확산되면서 마리화나를 피우는 행사가 열리기도 했고, 1970년 서베를린에서는 '떠돌이 대마초 반역자를 위한 중앙위원회'란 이름의 단체가 결성되기도 했다. 프랑스에서도 가죽 재킷에 전기기타를 메고 반항적인 록 음악을 선보인 조니 할리데이(Jonny Halliday, 1943~2017) 같은 가수가 젊은 세대에게 폭발적인 인기를 끌었다. 2016년 뮤지션으로는 최초로 노벨문학상을 수상한 밥 딜런의 음악정신도 68운동에서 싹텄다. 프랑스 영화의 전면적인 쇄신을 부르짖은 '누벨 바그'(nouvelle vague)의 개척자 장 뤽 고다르의 영화나 '공동제작, 공동연출, 공동운영'을 기치로 내건 '태양극단'의 창설 등도 68운동 없이는 상상할 수 없다.[282] 그러나 68운동의 뚜렷한 결실은 여성운동과 대학 개혁에서 의미 있는 결실을 거둔다.

---

282) 오제명, 김경석 외, 〈68. 세계를 바꾼 문화혁명〉 참조.

시몬 드 보부아르, 1971년 MLF   사르트르, 1968년 5월 22일 소르본 대학

    68운동은 프랑스 사회에 만연한 여성 차별과 남성 우위의 가부장제를 뜯어고치는 기폭제가 된다. 1830년 일정한 세금을 납부한 성년 남성들에게만 투표권에 주어진 지 한 세기가 지난 1944년 여성에게도 참정권이 주어지지만 사회의 전반적인 현실은 여성에게 불평등하게 돌아갔다. 1949년 여성운동의 바이블로 불리는 시몬 드 보부아르의 〈제2의 성〉이 출간되며 "여성은 여자로 태어나는 것이 아니라 만들어지는 것이다."라는 유명한 말이 널리 회자된다. 68운동 이후 가부장제의 완전한 해체를 주장하는 급진적 페미니즘의 목소리에 가려졌지만 보부아르의 저서는 여성이 처한 열악한 현실을 다양한 각도에서 조명하고 여성 개개인의 실존적 자각을 촉구한 여성해방운동의 기념비적 저작임에 틀림없다.

    68년 5월을 거치면서 '여성해방운동'(Mouvement de Libération des Femmes. 흔히 MLF라는 약칭으로 불린다.)이란 조직이 창설되면서 여성해방운동은 보다 조직적이고 체계적으로 전개된다. MLF는 피임의 자유화와 낙태(자발적 임신중절) 합법화를 위한 투쟁을 여성해방의 우선 과제로 설정한다. 사실 나폴레옹이 근대적 법체계를 정비한 이래 낙태는 불법으로 엄하게 처벌받는 행위였다. 1920년에는 형법 317조에 의거해 낙태를 더욱 엄격하게 규제하는 강화된 법안이 통과된다. 낙태를 금지하는 가톨릭교회와 남성 중심의 가부장적 사고가 결합되어 낙태를 도덕적으로 단죄하고 불법으로 규정했다. 심지어 1942년 보수 이데올로기를 앞세운 비시 정부는 "낙태 행위를 '국가 안위에 반하는 범죄'로 규정하고 낙태 행위자와 시술자를 최고 사형에 처할 수 있도록 했다."[283] 하지만 현실은 달라도 너무 달랐다. 정확한 통계는 알 수 없지만 매년 백만 명 가까운 프랑스 여성들이 불법으로 낙태 시술을 받았고, 유명인이나 부유층 여성들은 감시와 처벌의 눈을 피하기 위해 스위스나 벨기에 같은 이웃나라로 건너가 시술을 받기도 했다.

그러던 중 '결정적 사건'이 터진다. 프랑스의 시사주간지 〈누벨 옵세르바퇴르〉 1971년 4월 5일자에 '343인의 여성 선언'이 실린다. 선언문 내용은 이렇다.

> "프랑스에서는 매년 100만 명의 여성이 낙태를 한다. 의학적 통제 아래에서 실행된다면 이 시술은 아주 단순한 것이지만, 그녀들은 형을 선고받을 수 있기 때문에 비밀리에 위험한 조건 아래에서 낙태를 한다. 사람들은 이들 100만 명의 여성들에 대해 침묵하고 있다. 나는 내가 그녀들 가운데 한 명임을 선언한다. 나는 낙태를

---

[283] 민유기, '68 이후 프랑스 여성운동과 낙태 합법화', 〈프랑스사 연구〉 39집, 2018, 91쪽.

했음을 밝힌다. 우리는 피임 도구에 대한 자유로운 접근을 요구한 것과 마찬가지로, 낙태의 자유를 요구한다."[284]

한마디로 말해서 "내 몸은 나의 것이다!"(Mon corps est à moi!) 선언문에 서명한 여성인사 가운데는 〈제2의 성〉의 작가 시몬 드 보부아르, 마르그리트 뒤라스, 프랑스와즈 사강 같은 당대 최고의 여성 작가들과 영화배우 카트린 드뇌브와 잔 모로 등이 포함되어 있었다. 후폭풍을 두려워한 사법당국은 343인의 여성들에 대해 아무런 법적 조치와 처벌을 내리지 않았지만, 이 사건의 여파는 여론의 향배에 결정적이었다. 이후 좌파 정당과 진보적 입장의 의사들이 동참하면서 낙태 합법화를 촉구하는 목소리에 힘이 실렸다. 이웃나라 독일에도 영향을 미쳐 독일 시사주간지에 '우리는 낙태를 했다.'는 제목 아래 280명의 여성 사진이 실리기도 했다. 결과는 어떻게 되었을까? 보건부 장관 시몬 베유(Simone Weil)의 주도로 자발적 임신중절을 허용하는 법안이 마침내 1975년 1월 국회를 통과한다.[285]

68운동의 직접적인 빌미가 된 대학의 열악한 상황은 68년 5월 이후에 뚜렷하게 개선되며 오늘날 프랑스 대학 체계의 근간을 만든다. 결과적으로 19세기 말 제3공화국의 교육부장관 쥘 페리(Jules Ferry)의 주도로 프랑스의 공교육 체계(종교로부터 교육의 세속화, 공화국의 민주시민교육, 무상의무교육)가 완성되고 근대 시민교육의 청사진이 제시된 이래 가장 굵직한 교육 개혁이 단행된 셈이다.

68운동 당시 대학이 처한 상황은 과연 선진국임을 자랑하는 프랑

---

284) 앞의 논문, 101쪽에서 재인용.
285) 노동운동과 레지스탕스 운동에 적극적으로 참여하며 '불꽃 같은 삶'을 산 철학자 시몬 베유(1909~1943)와 혼동하지 말자.

내 몸은 나의 것이다(1979년)

스의 교육 현실이 이렇게나 낙후되었는가 싶을 정도로 열악했다. 베이비붐 세대가 대학에 입학하면서 학생 수가 급증했지만, 시설, 환경, 행정, 교수법 등 대학교육을 이루는 모든 분야에서 낙제점을 받았다. 과밀화된 공간에서 일방적으로 이루어진 수업은 청년 세대의 학습 욕구를 전혀 충족시키지 못했다. 이에 소르본에 모인 학생들은 68년 5월에 '대학 선언'을 발표한다. 그 주요 골자는 다음과 같다.

> "대학은 어떠한 정치권력으로부터도 독립적이어야 한다."
> "대학은 사회에 대한 끊임없는 이의제기의 중심이 되어야 한다."
> "고등교육기관은 어떠한 외부의 간섭 없이 동수의 교수와 학생 대표에 의해 관리되어야 한다."
> "학생과 교수는 교육의 형식과 내용을 주기적으로 완전히 자유롭게 재검토할 수 있어야 한다."
> "현행 시험과 경쟁을 폐지하고, 교육 전 기간에 걸쳐 학생의 학습 질에 대한 지속적인 검사로 대체해야 한다."[286]

68년 11월 자율과 참여를 주요 이념으로 내건 대학개혁 법안이 마련되었다. 68년 운동이 종료되고 불과 몇 개월 만에 이루어진 성과인데, 그만큼 대학 개혁을 바라는 청년 세대의 목소리가 강렬했다는 반증이기도 하다. 우선 기존의 파리 대학을 8개의 종합대학으로 재편하고 뱅센느 대학을 비롯해 5개의 대학을 신설함으로써 파리에는 1대학부터 13대학까지 모두 13개의 대학이 들어선다. 대학마다 지명이나 인명을 단 별도의 명칭이 있기는 하지만 — 예를 들어 파리 5대학

---

286) 민유기, '68년 5월 운동과 프랑스의 대학개혁', 〈프랑스사 연구〉 29집, 2013, 203~204쪽 참조.

은 르네 데카르트 대학이고, 파리 6대학은 피에르-마리 퀴리 대학이다. — 1부터 13까지 숫자로 표기되어 있다는 점이 파리 대학만의 특징이다. 이는 "권위주의를 타파하고 대학의 우열을 없애 교육의 평등을 지향"하는 68운동의 이념이 관철된 결과이다.[287]

이 가운데 실험대학으로 신설된 뱅센느 대학(Université de Vincennes)은 68사상이 태동하는 모태 역할을 했다는 점에서 중요한 의미를 갖는다. 1257년 신학자 로베르 드 소르봉(Robert de Sorbon)이 설립한 소르본 대학은 중세 이후 신학과 철학 같은 학문의 중심으로 자리 잡으며 역사와 전통을 자랑하는 유럽 최고의 대학으로 명성이 높았지만, 20세기의 새로운 사상적 모험을 수용하기에는 지나치게 폐쇄적이고 경직된 학문 풍토를 고집했다. 소르본 대학은 한마디로 말해 과거의 학문적 유산에 매몰된 나머지 현대사상의 새로운 경향에 개방적이지 못했다. 뱅센느 대학은 소르본의 패쇄적인 학풍에 맞서 미래를 향해 개방된 학문, 학문 분야 사이의 협동과 융합을 지향하는 일종의 실험대학으로 68운동 직후인 1968년 12월에 문을 열었다.

뱅센느 대학은 학생 선발, 교수진, 교육 프로그램 및 학문 분야 등에서 당시로서는 파격적인 면모를 보였다. 우선 바칼로레아를 통과한 학생들은 물론이고 직장인이나 노동자들도 원하면 입학해 수업을 들을 수 있었다. 소르본에 맞서 진보적이고 개방적인 지식인들을 교수로 임용하며 새로운 학풍을 주도했다. 그 대표적인 예가 철학과 학과장을 맡은 미셸 푸코의 사례인데, 그가 재직한 2년 동안 질 들뢰즈, 장 프랑스와 리오타르, 알랭 바디우, 자크 랑시에르 같은 혁신적 사상가들이 철학과 교수로 초빙되었다. 그리고 영화학, 여성학, 정신분

---

[287] 박단, '68혁명과 '새로운 파리 대학'의 출현', 〈서강인문논총〉 41집, 2014, 15~16쪽.

석학은 물론 하이퍼 미디어와 인공지능에 이르기까지 오늘날까지 빛이 바래지 않는 최신 학문분야를 개설하고 학제적 연구를 장려하면서 68사상이 활짝 피어날 수 있는 지적 환경을 조성했다.[288] 낭테르 대학에서 촉발된 68운동은 소르본으로 옮겨와 점화되었고, 뱅센느 대학에서 68사상이라는 새로운 지적 모험으로 불꽃을 피웠다.

5. 68운동과 지식인: 68사상의 태동

대학에서 촉발된 '지식의 반란'은 기존의 지식 체계에 대한 도전과 새로운 사상의 모색으로 이어졌다. 혁명의 수도이자 문화예술의 수도 파리의 전통에 걸맞게 68운동은 사상의 모험을 단행하는 에너지원이 되었고, 파리 68년 5월은 20세기 사상사에 커다란 족적을 남긴다. 〈68사상과 현대 프랑스 철학〉의 저자들도 68운동과 68사상은 "하나의 동일한 문화적 현상에 속하는 것"으로서 형태와 지향점을 달라도 "동질적 증후군을 드러낸 사상과 사건"으로 간주한다.[289]

68운동과 68사상의 연결고리 역할을 지식인 집단이 맡았다. 전통적으로 혁명과 지식인은 불가분의 관계에 놓인다. 지식인 집단은 혁명에 참여하고 그 흐름을 주도하면서 자신의 지식과 이론을 구체적 현실의 장으로 이끌어내며 '실천적' 지식인으로 변모하는데, 이는 '지식인(intellectuel)'이란 용어의 고전적 의미이기도 하다.

19세기에 에밀 졸라가 있었다면, 20세기에는 장 폴 사르트르가 있었다. 두 인물은 19세기말 이후 실천적 지식인의 표본과도 같았다. 드

---

288) 앞의 논문 참조.
289) 뤽 페리, 알랭 르노, 구교찬 외 옮김, 〈68사상과 현대 프랑스 철학〉, 인간사랑, 1995.

레퓌스 사건 당시 정의와 공정을 부르짖으며 편협한 인종주의와 국가 이데올로기를 비판한 에밀 졸라의 뒤를 이어 사르트르가 68운동의 전면에 나선다. 사르트르는 68년 5월 학생들의 전폭적인 지지를 받은 거의 유일한 지식인이었다고 해도 과언이 아니다. 1960년대로 접어들며 카뮈와 사르트르가 주도했던 실존주의는 빛을 바랬고, 실존주의는 구조주의(structuralisme)에 지적 주도권을 넘겨준 상황이었다. 사르트르의 이름 대신 레비 스트로스(구조인류학)와 그레마스(구조언어학)의 이름이 대학가에서 회자되었다.

60세가 넘은 철학자 사르트르는 노구를 이끌고 68년 5월의 거리로 나섰는데, 이는 지식인 사르트르의 위상을 재확인하는 계기가 되었다. 68운동의 현장 속으로 들어간 사르트르는 학생들과 동반자적 입장에서 대화하고 토론하며, 젊은 세대의 요구를 지지하는 발언을 통해 68운동의 이념적 정당성을 확보하는데 큰 역할을 했다. 이제 사르트르는 말과 글을 통한 참여 방식을 수정하고 '민중 속으로'를 외치며 시위 현장에 자주 모습을 드러내는데, 말년의 사르트르는 확성기를 들고 시위대 앞에서 연설을 하는 모습으로 기억된다.

68운동은 당시 지성계에 유행하던 구조주의의 비역사적 성격을 비판하고 구조주의가 억압했던 주체, 역사, 욕망의 문제를 새롭게 탐색할 수 있는 계기를 만들었다. 68세대들은 레비 스트로스의 구조인류학이나 그레마스의 구조언어학에 대해 "구조는 거리로 나가지 않는다."며 신랄하게 비판했고, 들뢰즈와 푸코, 라캉 같은 68 사상가들은 "구조가 거리에 내려왔다."고 화답하며 구조주의로부터의 방향 전환을 선언했다. 이제 구조는 거리로 내려와 욕망, 상상력, 해방의 에너지를 충전하고 구조주의 '이후'의 사상을 모색했다. 이를 'post-structuralsime' 즉 후기구조주 또는 탈(脫)구조주의라고 부른다. 들뢰즈, 라캉, 푸코, 데리다 같은 '대가급 사상가들'(maîtres à penser)이 동시대에 활동하면서 프랑스 철학은 현대사상의 흐름을 주도한다.

6. 68사상의 탈주와 모험: 푸코와 데리다를 중심으로

미셸 푸코(Michel Foucault, 1926~1984)는 아마도 68운동의 "가장 큰 수혜자"일 것이다. 68년 5월의 여파는 파리를 떠나 푸코가 몸담고 있던 튀니지 대학에까지 미쳤다. 푸코는 1961년 박사학위 논문을 정리해 출간한 〈광기의 역사〉로 주목받던 철학자였지만, 68운동이 아니었다면 광인과 정신병자 같은 '비정상인들'에 대한 그의 연구는 크게 빛을 보지 못했을 것이다. 훗날 푸코는 한 대담에서 68운동이 자신의 사상에 미친 영향을 이렇게 정리한다.

> "〈광기의 역사〉에서 권력과 지식의 관계를 통해 보이려고 했던 것들이 당시 프랑스 좌파 지식인들 사이에서는 냉담하게 받아들여졌음을 느낄 수 있었다. (…) 나의 문제의식이 마르크스주의자나 프랑스 공산당의 전통에 상반되는 것임에도 불구하고 정치적 의미를 가지기 위해서는 1968년의 혁명을 기다려야 했다. 권력과 지식의 상관성이 68혁명을 통해 날카롭게 대두됨에 따라 내가 이전에 발표했던 글들이 얼마나 소심했던가를 다시 한번 느끼게 되었다. (…) 그해 5월의 정치적 변화가 없었다면, 처벌이니 감옥이니 훈육이니 하는 나의 문제의식을 발전시킬 엄두도 내지 못했을 것이다."[290]

---

290) Michel Foucault, 'Vérité et pouvoir, entretien avec M. Fontana', *L'Arc* 70, 1977, p. 17. 오제명, 김경석 외, 〈68. 세계를 바꾼 문화혁명〉, 192쪽에서 재인용.

자크 데리다
미셸 푸코

정리하자면 68운동의 정치적 변화가 푸코 저작 전반에 '정치적 의미'를 부여하면서 68 이전의 문제의식을 더욱 날카롭게 가다듬을 수 있게 했고, 이를 바탕으로 68년 이후 〈감시와 처벌〉(1975년)이나 말년의 역작 〈성의 역사〉(1976~1984) 같은 저작을 발표할 수 있었다는 것이다. 실존적 차원에서 푸코는 앞서 설명한 것처럼 뱅센느 실험대학에 참여했을 뿐더러 노동자, 죄수, 동성애자(푸코 자신도 동성애자였다.) 같은 사회적 약자 편에 서며 진보적 지식인의 역할을 마다하지 않았다. 그의 실존적 경험은 '이론'에 집약되어 나타나는데, 사르트르가 이론에서 실천으로 나아갔다면, 푸코는 이론은 이미 하나의 실천이기에 '이론적 실천'임을 강조하며 사르트르보다 진일보된 지식인관을 선보였다. 권력이 작동하는 기반 자체를 정교한 이론으로 드러냄으로써 그 토대를 무너뜨릴 수 있다고 본 것이다.

푸코의 초기 저작 대부분에는 '고고학'이라는 제목이 붙어 있다. 〈임상의학의 탄생: 의학적 시선의 고고학〉(1963년), 〈말과 사물: 인간과학의 고고학〉(1966년), 〈지식의 고고학〉(1969년)이 대표적이다. 데뷔작인 〈광기의 역사〉(1961년)도 이성과 비이성(광기), 정상과 비정상의 구분과 이를 통한 광기의 배제와 추방이 언제, 어떻게 이루어졌으며, 어떠한 정치적 효과를 발생시키는가를 파헤친, 푸코 특유의 '고고학적 탐구'의 출발점이다. 〈말과 사물〉은 특정 사회에서 특정 시기에 '말과 사물'이 어떻게 규정되고 배치되면서 언술의 질서(푸코는 이를 '에피스테메'라고 부른다)를 획득하는가를 '고고학적 시선'으로 탐색한 책으로 마치 바게트 빵처럼 독자들에게 팔려나가며 푸코라는 이름을 대중에게 각인시켰다.

68 이후 푸코는 마르크스주의자들이나 공산당 추종자들이 그 정치적 의미를 폄하했던 권력과 지식의 문제를 더욱 날카롭게 파고든다.

푸코는 감옥과 수감자를 통해 드러나는 감시와 처벌의 메커니즘을 규명하며 권력과 지식이 얼마나 정교하게 얽혀있는가를 밝히고, 일상의 영역에서 작동하는 '미시적 권력'의 양상을 드러내는데 초점을 맞춘다. 푸코는 〈감시와 처벌〉에서 탐구한 지식과 권력의 작동방식을 통해 전통적인 권력관을 수정하고 푸코 특유의 권력론을 탄생시킨다. 다음 인용문을 유심히 읽어보기 바란다.

"내가 사용한 것은 권력보다는 권력관계의 줄임말이었습니다. 우리는 흔히 권력이라고 하면 정치 구조나 정부, 지배적인 사회 계급 등을 생각하지만 내가 논의하는 것은 이런 것이 아닙니다. 나는 어떠한 인간관계에서도—언어적 의사소통, 애정 관계— 권력은 나타난다고 생각합니다. 그것은 타인을 향하는 관계이기 때문입니다. 그런데 이 권력관계란 언제나 수정할 수 있는 관계이며 따라서 불안정한 관계이고 주체들이 자유롭지 못하다면 권력관계도 있을 수 없습니다. 하나의 권력관계가 형성되기 위해서는 최소한 어느 정도 자유의 형식을 갖춘 쌍방이 있어야 하며 따라서 이러한 권력관계 속에는 필연적으로 저항의 가능성이 존재합니다."[291]

68운동은 교수와 학생, 아버지와 아들, 남성과 여성 사이의 수평적이고 대등한 인간관계를 추구했다. 엘리제궁이나 국회의사당 또는 부르주아의 응접실에만 권력이 존재하는 것은 아니며, 자본가와 노동자, 부르주아와 프롤레타리아 사이의 계급투쟁만이 불평등한 권력관계를 바꾸려는 유일한 노력은 아니다. 우리가 살아가는 일상생활에

---

291) Michel Foucault, *Ethics: Subjectivity and Truth*, P. Rainbow(ed), New Press, p. 291. 도승연, '푸코와 68혁명', 〈철학, 혁명을 말하다〉, 이학사, 2018, 341쪽에서 재인용.

편재해 나타나는 권력관계를 분석하고 그 불평등한 구조를 고발하며 자유와 저항의 기미를 찾아내는 것이 68운동의 참된 취지였다면, 푸코의 권력관계 분석이야말로 68운동의 진정한 사상적 발현이라고 할 수 있다.

'해체주의'라는 용어를 유행시킨 철학자 자크 데리다(Jacques Derrida, 1930~2004)도 일상적 관계의 변혁이야말로 68운동의 커다란 성과임을 인정했다. 학생과의 관계를 예로 들자면 이렇다.

> "이제는 예전처럼 가르치거나 학생들에게 말하고 그들과 이야기를 나누지 않습니다. 그들도 또한 같은 방식으로 말을 하지 않습니다. 이는 단숨에 변화한 것이 아니며 그 시위의 정점에서 결집되었던 격동 속에서 그리고 프랑스와 다른 곳에서 일어났던 1968년 5월의 폭발 속에서 가능해졌던 것입니다."[292]

그렇다면 해체주의 철학자는 68운동을 어떻게 바라보았을까?

> "저는 68(soixante-huitard)이라고 불리는 사람이 아니었습니다. 이 시기에 저는 시위에 참여하거나 울름 거리[데리다의 모교인 고등사범학교가 위치한 거리]에서 당시 처음으로 시민 집회를 조직했지만, 어떤 자생적이고 융합적이며 반노조적인 도취 앞에서, 마침내 '해방된' 말의 열광, 복원된 '투명성'의 열광과 같은 것들에 대해서 유보적이었고, 심지어 불안을 느끼기까지 했습니다. 저는 이런 것들을 결코 믿지 않습니다."[293]

---

292) 자크 데리다, 박성창 옮김, 〈입장들〉, 솔, 1991, 143쪽.
293) 주재형, '데리다: 혁명의 탈구축', 〈철학, 혁명을 말하다〉, 255~256쪽에서 재인용.

사르트르나 푸코의 태도와는 사뭇 다른 분위기가 감지된다. 68에 대한 도취나 열광을 경계하지만 그렇다고 해서 그 유산을 부정하지도 않는다. 다른 대담에서 데리다는 68운동을 "뭐라고 딱 꼬집어 말할 수는 없지만 멀리서부터 와서 아주 멀리까지 퍼져가는 지진의 동요 같은 것"으로 설명하면서 운동의 여파가 꽤 깊고 멀리까지 미쳤음을 인정했다.[294] 데리다는 '아직도 끝나지 않는 사건'인 68운동의 문제의식을 더욱 정교하고 치밀한 담론의 실천으로 가다듬을 것을 촉구한다. 데리다에게 68은 무엇보다 '철학적 사건'이자 철학적 담론으로 승화시켜야 할 사건이다.

기계는 고장이 나면 그 구조와 작동법을 더 잘 알 수 있다. 데리다는 서구 형이상학이 소크라테스 이후 2천 5백 년 넘게 닳고 닳도록 사용되며 탈이 났음을 주목하고, 고장 난 '철학기계'의 부품들을 정교하게 뜯어보면서 본질적이고 자연적이며, 정상적이고 합법적인 것으로 규정된 서구의 관념과 제도들이 얼마나 모순되고 폭력적인 인식론적 토대 위에 세워졌는가를 치밀하게 밝히고자 한다. 데리다는 이를 '해체'(déconstruction)의 작업이라 부르는데 바로 여기에서 '해체주의'라는 명칭이 생겨났다.

해체는 흔히 오해하듯이 파괴나 부정을 뜻하지 않는다. 단순한 부정은 단순한 긍정을 불러오기 마련이며, 이러한 태도는 사태를 해결하는데 아무런 도움도 되지 않기 때문이다. 여기서 데리다는 하이데거의 선례를 따른다. 하이데거는 서구 형이상학의 종말과 재생을 표시하기 위해 '데스트룩치온'(Destruktion)이란 용어를 사용한 바 있다. 하이데거는 형이상학의 기본 개념들을 그 기원으로 되돌림으로써 수

---

294) 자크 데리다, 〈입장들〉, 142쪽.

많은 철학적 담론에 의해 묻은 때를 벗겨내고 생명력을 복원시키자고 주장했다. 그러므로 하이데거가 말하는 '데스트룩치온'은 형이상학의 파괴가 결코 아니며 그 내적 복원이나 은폐된 기원의 회복에 가깝다고 할 것이다.

데리다는 형이상학의 역사에 깊이 침윤된 용어나 개념으로 형이상학을 해체하는 작업은 결코 간단하지도 용이하지도 않음을 인정해야 한다고 말한다. 왜냐하면 "형이상학으로부터 벗어날 수 있는 철학적 단어란 단적으로 말해 존재할 수 없"을 뿐더러 그러한 개념들은 마치 "퇴적층처럼 서양 형이상학의 역사를 겹겹이 쌓아두고 있기" 때문이다. 그렇기 때문에 서구의 형이상학을 비판하거나 부정할 수 있는 순수한 '외부'란 존재하지 않는다. 여기서 바로 해체의 어려움이 생겨난다. 형이상학의 '안'에 머물 수도, 그렇다고 해서 "단순히" 환상과 허구에 지나지 않는 그 '바깥'으로 뛰쳐나갈 수도 없기 때문이다. 방법은 단 하나뿐이다. 형이상학의 안과 밖 사이의 '경계'에 위치하며 안에서 밖으로, 다시 밖에서 안으로 넘나드는 이중적인 움직임을 반복하는 것. 1972년에 데리다는 〈철학의 경계들〉(Marges de la philosophie)이란 제목의 책을 출간하며 그간의 해체 작업의 성과를 보여준다.[295]

데리다는 해체 작업에는 두 단계의 '일반 전략'이 필요하다고 주장한다. 첫 번째 단계는 '전복의 단계'라 부를 수 있는데 데리다는 그 필요성에 대해 이렇게 설명한다.

"이러한 필요성에 권리를 부여하는 것은 고전적인 철학적 대립

---

295) Jacques Derrida, *Marges de la philosophie*, Minuit, 1972.

속에서 우리가 관여하고 있는 것은 서로 마주보는 상태의 평화로운 공존이 아니라 폭력적 위계질서임을 인정하는 것입니다. 두 개의 용어들 중 하나는 다른 하나를 (위상학적으로, 논리적으로) 지배하고 있으며 우위를 점하고 있습니다. 대립을 해체한다는 것은 우선 어떤 주어진 순간에 위계질서를 전복하는 것입니다. 이러한 전복의 단계를 무시하는 것은 대립의 갈등적이고 종속적인 구조를 망각하는 것입니다."[296]

요약하자면 서구 형이상학은 '정신과 물질', '이성과 감각', '신과 인간' 같은 이항대립의 형식으로 나타나는데, 해체의 첫 번째 단계는 정신이 물질을 지배하고, 이성이 감각을 억압하며, 인간보다 신이 우월한 위치에 놓이는 이항대립의 폭력적인 위계질서를 폭로하고 전복하는 일이다. 그러나 데리다는 단순한 전복만으로 충분하지 않으며 이는 위험하기까지 하다고 경고한다. 왜냐하면 전복은 자리바꿈에 그칠 우려가 크기 때문이다. 주인과 노예의 변증법이 단순히 주인과 노예가 자리를 바꾸는 것만을 의미하지 않듯이, 물질과 감각 그리고 인간이 정신과 이성 그리고 신의 위치를 차지하는 것만으로는 충분하지 않다. 왜냐하면 "이항대립의 위계질서란 늘 재구성되는 것"이며, 또 다른 기원에서 파생된 이항대립이 구축될 수 있기 때문이다. 그렇다면 무엇이 더 필요할까? 여기서 데리다는 해체의 일반전략의 두 번째 단계로 나아간다. 즉 이항대립의 위계질서 자체를 무너뜨리는 작업 말이다. 그런 의미에서 해체는 '탈구축'의 운동이자 새로운 관계망의 '구축'을 지향하는 이중적 움직임으로 설명할 수 있다.

---

296) 자크 데리다, '장 루이 우드빈과 기 스카르페타와의 대담', 〈입장들〉, 65쪽.

해체는 필연적으로 재구축의 작업을 요하기 마련이며 이는 가치와 윤리의 문제를 불러낸다. 과연 데리다는 1990년대 이후 새로운 지적 행보를 보이며 여전히 '전 세계에서 가장 영향력 있는 사상가'임을 입증했다. 소비에트 연방과 동구권이 몰락하고 모두가 마르크시즘의 죽음을 이야기하던 1990년대 초반 데리다는 〈마르크스의 유령들〉(Spectres de Marx, 1993년)이란 책을 출간하며 "우리는 모두 마르크스의 후예들이고, 우리에게는 마르크스의 유산을 상속해야 할 의무가 있다"고 선언한다.[297] 마르크스주의는 사라졌지만 마르크스의 정신은 마치 '유령'처럼 살아남아 우리 곁을 배회한다는 것이다. 데리다의 철학이 정치와 역사와는 무관한 '텍스트주의'에 빠져 있다는 세간의 오해를 불식시킨 역작으로 평가받는다. 이후로 데리다는 환대, 우정, 용서, 법, 선물과 같은 핵심어들을 통해 사유의 폭을 확장하는데, 국내에 번역 출간된 것들만 한정하자면, 〈용서하다〉(2019년), 〈신앙과 지식/세기와 용서〉(2016년), 〈환대에 대하여〉(2004년), 〈법의 힘〉(2004년), 〈다른 곳〉(1997년) 등이 해당한다.

데리다는 왕성한 저술 활동을 펼치던 중 2004년 10월 9일 췌장암으로 유명을 달리했다. '해체주의'의 창안자 데리다는 마치 '유령'처럼 오래오래 우리 곁을 떠돌 것이다.

---

297) 진태원, '해체, 차이, 유령론으로 읽는 자크 데리다', 〈처음 읽는 프랑스 현대철학〉, 동녘, 2013, 327쪽.

센 강변, 케 데 오르페브르
Quai des Orfèvres

참고문헌

한국어 저서 및 논문, 번역서

김광우, 〈다비드의 야심과 나폴레옹의 꿈〉, 미술문화, 2003.
김복래, 〈프랑스 식도락과 문화정체성〉, 북코리아, 2013.
김미성, 〈프랑스 이민자 문학〉, 한국문화사, 2020.
김종로, 김익진, 〈프랑스 뮤지컬의 이해〉, 강원대학교 출판부, 2007.
나영균, 〈제임스 조이스〉, 정우사, 1999.
노명식, 〈프랑스 혁명에서 파리코뮌까지, 1789~1871〉, 책과함께, 2011.
류승희, 〈화가들이 사랑한 파리〉, 아트북스, 2017.
민혜련, 〈관능의 맛, 파리〉, 21세기북스, 2011.
박단, 〈이만큼 가까운 프랑스〉, 창비, 2020.
박성창, 〈글로컬 시대의 한국문학〉, 민음사, 2009.
박종호, 〈박종호에게 오페라를 묻다〉, 시공사, 2007.
박홍규, 〈오노레 도미에〉, 소나무, 2010.
박지향 외 〈영웅 만들기〉, 휴머니스트, 2005.
엄한진, 〈프랑스의 이민문제〉, 서강대 출판부, 2017.
오제명, 김경석 외, 〈68. 세계를 바꾼 문화혁명〉, 길, 2006.
오한진, 〈아픔의 시인 하인리히 하이네〉, 지학사, 2014.
이광주 엮음, 〈아름다움과의 만남〉, 열화당, 2011.
이동섭, 〈파리 미술관 역사로 걷다〉, 지식서재, 2018.
이민정, 〈코르셋과 고래뼈〉, 푸른들녘, 2018.
이성재, 〈68운동〉, 책세상, 2009.
이용재, 박단 외, 〈프랑스의 열정〉, 아카넷, 2011.
이지은, 〈귀족의 은밀한 사생활〉, 지안출판사, 2006.
이지은, 〈부르주아의 시대, 근대의 발명〉, 지안출판사, 2011.
임석재, 〈유럽의 주택〉, 북하우스, 2014.
전원경, 〈예술, 도시를 만나다〉, 시공아트, 2019.
정대인, 〈논란의 건축, 낭만의 건축〉, 문학동네, 2015.
주경철, 〈도시 여행자를 위한 파리 역사 가이드〉, 휴머니스트, 2019.
통합유럽연구회, 〈박물관과 미술관에서 보는 유럽사〉, 책과함께, 2018.
홍석기, 〈인상주의 모더니티의 정치사회학〉, 생각의나무, 2010.
김미진, '프랑스 '68년 5월' 운동의 슬로건에 나타난 수사학', 〈석당논총〉 57집, 2013.
민유기, '68년 5월 운동과 프랑스의 대학개혁', 〈프랑스사 연구〉 29집, 2013.
민유기, '프랑스 68운동과 한국 '촛불항쟁' 이후의 민주주의', 〈역사비평〉, 2018.

민유기, '68 이후 프랑스 여성운동과 낙태 합법화', 〈프랑스사 연구〉 39집, 2018.

민유기, '파리 2천년 역사도시의 혁신과 지속가능 발전', 〈세계도시설명서〉, 서울역사편찬원, 2021.

박단, '68혁명과 '새로운 파리 대학'의 출현', 〈서강인문논총〉 41집, 2014.

변광배, '사르트르와 68혁명', 〈68혁명 50주년, 철학 혁명을 말하다〉, 이학사, 2018.

임문영, '프랑스의 1968년 5월 혁명의 문화적 성격', 〈국제학논총〉 6집, 2001.

요한 볼프강 폰 괴테, 장희창 옮김, 〈괴테와의 대화〉, 민음사, 2008.

표도르 도스토예프스키, 김연경 옮김, 〈지하로부터의 수기〉, 민음사, 2010.

프리모 레비, 〈이것이 인간인가: 아우슈비츠 생존 작가 프리모 레비의 기록〉, 돌베개, 2007.

가스통 르루, 이유경 옮김, 〈오페라의 유령〉, 예담, 2001.

기 드 모파상, 송덕호 옮김, 〈벨아미〉, 민음사, 2009.

기 드 모파상, 이봉지 옮김, 〈두 친구〉, 민음사, 2017.

마거릿 미첼, 안정효 옮김, 〈바람과 함께 사라지다〉, 열린책들, 2010.

샤를 보들레르, 윤영애 옮김, 〈악의 꽃〉, 문학과지성사, 2003.

샤를 보들레르, 정혜용 옮김, 〈현대적 삶을 그린 화가〉, 은행나무, 2014.

거트루드 스타인, 권경희 옮김, 〈앨리스 B. 토클라스 자서전〉, 연암서가, 2016.

스탕달, 이동렬 옮김, 〈적과 흑〉, 민음사, 2004.

기욤 아폴리네르, 황현산 옮김, 〈사랑받지 못한 사내의 노래〉, 민음사 세계시인선, 2016.

빅토르 위고, 정기수 옮김, 〈레미제라블〉, 민음사, 2012.

에밀 졸라, 유기환 옮김, 〈나는 고발한다〉, 책세상, 2005.

에밀 졸라, 조성애 옮김, 〈쟁탈전〉, 지식을만드는지식, 2012.

에밀 졸라, 김치수 옮김, 〈나나〉, 문학동네, 2014.

귀스타브 플로베르, 김화영 옮김, 〈마담보바리〉, 민음사, 2000.

스콧 피츠제럴드, 김보영 옮김, 〈위대한 개츠비〉, 펭귄코리아, 2013.

스콧 피츠제럴드, 최내현 옮김, 〈재즈 시대의 메아리〉, 북스피어, 2018.

스테판 츠바이크, 곽복록 옮김, 〈어제의 세계〉, 지식공작소, 2014.

하인리히 하이네, 김수용 옮김, 〈독일. 어느 겨울동화〉, 시공사, 2011.

어니스트 헤밍웨이, 김욱동 옮김, 〈태양은 다시 떠오른다〉, 민음사, 2011.

어니스트 헤밍웨이, 주순애 옮김, 〈파리는 날마다 축제〉, 이숲, 2012.

에드워드 글레이저, 이진원 옮김, 〈도시의 승리〉, 해냄, 2021.

벤 윌슨, 박수철 옮김, 〈메트로폴리스〉, 매일경제신문사, 2021.

리처드 플로리다, 이원호 외 옮김, 〈도시와 창조계급〉, 푸른길, 2008.

리처드 세넷, 김병화 옮김, 〈짓기와 거주하기〉, 김영사, 2020.

리처드 세넷, 임동근 옮김, 〈살과 돌: 서양 문명에서의 육체와 도시〉, 문학동네, 2021.

에릭 와이너, 노승영 옮김, 〈천재의 지도〉, 문학동네, 2021.

발터 벤야민, 조형준 옮김, 〈아케이드 프로젝트〉, 새물결, 2005.

루이 세바스티앵 메르시에, 이영림 외 옮김, 〈파리의 풍경 1〉, 서울대학교출판문화원, 2014.

로렌스 와일리, 장 프랑스와 브리에르, 손주경 옮김, 〈프렌치 프랑스〉, 고려대학교 출판부, 2007.

도날드 서순, 오숙은 외 옮김, 〈유럽문화사〉 3권(혁명, 1880~1902), 뿌리와 이파리, 2012.

그램 질로크, 노명우 옮김, 〈벤야민과 메트로폴리스〉, 효형출판, 2005.

막스 갈로, 박상준 옮김, 〈프랑스 대혁명〉 1권, 민음사, 2013.

가쓰라 아키오, 정명희 옮김, 〈파리코뮌〉, 고려대학교 출판부, 2007.

메리 매콜리프, 최애리 옮김, 〈벨 에포크, 아름다운 시대〉, 현암사, 2020.

메리 매콜리프, 최애리 옮김, 〈새로운 세기의 예술가들〉, 현암사, 2020.

메리 매콜리프, 최애리 옮김, 〈파리는 언제나 축제〉, 현암사, 2020.

스테판 욘손, 양진비 옮김, 〈대중의 역사〉, 그린비, 2013.

외젠 들라크루아 외 지음, 강주헌 옮김, 〈위대한 낭만주의자〉, 창해, 2000.

모리스 아귈롱, 전수연 옮김, 〈마리안느의 투쟁: 프랑스 공화국의 초상과 상징체계, 1789~1880〉, 한길사, 2001.

피에르 노라 외, 김인중 외 옮김, 〈기억의 장소〉, 나남출판, 2010.

조르주 뒤비, 필립 아리에스 외, 김기림 외 옮김, 〈사생활의 역사〉, 새물결, 2010.

게오르크 슈미트, 김윤수 옮김, 〈근대회화의 혁명〉, 창비, 2012.

앨런 앤틀리프, 신혜경 옮김, 〈아나키와 예술〉, 이학사, 2015.

제임스 루빈, 김석희 옮김, 〈인상주의〉, 한길아트, 2001.

단 프랑크, 박철화 옮김, 〈보엠〉 1권, 이끌리오, 2000.

제프리 메이어스, 이진준 옮김, 〈헤밍웨이〉, 책세상, 2002.

제임스 조이스, 신현규 옮김, 〈젊은 예술가의 초상〉, 신원문화사, 2010.

에드먼드 화이트, 강주헌 옮김, 〈게으른 산책자〉, 효형출판, 2004.

프랑수와 누벨만, 이미연 옮김, 〈건반 위의 철학자: 사르트르, 니체, 바르트〉, 시간의 흐름, 2018.

에르네스트 르낭, 신행선 옮김, 〈민족이란 무엇인가?〉, 책세상, 2002.

토니 주트, 김상우 옮김, 〈지식인의 책임〉, 오월의봄, 2012.

가시마 시게루, 정선태 옮김, 〈괴제 나폴레옹 3세〉, 글항아리, 2019.

바네사 R. 슈와르츠, 노명우 옮김, 〈구경꾼의 탄생〉, 마티, 2006.
게리 뱃저, 정재곤 옮김, 〈외젠 앗제〉, 열화당, 2003.
요시미 순야, 이태문 옮김, 〈박람회: 근대의 시선〉, 논형, 2004.
모리스 쿠랑, 파스칼 그로트 옮김, 〈프랑스 문헌학자 모리스 쿠랑이 본 한국의 역사와 문화〉, 살림, 2009.
안드레아 디펠, 이수영 옮김, 〈인상주의〉, 예경, 2005.
프랑스와즈 카생, 김희균 옮김, 〈마네: 이미지가 들려주는 진실〉, 시공사, 2012.
아놀드 하우저, 백낙청 외 옮김, 〈문학과 예술의 사회사〉 4권, 창작과 비평사, 1999.
폴 스미스, 이주연 옮김, 〈인상주의〉, 예경, 2002.
제프리 마이어스, 김현우 옮김, 〈인상주의자 연인들〉, 마음산책, 2007.
피에르 카반느, 김화영 옮김, 〈에드가 드가〉, 열화당, 1994.
다이애나 뉴월, 엄미정 옮김, 〈인상주의〉, 시공아트, 2014.
하요 뒤히팅, 이주영 옮김, 〈인상주의〉, 미술문화, 2007.
수 로우, 신윤하 옮김, 〈마네와 모네 그들이 만난 순간〉, 마로니에북스, 2011.
로랑 도이치, 이훈범 옮김, 〈파리지앙 이야기〉, 중앙북스, 2013.
리사 아피냐네시, 강수정 옮김, 〈카바레〉, 에코리브르, 2007.
존 바니콧, 김숙 옮김, 〈포스터의 역사〉, 시공아트, 2000.

폴 라파르그, 조형준 옮김, 〈게으를 수 있는 권리〉, 새물결, 2005.
필리프 페로, 이재한 옮김, 〈부르주아 사회와 패션〉, 현실문화연구, 2007.
다이애너 크레인, 서미석 옮김, 〈패션의 문화와 사회사〉, 한길사, 2004.
나가오 켄지, 김상애 옮김, 〈가스트로노미: 프랑스 미식혁명의 역사〉, 비앤씨월드, 2012.
브리아 사바랭, 홍서연 옮김, 〈미식예찬〉, 르네상스, 2004.
이안 켈리, 채은진 옮김, 〈천재 파티시에, 프랑스 요리의 왕〉, 말글빛냄, 2005.
미셸 갈, 김도연 옮김, 〈요리의 거장 에스코피에〉, 다우, 2005.
하이드룬 메르클레, 신혜원 옮김, 〈식탁 위의 쾌락: 부엌과 식탁을 둘러싼 맛있는 역사〉, 열대림, 2005.
오귀스트 에스코피에, 홍문우 옮김, 〈나의 프랑스 요리〉, 봄아필, 2016.
폴 프리드먼, 주민아 옮김, 〈미각의 역사〉, 21세기북스, 2009.
버나드 덴버, 이윤희 옮김, 〈툴루즈 로트레크: 세기말 파리의 슬프고도 아름다운 초상〉, 시공아트, 2014.
조지 카치아피카스, 〈신좌파의 상상력: 전세계적 차원에서 본 1968년〉, 난장, 2009.
뤽 페리, 알랭 르노, 구교찬 외 옮김, 〈68사상과 현대 프랑스 철학〉, 인간사랑, 1995.
자크 데리다, 박성창 옮김, 〈입장들〉, 솔, 1991.

외국어 저술

Natacha Cerf, Pauline Coullet, *La Curée d'Emile Zola*, LeprtitLittérature.fr., 2016.

Christophe Charles, *Paris, fin de siècle: Culture et politique*, Seuil, 1998.

Christophe Charles, *Théâtre en capitales*, Albin Michel, 2008.

Louis Chevalier, *Classes laborieuses et classes dangereuses*, Plon, 1955.

Yvonne Deslandres, *Histoire de la mode au XXe siècle*, Somogy, 1986.

Emmanuel Fureix, *Le siècle des possibles*, PUF, 2014.

Eric Hazan, *La Barricade*, Autrement, 2013.

Eric Hazan, *L'invention de Paris: Il n'y a pas de pas perdus*, Seuil, 2015.

Patrice Higonnet, *Paris, Capitale du monde*, Tallandier, 2006.

Pierre-Robert Leclercq, *Soixante-dix ans de café-concert: 1844-1918*, Belles Lettres, 2014.

Ségoline Le Men, *Courbet*, Abbeville Press, 2008.

Bertrand Lemoine, *La Tour de Monsieur Eiffel*, Gallimard, 1989.

Laure Murat, *Passage de l'Odéon: Sylvia Beach, Adrienne Monnier et la vie littéraire à Paris dans l'entre-deux-guerres*, Fayard, 2002.

Michel Pinçon, *Sociologie de Paris*, La Découverte, 2014.

Perig Pitrou, 'Du tableau au texte: Bonjour Monsieur Courbet de Gustave Courbet' in *44 Propos sur le bonheur*, Gallimard, 2007.

Jean-Pierre Rioux, Jean-François Sirinelli, *Histoire Culturelle de la France*, Seuil, 2001.

Le Routard, *Destination Impressionisme*, Hachette, 2016.

Thierry Savatier, *L'origine du monde: histoire d'un tableau de Gustave Courbet*, Bartillat, 2007.

Arlette Sérullaz, *La Liberté guidant le peuple: Eugène Delacroix*, Somogy, 2013.

Karlheinz Stierle, *La Capitale des signes. Paris et son discours*. Maison des sciences de l'homme, 2001.

Michel Winock, *La Belle Epoque*, Perrin, 2002.

Jean-Claude Yon, *Les spectacles sous le Second Empire*, Armand Colin, 2010.

Jean-Claude Yon, *Une histoire du théâtre à Paris de la Révolution à la Grande Guerre*, Aubier, 2012.

Jean Claude Yon, *Histoire culturelle de la France au XIXe siècle*, Armand Colin, 2014.

Theodore Zeldin, *Histoire des passions françaises*, Payot, 1994.

Michel Foucault, 'Vérité et pouvoir, entretien avec M. Fontana', *L'Arc* 70, 1977.

François Baudot, *Paul Poiret*, Assouline, 2006.

Pascale Casanova, *The World Republic of Letters*, Harvard University Press, 2004.

Alain Krell, *Manet and the painters of contemporary life*, Thames and Hudson, 2006.

Brent Hayes Edwards, *The practice of diaspora: literature, translation, and the rise of Black internationalism*, Harvard University Press, 2003.

Priscilla Parkhurst Ferguson, *Paris as revolution: Writing the Nineteenth century city*, University of California Press, 1997.

Michel Foucault, *Ethics: Subjectivity and Truth, P. Rainbow(ed)*, New Press, 1998.

Della Gaze, *Concise Dictionary of Woman Artists*, Routledge, 2013.

W. Scott Haine, *The World of the Paris Café: sociability among the French working class, 1789~1914*, Johns Hopkins University Press, 1999.

JD Harris, *Blacks in Paris: African American Culture in Europe*, Focus Readers, 2019.

Colin Jones, *Paris, Biography of a city*, Penguine Books, 2006.

Laurence Madeline, *Woman Artist in Paris(1850~1900)*, Yale University Press, 2017.

Mary McAuliffe, *Paris, City of Dreams*, Rowman & Littlefield Publishers, 2020.

David McCullough, *The Great Journey: Americans in Paris*, Simmons & Schuster Paperbacks, 2011.

Christopher Prendergast, *Paris and the Nineteenth Century*, Wiley-Blackwell, 1995.

Charles Rearick, *Pleasures of the Belle Epoque: Entertainment and festivity in turn-of-the-century France*, Yale University Press, 1986.

Jerrold Seigel, *Bohemian Paris: Culture, Politics, and the Boundaries of Bourgeois life, 1830~1930*, Johns Hopkins University Press, 1999.

Valerie Steele, *Corset: a cultural history*, Yale University Press, 2003.

Eugen Weber, *France, fin de siècle*, Harvard University Press, 1986.

Photo Creadit

16 (Page)
Photo_ Guilhem Vellut (CC BY 2.0)
https://commons.wikimedia.org/wiki/
File:Seine_@_Paris_(33647709141).jpg

22
Photo_ Guilhem Vellut (CC BY 2.0)
https://commons.wikimedia.org/wiki/
File:West_facade_of_Notre-Dame_
and_Pont_au_Double,_Paris_23_
January_2016.jpg

30
Photo_ Elekes Andor (CC BY-SA 4.0)
https://commons.wikimedia.org/wiki/
File:Statue_de_la_Libert%C3%A9_-
_%C3%8Ele_aux_Cygnes.jpg

38
Photo_ Joe deSousa (CC0 1.0)
Public Domain Dedication.
https://commons.wikimedia.org/wiki/
File:Chopin_in_the_Luxembourg_
Gardens,_Paris_28_June_2015.jpg

Photo_ KoS (CC BY-SA 3.0)
https://commons.wikimedia.org/wiki/
File:Ecole_Nationale_Superieure_des_
Beaux-Arts_cour_interieure.JPG

Photo_ Jean-Pierre Dalbéra (CC BY 2.0)
https://commons.wikimedia.
org/wiki/File:Paris_au_mois_
d%27ao%C3%BBt_2019.jpg

42
Photo_ Gzen92 (CC BY-SA 4.0)
https://commons.wikimedia.org/
wiki/File:Op%C3%A9ra_Garnier_-_
int%C3%A9rieur_(3).jpg

54
Photo_ Guilhem Vellut (CC BY 2.0)
https://commons.wikimedia.org/wiki/
File:Rue_de_Vaugirard,_Paris_15_
April_2017.jpg

58
Photo_ Gerd Eichmann(CC BY-SA 4.0)
https://commons.wikimedia.org/wiki/
File:Paris-Pantheon-108-2017-gje.jpg

66
Photo_ Ajay Suresh, USA (CC BY 2.0)
https://commons.wikimedia.org/
wiki/File:Rue_Galande,_Paris_26_
September_2017.jpg

84
Photo_ Martin Robson (CC BY-SA 2.0)
https://commons.wikimedia.
org/wiki/File:Paris_20130809_-_
Ob%C3%A9lisque_de_la_Concorde.jpg

88
Photo_ Cristian Bortes (CC BY 2.0)
https://commons.wikimedia.org/wiki/
File:Pointe_Trigano,_Paris_April_2011.
jpg

453

108
Photo_ Zairon (CC BY-SA 4.0)
https://commons.wikimedia.org/wiki/File:Paris_Place_Vend%C3%B4me_Colonne_Vend%C3%B4me_01.jpg

Photo_ Guilhem Vellut (CC BY 2.0)
https://commons.wikimedia.org/wiki/File:Basilique_du_Sacr%C3%A9_C%C5%93ur_de_Montmartre_@_Paris_(34188687416).jpg

112
Photo_ Martin Robson (CC BY-SA 2.0)
https://commons.wikimedia.org/wiki/File:Paris_20130809_-_Tuileries_and_Mus%C3%A9e_d%27Orsay_from_Grande_roue_des_Tuileries.jpg

158 & Title page
Photo_ Guilhem Vellut (CC BY 2.0)
https://commons.wikimedia.org/wiki/File:Rue_F%C3%A9rou,_Paris_26_January_2013.jpg

164
Photo_ Tangopaso/ Public domain
https://commons.wikimedia.org/wiki/File:Maison-Rose.jpg

Photo_ Moonik (CC BY-SA 3.0)
https://commons.wikimedia.org/wiki/File:Montmartre_Maison_Rose_002.JPG

170
Photo_ LPLT (CC BY-SA 3.0)
https://commons.wikimedia.org/wiki/File:Librairie_Vrin.JPG

Photo_ Beyond My Ken(CC BY-SA 4.0)
https://commons.wikimedia.org/wiki/File:2018_5-7_Place_Saint-Michel.jpg

Photo_ ActuaLitté (CC BY-SA 2.0)
https://commons.wikimedia.org/wiki/File:Gibert_Joseph,_Paris_18_July_2017_01.jpg

178
Photo_ Celette (CC BY-SA 4.0)
https://commons.wikimedia.org/wiki/File:All%C3%A9e_des_Fortifications_neige.jpg

186
Photo_ Fred PO (CC BY-SA 2.0)
https://commons.wikimedia.org/wiki/File:Le_temps_des_cerises,_Paris_8_March_2015.jpg

192
Photo_ ssedro (CC BY-SA 2.0)
https://commons.wikimedia.org/wiki/File:Shakespeare_and_Company_Bookstore_(17066110747).jpg

196
Photo_ Elekes Andor (CC BY-SA 4.0)
https://commons.wikimedia.org/wiki/File:Paris_75004_Pont-Saint-Louis_20160516_Jazz_manouche_by_Borsalino.jpg

206
Photo_ Myrabella (CC BY-SA 4.0)
https://commons.wikimedia.org/wiki/
File:Paris_Belleville_rue_Denoyez.jpg

Photo_ Marko Kudjerski (CC BY 2.0)
https://commons.wikimedia.org/
wiki/File:Rue_des_Rosiers_4,_Paris_
September_23,_2012.jpg

208
© Marie-Lan Nguyen (CC-BY 2.5)
https://commons.wikimedia.org/wiki/
File:Manif_pour_tous_Paris_2013-01-13_
n11.jpg

224
Photo_ Guilhem Vellut (CC BY 2.0)
https://commons.wikimedia.org/
wiki/File:Parc_Monceau_@_Paris_
(23790455586).jpg

228
Photo_ Guilhem Vellut (CC BY 2.0)
https://commons.wikimedia.org/wiki/
File:H%C3%B4tel_H%C3%A9rouet,_Le_
Marais,_Paris_May_2017.jpg

232
Photo_ Zairon (CC BY-SA 4.0)
https://commons.wikimedia.org/wiki/
File:Paris_Place_des_Vosges_09.jpg

242
Photo_ Guilhem Vellut (CC BY 2.0)
https://commons.wikimedia.org/wiki/
File:Place_Saint-Michel_@_Paris_
(31331219620).jpg

260
Photo_ Guilhem Vellut (CC BY 2.0)
https://commons.wikimedia.org/wiki/
File:Evening_light_on_clouds_@_
Montparnasse_@_Paris_(31124967266).jpg

272
Photo_ Joe deSousa (CC0 1.0) Public
Domain Dedication.
https://commons.wikimedia.org/
wiki/File:The_Eiffel_Tower,_Paris_
(34432562745).jpg

284
Photo_ Guilhem Vellut (CC BY 2.0)
https://commons.wikimedia.org/wiki/
File:Temple_metro_station,_Paris_2_
May_2017.jpg

Photo_ Thesupermat (CC BY-SA 3.0)
https://commons.wikimedia.org/wiki/
File:Paris_-_Station_de_m%C3%A9tro_
Abbesses_-_PA00086748_-_001.jpg

401
Photo_ Dinkum (CC BY-SA 3.0)
https://commons.wikimedia.org/wiki/
File:Vavin_-_La_Rotonde.jpg

Photo_ Delatude (CC BY-SA 4.0)
https://commons.wikimedia.org/
wiki/File:Le_Procope_-_Rue_de_
l%27Ancienne_Com%C3%A9die.jpg

455

412
Photo_ Oliver Romo Miranda(CC BY-SA 3.0)
https://commons.wikimedia.org/wiki/File:Place_Georges-Pompidou._Paris,_France.jpg

414
Photo_ Dinkum (CC0 1.0) Public Domain Dedication.
https://commons.wikimedia.org/wiki/File:Caf%C3%A9_de_Flore_-_Boulevard_Saint-Germain.JPG

Photo_ Dinkum (CC0 1.0) Public Domain Dedication.
https://commons.wikimedia.org/wiki/File:Les_deux_Magots.JPG

422
Barricades
©Bettmann Archive/게티이미지코리아

429
Simone de Beauvoir
© Gamma-Rapho via Getty Images/게티이미지코리아

Jean-Paul Sartre
© Gamma-Rapho via Getty Images/게티이미지코리아

432
Marche des femmes pour l'avortement à Paris en 1979
© Gamma-Keystone via Getty Images/게티이미지코리아

438
Jacques Derrida
© Getty Images/게티이미지코리아

Michel Foucault
© Sygma via Getty Images/게티이미지코리아

444 (Page)
Photo_ Guilhem Vellut (CC BY 2.0)
https://commons.wikimedia.org/wiki/File:Paris_75001_Quai_des_Orf%C3%A8vres_riverside_20170613_pier.jpg